민족통일 운동의 역사와 사상

동학학술총서 405

민족통일 운동의 역사와 사상

동학민족통일회 엮음

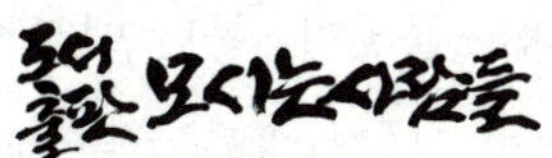

| 발간사 |

우리는 지금 '통일시대'를 살고 있습니다. 아직도 한반도의 허리를 가로지른 휴전선이 걷히지 않았으며 여전히 정전협정 체제 속에 살고 있다는 점에서 분단시대와 통일시대는 그 모양은 비슷해 보이지만, 그 내막을 들여다보면 '분단시대'와는 전혀 다른 기류 속에서 살고 있음을 알 수 있을 것입니다.

'유무상통有無相通'의 경제 협력과 겨레말 큰사전 공동편찬 사업 같은 언어(문화)의 상통, 이산가족 상설 면회장 설치와 같은 핏줄의 상통과 북측 대표단이 '현충원' 참배를 하는 '역사적'인 화해에 이르기까지, 분단의 장벽에는 크고 작은 구멍들이 헤일 수 없는 물길을 내고 있습니다.

서로를 죽여야만 내가 살 수 있다고 믿던 시기로부터 오늘 이러한 민족 화해와 상생의 새 장을 열기까지에는 수많은 통일 선각자들의 고뇌에 찬 결단과 민족 모두의 염원이 깃들어 있습니다. 오늘 우리가 걷는 통일의 길은 우리만의 걸음이 아니라 수백만 선열들의 성령이 함께 걷는 길인 것입니다.

그러한 선열들과 선각들의 피땀어린 통일 운동을 기억하는 한에서, 통일은 분명 과거를 극복하는 길이기보다 새로운 미래를 여는 길입니다. 그러나 남과 북의 민족통일이 '분단 이전'으로의 회귀가 아니라, 동북아시대나 후천개벽의 문명시대를 여는 세계사적인 과업이 되도록 하기 위해서는, 우리의 탐색과 실천은 좀더 엄밀해지고 정교해질 필요가 있다는 것이 우리 생각입니다.

여기에 "민족통일 운동의 역사와 사상"을 발간하는 의의가 있습니다. 천도교청우당은 동학의 후천개벽 혁세사상革世思想과 '교정쌍전'의 정치사상을 근간으로 하고, 동학혁명과 3·1독립운동의 역사적 전통을 계승하면서 민족의 자주 독립과 새로운 민족 국가 건설을 목표로 했던 동학 천도교의 전위단체입니다. '동학민족통일회(동민회)'는 천도교청우당의 전통을 오늘에 이어 민족통일의 역사적·문명사적 과업을 수행하는 오늘의 천도교 전위단체입니다. 이렇게 볼 때, 오늘날의 동학민족통일회는 현존하는 그 어떤 통일 운동·시민 운동 단체보다 앞서서 통일 운동을 전개하고 민족운동을 이끌어 왔던 단체임을 알 수 있습니다.

천도교의 민족운동 전통이 언제나 그러했듯이, 이들 전위단체들은 천도교라는 종단에 종속되는 것이 아니라, 후천개벽의 새 문명 세계를 여는 '전위'로서 보국안민과 광제창생의 대의에 따라 신명을 다해 왔던 것입니다.

오늘의 통일시대는 각 부문별, 각 계층별 남북 교류와 협력을 통해 '귀납적인 방식'으로 통일을 추동推動해 가는 것이 주류를 이루고 있습니다. 그러나 이에 더하여 '연역적인 방식'으로 통일 조국의 미래상을 그리고, 우리 민족 통일의 세계사적 의의를 구명究明하는 작업도 반드시 병행되어야 하리라고 봅니다. 이 책이 그러한 작업에 한 단초를 제공해 주리라 믿습니다.

이 책은 오로지, 통일 운동에 신명身命을 바친 수십만 동학 천도교

선열들의 음우陰佑가 있기에 가능한 것이었습니다.

그러한 가능성을 현실화하기 위하여, 책의 기획과 집필을 책임 지신 임형진 교수는 '천도교청우당'의 전문연구자로서, 학문적으로뿐만이 아니라 실천적으로도 '천도교청우당'의 의의와 그것을 계승한 '동학민족통일회'의 과업을 온몸으로 감당해가고 있습니다. 임형진 교수의 정성과 학문적 천착穿鑿이야말로 살아 있는 동학군의 정신과 실천이라고 여기며, 더불어 이 책이 나오기까지 도움과 격려를 보내 주시는 여러 기관 관계자들께도 감사드립니다. 또한 집필에도 참여하고 편집·발간에 정성을 다해 주신 도서출판 모시는사람들의 박길수 대표에게도 감사드리며, 이 책을 하나의 디딤돌로 여기고 우리들은 통일 시대의 새 장막으로 힘차게 도약해 갈 것을 다짐합니다.

2005년 9월 20일

동학민족통일회 대표의장 박남수

| 머리말 |

동학·천도교를 연구하면 할수록 "왜?"라는 의문의 블랙홀에 빠지게 된다. 왜 동학·천도교는 그 많은 민족운동을 전개해야 했는가, 동학·천도교는 과연 인간 구원과 구도를 목적하는 종교인가 아니면 사회 변혁을 꿈꾸는 운동 단체인가, 왜 그들은 불가능하다는 것을 깨달으면서도 기꺼이 현실 세계에서 자신들의 꿈을 실현시키고자 산화하였는가. 그들 구성원들은 왜 한국 근현대사의 파고를 온몸으로 맞아야 했던가.

19세기 이래로 서구적 근대는 그들의 가치를 세계적 보편 가치화하여 동양에 강제 전파를 하였다. 그에 의해 우리 민족이 당한 수난은 대륙과 해양의 중간지라는 지정학적 위치로 인한 숙명이었는지 모른다. 이에 능동적으로 대처하지 못한 지배층이 지리멸렬해지고 심지어는 그들의 주구가 되어 가고 있을 때, 민족의 정신과 이념을 바탕으로 고유의 정체성을 지켜 낸 것은 그 시절의 민중들이었다. 민중에 의한 민족운동은 어쩔 수 없는 외압에 대한 저항적 민족주의의 성격을 띨 수밖에 없었다.

한국적 저항 민족주의 운동의 중심에는 동학·천도교가 있었다. 동학·천도교는 성리학적 지배 구조를 거부하고 봉건 사회 질서를 타파하며 서세동점의 세기적 침략에 단호히 대응했다. 그리고 그들은 자신들이 그리는 후천개벽의 이상세계를 꿈꾸었다. 그러나 이상의 꿈은 현실의 강고함을 뚫기에 너무 많은 피를 요구했다.

1894년 갑오년의 혁명 열기는 그 서곡이었고, 뒤를 이은 오랜 항일과 구국의 투쟁은 이제 한국 근대현대사의 자랑스러운 역사로 기록되어 있다. 그러나 그동안에 동학·천도교가 당한 인적, 물적 피해는 엄청난 것이었다. 왜 동학·천도교는 기꺼이 이 행동의 전위에 서야만 했는가? 여전히 의문부호를 던지게 한다.

동학·천도교를 연구하면서 이러한 의문은 그들의 '교정쌍전' 이론에서 기인하고 있음을 발견했다. 확실히 동학·천도교는 기존의 일반종교와는 많은 차이를 가지고 있는 종교였다. 분명 동학·천도교는 강한 종교성을 가지고 있지만, 그 못지 않게 강렬한 사회성을 내포하고 있다. 천도교의 '교정쌍전론'은 이러한 천도교 인식의 이론적 배경이었다. 교와 정을 함께 닦고 동시에 달성해 나간다는 동학·천도교의 교정쌍전론은 그것을 내세가 아닌 현세에서 이룩한다는 목표를 가지고 있다. 이것이 바로 동학·천도교에 묻는 "왜?"에 대한 해답이었다.

동학·천도교의 전위단체는 교의 영역이 아닌 정의 영역을 담당키 위해 천도교가 만든 외곽조직이다. 이 전위단체는 때로는 교단보다 더 활발한 활동을 전개하기도 했다. 천도교청우당은 그 대표적인 전위단체로 일제 침략 시기 수많은 민족 문화 운동을 주도해 나가다 강제 해산을 당하기도 했다. 천도교는 해방 이후에도 청우당을 복당시키는 등 여러 개의 전위단체를 만들어 민족운동에 참여했었다. 현재의 〈동학민족통일회〉 역시 그 맥을 잇는 천도교의 대표적인 전위단체이다.

동학사상과 이념을 연구하는 서생이었다가 어느 날 불현듯 선배들의 의지에 감염되어 현장에 참여할 기회가 주어졌다. 이론에 머물러 죽어 있던 의식이 현실 참여를 통해서 깨어나는 데는 그리 오랜 시간이 필요치 않았다. 동학민족통일회는 이 시대의 민족운동이 무엇이고 또 이 민족의 나아갈 바가 어디인지를 확실하게 보여 주고 있었다. 무엇보다도 통일 운동의 전면에 나서는 동학민족통일회야 말로 자랑스런 동학·천도교 민족운동의 전통을 올곧게 계승하고 또 확대·발전시켜 나가는 천도교의 전위단체인 것이다.

동학민족통일회의 통일 운동을 참여하면서 확인되는 것은 현재 천도교는 북쪽과 그 어느 조직이나 단체보다도 확실한 고리를 가지고 있다는 점이다. 즉, 동학민족통일회와 북 천도교의 전위단체인 천도교청우당은 동학·천도교라는 종교이자 민족정신을 바탕으로 강력한 유대 이상의 것을 공유하고 있다. 정신과 종교성으로 연결되어 있다는 것은 시대의 흐름에 의해 필요성과 적실성을 요구받는 이념이나 사상보다도 높은 상위의 가치를 가진다는 의미로 해석된다. 따라서 남북의 동학민족통일회와 천도교청우당은 누구보다도 많은 공통점을 기반으로 통일 운동의 전면에 나서고 나아가 과거의 민족운동의 전통을 계승·발전시켜야 한다.

현재의 동학민족통일회와 천도교청우당이 가지고 있는 이 자산은 곧 우리 민족의 소중한 자산이다. 이를 잘 지킬 뿐 아니라 더욱 확대시킬 몫은 남북 천도교에 달려 있다. 이 불씨를 살리고 널리 펴서 민족 통일의 초석을 놓아야 함은, 마치 참수형을 목전에 둔 수운 최제우가 제자인 해월 최시형에 내려준 유시와 같다고 할 수 있다.

燈明水上無嫌隙	등불이 물위에 밝아 빈틈이 없도다
柱似枯形力有餘	고목은 말라 죽음으로써 힘이 넘치니
吾順受天命	나는 이제 천명을 받으리
汝高飛遠走	너는 높이 날고 멀리 뛰어라.

이 책은 동학·천도교 통일 운동을 전위단체의 민족운동사 속에서 규명해 보는 내용으로 이루어 졌다. 1부는 천도교 전위단체의 민족운동을 기술하고 있는데, 먼저 동학이 대표적인 한국 민족주의 이념으로서의 위치와 역량을 가지고 있음을 우리의 전통 의식과 사상 속에서 찾아보았다. 그리고 이것이 교정쌍전론으로 발전하여, 동학·천도교의 특징이 되어 오늘에 이르고 있음을 밝혔다. 이러한 이론적 배경을 바탕으로 사회 변혁에 참여하는 민족운동으로서의 동학혁명과 천도교로 개칭한 이후의 개화혁신운동, 3·1운동을 통한 천도교단의 변화와 천도교청우당의 활동을 통일 운동의 전단계로서 분석해 보았다. 이어서 해방 이후 청우당을 중심으로 한 본격적인 통일 운동과 실패 그리고 동학민족통일회가 등장하기까지의 많은 전위단체들의 활동 과정을, 암울했던 시대상과 그에 따른 한계를 중심으로 규명해 보았다. 그러나 그러한 활동을 바탕으로 오늘의 동학민족통일회가 천도교단의 확실한 전위단체로 자리할 수 있게 되었음을 확인하였다. 따라서 어제의 활동을 기반으로 오늘의 활동을 넘어서는 동학민족통일회가 나아가야 할 방향이야말로 이 시대 민족운동의 선도적인 단체로 거듭나고자 하는 천도교 전위단체로서 내일의 동학민족통일회가 되는 과제임을 밝히고 있다.

2부는 천도교 전위단체의 통일 이념을 구체적으로 적시한 개별 논문들이다. 먼저 "천도교청우당의 국가 건설 사상"은 해방 이후 통일 민족 자주 국가 수립을 목표로 활동했던 천도교청우당의 구체적 국가 건설 사상을 논하고 있다. "동학과 민족 통일 이념"은 보다 원론적 입장에서 동학사상이 가지고 있는 민족 통일 이념을 민족 공동체론에 입각해 규명한 것인데, 남북 천도교에서의 통일 이념으로서의 공통 분모를 찾아 보자는 취지에 입각한 시론적 연구라고 할 수 있다. 끝으로 "천도교 통일 운동과 논의의 전개 과정"은 천도교 통일 운동사를 해방 이후의 일자별로 정리한 것이다. 앞 논문과 중복되는 부분이 있지만 중요한 기록을 남겨야 한다는 의미에서 그대로 싣는다.

뒤따르는 부록에서의 "민족 자주 통일 방안"은 동학민족통일회의 공식적인 통일 방안이자 천도교의 통일 방안이기도 하다. 오랜 기간에 걸쳐 많은 전문가들의 참여와 수정을 거쳐 완성된 것으로, 소중한 동학민족통일회의 자산이다. 이 통일 방안은 향후 남북 천도교의 교류와 민족운동 과정에서 또 한번의 수정을 받을 것이다. 그러한 가운데 남북이 합의할 수 있는 최상의 공통 분모가 집약된 통일 방안이 완성될 것을 기대하고 있다.

글을 쓴다는 것은 언제나 자신의 능력에 대한 회의와 함께 뒤를 잇는 자괴감을 털치지 못하게 한다. 그럼에도 이번에는 민족운동의 제단에 기꺼이 성수를 뿌려 주신 선배들의 힘으로 용기를 낼 수 있었다. 마음으로는 앞으로도 영원히 선배들의 힘을 빌리고 싶다. 대신 기왕에 시작한 민족운동에 더욱 많은 사명감과 책임감을 가지고 임할 것을 다짐한다. 아직 우리의 민족운동은 진행형이기에 선배들에 부끄럽지 않도록 또 앞으로 뒤를 이을 후배들의 귀감이 될 수 있도록 미력이나마 헌신하고자 하는 마음이다.

본서에는 천도교 중앙총부의 적극적인 협조와 지원이 그대로 반영되어 있다. 전위단체의 특성상 때로는 총부가 미처 가지 않은 길을 가기하기도 했지만, 천도 실현의 방편의 차이임을 모두 이해해 주셨기에 오늘에 동학민족통일회가 자리를 잡을 수 있었음을 감사하지 않을 수 없다. 아울러 본서는 동학민족통일회 구성원 모두의 힘으로 완성될 수 있었다. 박남수 대표의장님 이하 공동의장님들과 최인국 대외협력위원장, 류윤근 사무국장 그리고 음양으로 동학민족통일회의 손발이 되어 주신 많은 고마운 분들께 다시 한번 감사의 마음을 전한다. 특히 박길수 천도교 교서편찬위원은 많은 자료를 제공해 주었을 뿐 아니라 "천도교 통일 운동과 논의의 전개 과정" 부분을 직접 집필해 주고 본서가 세상에 빛을 볼 수 있게 만들어 준 분이다. 머리 숙여 모두에 감사의 심고를 드린다.

2005년 9월 20일

대표집필 임형진 배

민족통일 운동의 역사와 사상

차 례

Ⅳ. 천도교청우당과 민족운동 / 82

Ⅴ. 천도교청우당과 민족통일 운동 / 124

Ⅵ. 분단 고착화와 천도교의 민족통일 운동 / 158

Ⅶ. 동학민족통일회의 향후 방향 / 227

Ⅷ. 새 시대의 들불로 / 234

제2부 동학·천도교 민족통일 운동의 사상과 맥락

|부 록|

제 1 부

동학·천도교 민족운동사와
동학민족통일회

Ⅰ. 동학민족통일회와 천도교 전위단체

동학민족통일회는 "동학 이념의 사회적 구현과 민족의 자주, 민주, 통일을 실현"하기 위하여 1991년 5월 11일 결성된 천도교 전위 조직으로서 사회 운동을 위주爲主하는 단체이다.

동학민족통일회는 동학에서 천도교로 이어지는 한국 근대 민족주의 운동사의 역사성을 계승하고 그 정신을 지켜 민족 문화 창달과 민족 번영의 민족사적 임무를 수행하고자 등장한 것이다. 주지하시다시피 한국 근·현대사에 있어서 동학·천도교가 전개한 민족 운동은 그대로 우리 민족의 수난 극복사이다.

백오십여 년 전 경주 용담정龍潭亭에서 수운 최제우 선생에 의해 시작된 동학東學은 당시의 국내외적 위기에 대처하여 조선과 민중을 구원할 유일한 방책이었음에도, 기득권의 논리에 젖은 지배층과 외세 결탁 세력에 의해 철저히 탄압받고 또 무시되었다. 그러나 도道를 주창한 이들을 탄압할 수는 있어도 도 자체를 없앨 수는 없었다. 사람이 곧 하늘이라는 인내천人乃天 진리와 사람을 하늘처럼 섬기라는 사인여천事人如天의 정신으로 각성된 민중은 드디어 1894년 갑오년의 동학혁명으로 전국에서 들불처럼 일어선 것이다.

보국안민輔國安民과 광제창생廣濟蒼生의 동학 이념은 우리 역사 오천년에서 최초로 각성된 민중들이 들불처럼 일어나 스스로의 힘으로 개벽된 새로운 세상을 열고자 하는 거대한 역사의 물줄기였다. 그러나 아직은 때가 아니었는가. 정도正道를 외면한 무능한 조정은 외세를 끌어들여 동학군의 의지를 무참히 짓밟았고 그 결과가 일제의 조선 병탄倂呑이었다.

1894년 갑오년의 동학혁명은 실패했지만 그 실패에서 교훈을 얻은 동학 지도부는 민중 계몽을 위한 갑진혁신운동을 전개하는 한편 1905년 동학을 천도교로 선포宣布하여 세계 속으로 발을 내디뎠다. 이는 낮은 민도를 끌어올리고 문명 개화의 대열에 참여하자는 계획이었던 것이다. 그리고 그 문명 의식과 각성된 민족의식은 1919년 또 한번 조선 땅을 흔드니 그것이 기미년의 3·1운동이다. 천도교 3세 교조인 의암 손병희 선생의 계획과 지도 하에 전개된 3·1운동은 세계 최초의 비폭력 무저항의 시위운동으로 가장 강력한 민족운동이자 위대한 인권 선언이었다. 중국의 5·4운동이 이 3·1운동의 영향을 받았고, 인도의 시성詩聖 타고르가 조선을 '동방의 빛'이라고 한 이유도, 간디가 감동해 인도 독립 운동의 방편으로 비폭력 무저항 운동을 택한 것도 모두 3·1운동의 영향이다.

3·1운동 이후 천도교는 대대적인 탄압 받아 동학혁명 이래로 최대의 위기를 맞이한다. 이때 교단은 남은 전력을 기울여 청우당이라는 천도교 전위단체를 만들어 냈다. 이것은 동학·천도교가 지향하는 교정쌍전敎政雙全의 대원칙을 결코 포기하지 않았기에 가능한 것이었다. 즉, 청우당이란 운동 단체를 통해 본격적인 사회 운동과 민족운동을 전개해 나가고자 하는 것으로, 청우당에 교(宗敎)가 아닌 정(政治)의 영역을 전담시키고자 한 것이다. 그랬기에 청우당은

일제하의 민중 계몽 운동과 문화 운동을 주도하였다.

당시 청우당의 운동은 7대 부문 운동으로 구체화되었는데 수많은 출판 활동과 어린이 운동, 여성 운동 그리고 노동자·농민·상민 운동 등은 일제의 압제 상황 하에서 행한 민족운동의 최선봉에 선 대표적인 운동이었다.

해방 후에도 청우당은 민족운동의 전위에 서서 통일된 자주 독립 국가를 완성하는 데 전력을 다했다. 즉 청우당의 민족운동은 좌우 이념의 분열·대립을 완화·통합시켜 민족 생존과 번영을 도모한 것이었다. 해방 공간에서 냉전이라는 국제 환경과 외세에 결탁하는 세력들에 의해 국토는 분단될 위기에 처하자, 청우당은 마지막 순간까지 남북 협상에 참여하는 등 완전 자주 독립 국가를 완성하기 위해 최선을 다했다. 그러나 분단은 현실이 되고, 청우당은 해체되었으며, 천도교는 오랜 시간 동안 침묵을 강요받았다.

역사는 아직 우리 민족에게 더 많은 위대한 실천을 요구한다. 동학민족통일회가 재등장하는 이유도 이 같은 선배들의 위대한 정신과 실천을 계승하고자 함이었다.

동학민족통일회는 과거 동학 천도교의 위대한 이상과 실천성을 계승하고 그들이 구상한 지상천국의 이상사회를 구현해야 할 역사적 숙명을 지닌 천도교 사회 활동 측면의 전위단체이다.

동학 이념에 입각한 인내천과 사인여천의 정신을 바탕으로 이 땅에 시급한 과제에서부터 작은 손길이 필요한 영역까지 동학민족통일회는 쉼없이 전진하는 사회 단체로 활동해야 할 숙명을 부여받은 것이다. 이처럼 민족운동과 동학·천도교는 필연의 관계이고 이제 그 역할은 동학민족통일회의 몫이 되었다. 그것은 동학혁명 이래로 지켜온 교정쌍전의 전통성을 계승하는 길이고 그 시대마다에서 민족이 나아갈 바를 명확히 제시하고 또 그 실천에 헌신한 순도자에 대한 신성한 의무이기 때문이다.[1]

이 시대 민족운동은 분단 극복을 통한 민족 통합의 자주적 이상 국가 건설로 집결되어야 한다. 해방 이후 오랜 시간을 분단의 질곡에 처해 있는 우리에게 민족통일보다 우선되는 절대적 과제는 존재하지 않는다. 이제 천도교가 찬란한 전통을 회복해 계승하고, 다시금 후손들에게 자랑스럽고자 한다면 당연히 통일 운동의 전면에 나서야 한다. 동학민족통일회는 민족통일 운동에 나서는 천도교의 전위단체이다.

---

1 1860년 창도된 이래로 동학 · 천도교의 이름으로 이 땅에서 순도한 사람들의 숫자는 100만 명에 육박한다. 순교자의 종교로 평가되는 천주교의 순교자가 1만명에 미치지 못함에 비하면 동학 · 천도교의 순도자들의 피해 규모가 짐작된다. 더욱이 내용적으로도 천주교의 순교자들은 대부분 순수 종교 자유만을 주장했다면 천도교의 순도자들은 종교 자유를 넘어서는 체제 변혁을 외치다 희생당한 것으로, 순교의 질적 차이를 보이고 있다.

II. 동학의 탄생과 민족주의

1. 동학사상의 형성과 전통 이념

동학이 창도되는 19세기 중엽은 밖으로 제국주의가 강화되는 시기였고, 안으로는 조선 사회의 부패로 인한 사회 체제 전반의 붕괴가 시작되는 시대였다. 우선 대외적으로 19세기 초부터 아시아의 여러 국가들이 유럽 국가들의 식민지가 되고 있었으나[2] 극동의 나라들에서는 서양에 대한 인식이 큰 비중을 차지하지 못했다. 아직까지도 중화中華라는 전래의 동양적 사고가 지배적이었다. 그러나 1840년의 아편전쟁 이후 사정을 달라졌다. 특히 중국의 패배를 지켜본 조선의 입장은 단군 이래의 최대의 충격과 경악을 불러일으켰다.[3] 이어서 벌어진 중국의 태평천국의 난과 애로우호 사건으로 인한 영·불군의 북경 점령은[4] 조선 민중에게 세계관의 붕괴였으며, 곧이어 중원을 점령한 양귀洋鬼가 그 무력의 여세를 휘몰아 해

---

2 1802년 실론, 1852년 미얀마, 1858년 인도가 영국의 지배하로 들어갔으며, 1854년에는 인도지나 대부분이 프랑스의 식민지가 되었다.

3 金容沃, 〈새야 새야 向我에 숨은 뜻은〉, 『신동아』 90년 6월호..

4 마침 이때 조선의 사신이 이 모습을 보고 조정에 보고하니 그 충격은 극에 달했다. 특히 중국의 황제가 만주로 도망가는 모습에서 조선인들의 중화주의의 붕괴는 기정사실이 되었다.

동의 조선에까지 쳐들어온다는 풍문에 휩싸이게 만들었다. 그리고 조선에도 거의 해마다 이양선이 출범하여 통상을 강요하고 있는 상황이었으므로 그 대책 마련이 절실해졌다.

대내적으로는 23대 순조부터 25대 철종 때까지 안동 김씨의 세도정치가 극에 달하고 온갖 부패가 자행되어[5] 뜻 있는 선비들을 자포자기하게 만들고 있었으며, 때를 이은 기근과 역질은 민생을 도탄으로 내몰고 대다수 민중들을 유량민으로 만들고 말았다. 이에 민중들은 당연히 메시아적인 구원자를 갈망하게 되었고 당시 유행하던 정감록이나 홍경래의 난, 잦은 민란 등이 그들의 희망을 대변했다고 볼 수 있다. 이런 배경에서 서양의 음을 동양의 양으로 제압하려는 조선 지배층의 사고와 학정과 사회 구조적 부패에서 벗어나려는 민중의 사고가 새로운 사고를 낳은 것이다.

민족주의와 종교[6]는 원래 밀접한 관계에 있다. 왜냐하면 진정한 민족운동에는 그 민족의 양심과 역량과 지혜가 총동원되지 않으면 안 되기 때문이다. 그러므로 민족주의는 종교 또는 종교적인 것을 바탕으로 하는 경향이 있다. 종교적인 것을 바탕으로 삼지 않으면 생명을 걸고 싸울 수 없기 때문이다. 동학의 창도 역시 종교가 출

---

5 당시 사회상의 일단을 황현의 『매천야록』은 "10만냥이 있어야 과거급제하고 감사 자리 하나에도 2만냥이 있어야 하는데 그나마 안동 김씨만 가능하다."고 적고 있다. 황현, 『梅泉野錄』 국사편찬위원회 영인본, 1971.

6 종교란 한자로 마루종(宗- 모든 사물의 으뜸), 가르칠 교(教-모든 이치를 가르침)라고 하여, 결국 '모든 가르침 중에서 으뜸 가는 가르침' 이 종교의 의미이다. 오익제 편저, 『천도교 요의』, 천도교중앙총부 출판부, 1986, 157쪽.

발이었다.[7] 이런 의미에서 동학은 종교 민족주의로 시작되었다고 볼 수 있다. 민중의 일인으로 태어난 수운 최제우는 도탄에 빠진 민중을 구하기 위해 두루 학문을 접하면서 드디어 서학과 유학의 대결은 유학의 패배로 결정 났다고 생각한다.[8]

그러나 서양의 침범은 어떻게든 막아내야 했다. 이러한 지상 과제 밑에서 수운은 '사필귀정'한다는 천리를 믿고 '지성감천'한다는 천심을 믿음으로써 새로운 종교적 체험을 하게 되는 것이다. 즉, 수운은 21세 때(1844년)부터 10여년 간 세상을 주유천하周遊天下하면서 구도 생활을 하는데 이때 조선사회의 부패와 사회 제도의 모순을 뼈저리게 느끼어 그의 사상적 기반을 형성하게 된다.

수운은 이러한 절망적인 상황을 오로지 어떤 절대적인 존재의 뜻으로 돌리고 있다. 이제 그는 그의 모든 것을 절대적인 존재, 곧 한울님에게 걸고 있다. 이러한 절대적인 견지에서 수운은 드디어 어떤 결정적인 종교적 체험을 하게 되었다.[9] 그것을 바탕으로 그는 새로운 종교를 내세우게 되었으니[10] 그가 받은 놀라운 가르침을 '하느님의 가르침'(천도)이라고 하여 성인이나 부처의 가르침과 굳

---

7 노태구, 「동학사상의 연구」, 『행정론집』 9집, 경기대행정학회, 1987, 19-20쪽.

8 『용담유사』, 「교훈가」 ; "유도 불도 누천년에 운이 역시 다했던가."

9 최동희, 「수운의 기본사상과 그 상황」, 이현희 엮음, 『동학사상과 동학혁명』, 청아출판사, 1984, 111쪽.

10 노태구, 앞의 글, 29쪽. 수운의 종교적 신비적 체험에 대해서는 많은 글들이 그것을 묘사하고 있다. 특히 천도교의 고전인 李敦化, 『천도교창건사』, 천도교중앙총부, 1993 (경인문화사 역인본, 1973), 1편, 11-17쪽; 오지영, 『동학사』, 영창서관, 1940 (아세아문화사 영인본, 1973), 1장, 2-4쪽 참조.

이 구별하려고 했다. 그리고 그가 받은 것은 한울님의 가르침이지만 이것을 이 땅에서 펼 것이므로 동학[11]이라고 하였다.

수운은 이후 7~8개월 동안 지속적으로 종교 체험을 해 가면서 더욱 체계적으로 교리와 사상을 다듬어 갔다. 동학사상은 지식층을 위한 한문의 『동경대전』과 민중을 위한 한글의 『용담유사』로 집성集成되었다.[12] 수운은 동학을 기존의 유·불·선과 서학을[13] 비판하면서 그 원류에 천착하여, 그 사회 경제·정신적 제조건을 감안한 보다 차원 높은 정치사상을 탄생시킨 것이다.[14] 수운은 종교 체험을 한 1860년 이듬해인 1861년부터 동학의 포덕布德을 시작했다.

뜻밖에도 동학을 포덕하자마자 사람들이 사방에서 구름처럼 몰려왔다. 이것은 이 무렵의 우리 사회 현실이 너무나 어수선하여 민중이 어찌할 바를 모르고 있었던 것을 암시한다.[15] 동학의 급속한

---

11 동학의 개념에 대해 신용하 교수는 서학에 엄격히 구분하는 지역과 문화를 특징으로 들고 있다. 즉, 서양의 반대인 동양이라는 지역성으로서의 동학이고, 조선 땅인 이곳 동국에서 자신이 한울의 도를 받은 것이므로 동국(조선)의 천도학이라는 것이다. 신용하, 『한국근대사회의 구조와 변동』, 일지사, 1994, 112-113쪽 참조..

12 이 같은 사실은 『동경대전』에서는 한문으로 '天主'라고 항상 쓰였고, 『용담유사』에서는 같은 뜻을 한글로 꼭 '한울님'이라고만 쓴 점에서도 알 수 있다.

13 수운은 천주교의 서적을 읽고 다음과 같이 탄식했다. "西道는 몸에 氣化하는 신이 있음을 가르치지 못하였으니 이는 진정으로 한울을 위하는 도가 아니요, 다만 개인의 이익을 도모하는 헛된 것". 오익제 편저, 『천도교요의』, 천도교중앙총부 출판부, 10-11쪽.

14 노태구, 『한국 민족주의의 정치이념:동학과 태평천국혁명의 비교』, 새밭출판사, 1981, 95쪽.

15 이때 서울에서는 7월에 전염병이 크게 나돌고 충청도와 함경도에서는 커다란 水災가 발생했으며, 9월에는 돈의문(서대문)에 임금을 거칠게 욕하는 방이 나붙어 두 명의 포도대장이 유배를 갔고, 흉년과 학정으로 도적이 곳곳에서 횡행하였다. 그러나 이보다 더 큰 사건은 1860년 중국의 북경이 영·불 연합군에 의해 함락된 사실이다. 조선민중으로서는 이보다

전파는 이처럼 당시의 내·외적 시대 상황과 밀접한 관계를 가지고 있다. 특히 수운이 가르치고 있는 동학의 정신에는 우리 민족이 수천년을 간직하고 실천해 왔던 민족 고유의 정신[16]이 있었고 이런 점도 동학이 민중에게 쉽게 적응되고 수용된 요인이 될 수 있었다.

반만년 역사를 가진 우리 민족에게는 확실히 민족 고유의 정신 문화가 있으니 특별히 정치사상 측면에서의 조화와 화합을 주목하고자 한다. 민족의 문화 양식 중에서도 특히 정신적 사유 세계는 그것을 관념화하고 이론화하는 작업을 거쳐 고유한 사상 체계로 만들어 내고 민족 이념으로 승화시키는 과정을 거치게 마련이다. 한민족의 정신문화 역시 동양적 복합 변증법적인 합의 지향[17]을 통해 오랜 시간에 걸쳐 오늘의 한국사상으로 구상화된 것이다.

조화와 화합의 내용이 한국 정신문화에 계승되고 있는 이유를 현상윤은 우리 민족의 출발이랄 수 있는 신시神市에서 찾고 있다. 즉, 신시에서의 네 개의 축이 만나고 있다. 하늘이 만물에 베푸는 은혜, 아비가 아들에게 가지는 사랑의 두 축과 사람이 하느님을 섬

더 큰 사건이 없었다. 최동희, 앞의 글, 114-115쪽 참조.

16 민족의 고유성이란 유형·무형의 것을 포함하여 민족의 본질에 관계되는 것으로 민족정신이나 혼이 그 핵심이라고 할 수 있다. 최준석, 「민족과 문화」, 민족주의연구회, 『민족현실』 창간호, 1995, 167쪽.

17 동양사회의 복합 변증법적 전개는 동양사회가 고대부터 諸민족의 관계 속에서 복합적인 시대사를 전개시켜 문화, 정치, 사회의 혼재가 일반화된 사회, 즉 인간 일반의 평등적인 지향이 실생활에 그대로 나타났다는 의미이다. 이것은 서구사회의 변증법적 발전이 끝없는 정반합의 지속인 이른바 단순 변증법에 대비되는 개념이다. 김영두, 『한국정치사상사·동서정치사상사』, 한국정치사상연구원, 1987 참조.

기는 공경, 자식이 부모를 받드는 효의 두 축이 만난다는 것이다. 따라서 여기서는 화친과 인애, 책임과 질서가 유지되는 제정일치의 사회가 형성된다. 이 신시의 사고야말로 한국사상의 평화 지향적인 화합적 사고의 출발점[18]이라는 것이다. 이러한 조화와 화합 이념이 최초로 표출된 것이 단군사상에서의 천인합일天人合一 논리이고, 홍익인간弘益人間 재세이화在世理化의 지상천국사상地上天國思想이다. 특히 천인합일의 정신적 전통은 근대 동학의 인내천 사상으로 계승되고 있음이 주목된다. 그리고 홍익인간의 지상천국은 동학의 교정 일치敎政一致 후천개벽사상後天開闢思想으로 이어졌다.

이러한 한국 고유의 사유 체계는 이후 국난의 위기에서마다 역할을 다하니, 삼국통일의 혼란을 극복한 원효의 화쟁사상和諍思想이나 고려불교의 교敎·선禪 갈등을 통합시킨 보조국사 지눌의 교관겸수敎觀兼修·정혜결사定慧結社운동, 조선 성리학의 오랜 당파성을 극복해 조선 특유의 유학을 완성한 퇴계·율곡의 학문 그리고 실학의 민본주의적 실사구시 학문 등은 모두 한국적 정신문화의 유산들이자 나아가 한국적 정치사상들이었다. 근대 말에 출현한 동학사상 역시 같은 맥락으로 이해되어야 한다. 삼위일체인 단군사상에서부터 성리학의 한국적인 독특한 통합 이론까지는 결코 별개로 각 시기에 돌출된 이념일 수 없는 것이었다. 왜냐하면 한민족에게는 이미 그 같은 사고가 전제되어 있었기 때문이다. 그래서 단군사상은

---

18 현상윤, 『조선사상사』, 민족 문화사, 1986(영인본), 13-14쪽.

원효의 화쟁사상으로 이어졌고, 고려를 불교국가답게 문화적·정신적으로 통합시킨 지눌의 정신에서도 살아났으며, 이것이 퇴계와 율곡에서 화합과 통합의 사상으로 표현되었던 것이다. 이들이 한국 민족주의 정치 이념과 사상의 주류를 이룬 것으로 보인다.[19]

동학사상 역시 이러한 한국 고유의 정치 이념을 실천적으로 계승한 한국 민족주의의 전형이랄 수 있다. 그것은 동학의 실천 속에서 여실히 증명되고 있다.

또한 그것은 민중적 사고와 민족의식의 확산으로 이어진다. 즉, 도탄에 빠진 민중에게 동학사상은 확실히 기존의 성리학적 신분 질서를 강요하지 않고, 오히려 오랜 신분적 질곡의 극복 방법을 제시하며, 나아가 민중에게 비로소 자신들이 이 땅의 주인임을 자각하게 한다. 그러나 수운은 실제로 포덕 세 해 뒤인 1863년 3월 대구에서 처형됨으로써 이후의 동학의 전파와 실천은 2세 교조 해월 최시형의 임무가 되었다.

하나의 종교나 사상이 존속되고 전파되려면 그 진실을 담아낼

---

19 여기서 한 가지 지적할 것은 전통과 인습에 대한 것이다. 즉, 전통과 인습은 과거로부터 이어져 온 것에는 동의어이고 특히 전통 부정론자들은 이 둘을 완전한 동의어로 사용하고 싶어한다. 趙芝薰의 전통과 인습 규정을 살펴보면 "인습이란 역사의 代謝機能이 있어서 부패한 자로 버려질 운명에 있고 또 버려야 할 것이지만, 전통은 새로운 생명의 원천으로서 살려서 이어받아야 할 풍습이요, 방법이요, 눈인 것이다. 전통이란 역사적으로 생성된 살아있는 과거이지만 그것은 과거를 위해서가 아니라 도리어 현실의 가치관과 미래의 전망을 위해서만 의의가 있는 것이다. 전통은 새로운 창조의 재료요, 방법이며, 전통은 새로운 주체요, 가치인 것이다."라고 한다. 다시금 전통의 의미를 되새겨 보아야 한다. 조지훈, 『한국문화사 서설』 탐구당, 1964, 214-215쪽 참조.

조직이 필요하고 그 진리의 실천 속에서 자기 수정을 수없이 거쳐서 민중에게 입증되는 것이다. 이후 해월은 장장 36년이라는 긴 세월을 민중 속에 살며 포덕한다. 이때에 동학은 비로소 접제와 포제를 확립하는 조직을 정비하고, 해월 스스로의 실천을 통한 사상의 전파가 이루어지니, 특히 해월의 민중적 삶이 한국 민족주의가 민중주의를 지향해야 한다는 대전제를 완성했다고 할 수 있다.

수운의 시천주 사상侍天主思想을 구체화하여 사람을 하늘처럼 섬기라는 사인여천事人如天의 생활을 몸소 실행한 것이 바로 그것이다.[20] 이 같은 해월의 노력을 이해하지 못하면 왜 갑오년에 조선을 경천동지驚天動地하는 동학혁명이라는 민중봉기가 일어났는가 하는 것을 이해할 수 없다. 다시 말해 해월의 행적을 통해서 동학사상의 목적이 완수되는 것이니, 천하분란天下紛亂하고 민심효박民心淆薄하여 막지소향지지莫知所向之地(어디로 가야 할지 모르겠다)[21] 하는 백성을 위한 극복할 보국안민의 계책이 필요하였으므로 그에 부응하여 동학사상이 새롭게 등장하게 된 것이다.

---

20 해월의 행적은 곳곳에서 나타난다. 베틀을 짜고 있는 徐씨의 며느리를 '한울님'이라고 가르치고 방문하는 객도 한울님이 오신다고 했으며 아이들을 때림은 천주를 때리는 것이라고 했다. 또한 그 위험한 피신 행각 중에도 나무를 심고, 새끼를 꼬았으며 이사를 할 때도 사용하던 세간살이를 모두 두고 떠나면서 세상 사람들이 모두 이렇게 하면 이사처럼 편한 것이 없을 것이라고 했다.

21 용담연원, 『천도교 약사』, 보성사, 1990, 167쪽 참조.

2. 동학의 민족운동과 민족주의

내셔널리즘[22]으로 통칭되는 민족주의, 국민주의, 국가주의가 언제부터 쓰였는지는 분명치 않으나 종래에는 대체로 19세기 초로 보고 있었지만[23] 근자에는 좀더 일찍부터 사용되고 있었음이 밝혀지고 있다. 따라서 민족주의에 관한 개념 규정도 다양하게 이루어지고 있다.[24]

서구의 경우 민족주의 연구 경향과 이에 대한 인식은 급격한 변화를 겪었다. 1차대전 이후에 한스 콘, 칼톤 헤이스, 휴 시톤 왓슨 등과 같이 초기 연구를 주도해 왔던 이론가들은, 민족을 인간 사회가 역사적으로 발전하는 과정에서 인간 삶의 토양에 사회적으로나 정서적으로 가장 깊이 뿌리를 내리는 그러한 공동체를 만드는 집단으로 이해하였다. 그리고 민족주의는 이들 집단이 주체적 자각을 통하여 얻게 되는, 나아가 그러한 의식 상태를 갖게 될 뿐만 아니라 갖지 않으면 안 되는 정신적·심리적 상태로 인식하였다.[25] 이

---

22 유럽에서 이 낱말이 처음 나타난 것은 1409년에 세워진 독일의 라이프찌히 대학교에서 교수진을 구성하고 있는 네 개의 '나치온들'(Nationes) 중의 한 '나치온' 성원들의 공동 이익을 지키기 위한 조합을 지칭하는 데에서 시작되었다. 차기벽, 『민족주의원론』, 한길사, 1990, 64쪽.

23 C. J. H. Hayes, *Essays on Nationalism*, N.Y : Macmillan Co., 1926, p.5.

24 민족주의 개념에 관한 다양한 정의는 심리설, 사상설 그리고 운동설로 나누어 설명된다. 이것에 관해서는 차기벽, 앞의 책 참조바람.

25 Hans Kohn, *The Idea of Nationalism: A Study in its Origin and Background* (New York: 1944),

러한 관점에 따른다면 민족과 민족주의는 가장 자연스럽고, 역사적이고, 규범적이기 때문에 보편적인 하나의 사회집단이며 이 집단이 내장하고 필연적으로 표출하게 되는 의식 상태였던 것이다. 인간이 군집을 이루고 하나의 사회 공동체를 구성하면서 살 수밖에 없다면, 그것은 거의 인간 존재의 본성처럼 보인다.

그러나 최근 연구의 주 경향은 민족이 민족주의를 발현시킨다는 명제를 완전히 전도시키는 내용이었다. 어네스트 겔너, 안소니 스미스, 찰스 틸리, 파타 차터지, 베네딕트 앤더슨, 에릭 홉스봄 등이 그들인데,[26] 이들에게 있어 민족과 민족주의는 홉스봄이나 겔너의 지적처럼 '발명품' 이거나 앤더슨의 '상상된 공동체'[27] 이상이 아니었다. 이것은 겔너의 "민족주의는 사실 그런 식으로 스스로를 나타낸다 하더라도 오래되고 잠재적이고 동면하는 힘의 각성이 아니라, 그것은 사실에 있어 깊숙이 내면화하고 교육으로 이루어진 고급문화, 그리고 이들 각각이 자신의 국가에 의해 보호되는 새로운

Nationalism: Its Meaning and History (New York : 1955) ; Carlton B. Hayes, *Essays on Nationalism* (New York : 1926), *The Historical Evolution of Modern Nationalism*(New York : 1931).

26 Ernest Gellner, *Thought and Change* (London, 1964)와 이 책의 7장인 "민족주의"에 관한 번역, 백낙청 엮음, 『민족주의란 무엇인가』, 창작과 비평사, 1981. 「근대화와 민족주의」, 127-165쪽; Anthony Smith, *Theories of Nationalism* (London : 1983, 2nd ed.), *State and Nation in the Third World: The Western State and African Nationalism* (Brighton, Sussex: 1983); Eric J. Hobsbawm, *Nations and Nationalism since 1780* (Univ. of Cambridge Press, 1990) ; Charles Tilly(ed.), *The Formation of National States in Western Europe* (Princeton : 1975) ; Partha Chatterjee, *Nationalist Thought and the Colonial World: A Derivative Discourse* (Tokyo: 1986).

27 Benedict Anderson, *Imagined Communities: Reflections on the Origin and Spread of Nationalism* (London: Verso Editions & NLB,1983), pp.15-16.

형태의 사회 조직의 결과"[28]라는 민족주의의 정의에 잘 반영된다. 이러한 견해를 따른다면 민족주의는 사회를 정치적으로 조직하는 하나의 방법을 지칭하는 정치적 이념과 신조에 불과한 것이다.

그러나 이러한 서구의 시각과 달리 이민족의 침탈을 통해 민족 의식이 형성된 국가에서의 민족주의는 민족의 생존과 직결된 운명 공동체로 등장한다. 즉 민족주의를 마루야마 마사오(丸山眞男)의 "민족의 독립과 발전 및 통일을 지향하는 이데올로기와 운동"[29]이라고 정의했을 때, 모든 민족주의는 각 민족[30]의 민족운동으로 구체화된다.[31] 민족운동의 담당자는 항상 억압과 수탈의 대상에서 벗어나고자 몸부림치는 민중들일 수밖에 없다. 그래서 그들의 요구는 언제나 전체 민족의 자주 자립과 해방이라는 요청과 합치된다. 따라서 민족운동의 담당자로서의 민중의 민족주의가 그 나라의 민족주의로 실체화될 때만이 민족의 자주 자립, 통일된 민족 국가의 수립과 발전이라는 민족주의적 요구의 실현이 가능해진다.

역사적으로 봐도 민중을 기반으로 해서 비판 세력이 주창하는 민족주의는 세계 지배 체제나 외세에 대해서는 저항성을 띠고 대

---

28 Ernest Gellner, *Nations and Nationalism* (Cornell Univ. Press, 1983), p. 48.

29 丸山眞男, 『現代政治の思想と行動』(增補版), 未來社, 1973, p. 274.

30 민족과 민족주의의 발생과 관련한 서구학계의 영속주의자(perenialists)와 근대주의자들(modernists)의 논쟁에 관해서는 A. D. Smith, "The Problem of National Identity: Ancient, Medieval and Modern?", *Ethnic and Racial Studies*, vol. 17, no. 3, 1994 참조 바람.

31 그래서 80년대 이후 많은 연구가 민족운동과 민족주의론을 연결하는 작업으로 이어졌지만 아직도 구체적인 실제 민중의 생활 세계적인 차원의 연구는 부족한 상태이다.

내적으로 민중 지향성 내지 민주적인 성격을 지닌다. 이에 반해 지배계층이 주장하는 민족주의는 대외적으로는 외세 의존성을 나타내고 대내적으로는 권력 지향성 내지 독재성을 띤다. "민족주의가 일부 지배층의 이데올로기로 되었을 때, 민족주의의 내용은 추상화되고 관념화되며 공허하게 되어 왔다.…진보적이고 저항적인 민족주의는 민중에 의하여 추진되어 왔다. 이러한 민족주의는 민중의 구체적인 요구의 표현으로 나타났다. 그러므로 이러한 민족주의는 민중의 자유·평등·평화에의 요구를 반영하는 이데올로기이다."[32]라는 것이다.

진정한 민족주의는 민중의 요구가 절박하게 제시되고 있는 민중 중심의 민족운동에서 가장 극렬하게 표출된다. 우리의 근대사에서도 서세동점에 대항했던 척사위정론이나 청국의 지배로부터 벗어나려 했던 급진 개화론은 피재배 계층인 민중과는 유리된 지배 계층의 정치 이론이었기에 한계를 지닐 수밖에 없었고, 허망한 실패로 끝날 수밖에 없었다.[33]

역시 한국의 민족주의가 온전한 모습을 갖추고 꽃피었던 것은 1894년의 동학혁명을 통해서였다. 동학혁명은 한국의 민중(농민)이 주체가 되어 일으킨 민족주의 운동이었다. 그런가 하면 동학운

---

32 안병직, 『삼일운동』, 한국일보사, 1975, 30-31쪽.
33 이런 차원에서 한국 민족주의는 소수의 각성된 지배층과 서구의 근대교육을 받은 부르주아 및 쁘띠부르주아 지식인의 위로부터의 개혁과 민중의 밑으로부터의 혁명이라는 2중적 구조였다는 일부 학계의 지적은 안이한 탁상의 발상이라 아니할 수 없다.

동은 민중에 의한 반제국주의적(반외세적)이고 반봉건적(민주적)인 정치 운동이었다. 이러한 한국 민족주의로서의 동학의 등장은 다음의 역사적 두 도전에서 출발한다.[34]

그 첫째는 외부로부터 들어온 도전으로서 선진 자본주의 열강의 침입의 시작이 그것이었다. 이 외부로부터의 선진 자본주의 열강의 도전은 한민족에 대하여 민족 사상 가장 위협적이고 응전하기 어려운 도전이었다. 왜냐하면 약 1백년 전에 벌써 산업혁명과 시민혁명을 치렀던 서구의 이 도전은 그 궁극이 조선을 제국주의의 식민지로 점유해 버리려는 도전이었을 뿐 아니라 산업혁명을 거친 근대 체제에 의한 이질 문명의 도전이었기 때문이었다.

둘째의 도전은 한국의 민족 사회 내부에서 나온 도전으로서, 민중(특히 농민층)의 가렴주구 폐지와 양반 신분 사회 폐지 요구가 그것이었다. 1811년 홍경래 난을 하나의 전환점으로 해서 그 후 해마다 끊임없이 대·소규모의 민란이 일어났으며, 1862년의 진주민란은 체제 개혁을 요구하는 밑으로부터의 농민 폭동의 대표적 사례였다. 또한 농민층을 선두로 한 광범위한 하위 계층의 신분 체제에 대한 불만은 당시의 사회 질서의 근본적 개혁을 요구하는 커다란 사회적 긴장과 갈등의 요인이 되고 있었다. 동학은 이것들에 대한 민중적 요구의 형태로 등장했다.

수운에 의해 창도된 동학은 출발부터 이러한 대내·외의 도전에

---

34 노태구, 「세계화를 위한 한국 민족주의론」, 앞의 책, 178-179쪽 참조.

대응할 유일한 세력을 민중으로 정한다. 따라서 그들의 활동은 자연 민족운동을 수반할 수밖에 없었다. 그리고 수운의 이러한 시도는 조선 민중에게 최초로 '왜 내가 세상의 주인'인지를 체계적으로 인식케 한 것이다. 실제로 수운의 동학이 민중에 미친 영향은 다음과 같이 정리할 수 있다.[35]

첫째, 사람은 위대하다. 수운은 무궁한 힘을 가진 하느님만을 믿으라고 강조한다. 그리고 하느님에게 정성을 다하고 한울님을 진심으로 공경하면 하느님은 그 사람에게 감응하게 된다는 것이다. 그리하여 사람은 하느님으로부터 '무극대도'를 받을 수 있다. 여기서 한 가지 주의할 점은 이 '무극대도'를 받는다고 할 때에 두 가지 뜻이 있다는 것이다. 즉 최제우가 처음으로 무극대도를 받았다는 것이 그 하나의 뜻이요, 이렇게 받은 무극대도를 동학 교도들이 소정의 수도 과정을 거쳐 받는다는 것이 또 하나의 뜻이다. 후자의 뜻으로는 사람은 누구나 동학을 믿음으로써 무극대도를 받을 수 있게 된다. 혹은 조화를 부리고 만사를 깨달을 수 있다는 것이다. 그런데 동학을 믿는다는 조건에 격식이 없었다. 가문이나 신분의 구별의 없음은 물론 학식이나 재질 같은 조건도 요구되지 않았다. 따라서 일반 민중이 마음만 있으면 쉽사리 실행할 수 있었다.

이러한 가르침은 사람들에게 큰 희망과 용기를 주었다. 특히 봉건 사회의 붕괴 과정에 휘말려 불안에 떨고 천대에 설움 받던 민중

---

35 이하는 최동희, 「종교와 민족주의」, 한국사상연구회 편, 『한국사상강좌』9, 1968, 136-139쪽을 참조 함.

에게 큰 희망과 용기를 주었을 것이다. 19세기 말의 동학운동(반봉건투쟁)이나 20세기 초의 3·1운동에 참여한 우리 민중들은 적든 많든 이러한 수운의 가르침의 영향을 받고 있었다. 위대한 사람이 바로 나라는 인식은 우리 사회의 최초의 근대의 출발이었다.

둘째, 사람은 존엄하다. 수운은 사람은 누구나 한울님을 모실 수 있고 또 모셔야 한다고 가르쳤다. 사람은 하느님을 먼 데서 구할 것이 아니라 사람 안에서 구해야 한다는 것이다. 네 몸에 모셨으니 사근취원捨近取遠 하단말가? 이렇게 가장 거룩한 존재인 하느님에게 가장 가까운 것이 우리 인간이다. 가장 거룩한 하느님을 모시고 있는 인간이라면 역시 그 자체도 거룩하지 않을 수 없다. 이와 같이 수운은 사람은 누구나 하느님을 모실 수 있다고 가르침으로써 인간 자신의 존엄성을 알게 했다.

수운은 사람을 문벌이나 학벌을 떠나서 그 자체로서 존엄하다고 보았다. 이러한 가르침은 양반들로부터 인간 이하의 대우를 받고 있던 민중들이 떳떳한 인간으로서의 긍지를 가질 수 있게 했을 것이다. 이러한 가르침은 양반과 평민을 마치 씨가 다른 듯이 보는 조선조의 봉건적 계급 체제를 무너뜨리는 데 하나의 사상적 뒷받침이 되었고 민족적 우월감을 전제로 한 일제의 압제를 물리치려는 민족운동의 한 뒷받침도 되었다.

셋째, 소원은 다 이루어진다. 수운은 하느님만 잘 믿으면 무극대도를 받는다고 가르쳤다. 그것을 받으면 어떻게 되는 것일까? 조화를 부리고 만사를 깨닫는다고 한다. 조화를 무엇으로 해석하느냐가 문제이기는 하나 조화를 부린다는 것이 어떤 놀라운 위력을 발휘하는 것을 가리킨다는 것은 의심할 수 없다. 만사를 깨닫는다는 것은 역시 놀라운 지력을 발휘한다는 것을 뜻할 것이다. 이렇게 수운은 민중에게 위대한 미래를 약속하였다.[36] 그는 화려한 미래 사회를 약속함으로써 현실 사회를 부정하는 혁명 정신을 불러 일으켰다. 특히 사후의 정복淨福 같은 것을 약속하지 않았다는 점이 주목된다. 좀 막연한 것이기는 하나 어디까지나 현세의 이상사회를 약속했다. 이것은 민중으로 하여금 내면성에 침잠하게 하는 것이 아니라 사회 현실에 앞장서 참여·투쟁케 하는 데 영향을 끼쳤을 것이다. 실제로 동학의 민족운동은 이러한 민중에 직접 영향을 주면서 출현했다.

동학의 민족운동은 우선 서구 열강의 힘의 원천을 서학에 있다고 보고 서학에 대항하는 민중적 민족종교를 만들어 포교함으로써 이에 응전하고자 한 것이다. 아울러 척왜양과 함께 탈중화脫中華의 문제의식을 갖고 있어 위정척사사상과는 달리 중국에 대한 자주의식을 강하게 갖고 있었다.[37] 또한 수운은 민족 위기를 단순히 대외

---

36 경전의 다음과 같은 대목이 특히 그러하다. "열세 자 지극하면 만권 시서 무엇하며 心學이라 하였으니 不忘其意하였어라 현인군자될 것이니 道成德立 못 미칠까."(『용담유사』 「교훈가」) "誠敬二字 지켜내어 차차차차 닦아 내면 무극대도 아닐런가. 時乎時乎 그때 오면 도성덕립 아닐런가."(『용담유사』 「도수사」) "십이제국 괴질운수 다시 개벽 아닐런가."(『용담유사』 「안심가」) "하원갑 지내거든 상원갑 호시절에 만고없는 무극대도 이 세상에 날 것이니… 너도 또한 年淺해서 억조창생 많은 백성 태평곡 격양가를 不久에 볼 것이니 이 세상 무극대도 永世無窮 아닐런가."(『용담유사』 「몽중노소문답가」)

37 수운의 유교에 대한 문제의식이나 동학혁명군의 격문 등을 보면 斥倭, 斥洋, 斥華는 같은 의미였다.

적인 것으로만 한정하여 보지 않고 대내적으로도 민중이 도탄에 빠져 위기가 조성되었다고 보는 데 특징이 있었다. 따라서 수운은 밖으로 보국할 뿐만 아니라 안으로 동시에 안민하고 광제창생해야 민족의 위기를 타개할 수 있다고 주장하였다.

수운은 특히 도탄에 빠진 절대 다수의 농민층에 큰 관심을 쏟았다. 수운은 시천주 사상과 인내천 사상을 정립하여 독특한 평등사상을 형성해 양반 중심 신분제를 폐지[38]하려고 노력하였다. 이 평등의 실현이야말로 당시 민중들의 최고의 염원이었고 그것을 통한 체제 개혁으로 이상사회를 건설하고자 했다. 당시의 봉건 사회 질서와 외세가 범람하는 상황에서 동학의 모든 염원은 민중들을 주체로 한 민족운동으로만이 실현될 수 있었다. 몇 차례의 집단 민원이 거부되자 마침내 1894년의 노도와 같이 떨쳐 나선 민중의 반봉건·반외세의 함성은 진정한 한국 민족주의의 서곡이었다. 그것은 한민족사에서 최초로 경험한, 전국 규모로 조직된 밑으로부터의 근대 민족주의 운동이었다.[39] 이러한 민족운동은 천도교의 민중적 개화운동과 민족적 항일운동으로 계승되고 그것은 한국 민족주의의 거대한 흐름으로 자리매김했다.

---

38 수운은 자신이 데리고 있던 두 여종을 한 명은 자신의 큰며느리로 삼고, 다른 한 명은 수양딸로 삼았다 동학의 평등은 이처럼 구체적이었고 실천적이었다.
39 김운태, 「한국 민족주의의 회고와 반성」, 『민족지성』 1987년 8월호, 44쪽.

3. 동학사상의 민족주의적 성격

동학은 그 이름 자체가 서학에 대응하는 개념으로 창안되었을 정도로 민족주의적 성격을 가지고 있다. 또한 동학은 서양의 침략에 대해서만 경계심을 가지는 것이 아니라 중국 문화의 전통에도 도전하고 있다. 이처럼 유구한 중국의 문화 전통에 도전했다는 점에서 동학은 참다운 한국적 민족주의를 대표한다고 할 수 있다.

동학의 경전에 숱하게 등장하는 '왜놈, 되놈, 서양인'에 대한 수운의 적개심은 당시 기층 민중에게 있어서는 거의 절대적이었다. 만일 이 감정이 중국에 대한 충성을 감싸고 있다면 그 역시 사대주의이다. 이 사대주의의 속성을 극복할 때 비로소 우리의 민족주의는 그 이념적 역할을 다하는 것이라 할 수 있다.[40] 따라서 서양을 거부하며 전통적 중화사상을 초극하는 동학사상은 한국 민족주의의 정치 이념의 최고봉이라 할 수 있다. 특히 한국을 바탕으로 한 전통 사상의 맥인 조화와 화합을 계승해 인류의 미래상까지를 제시했다는 세계사적 의의를 가지고 있는 것이다.

수운의 사상이 본래 지녔던 속성이 높은 이념성과 함께 시대적 상황으로 인한 짙은 민족주의 색채가 전제되고 있었음은 익히 설

---

40 특히 "儒道 佛道 累千年의 運에 역시 다했던가!"라는 표현에서 동학은 기존의 동양 문화의 한계를 실감했음을 알 수 있다. 노태구, 「동학사상의 연구」, 앞의 책, 36쪽 참조.

명되어 왔다. 더욱이 동학의 전개사는 서세동점이라는 약육강식의 현실을 합리화한 서구 제국주의의 전성기와 겹치고 있으며 한편 재빠른 학습 실천자였던 일본이라는 외세마저 뒤얽혀 백주에 먹이를 놓고 난투를 벌이는 말세와 망국적 상황이 점철된 시기이기도 했다. 이러한 상황에서 전래의 논리나 지혜는 이미 한계를 드러내고 있었고, 난국을 수습할 지도층이 재개편되지도 못했던 말기의 상황이었다. 이러한 조건에서 태동하고 성장한 동학은 어쩌면 위기와 전환기의 기사회생의 진단이자 상황 극복의 처방이었다. 시대 배경이 동학에 짊어지운 멍에가 어쩌면 운명적으로 민족주의 성향을 짙게 하였음도 간과할 수 없다.

수운은 지금까지의 성리학 사상 체계처럼 상의하달이라는 종속적·하향적 구도에서 진행되던 신분 질서에서 벗어나 민중이 주체가 되는 만인 평등과 인간의 존엄성을 확인함으로써 한국 역사상 최초로 조직적이고 체계적인 본격 대중·민중운동, 민권 자각운동의 토대를 마련했다. 그러므로 수운이 지녔던 사상, 이루고자 했던 이상, 실천했던 행위 규범은 그것이 바로 인간에의 자각이며 생명에의 존엄의 선언이었다. 근대 민족 사상으로서의 수운의 동학사상은 진보적 세계관과 구체적 실천성 그리고 민중주의적 시각 등으로 인해 한국 민족주의의 전형이 된다고 할 수 있다.

첫째, 동학의 우주관으로 이른바 후천개벽의 근거를 우주 진화의 법칙에서 찾고 있다. 성리학의 역사관은 음양 오행이나 주역에 의거한 순환사관이었고, 서양 기독교의 사관도 종말론이라는 직선적 해석이었다. 이미 몰락하는 조선왕조에 대해 새로운 순환을 기

대해야 하는 조선 민중의 체념적 역사의식에 수운은 새로운 희망이 넘치는 개벽의 세계관을 제시했다.[41]

조선 민중의 사명은 보국안민에서 출발하지만 나아가야 할 방향과 종착지는 광제창생해서 동귀일체하는 것으로 지금까지의 봉건적 신분제도, 관존민비, 적서 차별, 남존여비를 부정·극복하는 인간 존엄의 천인일여天人一如를 구현하는 데 있다. 이러한 사상 형성은 수운의 우주관과 밀접하게 연결되어 있다. 즉, 『동경대전』「포덕문」에서 수운이 밝히고 있듯이, 태고부터 봄과 가을이 갈아들고 네 계절이 성하고 쇠한다는 것이 규칙적으로 이루어진다는 것이다.[42] 이러한 정밀한 우주 세계는 저절로 이루어지는 것이 아니라 누군가 혹은 초자연적인 힘에 의해 이루어진 것이고 그 초자연적인 힘이 바로 하늘의 주인이 천주이다. 이 안에서 인간을 위시한 식물계·동물계를 통틀어 우주 만상을 살아 있는 생명체로 보고, 그러한 모든 것은 각각 분리되어 있는 것이 아니라 온전히 하나의 통일체로서 사는 것으로 보았다. 따라서 수운이 '지기至氣'는 그 빈 영기〔虛靈〕가 푸르고 푸르다고 한 것은 억천만물이 개별적으로 분화되기 이전의 우주는 허즉기虛卽氣, 기즉허氣卽虛라는 것이다.[43]

---

41 특히 수운이 제시하는 개벽은 人文開闢이라는 점에서 더욱 한국적 문화 민족주의로서의 의의를 가지고 있다 할 수 있다. 노태구, 『세계화를 위한 한국 민족주의론』, 앞의 책, 273쪽.

42 『동경대전』「포덕문」; 蓋自上古以來 春秋迭代 四時盛衰 不遷不易 是亦 天主造化之迹 昭然 于天下也.

43 『동경대전』「논학문」.

'기의 무궁(窮極)'에 이른 '지기'에서 이것은 '비어 있는 영〔虛靈〕으로서 미묘하고 아득하면서도〔虛靈蒼蒼〕', '모든 사물을 간섭하고〔無事不涉〕' '모든 사물에 두루 미치는〔無事不命〕' 것인데, 형체도 없고 볼 수도 없는, 만상이 갈리기 이전의 '순수한 원래의 한 기〔渾元一氣〕'라고 설명한 것이었다.[44] 즉 동학의 지기는 단순한 물질적 본체로의 기운이 아니고 정신을 그 속에 내포하고 있는 우주의 궁극적인 본질을 의미하는 것이다. 우주 만물은 모든 공통의 원리를 갖는 하나의 영체靈體이자 하나의 생명체라는 의미의 지기인 것이다.[45] 따라서 지기는 우주 본체의 원기, 활력, 영기를 뜻하는 기가 된다.

수운은 천주라는 것을 기독교의 하느님처럼 그 어떤 초자연적인 신으로 간주한 것이 아니라 지기로 보았다. 그는 기를 신적인 존재로 신비화한 토대 위에서 지기에 의해 이루어진 모든 사물, 하늘, 자연이 곧 신이라는 결론을 도출해 냈다. 즉 그는 '지기' '천주' '인간'의 3자는 다 같은 것으로서 지기는 천주이고 천주는 곧 인간이라고 말했던 것이다. 그는 여기서 신을 자연 가운데 해소시키려는 범신론적 사상 요소와 사람의 지위를 신과 동등한 계열에 놓으려는 사상을 제기하고 있다.[46]

---

44 신용하, 『한국근대사회사상사연구』, 일지사, 1987, 152-153쪽. 신용하 교수는 여기서 지기를 일종의 힘, 기운, 즉 현대적 의미의 에너지로 설명하고 있다.

45 임운길, 「동학에 나타난 자연관과 세계관」, 한국불교환경교육원 엮음, 『동양사상과 환경문제』, 모색, 1996, 184쪽.

46 이른바 天 = 至氣 = 人이 되는 의미에서의 지기일원론으로 이는 천인 합일 사상의 사상적 토대가 되고 있다. 신용하, 앞의 책, 153쪽.

수운의 우주관은 이처럼 전래의 자연적·운명적 반복 순환의 우주관에서 벗어나 낡은 선천을 딛고 밝은 후천의 전개라는 사상으로 민족의 에너지를 변화·성장에로 수렴했다.[47] 그리고 그 개벽의 주인으로 한울과 같은 존재로서의 인간을 상정한 것이다. 19세기 말의 암울한 상황에 처해 있던 민중들에게 삶의 가치를 어떻게 구현하게 하느냐 하는 문제에 수운은 인간이 우주의 주인이며 또한 우주의 중심이라는 '인내천人乃賤'이 아닌 '인내천人乃天'이라는 인간의 존엄성을 확인함으로써 한국사에서 꾸준히 이어져 온 인간 중심주의를 완성시켰다고 볼 수 있다.

둘째, 실천적 차원에서의 수운의 인간 평등사상은 극단적 차별구조에서의 해방을 갈망하던 민중의 갈등과 불만을 해소해야 한다는 의지의 분출이었다. 사람을 하늘과 같이 섬겨야 한다는 사인여천은 단순한 동등의 선언이 아니다. 인간의 존엄성이 실천될 때 비로소 봉건 윤리에서 굳어진 인간 차별에서 민주적인 평등한 서로의 만남이 이루어질 수 있다고 보았다. 그러므로 사람을 대하는 데 있어서 "모든 존재(만유)는 천주(한울님)를 시侍하고(모시고) 있는 존재이다."라는 시천주 사상이 중시된다. 특히 수운은 "시라는 것은 안에 신령神靈이 있고 밖에 기화氣化가 있어 온 세상 사람이 알아서

---

47 동학의 이러한 진보적 우주관은 마치 근대성(modernity)의 특징인 진보에의 믿음과 그 궤를 같이한다. 서구 근대성의 이 특징이 오늘의 근대적 서구를 만들었다고 포스트 모던론자들은 지적하고 있다. Derek Attridge, Geoff Bennington and Robert Young, *Post-structuralism and the Question of History* (London : Cambridge University Press, 1987) 참조.

옮기지 않는 것이다."[48]라고 하였다. 결국 '내유신령內有神靈'과 '외유기화外有氣化'를 알고 섬기는 것이 한울님을 모시는 것이 된다.

'내유신령'과 '외유기화'의 뜻을 해월은 "내유신령은 처음에 세상에 태어날 때 갓난 아기의 마음이요, 외유기화는 포태할 때에 이치와 기운이 바탕에 응하여 체를 이루는 것이니라. 그러므로 밖으로 접령하는 기운이 있고 안으로 융화의 가르침이 있다는 것과 지기금지 원위대강至氣今至願爲大降이라 한 것이 이것이니라."[49]고 하였다. 이렇게 볼 때 '내유신령'은 출생과 함께, '외유기화'는 포태할 때 성립됨을 알 수 있다. 내유신령·외유기화하는 모든 인간은 시천주의 존재로 남녀, 장유, 귀천에 따라 차별될 수 없다.

나아가 수운은 도는 먼저 대인접물에서 시작되는 것이니 사람을 대하는 데서나 세상을 기화할 수 있고 물건을 접하는 데서나 천지 자연의 이치를 깨달을 수 있다고 하여 만유萬有를 대하는 데는 공경스러운 마음가짐의 중요성을 의미한다. 수운의 삼경사상三敬思想은 인간 평등뿐 아니라 만물 평등 사상이고 만물 존엄 선언이다.

스스로가 하늘을 모시고 있듯이 다른 사람 또한 하늘로 모시는 곳에 비로소 진정한 나와 당신의 만남이 있는 것이며, 이에 사람이 하늘 되게 하는 인내천의 마음가짐이 자리한다. 동학이 창도·전파되던 그 시기에도 그랬겠지만, 오늘의 우리 사회 생활이나 교육 현장, 가정 생활에서 가장 시급한 과제가 있다면 그것은 바로 인간성

---

48 『동경대전』「논학문」.
49 『해월신사법설』「靈符呪文」.

회복이요 그 확인이며 강화라고 할 것이다. 해월의 법설 십무천十毋天[50]은 '천'의 표기를 사람으로 바꾸어 읽는다면 그것이 곧 인간 존중, 인간성 회복 사상의 요지를 집약하는 것임을 확인할 수 있다.

셋째 수운은 민중 자각에 크게 기여함으로써 한국 민족주의의 근본 지향이 어디인가를 제시해 주었다. 민족주의란 결코 지배층을 위한 보수 또는 수구 반동의 논리가 될 수 없고 그것은 오로지 사회 구성원의 대다수를 차지하는 민중을 중심으로 해야 한다는 것이다. 민족주의의 존재 가치는 그것이 민중의 입장에서 그들의 시각으로 시대를 재단하고 위기를 극복하는 민중성에서 드러나는 법이다. 동학의 기본 시각인 민중주의는 단 한 번도 역사의 주역이 되지 못했던 그들을 역사의 주체로 끌어올린 것이다.

모든 인간은 시천주하였다는 인내천의 외침은 이제까지 억눌려 체념하고 좌절해 있던 새로운 자각을 주었으며, 빈부 귀천 차별 없이 광제창생하는 후천개벽의 세계관은 역동적인 이상사회에 대한 구체적으로 응답으로서, 이 모두 당시의 출구가 없는 민중의 열의를 대변하고 결집시켜 준 힘이었다.

이것은 포교 방법의 대중화를 통해 급속히 확산될 수 있었으니,

---

50 해월의 『법설』「십무천」은 "一. 毋欺天하라. (한울님을 속이지 말라) 二. 毋慢天하라. (한울님을 거만하게 대하지 말라) 三. 毋傷天하라. (한울님을 상하게 하지 말라) 四. 毋亂天하라. (한울님을 어지럽게 하지 말라) 五. 毋夭天하라. (한울님을 일찍 죽게 하지 말라) 六. 毋汚天하라. (한울님을 더럽히지 말라) 七. 毋餒天하라. (한울님을 주리게 하지 말라) 八. 毋壞天하라. (한울님을 허물어지게 하지 말라) 九. 毋厭天하라. (한울님을 싫어하게 하지 말라) 十. 毋屈天하라. (한울님을 굴하게 하지 말라)"이다.

민중의 의식 수준과 문맹 등 현실적 상황과 기대에 부응하여 그에 맞춘 가사 등을 적절히 활용하여 그들의 생활과 감정에 강하게 호소하고 그것이 그들에게 공감될 수 있었기에 동학은 삽시간에 전국적 종교가 될 수 있었다.[51] 수운이 한문 경전인 『동경대전』 외에 쉬운 가사체의 순한글 『용담유사』를 저술한 것은 역사의 주체인 민중의 입장에서 그들의 의사 표시를 가능케 한 쾌거였다. 동학에 입도한 민중은 누구나 쉽게 자신이 이 사회의 주역임을 경전을 읽음으로써 자각할 수 있었다.

그러므로 지난 날 국가 존립의 책임을 양반이나 특권층의 전유물로 여겼던 데서, 보국안민의 임무를 민중의 것으로 수임시켜 근대 국민 주권 사상이라고 할 수 있는 주인 의식을 구체화시켰으며, 이는 외세 배척이라는 척양척왜의 구국정신으로 진전되었던 것이다. 결국 수운이 제시한 반봉건·반외세의 기치는 당시의 소외된 민중의 적극적 사회 참여의 방법론이었다. 그것은 위기에 빠진 국가를 구하는 길이자 너·나가 없는 조화로운 운명 공동체로서의 국가와 민중을 하나로 인식하는 한 방편이었던 것이다. 수운이 추구한 이상은 이처럼 구체적 이념에 바탕한 민중의식을 기초로 근대 민족주의 사상의 이상적인 전형으로 존재하고 있다고 볼 수 있다.

한편 동학사상의 민족주의적 성격은 여러 곳에서 나타나고 있지

---

51 동학의 경전과 포교에 대해 신일철 교수는 양반 지배층의 주자학 위주의 단조로운 사상 풍토와 한문학의 고식적인 동맥경화증을 일거에 물리친 근대적 의식의 선각이었다고 평가한다. 신일철, 『동학사상의 이해』 사회비평사, 1995, 139쪽 참조.

만 여기서는 보국안민과 동귀일체 사상을 중심으로 살펴보겠다. 전술한 바와 같이 수운의 제일성이 인류주의를 제창하는 포덕천하였다면 수운의 제이성은 민족주의를 제창하는 보국안민이었다. 즉 동학은 인류 구제의 보편적 진리를 지니면서도 민족주의에 철저하였다. 가장 한국적인 것이 가장 세계적이라는 역설 논리가 있듯이 동학은 민족주의와 동시에 세계주의를 추구한 것이다.

수운의 보국안민 사상은 우리나라에 있어 근대 민족주의 의식의 선구적인 자각이었다. 따라서 척왜척화斥倭斥華였고 척양을 외친 것이다. 이 같은 외세의 침략을 배격하는 데서 민족의식이 싹트고 보국안민을 부르짖게 되니 여기에서 동학의 민족주의는 출발하게 되었다. 보국안민 사상은 조선왕조 해체기에 당시 사회에서 소외되었던 민중으로 하여금 외세의 침략을 물리치는 데 앞장서게 하였다. 당시 양반 사회에서 보국안민의 과제는 당연히 집권 계층이 담당해야 함에도 불구하고 그들은 나라와 겨레는 어떻게 되든지 뒷전으로 미루고 자기 한 몸의 득세에만 집착할 때, 민중이 스스로 나라를 지키는 힘이요 주인임을 과시하고 민족운동의 주체 세력이 민중 자신임을 자각케 한 것이다.[52] 한국 민족주의가 진정한 의미에서의 민족주의로 정립되기 위해서는 그것이 민중의 지향과 합치될 때만이 가능하다고 했을 때 수운의 민족주의야말로 한국 민족주의의 전형이라고 할 수 있는 것이다.

---

[52] 오익제 편저, 앞의 책, 152-153쪽 참조.

그런데 수운의 보국안민은 여기서 조선의 배타적 민족주의로 끝나지 않음이 그 특징이다. 즉, 수운이 동학을 말할 때 보국안민, 지상천국이라는 계단적 목적을 세웠기 때문이다. 수운은 첫째, 조선과 인류 역사를 살펴 보국의 이상을 정하고, 둘째, 사회 현상을 살펴 안민의 이상을 정하였으며, 끝으로 종교적 지상천국의 이상을 정했던 것이다. 더욱이 이 세 가지 계단은 한 계단씩 따로 떼어서 그 목적을 달성하는 것이 아니라 보국의 계단에서도 안민을 힘써야 하고, 안민의 계단에서도 지상천국을 준비해야 하는 것이다. 따라서 동학의 보국안민 사상은 그냥 민족주의의 테두리에서만 볼 수 없는 것으로, 곧 지상천국의 이상인 포덕천하와 광제창생의 세계주의는 불가분의 관계를 맺고 있다. 그러나 당시의 시대 상황으로 인해 보국안민을 강력히 주장한 것은 민족 문제 해결이 지상천국, 즉 인류 세계주의에 이르는 관문이라고 확신했기 때문이다.

동학이 한국 민족주의 사상을 계승하고 완성했다는 의미는 한국 민족주의 사상, 즉 전통 사상의 핵심인 조화와 화합의 사상을 계승 발전시켰다는 데 있다. 이러한 점이 가장 극명하게 노출되는 부분이 동귀일체 사상이다. 수운은 동귀일체를 여러 번 강조하였다. "쇠운이 지극하면 성운이 오지마는 현숙한 모든 군자 동귀일체 하였던가."[53] "억조창생 많은 사람 동귀일체 하는 줄을 사십 평생 알았던가."[54]라고 하여 인류가 한 가족임을 밝혀 주고 있다. 그는 세

---

53 『용담유사』 「권학가」
54 『용담유사』 「교훈가」

상이 혼탁해진 근본 원인을 중생들이 각자위심各自爲心하여 불순천리不順天理하고 불고천명不願天命하는 데 있다고 통찰하고, 각자위심하는 중생들로 하여금 한마음 한뜻으로 동귀일체하는 새로운 도법으로 무극대도를 실천하여 지상천국을 건설하자고 주창한다.

각자위심은 중생들이 대심大心을 잃어버리고 타성으로 살면서, 불안과 공포가 습관이 되어 화합을 이루지 못하고 중상모략하고 부정과 불의, 파쟁과 혼란을 야기하는 불건전 마음가짐을 말한다. 동귀일체는 각자위심으로 살아가던 중생들이 독실한 수행을 통해 천심을 회복하고, 인간의 근본이 하나의 이치이며 기운이며 생명체임을 깨달아 한마음 한뜻으로 화합하는 것이다.

이를 확대하면 동귀일체는 하나의 사상으로 귀일하여 결집함을 의미한다. 이것은 천인합일, 개전일체個全一體의 원리에서 나왔는데, 그 주된 의미는 인간 사회는 모든 개인의 결집체요, 협동체요, 조직체이므로 개인은 부분적 존재요, 사회는 전체적 존재로서 부분적인 개인을 무시하고는 사회의 발전을 기할 수 없고 전체인 사회를 떠나서는 개인의 생존을 도모할 수가 없다는 말이다.

그러나 오늘의 사회는 개인주의와 전체주의가 서로 대립하고 있다. 이 둘은 각각 장단점이 있으니 개인주의는 개인의 자유와 창의성과 능률을 기하는 것이 장점인 반면 전체의 평등을 기하지 못하는 것이 단점이며, 전체주의는 전체의 평등을 기하는 데 치중하지만 개인의 자유와 창의성과 능률을 말살하는 결함이 있는 것이다.

전체주의는 평등을 앞세우지만, 폐쇄주의적 특성으로 인하여 독재와 비타협적 배타성을 지니고 비판을 거부하여 자유를 말살하는 결함이 있다. 반대로 개인주의는 개방적으로 비판을 수용함으로써 고정불변한 이념적 독선을 거부하고 다양성을 추구하는 특성을 지니지만, 불평등에 빠지기 쉽고 자유의 역설 논리에 빠지는 한계성이 있다. 말하자면 자유가 제한되지 않을 때 자유는 자멸한다는 역설이다. 무제한의 자유는 강자의 자유를 보장하고 약자의 자유를 강탈할 자유까지도 포괄하며, 따라서 국가 보호주의가 불가피하게 요구되는데, 국가 권력의 지나친 간섭과 남용은 다시 자유를 억압하는 전체주의에 기우는 위험을 내포하게 되는 것이다.[55]

여기서 개인주의와 전체주의는 한쪽에 편중하는 결함을 극복하지 못하고 있다는 역사적 사실에 직면하게 되고, 그 해결책이 동학의 동귀일체 사상에서 발견되는 것이다. 개인주의가 지향하는 자유와 전체주의가 지향하는 평등의 부조화를 화합시키어 쌍전으로 조화하여, 이들의 대립을 근원적으로 해소하는 동귀일체의 사상은 한국 민족주의 사상의 핵심을 그대로 계승 발전시킨 것이다.

인류는 지금껏 민주라는 이름으로 자유와 평등이라는 두 개의 상극 개념 속에서 극복의 방향을 갈구하고 있었다. 프랑스 혁명을 거치면서 구상화된 시민의 개념인 자유는 부르주아의 심볼처럼 되어 세계를 풍미하였고, 그것의 반동으로 강조된 것이 자유의 불평등에 반발한 평등의 이념이었다. 이의 구체화된 이념이 자본주의 이념과 사회주의 이념이다. 결국 대립과 갈등의 서양사상의 결론

---

55 오익제 편저, 앞의 책, 153-154쪽 참조.

은 자유로운 인간과 평등한 인간이라는 두 명제로 귀착된다.[56] 이 것의 통합이 동학사상이요, 동귀일체 사상인 것이다.

동귀일체에서 보면 자유나 평등은 하나의 개념에서 분리된 분화 개념일 뿐이다. 따라서 하나의 통합 개념으로 귀일하라는 것이 수 운의 동귀일체 사상이다. 모든 것을 조화롭게 만들고 화합으로 지 향하는 한국 민족주의의 특성이 동학사상으로 계승되어 오늘날 그 세계사적 의의를 우리에게 과제로 주고 있는 것이다.

4. 동학 · 천도교와 교정쌍전론

동학·천도교의 역사는 교정쌍전敎政雙全, 교정 조화의 역사였다. 즉, 동학은 창도 이래로 지금껏 단 한 번도 교회의 역사와 사회의 역사가 분리되지 않았다는 것이다. 교정 일치의 이념은 천도교의 대표적 정치사상이나, 다수의 학자들은 서구적 교정 분리의 시각 에 입각해 그것을 전근대적 요소로 여기고 있다.

그러나 천도교를 교敎 혹은 정政의 입장만을 중심으로 이해한다 면 이것은 천도교의 일면성만을 평가하는 것이다. 천도교의 교정 조화 이념은 서양의 '정교 합일주의'처럼 세속적 군주가 종교의

---

56 오늘날 사회주의권은 붕괴되었다. 그러나 그것의 붕괴가 자유 · 평등의 근원적 화합이요, 조화라고 보는 사람은 아무도 없다. 그것은 오로지 사회주의권의 열악한 물질적 토대의 붕괴였을 뿐이지 두 개의 대립 개념의 해결이 아닌 것이다. 진정한 화해와 평화는 결국 형 이상학적인 이념과 사상의 통합이 완성되었을 때에 비로소 완결된다.

교주를 겸하거나 종교에 의한 지배로 상징되는 서양 중세의 경우와도 구별된다. 천도교의 교정쌍전론은 종교와 정치가 대등한 입장에서 쌍방적으로(敎政雙方) 조화되는 것을 이상으로 하였다.

즉, 성신쌍전性身雙全의 이치에 의해 천도교는 전적全的 생활을 사람에게 교시하고, 그 이치에 따라 정치와 도덕의 문제는 인간에게 있어 결코 분리할 수 없는 것이 된다. 그러므로 인내천 생활은 제도로 나타날 때는 정이 되고, 교화로 나타날 때는 교가 된다. 따라서 천도교에서는 세상을 새롭게 함에 있어 정신 교화를 존중하는 동시에 물질과 제도도 중대시하여 그 양자를 병행하는 교정 일치를 주장한다.[57] 교정 일치는 성신쌍전의 원리에서 발생한다.

> 敎는 率性의 도를 이름이요 政은 齊家治國의 책을 이름이다. 솔성에 修道齊家를 말함도 교정 일치이며 제가치국에 率性修身을 本으로 하는 것도 교정 일치의 필요이었다. 성신쌍전의 원리에 있어 유물유심의 敎化는 鳥의 兩翼과 같다. 유심이 유물을 勝하면 인간세계를 文弱空寂에 빠지게 하는 폐가 있게 되고 유물이 유심을 승하면 인간은 野卑低劣의 지위에 수락하게 한다. 그러므로 교정 일치의 도에서 心的 精神文化와 身的 物質文明을 평형으로 保持하게 하여 靈肉合一의 治平을 圖하게 하는 것이다.[58]

---

57 이돈화, 『천도교창건사』 제3편, 천도교중앙총부, 1933, 67쪽 참조. 그러나 천도교와 청우당의 관계는 교정 일치라기보다는 교정쌍전이고 교정 조화에 더 가깝다고 할 수 있다.
58 이돈화, 『당지』, 평양: 천도교청우당 중앙당선전부, 1947, 35-36쪽.

　의암 역시 성신쌍전은 교정쌍전이라는 도덕정치의 개념으로 구
체화하였다.[59] 즉, 도는 정법(정치)과 교리(종교)의 둘로 구성되어
있다. 도의 하위 개념인 정은 법에 의하여 규율되고, 종은 이치에
의하여 밝혀진다.

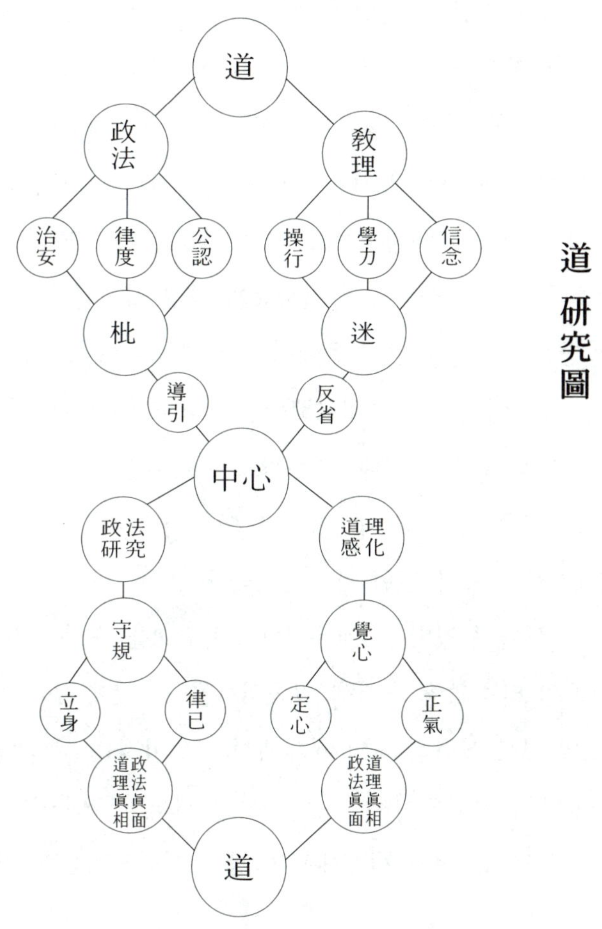

이렇게 되지 못할 경우 정치 권력은 쭉정이(秕)에 불과하게 되고 도덕은 혼미(迷)에 빠져 버린다고 보았다. 쭉정이 정치가 이치에 맞지 않게 힘의 논리에 의하여 움직이는 정치를 뜻하며 도덕이 혼미해지는 것은 정의가 힘을 행사하는 것이 아니라 힘이 정의를 농간하기 때문이라 하겠다. 다시 말하자면 정치 권력은 도덕을 만나야 하며 도덕은 정치 권력을 만나야 비로소 도가 완성된다고 보는 것이다. 둘이 중심에서 만나서 잘 균형을 이룰 때 개인적 완성과 사회적 진보가 함께 이루어진다고 본다. 양자간의 이상적 관계를 회복하는 것을 천도교의 사명으로 인식하였다. 다시 말하자면 권력의 도덕화와 도덕의 권력화를 천도교의 사명으로 인식했다고 하겠다. 교정쌍전은 이와 같은 사유에서 나온 개념이다.[60]

이러한 교정쌍전에 입각해 1860년에 창도된 이래 동학은 한국 근대사와 그 맥을 같이 한다. 조선왕조 붕괴기인 19세기 말에서 20세기로 넘어오는 근대화 과정에서뿐 아니라 일제 시대 그리고 해방 이후 통일 운동의 전위에서 한민족에게 한국 민족주의의 의식을 깊숙이 심어 주었다. 이것은 동학·천도교를 수양 차원에서 그치는 기존의 타종교와 구별해 민족의 이름을 앞에 부치는 이유이다. 천도의 이상 실현은 교의 세계에서 이루어지는 것이 아니라 실제의 세계에서 완성되어야 하는 구체적 개벽의 세계이다. 그러므로 동학·천도교는 현실 세계에서 이상을 실현시키는 이른바 정의

---

60 오문환, 「의암 손병희의 국가건설 사상」, 한국정치사상학회 발표논문, 2004. 6.

영역에 끊임없이 관심을 가지고 참여한 것이다.

동학·천도교의 교정 조화 이념은 그대로 민족의 문제와 연결된다. 민족은 그 실현의 주체이자 공동의 문화를 소유한 운명 공동체였기 때문이다. 모든 민족주의는 해당 민족[61]의 민족운동으로 구체화된다. 민족운동의 담당자는 항상 억압과 수탈의 대상에서 벗어나고자 몸부림치는 민중들일 수밖에 없다. 그래서 그들의 요구는 언제나 전체 민족의 자주 자립과 해방이라는 요청과 합치된다. 따라서 민족운동의 담당자로서의 민중의 민족주의가 그 나라의 민족주의로 실체화할 때만이 민족의 자주·자립, 통일된 민족 국가의 수립과 발전이라는 민족주의적 요구의 실현이 가능해진다. 동학·천도교의 교정쌍전론은 이 같은 민중적 부름에 대한 시대적 요청이었다. 특히 동학민족통일회의 직접적인 전신이라고 할 수 있는 천도교청우당의 경우는 그 시기 천도교 민족운동의 핵심으로서, 천도교의 교정쌍전 이념을 이해하는 고리이자, 앞으로의 천도교 민족운동의 방향성을 암시하고 있다.

---

61 민족과 민족주의의 발생과 관련한 서구학계의 영속주의자(perenialists)와 근대주의자들(modernists)의 논쟁에 관해서는 A. D. Smith, "The Problem of National Identity: Ancient, Medieval and Modern?", *Ethnic and Racial Studies*, vol. 17, no. 3, 1994 참조바람.

III. 동학·천도교의 민족운동

1. 동학혁명

갑오년에 일어난 동학농민혁명은 조선 사회가 근대로 전환하는 과정에서 발생한 최대의 사건이다. 이 속에는 조선의 봉건적 요소에 대한 민중의 해체 요구와 점증하는 외세의 영향력에 대한 거부와 저항 의식이 결합되어 있다.

조선조 말 대부분의 민란과 달리 갑오년의 혁명은 과거와 같은 반봉건의 주장만이 아닌 반외세의 의지가 명확히 표명되고 있다. 여기에는 농민층의 외세에 대한 부정적 인식이 동학이라는 조직과 연결되면서 동학이 가지고 있는 대 서구관이 반영된 것이라 할 수 있다. 즉, 동학은 만민 평등의 원리를 기반으로 기존 조선사회의 봉건적 지배 질서를 전면으로 부정하면서 그 대안을 제국주의적 침략을 일삼는 서구 세력에서도 찾지 아니한, 그래서 반외세를 외치는 피지배층의 민족주의요 혁명[62]이라 할 것이다.

---

62 1894년의 역사적 사건에 대한 명명에서 동학의 포함과 혁명과 전쟁 명칭의 부여 문제는 지금까지도 논쟁의 대상이 되고 있다. 그러나 분명한 사실은 1894년 농민봉기는 이전의 19세기형 민란이 아닌 거의 전국 규모의 대형 봉기였고 동학이 추구하는 공동의 이념과 목표가 명확히 제시되었으며 해월이 심어 놓은 동학조직과 이념이 그대로 사용되고 있다는 점을 간과해서는 안 된다. 더욱이 전봉준이 백산기포를 하기 위해 호남의 각 동학접주들

혁명 당시 동학군이 사용한 구호들을 보면 그들의 혁명적 성격을 더욱 명확히 알 수 있다. 포덕천하布德天下, 보국안민輔國安民, 제폭구민除暴救民, 오만년수운五萬年受運, 척왜양창의斥倭洋倡義, 척양척왜斥洋斥倭, 후천개벽後天開闢 등은 당시의 농민 민란 그 어느 곳에서도 발견되지 않는 것으로 그들의 외세에 대한 반응과 혁명 의식을 증명하고 있다. 이제 외세는 피지배층에게 수용되어야 할 당위이기보다는 적극적으로 저항하여야 할 대상으로 굳어져 버렸다. 그리고 혁명의 처절한 실패는 피지배층이 치루어야 할 근대화에 대한 수업료와 같았다.

동학혁명은 약 10개월에 걸쳐 대략 네 단계[63]를 거쳐 전라도를 중심으로 거의 전국에 미쳤다. 지난 동학혁명 100주년 기념 국제학술대회에서는 지금까지의 연구 결과를 정리해 그 혁명의 의의를 매듭 짓고 있다.[64]

첫째, 동학혁명은 1860년 동학 출현 이래 반왕조적 변혁 사상에 의해 잉태되고 특히 최시형의 30여년 간의 지하포덕으로 이룩된 동학 교문의 조직적 기반 위에서 전개되었다.

에게 집결 통보를 한 3월21일(음력)은 교주 해월의 탄신일이었다. 교주에 대한 예우는 택일에도 고려될 정도였다. 봉기의 결과를 놓고 혁명이다, 전쟁이다의 논쟁도 소모적 지적 유희 수준을 벗어날 수 없다. 결과의 사실성에 치중하면 당연히 농민전쟁이었지만 그것의 역사성에 치중한다면 1894년은 분명히 계승되고 이어져야 할 혁명이다.

63 1단계는 고부민란 단계이고, 2단계는 전주성 입성까지, 3단계는 집강소를 통한 동학의 이상을 실천해 보려던 시기였으며, 마지막 단계는 일본에 대항해 2차 봉기를 하는 시기이다.

64 신일철, 「동학혁명의 현대적 조명과 평가」, 『동학혁명 100주년기념 국제학술대회』, 동학혁명100주년 기념사업회, 1993, 28-29쪽.

둘째, 동학의 교조신원운동은 우리의 전통 사회 속에서 처음으로 집단적 시위의 형태를 가진 새로운 대정부 정치 운동의 시작이 되었고 '민회' '민당'으로 볼 수 있는 근대적 사회 단체 또는 정치 결사의 선구적 맹아가 되어 그 후 갑진혁신운동이나 3·1운동으로 진화하면서 근대적 민족 국가의 국민상의 원형이 되었다.

셋째, 동학혁명은 전봉준·김개남·손화중 등 남접의 동학 지도력과 그 포접의 교문 조직으로 대규모의 농민 저항을 일대 혁명으로 발전시킬 수 있었다. 여기에는 당시 도탄에 빠진 농민 대중의 사회 혁명 의지와 동학의 변혁 사상이 유기적으로 결합되어 있다.

넷째, 동학혁명은 다른 농민봉기와 달리 동학의 이념과 지도력에 의한 혁명 수행 과정에 집단적 질서와 기강이 있었으며, 전주화약에서 보여 준 바와 같이 '보국안민'의 목적을 위해 관민상화官民相和의 양보와 아량을 보인 종교적 절제가 있었다. 동학군의 지도층은 왕조의 전복에 의한 집권욕을 가지지 않고 '보국' 의식이 뚜렷한 민족주의의 정신을 끝까지 견지했다.

다섯째, 동학군의 각종 폐정개혁안에는 탐관오리의 숙청, 농정 개혁뿐만 아니라 양반제의 신분 차등을 철폐한 평등 사회의 사회 혁명 이념이 깃들어 있었다.

여섯째, 동학군의 집강소 설치는 우리 역사상 초유의 민에 의한 지방 자치 행정의 선례가 되었고, 어떤 의미에서는 관의 치안 질서 유지를 대행한 동학군의 민간 자치적 군정으로 중요한 역사적 의의를 가진다.

무엇보다도 동학혁명은 오랜 왕조사의 종말을 고하고 근대적 시민·근대적 국민으로 새로 대두될 민중의 근대적 자기 자각의 시점이 되었다. 또 전통사회로서의 양반 사회의 몰락과 동시에 새로 대두된 근대 민족 국가의 형성의 길을 마련한 과도기의 민족주의운동이었고, 반상과 귀천의 봉건 신분제를 타파하기 시작한 사회혁명이었으며, 왕조사에 대신할 근대 민족사의 새 출발이기도 했다.

2. 혁명 이후의 동학

3세 교조 의암 손병희[65]는 동학혁명 이후 관헌의 눈을 피하면서 흩어진 교세를 정비, 동학 교문의 재건에 힘써 왔다. 그는 우선 동학 재건을 위해 두 가지 목표를 설정했다. 첫째는 혁명 과정에서 나타났듯이 남부 지역에 비해 북부 지역의 교세가 전무했기에 포덕의 우선 목표를 북부 지역에 집중하기로 했다. 이는 혁명의 여파로 남부 지역에서 동학 교도 탄압이 심했던 데 비해 상대적으로 북쪽에서의 포덕에는 감시와 지목이 덜한 탓도 있었다. 두 번째의 목표는 역시 혁명 과정에서 위력을 절감한 서구 문명에 대한 자각으로부터 출발한다. 이제 개화는 시대의 요청이었고 개화를 통한 신

---

[65] 의암 손병희는 1861년 충북 청원 출신으로 본명는 손규동이며, 22세에 동학에 입도했고, 특히 해월을 보필하며 동학혁명 2차 봉기 당시 북접통령으로 전봉준과 합세해 일본군과 싸웠다. 후에 해월로부터 도통을 전수 받고 동학의 3세 교조가 되었으나 동학의 세는 크게 위축된 상태였다. 그는 동학을 천도교로 선포하고 다시 교세를 크게 일으켜 갑진혁신운동과 3 · 1운동을 주도하는 등 한국 근대화의 선구적 역할을 하였으며 1922년 옥고로 얻은 병 치료 중 순국(62세)한 민족의 지도자다.

문물의 시급한 수용은 민족적 과제가 되었다.

북부 지역에서의 동학 포교도 그리 수월한 것은 아니었지만, 손병희는 동학 교문을 재건하고 존폐의 위기 상황을 극복하는 길을 혁명의 결과로 황폐화한 남쪽에서보다도 북쪽에서 찾아야만 했다. 특히 그는 1890년대 말 원산에서 직접 상업과 무역 활동을 하면서 한반도의 북부 지역에서 경제 자립과 정신 자각을 거듭하고 있던 계층, 즉 근대 개혁을 갈구하던 반봉건 성향의 신흥 지주, 상인, 자작농에 주목하였다. 손병희는 이들을 동학 재건의 기반으로 삼고자 북부 지역에서의 포덕을 시작했다. 그 결과 북부 지역의 교세는 1900-1905년 간에 급속히 성장하였다.[66]

북부 지역에서도 특히 평안도에서의 포덕이 크게 성하였다. 그 요인으로는 평안도의 지리적 위치가 개화 운동의 영향을 크게 받고 있었던 점뿐만 아니라 일찍부터 척박한 영토로 인하여 지주와 소작인 간의 토지 갈등이 적었던 사회 환경, 즉 봉건적 요소가 잔존하지 않았다는 사회·경제적 요인이 있었음을 지적할 수 있다.[67]

---

66 조규태, 「구한말 평안도지방의 동학-교세의 신장과 성격에 대한 검토를 중심으로」, 『동아연구』 21, 서강대 동아연구소, 1990, 76쪽. 이 밖에도 이돈화의 『천도교창건사』, 천도교중앙총부, 1933 등에서도 이 무렵 북쪽 지역에서의 급속한 교세 확대 현황을 확인할 수 있다.
67 임운길 천도교 상주선도사 증언.(1997.7.16) 평안도 지방의 분위기와 대조적이었던 지역이 삼남지방이다. 삼남지방의 동학교도들은 토지문제의 해결이 그들의 삶과 직결되므로 반봉건과 반외세의 가치가 그들을 하나로 묶는 커다란 고리가 되었다. 더욱이 동학혁명의 여파는 그들을 여전히 더욱 강하게 단결시키는, 그래서 일제시기에도 내내 강경 일변도로 나아가게 한 원인이 되었다고 할 수 있다. 이러한 문제인식은 1920년대 천도교의 신 구파 분열에서도 그들 양자의 차이의 사상적 기저를 이룬 가장 큰 요인이 된다.

이러한 분위기는 동학의 반봉건 평등주의적 이념 전파를 수월하게 하는 가장 큰 요인이 되었다.

그러나 의암은 이러한 일차 목표를 추진하던 중 관헌의 계속되는 지목으로 활동에 한계를 느낀 나머지 1901년에 해외 망명의 길에 나서게 된다. 의암의 망명은 단순히 피신만을 위한 것이 아니라 세계 문명의 대세를 살피고 장차 동학을 세계에 창명하는 데 목적이 있었다.[68] 그래서 처음에는 새로운 신흥 문명국으로 떠오르는 미국으로 가려다가 여건이 여의치 않아 결국 일본에 머물게 되면서 한국보다 앞서 서구의 문물을 받아들여 개화한 일본의 모습을 보게 되었고, 또 일본이라는 창을 통해서 세계를 조망하게 되었다. 이러한 경험을 통해 의암은 개화의 중요성을 더욱 절감한다.

그는 일본에서 이상헌李祥憲이라는 가명으로 철저히 자기를 위장하고[69] 일본 정계에 접근하는 한편 국사범으로 망명 중인 권동진·오세창·조희연·이진호·조희문·박영효 등 개화파 인사들과 교유하면서 동학의 개화 의지와 방략을 구체화시켜 나갔다.

의암의 개화 의지는 국내의 젊은 준재들을 일본으로 유학시키는

---

68 이돈화, 앞의 책, 27쪽.
69 의암 손병희는 일본에서 조선의 거상으로 행세하며 자신을 위장하고 일본 정계의 실력자들에 접근해 당시의 국제 정세를 파악하며 조선의 장래를 구상했다. 의암의 이러한 행적은 동학혁명의 실패가 국제적 안목의 부재로 인한 시기 선택의 실패에 기인하고 있음을 자각한 결과였다. 아마도 의암에게는 전봉준의 거사에 대해 해월 최시형이 한 아직은 '때'가 아니라고 만류하던 모습이 너무도 명확하게 각인되어 있었던 듯하다. 의암에게서 보이는 지나칠 정도의 심사숙고 등은 전 시대의 실패를 반복할 수 없다는 고독한 지도자의 모습 바로 그 자체였다.

데서부터 현실화되기 시작했다. 즉, 1902년에 24명, 1904년에 40명 등 두 차례에 걸쳐 춘원 이광수를 비롯한 64명을 일본에 유학시켰다.[70] 이들을 유학시키는 의암의 구상은 이들을 장차 조선의 정치·종교·문화의 주인공들로 양성하는 것이었다.

망명지 일본의 문물을 접한 의암은 아직도 구시대의 미몽에서 깨어나지 못한 대다수 국민들의 의식 개혁을 유도함으로써 이를 장차 자주 독립의 동력으로 확산시키려고 했다. 그래서 그는 「훈유문訓諭文」을 본국의 교도들에게 보내 더욱 수도를 깊이 하고 교양을 함양토록 당부했다. 또한 당시 급변하는 국제 정세[71]에 조국의 위기를 직감하고, 상황에 맞는 조선 정부의 처신과 비정혁신秕政革新을 주장하는 「삼전론三戰論」을 의정대신 윤용선에게 보냈다. 그러나 당시 정부는 친러파 일색으로 그의 건의를 요설妖說로 일축했을 뿐 아니라 문제를 스스로 혁신할 의지도 능력도 없는 정부였다. 이제 의암은 구국의 차원에서 독자적으로 급변하는 국제 정세에 대응하는 한편 개화 혁신의 사상을 동학의 차원에서 실천해야 했다. 의암이 동학 교문을 통한 '갑진혁신운동'을 시도하는 것은 이런 이유에서였다.[72]

---

70 의암손병희선생기념사업회, 『의암손병희선생전기』, 1967, 170-171쪽.(이하 『전기』로 약함)
71 당시는 러일전쟁의 발발 직전이었다. 의암이 파악한 국제 정세는 영국과 미국이 일본에 편을 들고 있어 전쟁이 일어나면 일본의 승리가 확실하다는 것이었다. 따라서 의암은 이기는 쪽에 서서 전쟁에 참가함으로써 조선이 전승국의 위치를 미리 확보해 장차의 국제 정치에 대응하자는 생각이었다.
72 김용조, 「천도교의 문화 운동」, 『인문과학연구』 제2집, 성신여대, 1982, 58-59쪽.

　우선 의암은 국내 간부들에게 국민 계몽을 위한 민회 조직을 독려했다.[73] 대동회大同會·중립회中立會·진보회進步會는 동학이 추진한 일련의 민회로서 특히 갑진혁신운동은 진보회에 의해서 주도되었다. 진보회의 강령은 "첫째, 황실을 존중하고 독립 기초를 공고히 할 것, 둘째, 정부를 개선할 것, 셋째, 군정재정을 정리할 것, 넷째, 인민의 생명·재산을 보호할 것" 등이다.[74] 이 4대 강령은 의암의 '삼전론'[75]의 구현인 동시에 개화를 위한 범국민 운동 단체 창립의 일대 선언이기도 하였다.

　이와 같은 4대 강령 아래서 동학 교도들은 의암의 지시에 따라 하루아침에 경향 각지에서 일제히 개회하여 단발흑의斷髮黑衣, 즉 머리를 깎고 검은색 옷을 입고 대규모 집회를 열었던 것이다. 당시는 정부에서 단발령을 발표해도 대다수의 조선인들이 상투머리를 깎지 않음으로써 단발령이 실패했던 시기였다. 그런 시기에 동학의 교도들은 일심 단결하는 결의로 단발을 하고 나섰던 것이다.[76] 단발흑의를 한 동학교도들은 전국적으로 일어나 죽음을 각오하고

---

73 민회 조직과 활동은 천도교의 교정쌍전 철학을 보여 주는 대표적인 사례이다. 이것은 현실 세계에 적극 참여함으로써 지상에 천도를 실현코자 한 포덕천하 이념의 실천이었으며, 그 것의 집대성이 정당의 조직과 활동이었다. 청우당의 출발은 여기에서부터 시작한다고 볼 수 있다.

74 이돈화, 앞의 책, 44-45쪽 참조. 황실 존중을 강조한 것은 동학 보호를 위한 고육책이었다.

75 의암의 삼전론은 보국안민, 광제창생 이념의 근대적 구현 방안으로 道戰, 財戰, 言戰 등으로 구성되어 있다.

76 단발의 목적은 세계 문명에 참여하는 표준이요, 또한 단결을 굳게 하여 회원의 심지를 일 치케 하는 데 있었다고 하였다. 이돈화, 앞의 책, 44쪽.

정부 개혁과 국정 쇄신을 절규하였는데, 수만 명에 이르는 회원이 이 운동에 참가하였다. 이것이 '갑진혁신운동'(1904년)이다.

그러나 진보회 개회 이후 이것이 과거 동학혁명을 주도했던 동학 교문이라는 것을 알게 된 정부는 즉각 탄압을 개시했다. 이 기회를 이용하여 친일 주구 일진회의 손병준이 진보회와 일진회의 합동을 제의하게 되자, 진보회 회장 이용구는 스승인 손병희의 재가도 없이 자의로 다만 당면한 위기를 모면하겠다는 생각만으로 그 해 10월 13일에 일진회와 합동하고 말았다. 일진회로 흡수된 진보회장 이용구는 이때부터 태도를 표변, 송병준과 손을 잡고 배교 친일의 매국 행위를 자행하기 시작했다.[77]

상황이 이렇게 된 줄 모르는 전국의 회원들은 계속 손병희의 지시에 의해 일진회가 움직이는 줄 알고 있다가 뒤늦게 이용구의 배신 행위를 알게 되었다. 뿐만 아니라 일진회가 1905년 11월 6일에 일본의 지도와 보호에 의하여 독립을 유지해야 한다는 매국적 선언서를 발표하고, 뒤이어 그 달 17일에 을사늑약이 체결되자, 동학 교단은 한때 국민들로부터 친일 매국 집단으로 오해를 받는 사태

---

[77] 일진회가 일본을 등에 업고 정책적으로 진보회를 끌어들이려 한 데는 그만한 이유가 있다. 당시 독립협회를 위시하여 황국협회·광무협회·국민협회·협성회·진명회·순성회·일진회 등의 여러 사회 단체들이 있었으나 대개는 간판뿐이요, 그 중에서 독립협회·황국협회와 같이 회세가 우수한 단체라 할지라도 서울에 국한된 중앙기관을 유지하고 있을 뿐으로 지방 조직이란 생각조차 못하던 시기였다. 그런데 진보회만큼은 동학 교문의 기반을 주축으로 한 전국적인 조직망과 20만 회원을 포용하는 당시 한국 최대의 민회조직이었기 때문에 정부의 탄압을 기화로 이용구를 유혹, 합동케 했던 것이다. 김용조, 앞의 글, 62쪽.

까지 빚게 되었다. 이에 동학 교단으로서는 새로운 자구책을 강구하지 않을 수 없게 되었다.

이용구의 친일 배교 행위를 뒤늦게 보고 받은 의암은 드디어 1905년 12월 1일을 기해 동학을 천도교로 공포公布하고, 이듬해 9월 이용구 등을 출교[78]함으로써 천도교 시대를 열었다.[79] 동학을 천도교로 공포한 것은 동학 경전인 『동경대전』 「논학문」에 있는 '도즉천도道卽天道 학즉동학學卽東學'이라는 구절을 근거로 하였다. 나아가 동학의 천도교 공포는 다음의 의미를 더해 이해해야 한다.

첫째, 당시 사회에서 동학이라는 이름이 갖는 부정적 이미지–일진회 등으로 인한–를 씻어 버리고 일진회에 머물고 있는 교도들을 효과적으로 수습할 수 있다는 것이다.

둘째, 신앙의 자유는 세계적 통례이기 때문에 동학을 천도교라는 정식 종교 명칭으로 바꿈으로써 국금의 대상에서 벗어나 창도 이후 그토록 바랐던 자유 신앙의 길(현도)을 통해 근대적 종교로 발전시킬 수 있다는 것이다.

셋째, 포교와 신앙의 자유라는 토대 위에서 당당히, 그리고 비교

---

78 『황성신문』 光武 10년 9월 21일자; 『만세보』 光武 10년 9월 23일자.

79 천도교의 출발은 순탄하지 못했다. 특히 동학 교단의 재정을 장악하고 있던 이용구 일당은 출교 당하면서 조직의 경제력을 그대로 가지고 나갔다. 재정 담당자였던 嚴柱東의 행위가 그 대표적인 사례다. 이렇게 해서 천도교는 거의 무일푼에서 새 출발을 해야 했다. 이런 위기를 극복할 수 있게 한 것이 천도교 특유의 誠米制였다. 이후 성미제의 성공으로 1910년에 와서 천도교는 명실상부하게 탄탄한 교단으로 자리매김할 수 있었다. 이런 경제력을 바탕으로 천도교는 3·1운동의 주역이 될 수 있었다. 이돈화, 『천도교창건사』 참조.

적 용이하게 구국·문화 운동을 전개할 수 있다는 것이다. 따라서 의암은 귀국 후인 이듬해 2월 10일에는 종령 제5호로 〈천도교대헌〉을 공포하고 동월 16일에 천도교중앙총부를 설치, 시무식을 가짐으로써 천도교 시대의 막을 열었던 것이다.[80]

망명지 일본의 개화된 모습을 직접 보고 온 의암은 이때부터 민족 계도를 위한 교육 사업과 문화 사업에 적극성을 띠기 시작했다. 망국의 원인이 한마디로 낙후된 민도에 기인한다고 판단, 범국민적 계몽을 통한 민도의 고양만이 자주 독립의 첩경이라고 내다보았기 때문이다. 그리고 이러한 범국민적 민중 교육은 교육 사업과 출판 문화 사업을 통한 대중 계몽만이 가장 실효성 있는 지름길이라고 생각했다. 그렇게 추정할 수 있는 이유는 의암이 귀국하자마자 처음 손을 댄 것이 출판 사업과 교육 사업이었기 때문이다.[81]

그러나 새로운 학교 설립과 같은 본격적 교육 사업을 전개하기에는 준비 기간이 필요했기 때문에 먼저 기존 학교에 보조금을 지급하는 일부터 시작했다. 그래서 1906년 3월 초에 사립 보성학교에 80원을 기부한 것을 비롯해서 동월에 서부합동소학교에 40원을 보조하는 등 시내·외 각급 사립학교 23개교에 학과 정도와 교원·학생 수의 많고 적음에 따라 20원부터 80원에 이르는 보조금을 지급했다.[82]

---

80 이동초, 『天道敎會宗令存案』, 모시는사람들, 2005, 19쪽.
81 김응조, 「천도교 기관지의 변천과정」, 『신인간』 통권 400호, 1982년 8월초, 신인간사, 103쪽.
82 그 후에도 흥화학교와 비파동 소재 사립광명학교에 각각 30원을 기부하고, 4월초에는 사

성미제誠米制 등 오관제五款制[83] 시행으로 천도교단의 재정 형편이 호전되었을 때 우리나라의 사학 운영은 더욱 어렵게 되어 있었다. 왜냐하면 1906년 2월에 이미 일제는 국내에 통감부를 설치하여 한일 합병을 위한 준비 공작을 진행시키는 가운데 1908년 8월 8일에는 사립학교령을 선포하고 10월 1일부터 이를 시행[84]하게 되었기 때문이다. 당시 〈대한매일신보〉(1908년 12월 6일자)에서 "간악한 무리가 일 국민 지혜의 개발됨을 장해코자 하여 이 불리한 법령을 제정했다."고 논박했던 점만 보아도 이 교육령이 한국인의 교육 기회를 박탈하려는 악법임을 충분히 짐작할 수 있는 것이다. 사학의 경영난은 1910년 한일 합병 이후 더욱 가중되어 갔다. 이에 천도교는 학교를 새로 설립하기보다 경영난에 허덕이는 기설 학교를 인수·경영하는 쪽으로 교육 사업의 방향을 돌리지 않을 수 없었다.

립 석촌동소학교에 15원을 보조했다. 이처럼 보조를 하게 된 것은 당시 사립학교가 거의 재정난에 허덕이고 있어 학생을 위한 교재 무상 공여는 물론 교원의 봉급조차 주기 어려운 형편에 있었기 때문이다. 이러한 사립학교의 보조는 일시적인 찬조로 그치는 데도 있었으나 경우에 따라서는 매월 정액의 보조금을 지급하기도 했는데 이것은 경영난으로 인한 학교 폐쇄를 막는 데 뜻이 있었다. 『전기』, 281쪽.

83 성미제는 1907년 5월 17일 宗令 67호로 실시되어 교단의 재정난을 극복하고, 나아가 1911년 12월에 종령 91호로 오관제를 정하여 이를 교인들의 의무 실천 사항으로 확대 실시케 했다. 특히 성미제는 매일 아침, 저녁 밥쌀을 낼 때마다 내수도(부인)되는 분이 식구별로 한 숟가락씩 생쌀을 떠서 성미 그릇에 모았다가 매월 말 소속 교구에 바치는 것으로, 뒤에는 현금으로 환산해 바치기도 했다. 이것이 뒤에 교단의 물적 토대를 확보하는 계기가 되었고, 후에 3·1운동에서도 천도교가 자금을 댈 수 있었던 원천이 되었다. 홍장화, 『천도교 교리와 사상』, 천도교중앙총부, 1990, 206-209쪽 참조. 오관제는 다섯 가지 정성을 말하는 데 주문, 청수, 시일, 성미, 기도 등을 수행할 때 정성을 다 하자는 것이다.

84 노영택, 『일제하민중교육운동사』, 탐구당, 1979, 38쪽.

당시 천도교가 대표적으로 인수·경영한 보성학원의 사례를 통해 그것을 살펴볼 수 있다. 보성학원은 이미 그 전부터 천도교에서 매월 보조금을 지급하고 있었으나 가중되는 경영 압박으로 폐쇄 위기에 처하게 되자 학교 측의 요청에 따라 천도교는 1910년 12월 21일 인수 계약을 체결하여, 보성학원이 안고 있던 3만 원의 부채를 정리하고[85] 정식으로 경영권을 인수했다. 그 후 일제는 사립학교에 대한 탄압을 가중시켜 이듬해인 1911년 8월에 조선교육령을 발포하고, 그 해 10월 사립학교령을 개정했으며, 다시 1915년에는 개정 사립학교 규칙을 만들어 민족사학에 대한 탄압을 강화해 갔다.[86] 그러나 천도교에 의해 운영되는 보성학원은 이러한 강압에도 불구하고 착실히 성장하여 한국 사학의 명문으로 육성되어 갔다.[87]

그러나 1919년 천도교가 3·1운동을 주도함으로 해서 의암을 비롯한 중요 교역자 대부분이 투옥되고 재정 상태 역시 악화됨에 따라 자연히 학교 경영에 타격을 받게 됐다. 그런 상황에서도 3·1운동 이후 학교 경영비가 계속 지급되어 오다가 1920년 3월 1일에 개정된 신 사립학교 규칙 제4조의 "사립의 전문학교, 중학교 또는 고등보통학교의 설립자는 그 학교를 설립·유지하기에 족한 재산을 가진 재단법인이어야 한다."는 조항의 규제 때문에 재단법인의

---

85 고대칠십년지편찬실, 『고려대학교70년지』, 고려대학교70년사편찬위원회, 1975, 93-94쪽.
86 노영택, 앞의 책, 40쪽.
87 그러나 천도교는 보성전문학교를 인수한 뒤에도 천도교의 종교적 색채를 학교에 강요하지 않았다. 다만 중학 과정의 수신(修身) 시간에 천도교 교리를 강의하려 하였다 한다. 앞의 책, 『고려대학교 70년지』, 59-60쪽.

설립을 서두르지 않을 수 없게 되었다. 이에 재단법인 구성을 위해 천도교 측에서 10만 원, 진주 부호 김기태가 15만 원을 출연한 것 외에 민족사학의 장래를 염려하는 58인의 유지 인사가 출연한 총 43만 3천 원을 기본 재산으로, 1921년 11월 28일에 설립 신고서를 출원하여 그 해 12월 28일자로 인가를 받게 되었다.[88] 이로써 천도교는 재단에 보성전문학교 경영권을 넘겨 주고 12년 남짓 기간 동안 총 35만여 원의 막대한 교단 재정을 투자하면서 희생적으로 경영했던 보성학원에서 물러나게 된 것이다.[89]

그런데 천도교는 재단 구성 당시 중앙총부로 사용하던 송현동 소재 건물과 대지 615평 5합을 5만 원에 평가·기증하기로 하고,

---

[88] 위의 책, 119쪽.

[89] 천도교가 인수·운영한 또 하나의 사례는 동덕여학교(당시 동덕여자의숙)이다. 1908년에 조동식에 의해 설립된 후 역시 경영난에 부딪치게 되자 처음에 손병희는 1909년 11월부터 매월 10원씩의 보조금을 지급했다. 당시 동교의 1개월 경상비와 학용품비가 18원이고 보면 10원은 적지 않은 액수였다.(의암손병희선생기념사업회, 『의암손병희선생전기』, 287-289쪽, 앞의 글 참조.) 뿐만 아니라 첫 달인 11월에는 특별 기부금 100원을 희사하기도 했다.(『대한매일신보』 융희 3년 11월 24일자) 1910년 12월에는 다시 동교에 매월 70원씩을 증액 보조하기로 하는 한편 관훈동에 있는 천도교 소유의 대지 209평과 32간 와옥까지 기부하여 셋방살이 신세를 면하게 했다.(『전기』, 289-290쪽) 그래도 가중되는 경영난을 면할 길 없던 동교는 1914년 12월 27일 천도교 대도주 박인호 명의로 설립자를 선임, 동년 3월 30일에 변경 인가를 받음으로써 천도교가 정식으로 인수·경영케 된 것이다.(동덕 70년사 편찬위원회. 『동덕 70년사』, 동덕학원. 1980, 66-67쪽) 그 후 사학에 대한 일제의 탄압으로 1910년 1,227개교였던 사립학교가 1918년에는 461개교로 격감(조선총독부학무국, 『조선교육요람』, 1928, 152쪽)하는 가운데서도 동덕여학교는 168평의 2층 양옥교사를 신축(1915년 9월)하고 1918년에 개교 10주년 기념식을 갖는 등 꾸준한 발전을 보여 왔다 그러나 이 학교 역시 3·1운동 이후의 재정 악화로 더 이상 천도교에서 경영을 감당할 수 없게 되어 1923년 12월 25일 경영권을 조동식 교장에게 넘겨 주었다.(『동덕 70년사』, 90-91쪽)

그 외 현금 5만 원을 출연키로 되어 있었으나, 처음 1만 원을 지불한 이후 재정 악화로 나머지를 내지 못하다가 숭인동 소재 천도교 소유의 상춘원 대지 10,165평과 동 지상 건물로 대물 변제했다.[90]

이 밖에도 대략 1910년 이후 천도교에서 직·간접적으로 관여했던 사학 중에 지금까지 알려진 것만 해도 용산 양영학교와 양덕여학교, 마포 보창학교와 삼호보성소학교, 청파동 문창보통학교, 전주 창동학교, 대구 교남학교와 명신여학교, 청주 종학학교, 안동 붕양의숙, 선천 보명학교 등 수십 개교에 이른다.[91]

그리고 천도교는 대외적인 육영사업뿐 아니라 대내적인 교육 운동 역시 적극적으로 전개했다. 1908년 6월 10일 종령 10호에 의한 강습소 규정을 공포, 전국 시군에 800여 개소의 교리 강습소를 설치했는데, 1910년부터는 이의 효율적인 관리·운영을 위해 일련번호를 붙여 호칭했고, 또한 동년에 사범 강습소를 서울에 설립하는 것 외에 지방 각 시군에까지 확대 실시했다.[92]

민중 계도를 통한 자주 독립 운동은 갑진혁신운동의 뒤를 이어 천도교의 문화 사업으로 이어졌다. 이는 범국민적 민중 교육을 통한 민도의 고양만이 자주 독립의 첩경이라는 의암의 의지의 실현이었다. 천도교의 문화 사업은 언론 출판 문화 운동으로 나타났다.

---

90 이재순, 「의암성사의 업적-육영사업을 중심으로」, 『신인간』 통권 320호, 9·10월 합병호, 신인간사, 1974년, 38쪽.

91 이동초, 앞의 책 외에 『천도교회월보』 등 참조.

92 『천도교회월보』 통권 10호, 1911년 5월호 이후 '중앙총부휘보' 란에 계속 일련번호로 된 강습소가 소개되고 있다.

천도교의 출판 문화 운동은 네 가지로 분류할 수 있다.

첫째, 출판소와 인쇄소 사업이다. 민지民智 개발과 문명 개화의 첩경이 도서 출판의 융성·보급에 있다고 판단한 의암 손병희는 일본에서 귀국할 당시 인쇄기와 활자를 구입해서 활자 인쇄소인 박문사博文社를 설치했으며 이후 인쇄소 박문사를 주식회사 보문관普文館으로 확장해 언론·출판 활동을 서둘렀다. 1910년 초에는 인쇄소 창신사彰新社를 신설하여 『천도교회월보』를 간행했다. 이 밖에도 천도교단과 교단 내 단체에서 만든 인쇄소 또는 출판사로는 보성사普成社, 보성관普成館, 창신관昌新館, 보문사普文社, 박문관博文館, 〈개벽사開闢社〉 등이 있었다. 특히 보성사는 1910년 12월에 보성학원 인수 시 같이 인수한 인쇄소로 각종 서적과 교리서를 간행하여 당시 최남선이 운영하던 신문관新文館과 함께 우리나라 근대 출판의 쌍벽을 이루던 인쇄소[93]였으며, 독립선언서를 제작했다는 이유로 일본인에 의한 방화로 소실되고, 운영 간부진 전원이 구속되는 시련을 겪기도 했다.[94]

둘째, 신문 간행 사업으로 〈만세보萬歲報〉와 〈대한민보大韓民報〉[95]를 발행하여 자주·자립과 개화 의식을 주창함으로써 민족의식을

---

[93] 홍장화 편저, 『천도교운동사』, 천도교중앙총부출판부, 1992, 182-183쪽.

[94] 현재 조계사 자리가 보성사 터인데 현 조계사 대웅전 앞의 회나무가 당시 보성사의 수난을 지켜본 증인이 되고 있다.

[95] 〈대한민보〉는 1909년 6월 2일 대한협회가 창간하였다. 사장이 오세창이었고 천도교 관련 인사들이 참여하여 천도교 대변지 역할 및 일제에 대항했던 언론으로서 1910년 8월 30일까지 356호를 발행하였다.

고취하고 국권 회복을 위한 역량을 배양하기 위해 노력했다. 특히 〈만세보〉는 국한문 혼용을 한 일간 대형 신문으로 신문의 역사에서도 의의가 있으며, 신소설 〈혈의 누〉를 연재함으로써 신문 연재소설의 효시[96]가 되는 등 문학사에 끼친 공도 크다.

셋째, 잡지 간행 사업으로 신문으로 전달할 수 없는 내용의 기획 기사 등으로 지식 전달과 민중 계몽 운동을 선도했다. 천도교 관련 최초의 잡지는 1910년 6월 10일 간행된 『보성친목회회보』였다. 이 잡지는 156면, 국판으로 발간되었는데 동년 12월 31일 통권 2호로 종간되었지만 국내 학생 잡지의 효시로 평가된다. 이 밖에도 천도교는 1930년대까지 종합잡지로는 『개벽開闢』『혜성彗星』『제일선第一線』, 여성지로서 『부인』『신여성』, 어린이·학생 잡지로는 『어린이』『학생』, 농민 잡지인 『조선농민』『농민』, 취미잡지 성격의 『별건곤別乾坤』, 그리고 종교 잡지이자 계몽지인 『천도교회월보』, 『신인간』 등을 발간해 문화 계몽의 민족운동 매체로 삼았다. 일제의 암울했던 시기에 하나의 집단이 이처럼 꾸준히 그리고 일관된 논지로 자신들의 주장을 지속시킨 경우는 오직 천도교뿐이었다.[97]

끝으로 천도교의 종교적 차원에서의 교리 문서 간행을 들 수 있다. 손병희는 귀국하자마자 다음 달인 1906년 2월 27일 종령 제12호를 공포, 활판 인쇄소 〈박문사〉를 설치했다. 종령 제12호에 의하면 "교문敎門에서 인민의 지식을 유명(밝게 인도해 줌·필자)하며 국가

---

96 최준, 「만세보의 언론사적 위치」, 『신인간』, 신인간사, 1986년 4월호, 26-35쪽 참조.
97 천도교중앙총부, 『천도교개요』, 천도교중앙총부출판부 참조.

의 문화를 보익補益하기 위하야 활판 인쇄소를 영설하니 오교吾敎의 일대 관건이라…"고 되어 있는 바 그 설립 목적이 단순히 교단적 차원에 국한되어 있지 않음을 알게 된다. 그래서 언론 활동을 위한 제반 준비를 서두르는 가운데 동년 4월 26일 종령 24호를 공포, 인쇄소 박문사를 주식회사 보문관으로 확장·변경하고 천도교 최초의 일간지인 〈만세보〉의 발행을 서두른 끝에 동년 5월 10일 발행 허가를 얻고 6월 17일에 창간 제1호를 발행하게 되었다.[98]

당시 〈만세보〉는 사장 오세창, 주필 이인직, 발행인 겸 편집인 신광희, 그 외 권동진·장효근 등이 중심이 되었고, 한성 남서 회동 85통 4호(현재의 회현동)에 새 인쇄 시설을 갖춘 사옥이 있었다.[99]

〈만세보〉 창간 정신을 확인하기 위해 창간사 일부를 살펴본다.

> 만세보라 명칭한 신문은 何를 위하야 作함이뇨 아한인민의 지식계발키를 위하여 작함이라 噫라 사회를 조직하야 국가를 형성함이 시대의 변천을 수하야 인민 지식을 계발하야 野昧한 견문으로 문명에 進케 하며 幼稚한 지각으로 老成에 달케 함은 신문 교육의 신성함에 無過하다. 謂할지라 是로 인하야 環球萬邦에 유통하는 근세풍조가 인민의 지식계발하기를 제일주의로 인정하야 신문사를 廣設하고 문단에 牛耳를 執하고 哀鍼의 책임을 擔荷하야 己啓己發한 인민의 지식도 益益進步키를 기도하거든 況此 未啓未發한 인민의 교육이야 엇

---

98 김응조, 「천도교기관지의 변천과정」, 앞의 책, 103쪽.
99 〈만세보〉 창간호, 1906년 6월 17일자.

지 일각일초를 지원함이 가하리오 (중략) 공명정대한 논술과 確的 신속한 보도를 일층주의하야 본월 17일 日曜에 제일호를 발간하니 此는 我韓人民敎育的으로 창설한 萬歲報이라. 오제는 신문사업을 經記하는 者이로대 蠅頭細利를 謀取함도 아니오 梁楚聲譽를 희망함도 아니오 단히 人民腦髓의 문명공기를 권주코자 하는 熱心的에 유출함이니 吾儕의 열심은 오제의 필설로 自唱키 불가하거니와 磋我 이천만 동포는 자국의 現今時代를 관측하고 前途影響을 연구하야 장래 奴隷 羈絆을 脫하며 犧牲慘毒을 免할 일지침은 지식계발에 在하고 지식계발은 신문에 재한 줄로 思想하면 오제의 창설한 만세보가 大韓皇城에 간행하는 신문 중 일지침됨을 覺得할 것이오.(하략)[100]

창간사에서 알 수 있듯이 〈만세보〉는 '인민의 지식 계발'을 위해 영리나 명예를 초월해서 장래 노예 기반을 면하기 위하여 '아한인민교육적我韓人民敎育的으로 창설한 〈만세보〉'임을 밝히고 있다. 이것은 천도교의 보국안민의 이념과 그대로 맥을 같이하고 있을 뿐 아니라 손병희가 의도한 범국민적 민중 교육의 의지를 그대로 반영하고 있는 것이다.

그러나 민족의식 고양의 초창기에 활발하게 언론 활동을 전개했던 〈만세보〉는 창간 1년 만에 폐간되는 비운을 맞았다. 그것은 위에서 지적한 대로 이용구 등의 출교로 인한 재정 고갈 때문으로,

---

100 위의 신문.

1907년 6월 30일 '기계 파손으로 정간, 갱간일기예정난更刊日期豫定難'이라는 사고 전단을 내고 문을 닫게 된 것이다.[101]

3년 뒤인 1910년 8월 15일 재정난을 극복한 천도교가 두 번째로 발행한 것이 월간 『천도교회월보』였다. 『천도교회월보』는 비록 천도교의 기관지로 발행되었으나 실질적으로는 대중 계몽적 성격도 강하게 띠고 있었다. 즉, 『천도교회월보』는 천도교 기관지로서 천도교 포교라든가 이념 선양이 일차 목적이었지만 한편으로 그 이념이 현실적으로 보국안민을 목표로 하고 있기 때문에 자주 독립을 지향하는 민족 계도지로서의 사명 의식을 갖고 발행하였다. 창간호를 비롯한 초기 『천도교회월보』의 편집 방향을 보면 교리부·학술부·기예부·물가부·중앙총부 휘보 등으로 짜여 있는데, 특히 학술부에는 지리·역사·물리·경제 등을 강의하면서 국제 동향과 근대적 영농법도 아울러 다루고 있다. 더욱이 통권 제12호부터는 언문부를 따로 둠으로써 대중을 상대로 교화를 하고 있다.

이와 같이 『천도교회월보』는 〈만세보〉를 이어 범국민적 교육을

---

[101] 김응조, 「천도교기관지의 변천과정」, 앞의 책, 106쪽. 만세보의 언론사적 의의는 첫째, 국한문 혼용을 원칙으로 하면서도 한자 옆에는 획기적으로 국문 토를 달아 줌으로써 민중교육의 장으로서의 역할에 적극적이었다. 둘째, 항일 민족지로서 특히 일진회의 매국행위를 성토, 공격하는 데 앞장서 언론을 통한 구국계몽활동에 적극 나섰다. 셋째, 文學史上으로도 최초의 신소설인 이인직의 『血의 淚』(23호인 1906년 7월 22일자부터 50회에 걸쳐 연재), 『鬼의 聲』(92호인 1906년 10월 10일자부터 다음해 5월까지 연재) 등을 연재했고 나아가 신문소설의 신기원을 이룩했다. 김응조, 「천도교의 문화 운동」, 앞의 책, 69쪽.
황선희 교수는 〈만세보〉의 정치사상은 개화 사상 그 자체였다고 평한다. 황선희, 「1900년대 천도교의 개화혁신운동」, 『한국 근대사의 재조명』, 국학자료원, 2003, 278쪽.

통한 배일 자주의식 고취를 위한 대중 계몽지로서의 역할을 아울러 수행하였다. 그러나 신문지법에 의해 발행되는 『천도교회월보』는 예상했던 대로 순탄할 수가 없었다. 압수, 삭제, 발매 중지, 발행 중지 등 일제에 의한 탄압이 계속되다가 통권 315호(1938년 3월호)를 끝으로 강제 폐간되었다. 당시 천도교에서 극비리에 실시하고 있던 멸왜기도 운동이 1938년 2월 17일에 일경에 발각됨으로 해서 중앙 간부진이 강제 교체되고 〈천도교대헌〉이 폐기되는 강압 속에서 『천도교회월보』 역시 폐간되지 않을 수 없었던 것이다.[102]

1910년대 천도교의 재정비와 민족 문화 운동은 모두 동학혁명 이념을 계승한 민족운동이자 부족한 민중의 민족의식 고양을 위한 천도교의 민족주의 실천의 일환이었다. 이러한 천도교의 노력이 있었기에 일제하의 암흑기에서 3·1운동과 같은 또 한번의 거족적 민족운동이 일어날 수 있었다.

3. 3·1운동과 천도교

1910년대 들어 천도교도의 숫자는 당시 시중에서 '3백만'이라고 말할 정도로 불어났다.[103] 일제는 천도교를 단순한 종교가 아닌 정

---

102 김웅조, 위의 글, 112쪽.

103 村山智順, 『朝鮮の類似宗敎』, 조선총독부, 1935. 최길성·장상언 역, 『조선의 유사종교』, 계명대출판부, 1991, 60쪽.(그러나 일제의 공식 기록은 가장 교인수가 많을 때도 14만 명은 넘지 않는다.) 천도교단에서는 흔히 3백만 교도라고 불리고 있었다. 천도교도의 늘라운 교세 증가는 박은식의 "신도가 날마다 증가하여 300만을 헤아린다. 그 발전의 신속함

치 세력으로 간주해 경무국 주관으로 동향을 예의주시했다.[104] 1910년 '천도교회월보'사 간부진이 항일 합방에 반대하는 편지를 각국 영사에게 돌려 구속된 사건[105]이나, 그 이듬해에 데라우치 총독이 손병희를 직접 불러 천도교의 성미제를 트집 잡아 협박과 회유를 하는 것 등을 시발로 천도교는 일제 통치 기간 내내 총독부의 주요 감시 대상이 되었다.[106]

천도교의 민족운동은 1919년 3·1운동에서 타종단에 대해 자금 지원·기밀 연락 등 전면적인 주도적 임무를 수행하고, 민중을 이끈 것으로 구체화되었다. 이 운동에 앞서 이미 1910년 9월 말부터 동학의 보국안민 정신에 입각한 구국 이념에 따라 천도교 중진들은 거족적 독립 운동이 준비하고 있었다.[107] 그것은 동학혁명을 계

은 거의 고금의 종교계에 일찍이 없는 일이다."라는 지적에서도 알 수 있다. 박은식, 『韓國獨立運動之血史』, 서문당, 1920, 126쪽.

104 일제는 당시의 주요 종교 가운데 다른 종교는 조선 총독부 학무국에서 관할했지만 천도교만은 유사종교로 취급해 경무국 관할로 두고 있었다.

105 1910년 8월 29일 『천도교회월보』 주간 이교홍 명의로 일본의 조선합병을 비난하는 성명서를 서울에 주재하는 각국 영사관에 발송하고 성원을 요청하는 일이 곧 발각되었다. 이 일을 계기로 이교홍 등 간부진이 투옥되었다. 황선희, 앞의 책, 284-285쪽.

106 의암손병희선생기념사업회, 『전기』, 258-264쪽 참조. 천도교에 대한 탄압에 대해 박은식은 "(천도교가) 종교 단체라는 것을 부인하면서 날마다 경찰을 파견하여 중앙총부와 각지의 교구를 감시하며, 달마다 재무·회계의 장부를 보고하게 하여 없는 흠을 억지로 찾아내어 다수 징벌을 행한다. 교회의 주요한 인물은 날마다 그들의 정찰과 속박을 받는다. 지방교도의 심상한 출입도 구금 당하여 곧 노예나 가축 따위의 대우를 받는다. 교인이 비교인과 소송하는 일이 있으면 사리의 옳고 그름을 불문하고 반드시 교인을 패소시켰다."고 적고 있다. 박은식, 앞의 책, 126쪽.

107 앞에 지적한 천도교월보사 간부진 구속 사건은 그들의 오랜 독립 운동의 서곡이었다.

승하고 재현하는 천도교의 구국적 신앙관에 입각한 대중 봉기 운동의 형태로서, 그 이후 1919년 3월 1일까지 근 10년 동안 준비되어 왔던 것이다. 특히 1911년의 '대한제국민력회', 1912년의 '민족문화수호운동본부', 1914년의 '천도구국단'[108] 등은 천도교의 지속적인 독립 운동을 증언해 주고 있다.

교단 핵심 지도자들의 끊임없는 직접적 독립 운동 방법론을 수용치 않던 의암에게 1918년은 새로운 전기가 안팎으로 마련된 시기였다. 즉 밖으로는 그 해 1월에 제1차 세계 대전의 종전에 따라 윌슨 미 대통령이 평화안 14개조로 발표했다.[109] 따라서 식민지 국가의 입장에서는 민족 자결주의 원칙과 국제연맹의 결성에 주목해 이때를 민족운동의 최적기로 판단할 수 있었다.

더욱이 1918년은 이미 해외로 망명한 독립지사들의 독립 운동이 가시화되고 있었다. 1917년 상해의 신규식, 조소앙 등은 '조선사회당'을 만들어 스톡홀름에 있는 '만국사회당대회'[110]에 참가를

---

108 이들 비밀 지하독립운동단체들의 결성과 운동에는 천도교의 중진 지도자였던 묵암 이종일 선생의 노력과 희생이 깊게 개재되어 있다. 이 부분에 관한 자세한 기록은 그가 남긴 『默菴備忘錄』에 실려 있다. 「묵암비망록」은 한국사상연구회, 『한국사상』 제16호(1978)에서 21호(1989)까지에 원문과 해석이 실려 있다.

109 의암손병희선생기념사업회, 『전기』, 310-311쪽 참조. 윌슨은 이미 전쟁이 끝나기도 전인 1월에 전후의 항구적인 평화와 질서 유지를 위한 14개조를 발표했다. 이를 요약해 보면 ① 모든 외교 조약의 공개 ② 전시나 평화시 해양 항해의 자유 ③ 경제적 장애의 철폐와 자유무역 ④ 군비축소 ⑤ 식민지 요구의 조절 ⑥ 러시아에 대한 철병과 원조 ⑦ 벨기에의 주권존중 ⑧ 알사스 로렌의 프랑스 반환 ⑨ 민족 자결주의 이행 ⑩ 오스트리아, 헝가리 민족 문제 ⑪ 발칸반도 문제의 해결 ⑫ 터키문제의 처리 ⑬ 폴란드의 독립 ⑭ 국제연맹의 창설로서 민족 자결권 보장, 해양의 자유, 공명정대한 외교, 군비 제한 등이다.

신청해 놓았고 1918년에는 만주의 독립지사들 중심으로 '대동 단결 선언'이 유포되었으며, 그 해 말에는 최초의 독립선언서인 '무오독립선언'이 발표되기도 했다.[111] 그리고 적의 심장부였던 동경에서 벌어진 2·8독립선언은 독립 운동에 소극적이던 다른 민족운동 세력을 고무시켜 만세 시위 대열에 합류하도록 해 주었다.

국내적으로도 해외의 급변하는 국제 정세와 독립 운동 소식 전달에 독립의 분위기가 고무되기 시작했다. 우선 어느 정도의 조직력을 갖춘 종교 조직의 연합이 이루어졌다. 민족 독립이라는 대의를 위하여 이질적인 각 종교가 대화합을 이루어 하나의 공동 목표에 접근키로 합의한 것이다. 이제 천도교에서는 더 이상 조직 강화와 교단 정비 문제가 정치적 활동을 제약하는 요소가 될 수 없었다. 내외의 분위기가 성숙한 것이다.

우선 전국적인 조직을 갖고 있던 천도교가 중심이 되어 타종교를 견인하고 민중운동의 원칙을 비폭력·대중화·일원화로 세워 1918년 9월 9일을 1차 민중 봉기 일자로 정하였으나 성사되지 못했다.[112] 그러나 1919년 1월 고종이 일제에 독살당하여 한국민 사

---

110 제2인터내셔널을 말한다. 우리나라에서 제2인터에 참여한 유일한 정당이 최초의 사회주의 정당인 조선사회당이다. 특히 조소앙은 1919년 스위스 루체른 대회에 참석해 조선독립의 당위성을 역설하고 대회의 승인을 받는다. 제2인터는 일제시대 동안 조선 독립을 승인한 유일한 국제대회였다. 이에 대한 자세한 내용은 임형진, 「삼균주의에 나타난 한국 민족주의연구」, 성균관대 석사논문, 1991 참조 바람.

111 위의 글 참조.

112 보성사 사장인 묵암 이종일은 1910년대 계속해서 민중 시위운동을 추진하였다. 1918년 9월 9일의 무오 독립 시위운동 역시 그가 주도했으나 여건 미비로 시행되지 못했다. 「묵암

이에 일제에 대한 분노가 치솟고 만주의 '무오독립선언'과 동경 한국 유학생들의 '2·8독립선언' 소식에 고무되어 2월 15일경에 이르러 천도교 측은 유·불·기독교 측과 학생 측, 기타 대중들과의 비밀 연락을 완료하고 모든 준비를 도맡았다.[113]

마침내 3월 1일을 거사 날짜로 결정, 거국·거족적인 만세 독립운동을 일으키니 국민국가 실현과 완전 독립을 쟁취하기 위한 3·1운동은 천도교의 민중운동 삼대 원칙에 따라 전국적으로 확산되어 나갔는 바, 천도교는 그 선도적 임무를 수행하였다. 1922년에 폐막된 워싱턴의 태평양회의에 즈음해서는 천도교의 보성사 임직원이 중심이 되어 민중들의 합세와 지지를 호소하여 3·1독립만세운동과 같은 거사를 일으키고 재차 제2의 독립선언문을 낭독하고 봉기하려 기도하였다.[114] 뿐만 아니라 3·1운동 후 여러 곳에서 수립된 임시정부에 천도교 인사들이 적극적으로 지지하고 참여한 것은 그들의 보국안민 이념을 실천하는 연장선이었다.

그러나 거족적으로 또 전국적으로 전개된 3·1운동은 일제의 무력에 의한 비인도적인 강제 진압으로 결국 이 해 5월 말에 이르면서 잦아들고 말았다. 일제는 조선민족의 거족적인 민족 의지 분출

비망록」,「한국사상」, 제18호 참조.

[113] 3·1운동에서의 천도교 역할은 아무리 강조해도 지나치지 않는다. 천도교의 인쇄소였던 보성사에서 독립선언문 3만 5천장을 인쇄해 태극기와 함께 전국의 천도교 조직을 통해 전달한 사실이나 인쇄 도중 조선인 형사에게 발각되었으나 그 형사를 의암의 승인하에 거금으로 매수함으로써 거사의 사전 발각을 막을 수 있었던 사실 등도 그 중 하나이다.

[114] 이현희,「동학혁명과 민족구국운동」, 동학혁명백주년기념사업회, 앞의 책, 133-134쪽 참조.

에 놀라며 앞으로는 무력만으로 조선의 독립 운동을 막을 수 없다고 판단했다. 따라서 조선인을 회유하고 대외적인 선전 효과도 고려하여 소위 문화 정치를 시행하게 되었다. 일제는 1919년 8월 19일에 한국에서 문화 정치를 시행한다고 국내외에 공식 발표했다.

이 해 9월에 부임한 신임 총독은 우리 민족과 일본인을 똑같이 대우한다는 뜻으로 '일시동인一視同人, 내선융화內鮮融化'라는 구호를 내걸고 문화 정치를 실시했다. 그리하여 위협적인 헌병경찰 제도를 없애고 한국인에게 관리가 될 수 있는 길을 일부 열어 주고 언론과 집회의 자유도 얼마쯤 허용하게 되었다. 물론 형식적이었지만 이제 천도교는 또 한번의 새로운 분위기와 상황에 대응하여 민족운동 노선을 수정해야만 했다.

IV. 천도교청우당과 민족운동

1. 청우당의 활동[115]

3·1운동을 적극적으로 선도했던 천도교는 손병희를 위시한 원로급 지도자들이 대부분 구금됨에 따라 지도 체제의 재정비가 불가피해졌다. 이것은 곧 천도교의 구국 운동의 방향 전환이 불가피해졌음을 의미하는 것이다.

3·1운동 이후 천도교에 대한 일제의 탄압과 감시는 더욱 극렬해졌다. 지도자들의 체포·구금은 물론 지방교구라든가 전교실이 폐쇄되기도 하는 등 천도교의 3·1운동으로 인한 후유증이 심대하였다. 이러한 상황에서도 젊은 지도층을 중심으로 새로운 돌파구를 마련하였으니 그것이 곧 천도교청년교리강연부天道敎靑年敎理講硏部의 출범이었다.

청년교리강연부는 1919년 9월 2일에 천도교의 교리를 연구·선전하며 민족 문화를 향상·발전시키기 위해 여러 청년들이 중심이 되어 창립하였는데[116] 이것은 당시 우리나라에서 운동 색채를 띤

---

115 일제하 청우당의 활동은 정용서, 「일제하 천도교청년당의 정치경제 사상 연구」(연세대 사학과 석사학위 논문)과 천도교청년회중앙본부, 『천도교청년회 80년사』, 89) 216쪽을 주로 참조함. 보다 자세한 내용은 위의 글을 참조 바람.

청년 단체로서는 가장 먼저 조직된 단체였다.[117] 창립 당시 임원은 부장 정도준, 간무원을 김옥빈·박달성·이두성, 간의원 박래홍·손재기·방정환·이돈화·황경주·최혁·박용준, 고문 오상준(현기관장)·정도영(의사원장)[118] 등이다.

교리 강연부는 창립된 지 반년도 못 되어 전국에 지부가 설치되는 등 눈부신 발전을 계속했다.[119] 그동안 국내 문화·경제·교육 부문에서도 문화 통치의 결과로 새로운 조류가 형성되고 있었다.[120]

창립된 지 7개월여 만에 이 같은 급속한 성장을 이루자 교리 강연부는 보다 구체적이고 본격적인 청년 문화 운동의 기반을 구축해야 할 필요를 느꼈고, 이에 따라 1920년 4월 25일 간부회의를 개최하여 〈천도교청년회〉로 이름을 바꾸었다. 청년회는 교리의 연구·선전은 물론 조선 문화의 향상·발전을 위한 사업을 전개[121]하

---

116 조기간, 『천도교청년당소사』, 천도교청년당 본부, 1935, 130쪽 이하 『소사』로 약함.

117 천도교청년교리강연부의 설립과 교단 차원의 지원은 옥중에 있던 의암 손병희의 뜻이었다. 영어중인 의암을 찾아간 사위 玄庵 鄭廣朝가 교리강연부 운동을 보고하자 "응 그래! 그럴 걸 그러리라! 앞으로는 포덕이 더 많이 나리라. 그리고 청년들의 하는 일을 부디 잘 도와 주어. 그것이 잘 돼야지. 그것이지 다른 것이 아니여. 나도 그것을 위해 그러는 것 아니냐."라고 했다고 한다. 『소사』, 130쪽.

118 「교리강연부의 第一例會觀」, 『천도교회월보』 110호, 1919년 10월, 63쪽.

119 교리강연부가 설립된 지 3달 만인 1919년 말까지 지부 설립을 완료한 곳이 진남포지부(51명)·진주군지부(79명)·정평군지부(28명)·박천군지부(20명)·청주군지부(35명)·강동군삼등지부(25명)·강동군지부(154명) 등 7곳이었으며, 부원은 본부(200여 명)와 지부(400여 명)를 합해 600여 명이었다.(隱名生, 「快히 교리강연부에 응하라」, 『천도교회월보』 112호, 1919년 12월, 41쪽) 이 같은 교리강연부의 급속한 발전은 이미 굳건히 정착되어 있는 기존의 천도교 지방 조직의 힘이 있었기에 가능했다.

120 최동희·유병덕 공저, 『한국종교사상사』 III, 연세대출판부, 1993, 94쪽.

는 한편 여섯 가지의 구체적 실천 방안을 구상했다.[122] 첫째는 지식열의 고취다. 전문적인 것보다는 일반 교양을 중요시하여 신문이나 잡지의 구독을 독려하는 것이다. 둘째는, 교육의 보급이다. 적어도 2, 3개 촌에 서당 하나 정도는 있어야 한다는 것을 강조하였다. 셋째는 농촌의 개량이다. 모든 농민을 대상으로 하여 수시로 강연회를 개최하고 도로 정비, 가로수의 식수·서당·회의실·저축조합·잠업 시험장 같은 기구를 단계적으로 설치하는 방법으로 강구하는 것이다. 넷째는 도시 중심의 활동이다. 교회의 각 부문 조직이나 단체 및 각종 강연회의 중심체가 있는 도시를 기점으로 신문화 운동을 전개하는 것이다. 이것은 지역 간의 연락 업무·교통 문제와 관계가 있으나 그보다는 전통 사회의 문화적 원천으로서의 도시적 성격에서 연유한 것이라 하겠다. 다섯째는 전문가의 양성이다. 문화 발전의 전제 요건으로 발명이나 창조의 과정을 중요시하였음을 알 수 있다. 여섯째는 사상의 통일이다. 이것은 사회 각 분야에서 활동하는 전문가가 현실적으로 상이한 사상과 이념을 주장하게 될 때 야기되는 사회적 혼란을 우려한 데서 나온 미연의 방지책이라고 할 수 있다. 사상 통일을 신문화 운동의 제일 급무로 여겼던 것이다. 이러한 사업 수행을 성공적으로 이루려면 사회적 영

---

121 김병준, 「지상천국의 건설자 천도교청년당의 출현」, 『천도교회월보』 157호, 1923년 10월, 8쪽. 정용서 앞의 글 재인용.

122 이돈화, 「조선 신문화 건설에 대한 도안」, 『개벽』 4호, 1920년 9월, 9-16쪽, 황선희, 앞의 책, 333-334쪽 재인용.

향력이 있는 인물을 길러야 한다고 하여 이돈화는 신인간의 창조를 우선 조건으로 제기하였다.

청년회는 편집부, 음악부, 체육부, 소년부 등의 부서를 두고 구체적 운동을 추진했는데 특히 청년회의 초기 사업은 눈부셨다. 청년회는 기존의 교리 강습회의 지속적인 순회 강연 개최로 신문화 건설을 위한 계몽 운동을 강화하고 또 편집부 사업으로 1920년 6월에 언론 기관인 〈개벽사〉를 설립하여 정치·시사 월간 잡지 『개벽』을 발행하였다. 또한 체육부 사업으로는 야구단을 조직하여 조선 전역에 크게 명성을 떨쳤으며, 이듬해 4월에는 천도교청년회 소년부를 개편하여 조선 어린이의 정서 함양과 윤리적 대우와 사회적 지위를 인내천주의에 맞도록 향상시키기 위해 김기전, 방정환 등이 〈천도교소년회〉를 조직하였다. 소년회는 1922년에 조선 소년 운동의 정기적 선전과 훈련을 전 사회적으로 실행하기 위해 5월 첫 공일을 우리나라 최초로 '어린이의 날'로 제정[123]했다.

또한 천도교청년회는 민족의 물질적 변화를 모색하기 위해 1921년 4월 제3차 정기총회에서 김기전의 제의로 실업부를 설치하였다.[124] 그리고 그 해 12월 유한책임조합인 '무궁사無窮社'를 설립해 사업을 전개하기로 하였다.[125] 이는 천도교의 성신쌍전 논리에 입

---

123 어린이 날은 이듬해 1923년에 여러 단체와 협의 5월 첫 일요일에 '합동 어린이 날' 행사를 벌였으며 이 행사를 제1회로 하여 오늘에 이르고 있다.

124 『천도교청년회회보』 3호, 3쪽.

125 『동아일보』 1922년 2월 10일.

각하여 정신적 측면뿐 아니라 물질적인 측면에서의 개혁도 필요하다는 것을 나타낸 것이었다.[126]

청년회는 조직 이후 그 자체의 성장 발전과 시세 환경의 추이 변천으로, 청년 운동의 형태를 벗어 버리고 새로운 비약적 발전을 기하지 않을 수 없게 되었다.[127] 이에 1923년 9월 2일 서울에서 이돈화, 김기전, 박사준, 조기간, 박래홍 등의 발의로 새로이 주의·강령을 세워 〈천도교청년당〉을 창건하였으며[128] 천도교청년당은 명실상부하게 천도교의 전위 조직이요, 전위 정당으로 등장한다.

청년당은 재래의 당과 근대의 당을 구분하여 재래의 당은 붕당·당파·당쟁에 쓰이는 사당私黨이자 편당偏黨으로 민중 위에 군림하면서 사욕을 실현시키는 비인도적 당이라고 규정한다. 그러나 근대식 당은 민중을 배경으로 민중 자신이 대의공의大義公意를 위하여 그 구성원들이 그 주의와 목표의 적극적 실현을 도모하는 조직이라 했다. 그리고 그 주의가 다만 신앙이나 관념에 머물러 하등의

---

126 정용서, 앞의 글.

127 당시 국외적으로는 파리 평화회의가 열렸으며, 1921년에는 군비 제한과 극동 및 태평양 문제를 토의하기 위하여 미국 워싱턴에서 일·영·미·불·이 5국에 白, 중, 화란, 포르투칼 등 4개 국을 참가시켜 소위 9개국의 워싱톤 회의가 열렸고 1921년 영·화란조약 체결의 결과 동년 12월에 화란은 영국과 분리하여 화란 자유국을 건설하게 되었으며, 국내적으로는 동 5월 19일에 의암의 환원(사망)으로 대외·대내의 모든 정세가 복잡하여 조선사람 특히 천도교 청년들에게 크게 충격을 주고 있었다. 『소사』, 131쪽 참조.

128 이 시기 천도교 지도자들은 천도교 청년회를 '교리와 문화를 선전' 하기 위해 만든 '선전단체' 로 규정하였으며, 청년당을 "새로운 윤리와 새로운 제도로써 지상천국의 새세상을 건설하려고 일어선 일대 주의적 단결" 로 보았다 조기간, 「천도교청년당」의 과거일년을 회고하면서」, 『천도교회월보』 171호, 1924년 12월, 13쪽-14쪽, 정용서 앞의 글 재인용.

현실적 성취를 꾀함이 없는 것은 아무런 의미가 없으며 따라서 단순한 학자나 재래식 종교 신도의 결합은 당이 아니라고 정의하고 있다.[129] 따라서 청년당은 종교적 차원에서 출발하였지만 그 지향하는 방향은 근대식 정당과 일치한다고 평가할 수 있다.

나아가 이들은 당헌黨憲 제1조에서 "천도교의 주의·목적을 사회적으로 달성코자 이에 시종할 동덕으로써 한 개의 유기적 전위체를 조직하고…"라고 표현해 자신들의 나아갈 바와 성격을 명확히 했다. 즉, 천도교의 주의와 목적이 그대로 청년당의 주의와 목적이라 한 것은 인내천 종지 아래 보국안민, 포덕천하하여 지상천국을 건설하는 것을 궁극의 목적으로 한다는 것을 의미한다. 이를 위해 청년당은 정신개벽·사회개벽·민족개벽의 3대 개벽을 실현해 나간다는 것이다.[130]

청년당 활동을 통해 현실에서 이상적 후천개벽의 세계를 이루겠다는 청년당의 이당개벽以黨開闢 이념은 이 과정에서 출현했다고 볼 수 있다. 따라서 청년당은 후천개벽, 즉 지상천국 건설을 목표로 해서 신인간의 전위대를 육성하는 당원 훈련과 포덕·교리 연구·선전에 힘쓰고, 다시 창생 수준의 대중적 부문 운동으로 농민부·노동부·청년부·학생부·여성부·유소년부·상민부 등 7대 부문 운동을 대대적으로 전개해 나갔다.[131]

---

129 조기간, 『천도교청년당소사』, 10-13쪽.
130 천도교청년회중앙본부, 앞의 책, 114쪽.
131 『소사』, 143-147쪽. 구체적인 청년당의 조직 체계는 후술함.

특히 1920년 6월 25일부터 발행하기 시작한 『개벽』지는 우리나라 신문화 운동사상 지대한 공헌을 남긴 최초의 근대적 종합잡지로 높이 평가되고 있거니와, 『개벽』지의 역정은 그 자체가 한민족의 역사였고, 그가 일제에 의해서 받은 상처는 그대로가 민족 수난사를 대변해 주는 것이었다.[132] 『개벽』지는 천도교와 천도교청년당의 기관지적 성격을 가지고 매호마다 인내천 사상을 선전하는 한편 휴머니즘과 자유주의, 그리고 사회주의적 새 사조를 담은 글을 실어 당시 민족 문화 운동뿐 아니라 사상계의 선도자가 되었다. 『개벽』지의 성격은 발행 3주년 기념호의 권두언에 잘 나타난다.

『개벽』 잡지가 이미 조선 민중의 잡지요, 일 개인 일 단체의 소속물이 아닌 이상은 민중의 향상이 곧 『개벽』의 향상이요, 이 잡지의 노력이 곧 민중의 노력인지라, 민중과 한 가지로 흥폐존망을 決하여 민중의 정신으로 정신을 삼으며 민중의 心으로 心을 삼을 것밖에 없음을 단언함이 그 하나이며, 『개벽』 잡지의 주의는 개벽이라는 '열림'이 곧 그 주의가 되는 것이니, 물질을 열며 정신을 열며 과거를 열며 현재를 열며 미래를 열며 내지 萬有의 正路를 열어 나아감이 그 주의인지라, 그러므로 『개벽』은 어디까지든지 현상을 부인하고 현상 이상

---

132 『개벽』지는 통권 72호를 내면서 발행정지 당한 횟수가 34회나 됐다. 6년 6개월의 기간에 평균 두 달에 한 번 꼴로 이런 재간행 소동을 벌였으니 비용 손실과 그에 따른 경영 압박이 대단했다. 1924년 7월 1일 당시 4년간의 총 발행부수는 434,000부였다. 그 중 압수된 부수는 112,000부였으므로 30%를 압수당한 셈이다. 그만큼 『개벽』은 민족의식의 고취와 일제에 대한 저항정신을 굽히지 않았다는 증거가 된다. 김응조, 앞의 글 참조.

의 신현상을 발견하여 신진의 정로를 개척함이 그 둘이며 『개벽』의 사업에는 스스로 엄정한 비판을 요하는 것이다. 불편부당·공명엄정한 고찰로 邪를 破하고 正을 顯하여 사회를 정돈하며 신운동을 조장하여 正見과 正思·正立의 도를 진흥함이 그 셋이며, 『개벽』은 구체적으로 사회 운동·농촌 개발 운동 등의 정면에 立하여 스스로 신사회 건설의 전책임을 부담함이 그 넷이라…[133]

『개벽』은 이처럼 철저히 민중에 기초하고 있다. 그것은 동학 창도 이래 대원칙이었고 천도교와 청년당의 굳건한 진로였다.

그러나 1920년대 천도교단의 분열로부터 청년당이 자유로울 수는 없었다. 이미 1922년 천도교의 급진파인 천도교연합회[134] 측이 분열해 나갔을 때, 연합회파 측에서는 청년당에 대항하는 '천도교 유신청년회'를 결성해 지방을 순회·강연토록 하기도 했었다.[135] 그

---

133 『개벽』, 제3주년 기념호(통권 37호)

134 천도교 연합회 측은 동학사상의 이념적 지향을 급진 사회주의 사상으로 해석해 직접적인 행동으로의 표출을 주장한 집단이다. 이들은 1922년 의암 사후 교단의 급진적 개혁을 주장하다 실패한 후 그 해 12월 마침내 "주의가 다른 이상, 같이 할 수 없다."며 교단을 이탈했다. 이후 연합회는 1926년 이동휘 등과 함께 고려혁명당을 결성하는 등 한국공산주의 운동에 한 획을 긋는 역할을 하기도 했다. 이들에 대한 연구서로는 최정간, 『해월 최시형 가의 사람들』, 웅진출판사, 1994; 조규태, 「1920년대 천도교연합회의 변혁운동」, 『한국근현대사연구』 제4집, 한울, 1996 등이 있다.

135 천도교 유신청년회는 지방 강연 등을 통해 천도교연합회의 교리와 주의를 선전해 연합회 측의 활동을 지원했다. 1922년 12월 12일 황해도 서흥에서 김봉국이 '세계적 요구와 종교 의 장래」, 강인택은 '생존상 2대 욕구'라는 제목의 강연을 한 기록이 있다.(『동아일보』, 1922년 12월 13일자) 그러나 천도교 유신청년회는 본 연구의 주제가 아니므로 생략한다.

러나 청년당의 가장 심각한 위기는 1925년의 천도교 4세 대도주인 춘암 박인호의 교주직 인정 여부를 놓고 벌인 신·구파의 분열에서 초래되었다.

천도교는 1922년 종헌과 교헌 개정 등을 통하여 이미 전통적인 교주제를 없애고 민주적인 합의제인 중의제로 교단을 이끌어가고 있었다. 그러나 교단을 장악한 최린 계열이 1925년 천도교의 기념일[136]을 정비하면서 박인호의 승통 기념일을 제외해 버리자 오영창 등이 강력 반발하면서 교주제 부활을 주장하는 등 최린 계열과 대립했다.[137] 이 일을 계기로 천도교는 1925년 신·구파 두 개의 종리원이 생기는 등 심각한 분열을 맞았다.[138] 천도교의 전위 정당인 청년당도 지지 입장에 따라 분열의 뒤를 따를 수밖에 없었다.

당시 천도교청년당의 주류는 최린 계열이었고 또한 그들이 중앙 교단의 간부직을 가지고 있었다. 따라서 이들은 '복구 운동 방지단'을 만들어 기존의 개정 제도를 옹호하는 입장을 밝히고 '천도교

---

136 천도교의 4대 기념일은 天日(4월 5일, 수운 최제우가 동학을 창명한 날), 地日(8월 14일, 해월 최시형이 수운으로부터 도통을 받은 날), 人日(12월 24일, 의암 손병희가 해월로부터 도통을 받은 날), 道日(1월 18일, 춘암 박인호가 의암으로부터 대도주의 종통을 받은 날)이다. 매 기념일에는 수천 명의 전국 교인들이 서울에 모여 성대한 기념식을 치렀다. 천도교의 대 사회 운동들은 이 행사들을 전후해 주로 일어났음이 의미가 있다.

137 이후 천도교인에서 교주제 부활을 인정하는 측을 구파로 그것을 거부하는 측을 신파로 부르기 시작했다.

138 천도교의 신·구파는 이후 분열과 통합을 거듭해 오다 해방 이후에는 천도교중앙총부로 통합되어 오늘에 이르고 있다 구파 측의 교주제 부활은 수용되지 않았지만 4세 춘안이 위상은 교단내에서 의암의 뒤를 이은 대도주로 확고히 자리잡았다고 할 수 있다.

청년에게 격하노라' 라는 유인물을 배포하기도 했다.[139] 그러자 구파 계열의 청년당 간부인 박래홍, 손재기, 조정호 등과 일부 지회에서는 구파 종리원을 지지하며 천도교청년당을 탈퇴, 1926년 4월 5일 천도교 청년동맹을 만들었다. 청년당의 양분과 활동의 이원화가 발생한 것이다. 이후 구파는 비타협적 민족 노선으로 민족운동을 전개하고 신파는 타협적 민족 노선에 따른 자치론적 민족운동을 전개해 나갔다.

따라서 구파 측의 운동은 소수 운동가 위주의 적극적인 항일 활동으로 탄압과 그에 따른 희생이 반복되면서 나중에는 활동 자체가 미진해지는 데 비해, 신파 측의 운동은 대중 지향적 민중 계몽의 문화 운동에 치중함으로써 질긴 생명력을 유지할 수 있었다.[140] 신·구 양 파 및 청년당과 청년동맹 등과 관련한 일제의 기록이 이를 증명한다.[141]

구파 청년동맹의 주요 활동은 6·10만세운동에서의 활동을 들 수 있다. 당시 제2차 조선공산당을 결성한 책임비서 강달영은 사회주의 계열과 민족주의 계열 간의 제휴를 주장하며 민족주의 계

---

139 〈조선일보〉, 1925년 8월 29일자. 〈동아일보〉, 1925년 8월 29일자.

140 천도교 신·구파의 활동을 놓고 어느 쪽의 활동이 최선이었는지 판단은 쉽게 내려질 수 없다. 함석헌의 '민족이 바루처럼 쓰러지는데 누굴 탓하랴' 라는 말처럼 그 시절 민족의 좌절은 우리의 상상을 초월한다고 봐야 한다. 바로 그 시절 마치 불꽃처럼 열정을 불사르다 산화하는 모습과 들풀처럼 끈질기게 살아 남아 의지를 속으로 승화하는 모습이 신·구 양 파의 비유적 모습이라 생각된다. 그러나 분명한 사실은 이들이 이념적, 사상적 갈등으로 분열된 점이 아니라는 사실이다. 그랬기에 양 진영의 통합은 훨씬 수월했다.

141 村山智順, 앞의 책, 62-71쪽.

열의 대표라고 할 수 있는 천도교 구파 측과의 연대를 희망했다.[142] 그것은 1926년 3월 10일 구파 측 지도자 권동진의 집에서 양측이 회동함으로써 실현되었다.[143] 이들은 공통적으로 비타협적 민족운동 노선을 견지했다. 이 자리에서 6·10만세운동을 공동으로 시행하기로 합의하였으며, 천도교 구파 측의 청년동맹이 적극 참여함은 물론 특히 선언서 인쇄를 책임지기로 했다.

공산당원인 권오설로부터 선언서 인쇄를 제의 받은 조공당원이자 청년동맹원인 박래원[144]은 청년동맹의 대표위원인 박래홍과 집행위원 손재기 등을 만나 거사 내용을 토의하고 각 도의 천도교인들이 봉기하기로 약속했다[145] 구파의 원로이자 33인 대표 중의 한 사람이었던 권동진은 자금 지원을 약속했다. 박래원은 인쇄 기술자로 5종의 인쇄물 10만 장을 인쇄키로 했다.

박래원은 인쇄를 위해 위장 하숙집을 얻는 등 악전고투 속에서 인쇄를 무사히 마쳤다. 그는 인쇄물을 보관할 곳을 물색하다 〈개벽사〉에 숨겼으나 당시 수시로 수색 당하는 개벽사의 현실로 인해 인쇄물도 함께 발각되고 말아 대거 검거되는 비극을 맞이해야만 했

---

142 강달영의 정치 목표는 민족·사회 양 운동가들을 통합하여 국민당을 조직하는 것이었다. 김준엽·김창순 공저, 『한국공산주의운동사』 2, 청계연구소, 1986, 456쪽.

143 참석자는 천도교 측의 이종린·오상준·권동진, 조공 측의 강달영, 일반인으로 박동완(33인 대표 중 일인), 유억겸(유길준 아들, 연희전문 학감), 조선일보 주필 안재홍, 전무 신석우 등이었다. 위의책, 455쪽.

144 박래원은 청년동맹 창립총회의 13명의 집행위원을 선출할 때 5명의 전형위원 중 한 명이었고 규약기초위원회 3명 중의 한 사람이었다. 『천도교회월보』, 1926년 4월호.

145 박래원, 「六·十만세운동의 회상」, 『신인간』 통권 337호, 1976년 6월.

다.[146] 이로 인하여 천도교 구파의 지도자뿐 아니라 청년동맹의 박래홍 대표위원 등 다수가 연행되고 많은 수의 요인들이 일제에 의해 처벌받아야 했다.[147] 천도교 구파나 청년동맹의 활동이 축소되거나 완전히 지하화될 수밖에 없는 사건이었다. 특히 1928년 10월에 청년동맹의 대표였던 박래홍이 살해됨으로써 단체의 활동이 크게 위축되어 부진을 면치 못했다. 이후 청년동맹의 활동에 관한 기록은 거의 발견되지 않고 있음이 이를 증명한다. 6·10만세운동 이후 천도교 구파는 다시 사회주의 세력과의 연합 노선을 지속해 급기야 1927년 민족통일전선체인 신간회의 결성으로 발전했다. 천도교 측에서 구파의 지도자인 권동진, 이종린, 박래홍 등이 신간회 본부의 간부로 참여하였다.[148] 또한 이들은 지방의 구파 천도교인들의 신간회 참여를 위해 지방 순회 강연을 자주 다녔고 다수의 지방 교도가 신간회 지역 지회에 참여해 활동하였다.[149]

---

146 완성된 인쇄물은 살포만을 기다리고 있었다. 그러나 지방 등에 전달하는 데는 1천원의 자금이 필요했고 박래원은 공산당과 권동진, 박래홍 등에 부탁해 자금을 어렵게 모으는 중에 발각되고 말았다. 겨우 1천원의 돈이 없어 모든 노력은 물거품이 되었다.

147 천도교의 6·10만세운동 참여는 성봉덕, 「六·十만세운동과 천도교」 『한국사상』 제23호, 한국사상연구회, 1996; 표영삼, 「6·10 만세와 천도교」, 『신인간』 1992년 11·12월호 참조.

148 이균영, 『신간회연구』, 역사비평사, 1993, 99쪽.

149 전국적으로 신간회 지회가 설치되었는데 천도교 신파의 강력한 지지기반인 평안도 지역의 지회 설치 비율이 가장 낮다(위의 책, 250쪽 참조). 이 시기 천도교의 분열이 신간회 결성에도 이렇게 영향을 미쳤다고 해석할 수 있다. 천도교 신파 측의 신간회에 대한 미온적 태도는 천도교의 독특한 개벽관에서 기인한다. 즉, 천도교의 이당개벽(以黨開闢) 이념은 천도교의 당인 청우당을 통해서만이 개벽된 신세계를 열 수 있다는 것으로, 따라서 그들에게 청우당 이외의 정치 단체를 통하는 것은 개벽을 이루는 길이 아니었기 때문이다.

한편 천도교 신파 측의 청년당은 당명을 고수한 채 지속적인 활동을 전개했다. 특히 이들은 원로들의 타협적 민족 노선과는 달리 표면적으로는 원로들의 정책을 따르는 듯하면서 내심은 전적으로 비타협적 민족 노선을 지향했다. 이러한 청년당의 성향을 일경도 파악하고 있었다. 즉, 최린 등 천도교의 최고 간부는 친일적이나 중간 간부 이하는 항일 민족정신이 투철했다고 다음과 같이 기록하고 있다.[150]

기독교, 천도교 그 밖의 종교 유사단체 등에 있어서도 표면으로 종교 포교의 그늘에 숨어 민족적 반항심의 육성에 힘쓰는 감이 있다. 특히 천도교는 표면적으로는 아주 평정한 것 같으나 항상 조선 내 민족운동의 지도기관으로 자임하고 과거의 동학당의 난, 독립 만세 사건 등을 引例하여 은밀히 일대 사건 결행을 구호로 해서 교도의 규합에 힘 쓸 뿐만 아니라, 청년당·청년동맹·농민사·노동사·내성단·여성동맹·청년회·소년회·학생회 등의 별동단체를 조직하여 조선 내 각 계층에 침투하여 他日에 대비한다고 하고, 최고 간부 등은 극히 온건 평정을 가장하고 때로는 자치운동 혹은 관헌에 접근하려는 태도로 나오는데도 불구하고 중간간부 이하의 임원 등에 있어서는 번번히 지방을 편력하며 은어·반어·풍자 등을 써서 민족적 반항심을 선동하고 혹은 대중적 일대 운동의 준비를 시사하여 교세의 확대 강

---

150 조선총독부경무국, 『최근에 있어서 조선치안상황』, 1933-38년, 77쪽 참조.

화를 꾀하고 있다.

청년당 세력은 1925년에 지방당부만 120여 개에 3만 당원을 확보할 정도로 확대되었다.[151] 이를 바탕으로 청년당은 교단의 분열을 겪으면서도 기존의 7대 부문 운동을 꾸준히 전개해 나갔다. 그러나 일제의 추적은 집요했고 청년당의 활동에는 많은 제약이 뒤따랐다. 이런 일제의 감시와 탄압을 피하기 위해 김기전, 조기간, 박사직 등은 두 개의 지역적인 비밀 지하 핵심당인 불불당不不黨과 오심당吾心黨[152]을 만들었다.

천도교청년당의 비밀 조직이었던 오심당은 1929년에 조직되어 지하에서 민족운동의 재원을 얻기 위해 활약했고 주로 조선농민사를 통해 핵심당 활동을 전개했다. 오심당의 조직 원칙은 동학혁명 시절의 비밀 점조직으로 하고 당본부는 평양에 두었다. 서울에 본부를 둔 또 하나의 핵심당은 불불당으로 두 조직 중 하나가 발각되어도 연쇄적으로 와해되지 않도록 해서 1934년에 발각·체포될 때까지 지하 민족운동의 맥을 이어 왔다.

원래 그 구호를 '물망정신구경목표勿忘精神究竟目標'와 '극계자기현실임무克戒自期現實任務'라 해서 활약한 오심당은 '내 마음이 곧 네 마음吾心卽汝心'이라는 교리에 따라 구경 목표 달성을 위한 현실 임

---

151 『소사』 참조.
152 불불당은 원래 1924년 신앙 경력 10년 이상의 독실한 교인들로 서울에서 결성되었다. 이 비밀 조직이 점차 조직을 확대하면서 오심당으로 명칭을 변경한 것이다.

무가 자주 독립임을 알고 전개한 비밀 핵심당 운동이었다.[153] 오심당은 특히 1935년과 1936년에 3·1운동과 같은 만세 운동을 계획하고 있었다. 이 계획은 1929년에 비밀 결사를 발족시키면서 세워졌다. 그러나 이 계획은 사전에 일제에 발각되어 전국에 걸쳐 230여 명이 검거, 그 중 71명이 기소됐으며 자금도 2천 3백 원이나 몰수됐다. 결국 천도교청년당은 1934년의 오심당을 통한 조선 독립 운동 계획이 탄로되면서 거의 마비 상태에 놓이게 되었다.[154]

한편 이에 앞서 1930년 초 교단의 신·구파가 회동해 통합을 논하기 시작하고 그 해 12월 극적으로 그동안의 갈등을 해소하고 양파가 합동하였다. 이에 따라 천도교 전위 정당인 청년당과 청년동맹도 합동을 결의하고 이듬해 2월 16일 드디어 천도교청우당天道敎靑友黨으로 재출발한다. 양측의 합의에 의해 청우당의 대표는 구파 측의 손재기가 맡고 청우당의 상징적 존재인 소춘 김기전[155]을 고문으로 위촉했다. 청우당은 이처럼 험난한 과정 끝에 등장했다. 청우당은 당연히 그때까지 청년당의 민족운동을 계승하면서 꾸준히 활동했다. 청우당은 우선 청년당과 청년동맹의 결합에 주목했다.

---

153 신일철, 「천도교의 민족운동」, 『한국사상』 21집, 1989, 60-62쪽.

154 위의 글 참조.

155 소춘 김기전은 1894년 평북 구성 출신으로 언론인, 교육사상가였으며 청우당을 이끌어 온 민족 문화 운동의 선구자였다. 그는 청우당의 창당에서부터 실질적인 지도자로 청우당 노선 정립과 활동에 절대적 영향력을 행사해 온 인물로 지적되고 있다(윤해동, 앞의 글 참조). 해방 정국에서 월북한 그에게 소련군은 조선임시정부 각료의 예비후보로 선정해 그의 위치를 예우해 주기도 했다 「단평: 조선임시정부 각료 후보들에 대하여」, 『역사비평』, 1994 봄, 379-380쪽 참조.

그래서 청우당 합동대회에서 각 지방당부에 내려보낸 공문을 통해 민족운동의 계승을 갈등 없이 지속하라고 요구했다.

청우당은 합당 후 첫 사업으로 기관지『당성黨聲』을 발행하기로 하고 4월 1일부로 창간했다.『당성』은 신문형 주간지로 매주 1회 발행하였는데, 편집 겸 발행인은 김도현이었다. 당본부는『당성』의 기관지적 성격에 대해서 "청우당의 이론 및 정책을 천명하고 각 지방 당부 및 부문 단체의 활동 상황은 물론 이 밖에도 당과 관계되는 세상 소식을 알리기 위해 발행한다."고 했다. 매회 4-8면으로 발행된『당성』은 이후 당원들의 당적 소양과 이론 무장 및 교양 제고에 중요한 역할을 담당하였다.[156]

이 밖에도 청우당은 조선노동사를 설립하여 식민치하 조선인의 불안한 노동 대우 및 불안정한 고용 조건의 개선에 기여하고자 했다. 특히 공생조합共生組合을 설립하여 노동자들의 일상생활 필수품을 실비로 제공하는 등 그들의 생활 안정을 이루고자 하였다.

그러나 교단이 1932년 4월 신·구파로 다시 분열되면서 청우당 역시 청년당과 청년동맹으로 갈라졌다. 이로써 천도교청우당이란 명칭은 1년 10개월 만에 소멸되었다. 1930년대 국내의 모든 민족운동 단체가 존립할 수 없었듯이 7대 부문 운동으로 활동하고 있

---

156 천도교청년회중앙본부, 앞의 책, 154-155쪽. 당시 만주사변 발발, 조선인 동화정책의 실시, 신간회·근우회의 해체, 일본의 국제연맹 탈퇴, 독일 히틀러의 집권 등이 당성을 통해 전달되었고, 이희승의 '조선어 철자법 강화', 김상기의 '조선사 강좌' 등이 연재되어 민족정기 함양에도 크게 기여했다.

던 청우당에게도 일제는 활동 영역의 제한을 가하고 있었다.[157]

신파 측의 천도교청년당은 일제의 제약 속에서도 『자수대학강의 自修大學講義』라는 명칭으로 매월 강의록을 발행하였다. 이는 일제 식민 치하에서 고등교육의 기회를 박탈당한 우리 민족의 고등교육에 대한 대중적 열망에 부응하고 높은 지력知力을 습득할 기회를 제공한 것이었다. 일종의 '대학 수준의 국한문 강의록'인 『자수대학 강의』는 종교, 철학, 정치, 경제, 사회, 예술, 체육의 7개 과목으로 구성되었다.[158] 당시 『자수대학강의』는 수강생이 1천 1백 명에 이르는 성황[159]이었으나 1년 동안 13호를 간행하고 1934년 12월 중단되고 말았다. 이는 당시의 국내 정세의 변화와 무관치 않다.[160]

결국 같은 해 12월 23일 임시 전당대회에서 당 본부가 제안한 내용이 수정 없이 통과되었는데 그 내용은 청년당의 위상이 대단히 위축되고 있음을 보여 주고 있다. 첫째, 당헌을 수정했는데 그 내용이 한마디로 축소 지향적이었다. 우선 당 본부와 지방 당부의 부서를 포덕·수도·경리의 3부로 축소 조정했다. 이것은 바로 8개

---

157 천도교의 분열이 지도층의 갈등에 일차적 책임이 있다는 것은 부인할 수 없는 사실임에도 불구하고 일제의 계획적인 분열책 역시 크게 작용했다고 보아야 한다. 국내 최대의 민족운동 단체인 천도교에 대한 일제의 꾸준한 감시와 회유는 익히 알려진 바이다. 청우당의 분열 역시 같은 맥락에서 이해해야 한다.

158 자수대학의 강사는 종교과에 이돈화, 철학과에 김형준, 정치과에 이정섭, 경제과에 이긍종, 사회과에 공탁(공진항), 예술과에 함대훈, 체육과에 김보영 등이 담당하였다. 천도교 청년회 중앙본부, 앞의 책, 185쪽.

159 김병준, 「회고교회일년간」, 『신인간』, 1933년 12월호, 18쪽.

160 오심당이 왜경에 탄로나고 대대적인 검거를 당한 것이 1934년 9월 19일이었다.

월 전 제8차 전당대회에서 당세 확장 계획에 따라 기무·재무·조직·훈련·선전의 5부로 확장했던 사실을 미루어 볼 때 상당히 위축되어 있을 뿐 아니라 부서의 명칭으로 보아 전위단체라기보다는 단순 신앙 위주의 조직으로 퇴행하고 있다는 것을 알 수 있다.

둘째, 당두의 선출을 전당대회 직선에 의하지 않고 대회에서 선출한 중앙 집행위원 가운데서 중앙종리원이 선임하도록 후퇴했다. 이 역시 과거 청년당의 모습과는 거리가 먼 것이다.

셋째, 포덕부는 포덕·7부문·출판·조사 통계, 수도부는 수련·당학 및 교양·체육·근로, 경리부는 지방 당부의 설치 및 폐지·당원 명부·서무 및 외교·재산 관리·예결산 및 회계의 직무를 수행하기로 하였다. 이것은 기능의 축소 및 간소화를 의미한다.

넷째, 7부문에 관한 사업은 당 포덕부에서 직접 관리토록 하고, 각 부문 단체의 중앙과 군 기관은 따로 설치하지 않고 동·촌 기관만을 적당히 설치토록 하였다. 아울러 농민사를 제외한 각 부문 단체의 현행 규약은 폐지하고 당본부에서 따로 정한 규제에 의하여 부문 단체의 조직을 정비하도록 하였다. 이 또한 기본 조직의 상당 부분이 축소 지향적으로 재편되고 있는 것이다.

다섯째, 『자수대학강의』는 당분간 발행을 정지하기로 했다. 그러나 『자수대학강의』는 그 전에 이미 13호로 종결된 상태였기 때문에 이 결의는 요식 행위에 불과한 것이다. 이와 아울러 기관지 『당성』은 앞으로 수도·포덕·기술 중심의 편집을 하겠다고 밝혔다.

여섯째, 교회의 방향 전환에 대한 인식을 철저히 하여 '시중회時中會'를 지지한다고 천명했다. 청년당의 변신은 사실상 이 부분과 무관하지 않다고 추정된다. 왜냐하면 청년당의 고문이며 사실상 신파를 이끌고 있던 최린이 1934년 4월 27일에 중추원 참의가 된 후 각계 인사들과 제휴하여 8월 30일에 시중회를 만들었고, 그 후 교중 인사들도 여기에 참여하였기 때문이다. 시중회의 강령이 ① 신생활의 건설 ② 신인생관의 확립 ③ 내선일가의 결성 ④ 근로신성의 체행 ⑤ 성경신의 실행[161]이라는 점으로 볼 때, 점차 강화되는 일제의 침략 정책과 관련하여 이것이 청년당의 이후 진로에 상당한 영향을 미쳤으리라 추정할 수 있다. 또한 오심당 사건 이후 일제의 감시가 강화된 것도 조직 축소 개편의 한 원인이었다고 볼 수 있다.[162]

이처럼 당이 축소되자 이제 청우당은 그 설립의 근본 정신이라고 할 수 있는 이당개벽을 실현할 수 없게 되었다. 이에 대해 당두 조기간은 "전 세계적으로 빠져 들어가는 비상적 위기인 객관적 정세가 그리 하게 하는 것이다."라고 실토하면서 임시대회에서의 기구 갱신은 앞으로 당의 진로를 대외적인 활동보다는 대내적인 것으로, 양적인 것보다는 질적인 것으로 전환하여 인간적인 활동으로 노력하기 위한 것이라는[163] 명분을 내세웠다. 이것은 후일 조기간이 청년당의 변신에 대해 종전의 '정선교후 정주교종政先教後 政主教從'에서 '교선정후 교주정종教先政後 教主政從'으로 진로를 전환하고

---

161 『당성』, 제36호(1934. 12. 1일자), 3쪽.
162 「천도교청년당 임시전당대회 의정안」, 『당성』 제37호, 1935. 2. 1일자, 1면.
163 일연, 「당의 기구갱신과 금후행진」, 『당성』 제37호, 1937. 2. 1일자.

민족주의에서 인류주의로 전환한다는 논리와 맥을 같이 한다. 이로써 청년당은 자신들의 활동에서 정치의 영역을 스스로 제거한 것이다. 이것은 최린이 이미 선포한 대동방주의大東方主義[164]에 의거한 것이었다.[165] 이것으로 청년당의 입지와 진로는 더욱 제한받을 수밖에 없음을 예고한 것이다.[166]

그리고 마침내 청년당에서는 1936년 4월 4일에 열린 제10차 전당대회에서 당두 조기간이 물러나고 승관하를 신임 당두로 임명했다. 한편 당원의 연령을 20세에서 40세까지로 제한하고, 천도교 청년은 의무적으로 입당하도록 하는 한편, 공식적으로 종래의 대사회적 활동 방침을 포기하고 청년당을 천도교 청장년의 교양 훈련 기관으로 전환하였다. 즉, 그 해의 활동 계획으로 첫째, 조직의 확대 강화(교중 청년의 입당) 둘째, 교양 훈련(인격적 교양, 교리적 교양, 과학적 교양) 셋째, 유소년 운동의 진작으로 정했다. 이것은 청년당이 천도교의 전위 단체로서의 역할을 완전히 포기하고 하나의 교양 훈련 단체화했음을 증명하고 있다. 그리고 이 시기까지 존속되었던 농민사를 종래의 농민 운동 단체에서 농촌 사업 단체로 전환함으로써 청년당의 부문 운동도 완전히 막을 내렸고[167] 기관지였

---

164 대동방주의는 1934년 12월에 공식적으로 선언한 것으로 기존의 인류주의·세계일가를 실현하기 위한 조선민족의 자치를 포기함을 말한다. 천도교는 대동방주의 선언은 '용시 용활'에 따른 것으로 오직 공을 위한 것이지 사를 위한 것이 아니라 하며, 나아가 서방주의에 대한 대동방주의로 세계 평화를 실현한다는 것을 명분으로 내세우고 있다.

165 조기간, 「신앙의 갱신과 제도의 재건」, 『신인간』, 1935년 1월호, 23-26쪽.

166 천도교청년회중앙본부, 앞의 책, 193-194쪽 참조 및 재인용.

던 『당성』 역시 폐간되었다.

그러나 1930년대 중반 이후 천도교의 모든 대중 운동이 철저히 봉쇄된 상황에서도 4세 대도주 춘암春菴 박인호朴寅浩[168]는 1936년 비밀리 전 교역자에게 민족정신사의 회복과 조국의 독립을 위하여 일제의 패망을 기원하는 기도 운동을 전개하도록 했다. 그는 일제의 패망이 곧 다가올 것이라며 다음과 같은 기도문을 아침·저녁 심고心告할 때 정성껏 기원하라고 했다.

개 같은 왜적 놈을 한울님께 조화 받아 일야간에 소멸하고 대보단에 맹서하고 한의 원수까지 갚겠습니다.

후일 일제에 의해 멸왜기도 사건이 발각된 후 신문지상에 발표된 당시의 기도 운동의 내용은 다음과 같은 것이었다.

〈불온계획 내용〉

1. 불온 주문 관계＝김재계·최준모·한순회 등은 일찍이 천도교에

---

167 임문호, 「조선 농민사를 금후 주식회사로 변경하면서」, 『신인간』 107호, 1936년 11월, 47-50쪽. 정용서, 앞의 글 재인용.

168 춘암 박인호는 1855년 충남 예산 출신으로 본명은 朴龍浩다. 29세에 동학에 입도해 의암 밑에서 중앙총부 차도주, 대도주를 역임했고, 3·1운동 때에는 민족대표 48인으로 활약하다 1년 6개월의 옥고를 치렀다. 의암에 의해 천도교의 도통을 전수받았으나 이를 사임하는 등 의암 사후 끊임없는 신·구파의 내부에 휩쓸려 이전 교주들 같은 카리스마를 발휘할 수 없었다. 말년의 멸왜기도 사건은 그의 민족주의관을 보여 주는 역사적 사건이다.

의한 조선의 독립의 의사를 갖고 있었으며 소화 8년 9월 이후 이것을 기원하는 의미의 주문을 만들어 이를 독신교인에게 교수하여 교도의 독립 사상을 선동하고 홍순의는 김재계로부터 이것을 구수받아 황해도 내 예하 교도를 지도 선동함.

2. 특별 희사금 모집 관계＝소화 12년 8월 10일경 최준모·김경함·한순회 등은 모의 결과 지나사변은 천도교 평소의 염원인 주권 회복 실현의 호기를 가져올 수도 있다고 보아 그 경우 소요 자금에 충당하기 위한 특별 희사라 칭하고 전선을 4구로 나누어 교도로부터 324원을 모금했다.(사실은 이보다 몇 십 배 되는 모금을 하여 해외 독립 운동 자금에도 쓰였다고 전한다.-필자 주)

3. 특별기도 관계＝종래 천도교 구파에서는 특별기도라 칭하고 조선 독립의 뜻의 기도를 행하여 왔는데 작년 12월 20일 김재계·최준모·한순회 등은 소화 13년도 특별기도 실시에 있어서는 관헌의 취체 탄압을 피하기 위하여 "동양평화의 기초가 하루빨리 확립되도록 기원한다."는 문구를 위장용으로 부가하고 반면 교도들에게는 이는 관헌을 기만하는 위장에 불과하다고 칭하며 교도들을 지도하였다.[169]

멸왜기도 사건은 이제까지 그 실상과 의의가 세상에 널리 알려지지 않고 역사의 그늘에 가려 있다. 그러나 이 사건은 우리 민족 독립 운동사에 일제의 감시와 탄압이 가장 심한 민족 수난기에 3

---

[169] 『경성일보』, 1938년 5월 1일자.

년 여에 걸쳐 불굴의 독립 정신과 의지를 심어 줌으로써 한국 민족주의의 저력을 보인 쾌거였다. 운동의 전 과정에 천도교의 전위 조직인 청우당의 활동은 충분히 짐작할 수 있다 할 것이다.[170]

이 사건을 계기로 일제는 천도교의 모든 활동을 금지시키고 청우당을 비롯한 천도교의 모든 단체를 강제 해산시켰다.[171] 즉, 1939년 4월 3일에 열린 제13차 전당대회에서 신파 측의 청년당을 해체하고,[172] 당시 천도교가 가맹하고 있던 '국민정신총운동연맹'에 합류케 함으로써 일제 시대 청우당의 역사도 막을 내렸다.[173]

---

170 생존해 있는 천도교 원로들은 당시 비밀리 진행되었던 멸왜기도 사건의 내용을 기억하면서 특히 젊은 청우당원들이 앞장섰다는 것을 증언하고 있다.

171 해체를 막기 위한 몸부림은 처절했다. 1938년 4월 4일에 열린 제12차 전당대회에서 ① 당헌 제1조를 '본당은 천도교회의 전위체가 되며 교중 청소년을 훈련하야 독실한 신성 사도를 양성하기로 목적함'이라고 수정하고, 종래의 주의·강령을 삭제하고, ② 16세에서 36세까지 수양기에 있는 순수 청년은 정당원, 정당원으로서 연령이 초과된 사람은 특별당원으로 하고, ③ 1년에 1원 이상의 순의무만 지닌 유지당원을 두기로 하는 등(임문호, 「전당대회를 마치고」, 『신인간』 123호, 1938년 6월, 15-16쪽; 「청년당의 신진용」, 『신인간』 123호, 1938년 6월, 41쪽) 당의 존립 목적마저도 포기했다. 정용서, 앞의 글, 재인용.

172 구파 측 청년동맹은 청년회로 명칭을 변경해 유지되어 오다가 역시 같은 날짜로 자진 해산 결의했다. 각기 분열 해체된 청우당은 1년 뒤 4월 4일 다시 합동했으나 이미 태평양전쟁과 대동아공영권 건설에 광분하고 있던 일제 치하에서 제대로 된 역할은 기대할 수가 없었다. 이들은 해방 공간의 등장과 더불어 역사의 전면에 나올 수 있게 됐다.

173 결국 일제의 압력에 의했다 하더라도 대동방주의의 제창은 청년당에서 주장하던 민족주의·민족개벽을 포기함을 의미하는 것이었다. 기존에 청년당에서 주장한 민족주의의 개념은 각 민족간의 경쟁·침략을 배제하는 보편적·이상적 가치를 가진 주장이었다. 그러나 대동방주의는 보편적·이상적 가치가 없는 현실적인 주장일 뿐이었다. 즉, 동양과 서양을 구분하는 가운데 조선민족과 일본민족의 결합을 주장한 것으로써, 본질적으로는 현실 타협론의 성격을 띠는 것이었다. 그것은 곧 일제를 인정하는 가운데 조선민족의 생존을 추구하려는 것이며, 일제의 대동아공영론에 부합되어 간 것이었다. 청년당의 존립 근거는 민족주의의 소멸과 함께 소멸했다. 정용서, 앞의 글.

2. 청우당의 일제하 민족운동

청우당은 일제 치하에서 조선민족을 위하여 민족 독립 운동, 사회·문화 운동 부문에 큰 업적을 내고서도 지금은 잊혀진 존재가 되어 있다.[174] 특히 국내 대부분의 유력자나 단체가 친일화함으로써 민중의 좌절감을 더욱 심화시키고 있던 그 시대에, 청우당의 활동은 우리 민족에게 큰 희망이 되었다. 당시의 시대 상황으로 청우당의 활동은 천도교의 외피 속으로 제한되면서 특별히 문화 운동 측면에서 두드러지게 되었다.[175] 그러나 청우당의 운동은 감시와 탄압 속에서 이루어졌음을 간과해서는 안 된다. 물론 여기에는 3·1운동 이후 일제의 대한 식민지 정책이 문화 정책으로 바뀌는 외적 요인이 작용하지만 일제의 이러한 정책은 어디까지나 회유책에 불과했다. 따라서 국권 회복을 지향하는 제반 문화 운동은 자연 일제의 감시 밑에서 감행될 수밖에 없는 제약을 수반하고 있었다.

1) 『개벽』지와 출판 문화 운동

천도교청년당의 활동 중 가장 두드러진 것은 『개벽』지를 비롯한 출판 문화 사업이다. 천도교청년당은 출발과 동시에 문화 운동에

---

174 신용하, 「자료해제-천도교청년당동경부의 문서 '조선 농민에게'」, 『한국학보』 봄호, 일지사, 1993.

175 1920년대 천도교의 문화 운동을 대부분의 연구자들은 '신문화 운동' 이라고 부른다.

주력하니, 당 운동의 목적을 현실적으로 달성하는 데 있어 문화 운동의 중요성을 강조하고 그 대강을 이렇게 밝히고 있다.

> 인간 사회의 일체 승패 득실은 각기 자체의 의식 정도와 문화 정도의 고하를 따라서 생겨지는 성과이다. 사상의 新舊, 시대의 古今, 방법의 憂劣 등 관계도 적지는 않으나 인간 사회의 근본 향상은 蒼生級의 의식적 각성과 문화적 향상에 있는 것이다.(『소사』, 132쪽)

다시 말하면 민중 교육을 통한 의식 개혁과 문화적 각성이 장차 자주 독립을 할 수 있는 길이라는 것이다. 천도교의 청년 지도층이 민중 교육의 방법으로 출판 문화 운동에 역점을 둔 것은 바로 이런 문화 운동의 궁극 목표가 독립에 있었기 때문이다.

천도교청년당은 1920년 6월에 언론 기관 〈개벽사〉를 창설하면서부터 본격적인 출판 운동을 전개했다.[176] 처음에 청년회 편집부 사업으로 개설된 〈개벽사〉는 사장 최정종, 편집인 이돈화, 발행인 이두성, 주필 김기전, 인쇄인 민영순이었고 인쇄소는 최남선이 경영하던 신문관新文館을 사용했으며 이돈화, 김기전, 방정환, 차상찬, 박달성 등이 핵심 편집진으로 참여했다. 이들은 『개벽』을 비롯

---

176 '개벽'이란 말이 천도교 언론 문화 운동의 중심어가 된 것은 『천도교경전』에 나오는 '開闢時國初日'이니 '十二諸國 怪疾運數 다시 개벽 아닐런가'라는 문구에서 따온 것이다. 따라서 이 개벽이란 어휘는 천도교의 역사관을 대표하는 상징적 이미를 함축한 것이라 할 수 있다.

해서 『신여성』『어린이』『학생』 등 계층별 종합 교양지를 발행, 눈 부신 출판 활동을 전개해 나갔다.

신문지법에 의해 발행 허가된 『개벽』은 완전히 인쇄 제본이 된 다음 왜경의 검열을 받았는데, 조금만 비위에 거슬려도 압수와 삭제를 당하곤 했다. 이러한 『개벽』지에 대한 탄압은 창간호부터 시작되었다. 즉, 창간호가 발행되자마자 압수를 당하여 다시 '임시호'를 발행했다. 그런데 그 임시호마저 압수되어 또 '호외'를 찍어 첫 호를 낼 수밖에 없었다. 이렇게 역풍을 안고 출발한 『개벽』지는 통권 72호로 폐간되기까지 7년 동안에 발행 금지 34회, 정간 1회, 벌금 1회, 발행 정지 1회 등 수난의 역정을 걸어야만 했다.

일본인 검열관에 의해 가장 악질적인 잡지로 낙인 찍혔던 『개벽』은 마지막 강제 폐간 당할 때 통권 72호(1926년 8월호) 전부를 압수, 인쇄 제본된 책을 일일이 작두로 썰어서 폐기 처분하고 발행 정지 처분을 내렸는데, 이로써 『개벽』지가 일제에 의해 얼마나 미움을 사고 있었는가를 잘 알 수 있다.[177] 전술한 대로 『개벽』지는 1920년 6월에 창간된 후 1924년 7월까지 4년 동안 발행된 총 책수가 434,000여 권에 이르는데, 이 중 압수된 부수가 4분의 1이 넘는 112,000여 권이었다니[178] 가히 탄압의 실상을 짐작할 만하다.

이처럼 『개벽』지는 우리의 신문화 초창기에 있어 여타의 잡지와 비교될 수 없는 여러 가지 크고 깊은 의의를 지니는 종합잡지였다.

---

177 한국잡지협회, 『한국잡지총람』 제1편, 잡지발달사, 1972, 75쪽.
178 「개벽운동만세」, 『개벽』 7월호 권두언, 1924년.

실로 『개벽』은 민족의 수난기, 그리고 그 어두운 암흑기에 어려움을 타개하는 선구자로서, 앞길을 밝혀 주는 선각자로서 신문화사 및 독립 운동사상 크나큰 업적을 이룩한 민족의 잡지였다. 그리고 이와 같은 『개벽』의 업적은 동지가 종합지인 관계로 사상·종교·역사·철학·예술·국학 등 문화의 각 부면과 항일 운동·민족운동에 이르기까지 여러 방면에 걸쳐 빛나고 있는 것이다.[179]

이러한 『개벽』의 업적은 다음 창간사의 구절에 보이듯 민족개벽을 자담한 숭고한 정신의 발로라고 한마디로 말할 수 있다.

눈을 뜨라. 귀를 크게 열라. 그리하여 세계를 보라. 세계를 들으라. 세계를 앎이 곧 자기의 죄악을 앎이요, 자기의 장래를 앎이요, 자기의 총명을 도움이요, 자기의 일체를 개벽함이로다.(창간사 「세계를 알라」)

천도교청년당은 『개벽』 이외에도 다양한 잡지들은 간행했다.

① 『별건곤』(1926.11-1934.3, 통권 101호), ② 『혜성』(1931.3-1932.3, 통권 13호), ③ 『제일선』(1932.5-1933.3, 통권 11호), ④ 『부인』(1921.6-1923.9, 통권 16호), ⑤ 『어린이』(1923.3-1934, 통권 123호), ⑥ 『학생』(1929.3-1930.11, 통권 12호), ⑦ 『조선농민』

---

179 인권환, 「개벽지의 문학사적 고찰」, 『한국사상』 12집(최수운 연구), 한국사상연구회, 1974, 471쪽.

(1925.12-1930.1, 통권 30호), ⑧『농민』(1930.5-1933.12, 통권 42
호), ⑨『중성』(1928.11-1930.4, 통권 18호), ⑩『새벗』(1929.3-
1933.3, 통권 49호)[180]

이러한 천도교청년당의 모든 간행물의 밑바탕에는 새 문화 체제
를 실현하기 위한 원대한 '후천개벽' 정신이 깔려 있었다.

2) 7대 부문 운동

청년당의 활동에서 주목해야 할 것은 민중운동 차원에서 실천한
7대 부문 운동이다. 천도교의 전위 정당인 청년당은 그 존립의 이
유가 천도교 이념의 실현에 있으므로 '천도'로써 창생을 제도한다
는 교의 목적을 구체적으로 사회에 실현해야 한다는 당위를 가지
고 있다. 7대 부문 운동은 동학 창도 이래로 후천개벽한 세상이 도
래한다는 동학사상의 실현을 위한 구체적 실천이었다.

우리 도의 목적이 창생을 제도하는 데에 있다 하면 이 도의 전위가
되고 별동이 되는 우리 당의 목적이 역시 창생을 제도하는 데 있을
것은 물론이다. 하물며 우리 도의 주의 목적을 사회적으로 달성할 것
을 당헌 제1조에 명언하였음이리오.
그러나 창생은 수에 있어 역으로 산할 수 없고 이해에 있어 일양이

---

180 이재순, 「교회에서 출판된 서적을 소개하면서」, 『신인간』 289호(9월호), 1971, 30-31쪽.

아니니 이를 상대하며 이를 영도하는 묘방이 없을 수 있으랴. 여기에서 스스로 부문 운동을 생각하게 된다. 즉 우리의 주위에 사는 창생의 수가 그같이 많고 이해가 그처럼 불일하다 할지라도 그를 이모저모로 같은 것은 같은 데에 다른 것은 다른 데에 유를 갈라서 생각하여 보면 그렇게 복잡해서 보족할 수 없는 것도 아니다. 그래서 우리 당에서는 이를 연령, 성, 직업 등 세 가지의 편으로 유별하여 먼저 연령의 편으로 유소년, 청년을 가르고 성별로 여성을 따로 생각하고 직업별로 상민, 노동자, 농민을 들고 다시 학생이라는 한 편을 생각하여 유소년, 청년, 학생, 여성, 농민, 노동, 상민의 7부를 두고 당본부와 지방부에는 각부에 대한 책임위원을 두어 일반 당원과 한 가지로 부문 운동에 노력하게 된 것이다.

여기에서 우리가 분명하게 인식하지 않으면 안 될 것은 우리 당이라 하면 당 자신을 위하여 존재하는 것이 아니요 창생의 이익을 위하여 있는 것이며, 또 당원이라 하면 당원 자신을 위하여 있는 것이 아니라 시시창생의 이익을 위하여 있는 것이다. 그러므로 우리가 당을 조직하고 당원을 훈련하는 것은 오직 이 민중의 이익을 호지, 증진키 위한 수단 방법에 불과한 것이다. 이 점에서 당에는 스스로 주로 당원, 일반만을 관리하는 당무부가 있는 것이다. 만일 당에 당기관이나 당원만 있고 창생이 없다 하면 이는 마치 한 국가에 정청이나 관리만 있고 백성이 없는 것과 한가지이니 아무데도 쓸데 없는 것이다.(『소사』, 143-144쪽)

청년당은 부문 운동을 "천도의 주의·목적을 사회적으로 달성함에 당의 목적이 있으므로 당원 각자로 하여금 당의 강령·정책을 가지고 각 편의 민중 속으로 들어가 그들의 이익을 위하여 진력하면서 그들을 조직하고 지도하게 하게 하는 것"이라고 정의하였다. 철저한 '민중 속으로'를 주장하는 입장에서 그들은 부문 운동에 참여하는 당원들에 다음의 세 가지 주의사항을 주었다.

첫째, 각 부문 운동에 있어 기본적으로 민중의 편에 서서 그들의 총 심성, 총 욕구를 전적으로 반영하고 전체 운동(천도)에 합류함을 인식시킬 것. 둘째, 각 부문의 민중에 향하여 사람이 잘 사는 것이란 일면으로 의식주 문제를 해결함에 있는 동시에 사람과 사람, 사람과 우주가 하나인 그 자리 그 방략을 찾아 나아가는 데 있는 것을 알리며 사람은 환경에 따라 변화하는 것인 동시에 그 때, 그 땅의 최첨단을 걷는 진리(인내천)를 파지·수련함에 있는 것임을 인식시킬 것. 셋째, 민중이 차후 천도를 믿고 따라 후천개벽 세상을 앞당길 수 있도록 할 것[181] 등이다. 그리고 부문 운동을 보다 구체적으로 실천하는 기본 원칙도 정하였다.

첫째, 당의 정신(우리 도)과 강령, 정책, 표어, 결의 등을 성히 선전하여 관계 민중으로 하여금 늘 당의 존재와 기세 또는 우리 당과 자기 생활과에 어떠한 관계가 있는 것을 잘 알릴 것.

둘째, 미조직 민중의 조직화와 기성 단체의 지도로써 널리 당적 실

---

[181] 『소사』, 145-146쪽 참조.

세를 부식할 것.

셋째, 문자 계몽과 사상 계몽에 주력하야 민중의 기초적 각성을 촉진시킬 것.

넷째, 민중의 사회적 경제적 일반 생활상의 당면 이익 획득에 노력할 것.(『소사』, 146쪽)

당원의 주의 사항과 기본 원칙에서, 청우당의 목적이 철저한 민중주의에 입각한 민족운동이라는 것을 알 수 있다. 동학 이래의 전통이 그러하듯 청우당은 민중을 기반으로 한 민족운동을 추구하는데 그것은 우선 계몽 운동적 성격을 강하게 띠고 있었다. 이는 당시의 민도와 여전히 감시의 눈길을 소홀히 하지 않는 일제를 피해야 하는 상황을 고려한 최선의 선택이었다고 보아야 한다. 이어서 청년당은 부문 운동 실제에서의 중점 사업을 각기 제시하니 이를 보면 청년당 운동의 민중·민족적 입장에서의 계몽과 의식 개혁적인 성격을 발견할 수 있다.[182] 즉, 각 부문은 기초적 실천 원칙 이외에 다음과 같이 중점 사업을 제시하고 있다.

농민부 : 문자 교양과 사상 계몽으로 의식적 각성을 촉진하고 모든 억압에서 벗어나도록 할 것 · 농민학교 등의 교학으로 농업 기술 또는 농업 경영 방법의 향상을 촉진할 것 · 생산조합

---

[182] 이하는 『소사』, 146-148쪽 참조.

을 조직하여 농민 생활의 당면 이익을 도모할 것 · 경작자
로서의 경작권 보장을 얻기에 힘쓸 것.

노동부 : 문자 교양과 사상 교양으로 의식적 각성을 촉진하고 근대
적 생활의 억압을 극복하도록 힘써 줄 것 · 최저임금의 설
정, 시간의 단축 등 대우의 개선에 힘쓸 것 · 자체 조합을
설하여 상호 교류와 이익의 도모에 힘쓸 것.

청년부 : 문자 교양과 사상 교양으로 의식적 각성을 촉진할 것 · 인
격적 기초 교양에 힘쓰고 당면의 현실문제에 관심하는 긴
장한 교양을 힘쓸 것 · 모든 운동의 계선에서 늘 선구적, 전
위적 임무를 수행하게 할 것 · 사회적 경제적 모든 청년 생
활의 유리 조건을 얻도록 할 것.

학생부 : 입신양명 제일주의의 이기심을 교정할 것 · 교내에서 유효
한 회합 생활을 영위하여 학생 생활의 일률적 향상을 도하
게 할 것 · 사회생활의 실제를 연구하여 공민으로서의 살아
가고 일해 갈 기초 수양을 얻게 할 것.

여성부 : 문자 교양과 사상 교양으로 원시적 미신, 봉건적 종속 또는
근대적 금권사상 등을 퇴치하고 인내천주의에 의한 여성의
인간적 본위와 사회적 사명을 인식케 할 것 · 법률상 경제
상으로 남녀의 지위적 관계의 평등을 얻게 할 것 · 여성편
의 의사를 무시한 부당한 결혼과 기타 인신매매의 악습을
없애도록 노력할 것 · 모성보호에 대한 관념, 관례를 사회
적으로 환기케 할 것.

유소년부 : 유소년의 생리적, 심리적 발육을 구속하는 모든 폐해의

교정에 힘쓸 것·재래의 봉건적 윤리의 압박과 군자식 교양의 전형을 버리고 유소년으로의 순결한 정서와 쾌활한 기상의 함양을 힘쓸 것·문자 교양과 평이한 과학 지식의 보급에 힘쓸 것·유소년의 조혼 또는 과로를 방지할 것·단단한 사회생활의 훈련을 익혀 유소년으로서의 자립, 자율의 정신을 기르게 할 것·동화, 동요, 가극, 무도, 유희, 경기, 체조, 야유, 등산, 수영 등 유소년 생활에 필요한 소년예술 급 체육의 보급에 힘쓸 것.

상민부 : 소상민에게 그의 근대적 운명과 상업의 근대적 의의를 인식케 할 것·금융 정책, 경제 정책의 유효한 대책을 수립하여 소상민으로서의 모든 편익을 도모케 할 것.

이런 중점 사업들은 당시의 조선 민중에게는 절대적으로 필요한 급선무들이었으나, 어느 누구도 돌아보지 않는 이런 부문 운동에 청년당이 나섰다는 것은 그 의의를 아무리 강조해도 지나치지 않다. 이러한 기본 이념을 바탕으로 청년당이 벌인 부문 운동의 구체적 활동과 내용을 보면 다음과 같다.

1) 천도교소년회

천도교청년회 활동 중 가장 주목되는 것은 어린이 운동이었다. 본래 천도교의 만인 평등 정신은 모든 사람이 시천주한 존재, 즉 개개인이 한울님을 모신 존재이므로 사람 대하기를 한울님 대하듯이 하라는 사인여천의 방법을 통해 실현코자 했다. 그리고 이것은 특별히 여자와 어린이에 대한 구체적 인간 존중의 이념으로 나타나고 있다.[183] 천도교에서 그 시절 어린이에 대한 남다른 애정을 보인 것은 이런 그들의 이상을 향한 실천이자 장차 구국 독립에 나설 영재를 양성하자는 의도를 가진 것이었다. 이 운동은 당시 개벽사 편집국장이었던 소춘 김기전과 동경 동양대학에 유학 중이었던 소파 방정환[184]을 중심으로 소년회 운동으로까지 구체화되었다.

1921년 4월에는 천도교청년회에 소년부를 설치토록 하고 5월 1일에 비로소 천도교소년회를 발족시켰다. 강령은 다음과 같다.

> 1) 소년 대중의 사회적 새 인격의 향상
> 2) 수운주의적 교양과 사회생활의 훈련
> 3) 소년 대중의 공고한 단결로써 전적全的 운동을 기함.

이 강령 중에 '전적 운동'이란 추상적인 낱말이 나온다. 전적 운동이란 '모든 것에 걸친 운동'을 뜻하는데, 당연히 그 중에는 민족의 독립 운동도 포함되어 있고 오히려 거기에 주된 의도가 있었다.

소년회는 7세 이상 16세 미만자로서 누구나 가입할 수 있게 개방되었다. 새로 지은 천도교 대교당과 넓은 마당은 소년들의 집회

---

183 2세 교조 해월 최시형의 삶은 곧 사인여천의 모범 그 자체였다. 지금도 천도교인들은 이것을 그대로 실천하는 것을 신앙의 목표로 삼고 있다.

184 일제하 문화 운동의 기수였던 소춘은 청우당의 당두였고 소파는 의암의 사위였다. 일찍이 초라하고 옹색했던 소파를 보고 의암은 그 재목됨을 파악해 적극적인 후원자가 되어 일본 유학을 보냈고 나중에는 사위로 맞았다.

장소와 놀이터가 되었다. 1922년 5월 1일에는 우리나라 최초로 '어린이의 날'을 정하고 기념 행사를 벌였다. 소년회 조직은 지방으로 퍼져 1923년에는 군 단위 소년회가 100여 개, 이와 동 조직도 70여 개소에 이르러 5천여 회원을 확보했다. 그것은 3·1운동으로 와해된 지방 조직의 재건이라는 의미를 포함한다.

천도교청년당이 어린이 운동에 크게 공헌한 것은 역시 『어린이』잡지를 간행한 데 있다. 1923년 3월 20일 소파 방정환 등이 주동이 되어 타블로이드 4면으로 이 나라 최초의 『어린이』 잡지를 간행했다. 그 후 4×6판, 국판 등으로 변화를 겪으면서 1934년 7월까지 122호를 간행하여 어린이 정서 함양과 민족의식 고양, 어린이 문학 발전에 기여했다.

2) 천도교 내수단

1926년 3월 31일 주옥경, 김우경, 손광화 등의 발의로 천도교 여성의 수도 향상, 여자 일꾼 양성과 사회적 지위 향상을 위하여 '천도교 내수단'이 서울에서 창립되었다. 천도교 내수단은 교단의 지도로 창립된 이후 전 교회적으로 크게 발전을 하게 되었다. 내수단은 이후 내성단, 내수회를 거쳐 여성회로 조직을 개편하거나 명칭을 개정해 오면서 한때 군 기관이 백여 개소에 달하였으며 단원은 수만 명에 이르는 등 활발한 활동을 전개했다.

내수단은 처음 조직될 당시에는 청년당의 지도에 의해 창단되고 활동하였으나 그 조직체 구성원이 순수 천도교 신자인 것과 그 범위와 대상이 천도교인 전체의 반 이상을 점유하고 있는 여성들인 관계로 여러 해를 두고 청년당과의 관계 문제가 협의되다가 1932년에 이르러서는 청년당과 자매적 관계로 설정되기에 이르렀다.

내수단의 강령은 다음과 같다.

1. 천도교를 믿는 여자로 하여금 천도교의 종지에 맞는 새 세상을 만드는 데 있어 한낱 충실한 일꾼이 되게 함.
1. 단결을 굳건히 하여 일반 여자의 지위를 향상케 함.

3) 천도교학생회

1924년 6월 8일 천도교적 교양·훈련과 학생 대중의 의식적 각성을 위하여 경성에서 김동수, 배정도 등의 발의로 천도교학생회(초명 천도교재경학생친목회)로 출발했다. 그 강령은 다음과 같다.

1. 학생 대중의 수운주의적 교양·훈련을 기함.
1. 학생 대중의 공고한 단체로서 전적 운동을 지지함.

기관으로는 군 기관이 20개소이며 인원 총수는 천여 명에 달하고 있다. 학생회에는 특히 천도교가 경영하는 학교의 학생들이 주로 참여했다. 평남, 평북, 함남에 걸쳐 산재했던 천도교 부설 학교들은 신명학원, 보광학교(이상 평남), 정양의숙, 유초천도교강습소, 일신학원, 의창학원, 봉명강습소, 염장강습소(이상 평북), 천내리서당, 성일의숙, 광제학당(이상 함남) 등이다.[185]

4) 조선농민사

천도교청년당 지도부는 1925년 9월부터 농민 운동에 관해 논의하기 시작했다. 김기전·박사직 등의 주도로 발의되어 각계 각층의 애국지사들이 모여 10월 29일 〈기독교청년회관〉에서 조선농민사의 창립대회를 갖게 되었다. 조직의 주된 활동 목표는 '조선 농민의 교양과 훈련'이었다.

특히 발기인 모임에서 "농민사 운동이 제대로 되려면 천도교청년당이 직접·간접으로 보모 역할을 해야 한다."는 합의에 따라 천도교청년당은 조선농민사 활동의 대중화에 진력했다. 그리하여 조선농민사는 농민의 교양과 훈련을 위해서 강연회·강습회를 열고 월간지 『조선농민』을 발행하면서 지방 지부를 통해 사우를 모집, 연1원씩 납부하면 잡지는 무료로 공급했다. 조선농민사는 창사 이래 10년 동안에 장족의 발전을 하여 150개소의 군사郡社와 20만 이상의 사원을 포용하게 되었다. 강령은 다음과 같다.

1. 농민 대중의 현실적 불안에 대한 생활권 확보를 기함.
1. 농민 대중의 의식적 훈련을 기함.
1. 농민 대중의 공고한 단결로써 전적운동을 지지함.

조선농민사의 활동은 이처럼 계몽 운동을 위주로 했으며, 1930

---

185 村山智順, 앞의 책, 66쪽 참조.

년대에 접어들면서 경제 운동으로 전환했다. 그래서 농민협동조합을 운영, 경제계를 장악하고 있던 일본 상품에 대항해 농민들의 자급자족을 유도했다. 이 운동은 농촌 지역에서 상당한 호응을 얻었고 무엇보다도 조선 농민들에게 자신감을 심어 주었다.

농민사의 운동 중 경제부 사업으로 경제적 당면 이익을 주기 위하여 1928년 4월에 농민공생조합(최초에는 農民社斡旋部)을 설치하게 되었다. 창립 이래 6, 7년 동안 시세에 적응하기 시작하면서 의외의 발전을 하여 군·시, 면에 있는 기관을 합하여 130여 개의 조합이 설립되었으며, 10만에 가까운 조합원이 가입되었고 중앙에는 농민공생조합중앙회를 두어 농민공생조합을 통일하게 되었다.

구체적 사업으로는 내용은 농민사 알선부, 소비조합 등이 있으며 농민공생조합중앙회와 농민공생조합의 강령은 다음과 같다.

1. 농촌의 조합경제 수립과 농민의 협동생활을 기함.
1. 지방 농민공생조합의 편익과 통일적 지도를 기함.(이상 농민공생조합중앙회)
1. 농촌의 조합경제 수립을 기함.
1. 농민생활의 경제적 이익과 협동을 기함.(이상 농민공생조합)

농민공생조합중앙회는 조선 농민의 필수품인 고무신을 농민 사원과 조합원에게 저렴하고 품질 좋은 제품으로 제공하기 위하여, 생산부 사업으로 1931년 12월 20일에 조선 고무 공업의 중심지인 평양에 농민 고무 공장을 설립하여 매일 수천 족의 고무신을 생산하는 사업을 경영하기도 하였다.

조선농민사의 기관지는 창사 당시부터 월간잡지 『농민』(처음에는 『조선농민』)을 계속 간행하다가 1934년 2월부터 제호를 〈농민순보〉로 고쳐 소신문형 8쪽으로 하여 월 3회 발행하기도 했다.

조선농민사 운동은 당시 민중의 주류였던 농민 대중의 입장에서서 농민 대중의 당면 이익을 철저히 옹호했다는 점에서 어떤 이데올로기 운동보다 현실적으로 큰 의의를 가진다. 일제 통치라는 의 극도로 제약된 상황에서 비참한 농민들의 생활을 개선하기 위해 활동한 조선농민사만큼 큰 업적을 남긴 단체는 없다. 대대적인 야학 운동과 강연회, 잡지 발행으로 기여한 계몽 운동과 자주적 협동 조합 운동을 전개한 '농민공생조합'의 활동들은 일제와 대항하는 천도교청년당의 철저한 저항 정신에 연유한 것이라 하겠다.

그러나 이 농민사 운동도 1934년에 이르자 점차 쇠퇴 일로에 접어들기 시작했다. 그것은 일제의 '농촌 진흥 운동'이 1932년부터 시작되고, 민족 자주적인 농촌 운동에 대해 탄압을 가해 왔기 때문이다. 특히 천도교청년당의 비밀결사였던 오심당이 탄로된 1934년부터는 천도교가 주동이 된 농민 운동에 대한 탄압이 극심했다. 그러나 청우당의 농민 운동은 그들의 기본 원칙인 민중주의적 노선에 충실을 기한 대표적인 사례였다. 당시는 여전히 조선 민중의 대부분이 농민이었으며, 특히 해방 후 이북 지역에서의 엄청난 당원 확보와 교세의 신장은 모두 이 시기에 전개된 청년당의 조선농민사 운동의 노선과 활동의 덕분이라고 해도 과언이 아니었다.[186]

5) 천도교청년회

청년당의 청년 부문 운동을 담당해 간 천도교청년회는 청년당의 지휘 아래 결성된 4월회(평양에서 맨처음 조직된 청년 단체)라는 청년 단체를 모태로 한다. 그 뒤 수년 동안에 여러 지역에서 4월회의 지방 조직들이 설립되었다. 1928년 4월에 경성에서 4월회 제1차 연합회를 열게 되고, 이때 명칭을 천도교청년회라 하게 되었다. 이후 7, 8년 동안에 60여 개의 군 연합 기관과 200개 이상의 이·동 청년회가 조직되었으며, 1만여 명의 회원이 가입되어 교양·체육 등의 훈련을 하며 그 활동 폭을 넓혀 갔다. 강령은 다음과 같다.

1. 청년 대중의 사회적 지위 향상을 기함.
1. 청년 대중의 수운주의적 교양과 현실적 훈련을 기함.
1. 청년 대중의 공고한 단결로써 전적운동을 지지함.

6) 조선노동사

조선노동사 운동은 1926년 8월 18일 천도교청년당 중앙위의 결의에 따른 7부문 운동의 하나로 모색되었다. 이때 노동부 위원을 임명 노동 운동을 계획하다가 1929년 봄 100일 간의 원산 대파업에 자극 받아, 이 해 5월 12일에 서울에서 '노동 대중의 생활권 확보와 의식적 교양'을 위하여 조선노동사를 조직했다. 이후 약 20개

---

186 신일철, 「천도교의 민족운동」, 앞의 글, 60쪽 참조.

의 도시에 산하 조직을 결성, 3천 명 정도의 노동자를 가입시켜 그들을 계몽하는 데 주력했다. 그러나 이 운동은 점증하는 사회주의 이념의 확산에 불안을 느낀 일제에 의한 대대적인 탄압으로 결실을 보지 못하고 와해되었다. 즉, 조선의 특수한 정세와 공장의 집단 노동자가 적은 관계, 노동자의 생활 의식이 향상되지 못한 관계 등과 천도교 자체의 교세가 주로 농촌 중심으로 분포되어 있는 등의 관계로 인해 다른 부문에 비해 상대적으로 발전이 부진했다. 그럼에도 창립 이후 불과 3, 4년에 20여 개의 도시에 지부와 3천여 명의 사원을 포용, 훈련하게 된 것은 큰 성과였다.

끝으로 청년당이 주관한 출판 문화 운동에서 중요한 것이 『자수대학강의』였다. 전술한 대로 청년당에서 발행한 『자수대학강의』는 한국 최초의 대학 수준의 강의록이라는 데 무엇보다 큰 의의가 있다. 이 『자수대학강의』는 1933년 4월 3일 청년당 제7차 전당대회에서 '지식 계급 당원의 전문가화'와 "사회 일반적으로 중등학과를 마치고 그 이상의 학과를 수득할 길이 없는 조선의 청년들에게 전문적 지식을 수득"케 하기 위하여 동년 7월부터 종교·철학·정치·경제·사회·예술·체육 등의 일곱 과목으로 된 대학 정도의 종합 강의록으로 발행된 것이다.[187]

즉, 청년당은 제7차 전당대회에서 당세 확장 3개년 계획을 설정하였는데 그 실천 방안의 하나로 '당자학黨自學'을 시행하기로 하고

---

[187] 조기간, 앞의 책, 63쪽.

그 교재로『자수대학강의』가 간행된 것이다.[188]

이『자수대학강의』는 월간으로 13권을 내고 중단되었으나 이는 '조선문으로 처음 간행된 대학 강의'라는 점에서 국문으로 된 대학 수준의 교재로서 주목을 끌었을 뿐 아니라, 일제가 식민지 교육 정책의 일환으로 조선인에게 고등교육의 기회를 박탈해 온 역경 속에서도 고등교육에 대한 민족적 열망과 대학 교육을 향한 민족적 염원을 대변하였다는 점에서 그 의의가 크다.[189]

---

188 『당성』 제21호, 1933년 5월 1일 3면.
189 자수대학강의에 대한 자세한 내용과 분석은 신일철, 「해제-자수대학강의의 의의와 내용에 대하여」, 『자수대학강의』, 경인문화사, 1972, 영인본 해제; 성주현, 「대학의 교양교육에 관한 시론적 연구;천도교를 중심으로」, 『종교교육학연구』 제12권, 한국종교교육학회, 2001 참조.

V. 천도교청우당과 민족통일 운동

일제 시대를 그 어떤 항일 단체나 교단敎團보다도 치열하게 보냈던 천도교가 맞이한 해방은 그들의 보국안민 이념을 달성할 수 있는 절호의 기회였다. 그러나 한편으로 분단된 국토와 새로운 외세의 개입은 자주·자립을 기반으로 하는 보국안민 실천의 여지를 앗아가고 있었다.

천도교는 교정쌍전을 추구하는 종교이기에 우선적으로 정치 조직을 만들어 갔다. 천도교청년당의 후신인 천도교청우당[190]은 일제에 의해 해산되었으나 해방 후 바로 재건되어[191] 천도교 이념 실현의 전위 역할을 맡았다. 그러나 강력한 외세와 그를 배경으로 한 외세 추종주의자들만이 제대로 발언할 수 있었던 해방 정국에서

---

190 청우당의 해방 후 활동은 그동안 크게 연구되지 않다가 최근 역사학계부터 관심의 대상이 되고 있다. 본 연구도 이들 선학의 기초에 바탕하고 있다. 천도교청년중앙본부, 『천도교청년회 80년사』, 2000; 성주현, 「해방후 천도교청우당의 정치이념과 노선」, 경기대학교 사학과, 『경기사론』 4, 5호 합본호, 2001; 「해방 후의 천도교청우당의 통일 정부 수립 운동」, 『문명연지』 제2권 제1호, 한국문명학회, 2001; 조규태, 「해방 후 천도교청우당의 조직과 활동」, 한국민족운동사학회 발표논문, 2001. 6; 정용서, 「북조선 천도교청우당의 정치 노선과 활동(1945~1948)」, 『한국사연구』 제125호, 한국사연구회, 2004. 6.

191 당시 천도교인은 280만 정도였고 그 중 70%가 이북에 있어 북조선 청우당의 세력은 노동당을 능가했다.

청우당의 역할은 극히 제한적이었다. 특히 1945년 12월 27일 모스크바 3상회의 결과, 왜곡 전달된 신탁통치안에 대한 찬·반탁의 물결 속에서 천도교나 청우당은 흔들릴 수밖에 없었다.[192] 더욱이 청우당 당세의 분포도 남북으로 확연히 구분되어 있어 단일 정책의 지향에 많은 어려움이 있었다.[193] 그런 가운데 청우당의 정치 이념과 건국 이념을 담은 『천도교정치 이념』이 남북 청우당의 합의로 정리되었다. 그러나 해방 정국의 전개는 강대국의 이해득실과 국내 반민족적 세력에 의해 민중의 여망과는 다른 길로 치달았다.

1. 해방 정국과 천도교청우당의 부활

해방 후 우리 사회는 최초의 이념적 자유 속에서 다양한 이데올로기에 바탕한 정치 단체들이 저마다의 노선과 주장을 가지고 등장했다. 이런 분위기 속에서 "과거를 참회하고, 현실을 정관하고, 미래에 정진하자."며 자중정관自重靜觀하던[194] 천도교 역시 9월 23일 전국대회[195]를 준비하는 한편, 청년들을 중심으로 당세 부흥과

---

192 '민족 자주의 이상적 민주국가건설' 이라는 청우당의 강령에도 불구하고 그들의 역량은 외세의 거센 물결을 막기에는 역부족이었다.

193 해방 후 재건될 당시의 청우당원은 50만이었고 북쪽에 42만명, 남쪽에는 8만 명이 분포되어 있었다. B. Weems, 1955, *Reform, Rebellion, and the Heavenly Way*, (University of Arizona Press), p.99, 홍정식 역, 『동학백년사』, 서문당, 1975, 176쪽.

194 『如菴文集』上, 如菴先生文集編纂委員會, 1971, 147-149쪽;『如菴文集』下, 45-47쪽.

195 〈每日新報〉, 1945.9.23.

건국 및 민족통일 운동을 위해 일제 말기 해체되었던 청우당의 부활을 결의하고 9월 24일 위원장 이응진, 부위원장 마기상, 상임위원 이단, 위원 김기전·최난식·손재기·임문호·이석보·박완·김병순·이석보·나상신·김병제·송중곤·백중빈 등으로 준비위원회를 구성하였다.[196] 그리고 일제하 청우당의 활동을 긍정적으로 평가하면서 새롭게 다가온 기회를 맞이하여 당을 부활하고 신국가 건설에 적극 참여하고자 한다는 취지문을 발표하였다. 이는 청우당이 종교 운동 차원의 정당이 아니라 명백한 정치 활동 단체임을 내외에 천명한 것으로 볼 수 있다.

有史以來 最大慘劇인 第二次 世界大戰도 日·獨 兩國의 敗北로서 終局을 告하게 되어 約 半世紀 동안 日本帝國主義 鐵鎖下에 얽매이며 呻吟하던 우리 三千萬 同胞도 解放의 기쁜 날을 맞게 되었습니다. 敬愛하옵는 男女同胞 여러분. 우리는 祖國의 光復을 告함과 같이 우리 靑友黨의 復活을 宣布하는 기쁨을 갖게 되었습니다. 過去 二十年에 있어서 우리 黨이 그 日本帝國主義 政治의 彈壓 밑에 있으면서도 어떻게 활동하고 어떻게 受難을 하였는가 하는 것은 우리 一般이 다같이 當하고 다같이 아는 바로서 새삼스럽게 더 말할 것도 없거니와 이제 大運이 循環하여 萬機가 更張되는 此際에 우리 黨이 赫然한 復活을 보는 것은 敎內 敎外로 그 意義가 至極重大합니다. 기뻐 이를

---

196 〈매일신보〉, 1945년 9월 28일 및 10월 1일.

仰佈하오니 從來의 男女 黨員諸氏는 勿論이요 우리 同胞諸位도 勇躍 이를 맞이하여서 地方黨部를 迅速히 復活하옵는 同時에 對內對外하여 積極的으로 活動을 하오며 新國家建設에 貢獻이 있기를 바라옵니다.[197]

청우당 부활 준비위원회는 10월 7일 집행위원장 김병순, 집행위원 이종해 외 18인, 감찰위원장 이단, 감찰위원 오일철·손재기로 임시 집행위원회를 구성하고 전당대회를 준비하였다. 청우당 부활 전당대회는 10월 31일 오후 1시 경운동 천도교 중앙 대교당에서 각 지방 대표 1천여 명이 참석하여 마기상의 사회와 이응진의 개회사로 진행되어, 민족통일 기관 결성 촉진, 전재 동포 구제, 실업 대책, 기관지 발행 등을 결의하였다. 임원은 위원장 김기전, 부위원장 이응진, 총무국장 마기상, 정치국장 승관하, 조직국장 이석보, 문화국장 구중회, 특별국장 마기상 그리고 중앙위원 47인 등을 선임했다.[198]

부활 전당대회에 앞서 청우당은 우선 10월 초에 '민족 국가의 만년대계 설계와 인류 문명의 개조'를 위하여 〈개벽사〉를 다시 설립하고 『개벽』지를 복간하였다.[199] 개벽사의 이사장은 홍순문, 이사는 김기전, 이돈화, 최난식, 차상찬, 이은 등이었고 주간은 김기

---

197 金鍾範·金東雲, 『解放前後의 朝鮮眞相』 第2輯, 朝鮮政經硏究社, 1945, 128쪽.
198 〈자유신문〉, 1945.11.5; 〈매일신보〉, 1945.11.6.
199 「復刊辭」, 『開闢』 제73호, 1946, 1-23쪽.

전이 맡았다. 또 청우당은 과거의 부문 운동을 회복하기 위해 부문 단체로 천도교청년회를 부활시켰다.[200]

한편 남쪽에서의 청우당 부활에 이어 북쪽에서도 청우당이 부활되었다. 해방 후 이미 상당수의 교세를 자랑하던 북쪽 지역에서는 1946년 2월 8일 평양에서 천도교청우당 결성대회를 갖고 뒤이어 2월 23일 전당대회를 통해 재건되었다.[201] 재건 당시의 임원으로는 위원장 김달현, 부위원장 박윤길·김정주, 정치위원 김달현·박윤길·김정주·전찬배·김윤걸·백세명·김도현, 상무위원 상기 7명과 김진연·한몽응·이춘배·조기주·장학병·김봉엽 등이 선임되었다. 이어 5월 31일 청우당 함북도당을 결성하였다.[202] 북조선 청우당은 1948년 4월 3일 2차 전당대회에서 강령과 정책을 수정하였는데 수정된 정책은 다음과 같다.

1. 蘇聯 및 諸民主主義 國家와의 積極 親善을 圖謀함
2. 反日反帝的 新民主主義 諸政黨과 友好協助하여 民族統一戰線을 期함
3. 人乃天의 新文化로써 民族元氣의 振作과 新生活의 創造를 期함

---

200 청년회는 1945년 11월 25일 부활했는데 첫째, 우리는 사인여천의 교양과 훈련으로 청년 대중의 원기 진작과 인격 향상을 기함. 둘째, 우리는 민족의 자주 독립과 근로 대중 해방의 전위대가 됨을 기함. 셋째, 우리는 공고한 단결과 활발한 행동으로써 당 운동을 절대 지지함의 신강령을 발표하였다. 조규태, 앞의 글, 661쪽 참조.

201 정용서, 앞의 글, 228쪽,

202 『북한년표』, 국토 통일원, 1980, 44쪽.

    4. 勞動者, 農民, 漁民, 小市民, 勤勞知識層의 生活向上을 期함

    5. 重要産業의 國家經營과 土地의 國有化를 期함

    6. 人民敎育의 一切를 國家負擔으로 하여 社會敎育의 徹底化를 期함

    7. 人格向上과 技術重點의 敎育制度 實施를 期함

    8. 20歲 以上의 男女에게 選擧權과 被選擧權을 賦與함

    9. 鑛工業, 小産業의 急速한 發達과 農業의 科學化, 中農化를 期함

    10. 失業防止, 保健, 衛生, 敎養, 文化 等 社會政策의 實施를 期함

    11. 言論, 集會, 信仰, 結社, 出版의 自由

    12. 女性의 政治的, 經濟的, 文化的 平等을 期함[203]

해방 후 천도교의 첫 번째 정치적 활동은 미군정의 인민공화국 부인에 대한 천도교총부 핵심 간부 정광조의 유감 표명이었다. 이것은 천도교의 인공에 대한 인정 여부를 떠나 우리의 힘으로 수립한 정치 단체에 대한 외세의 간섭에 반대하는 의미를 가지고 있었다고 볼 수 있다. 천도교의 이후 활동이 '자주'라는 점에 가장 주목하고 있음이 그것을 증명한다.

또한 천도교총부는 1945년 11월 23일 '임시정부를 받들어 속히 강토를 회복하자'는 성명서를 발표하였다. 이 성명서에서는 "환국한 임시정부 영수들을 중심으로 전민족적 총력을 집중 통일하여 민족 자주의 완전한 정권을 수립하도록 하자."고 하였다. 그리고

---

[203] 『대한민국정당사』 제1집, 1221쪽.

임시정부의 주석이었던 김구 등이 9월 3일 발표한 '임시정부당면 정책' 14개조를 찬성한다고 하였다.[204]

이러한 흐름 속에서 청우당은 김기전·이응진 등이 1945년 11월 27일 임시정부의 주석인 김구를 방문하여 환영의 뜻을 표함으로써 임정 지지 의사를 표명했다. 이어 1945년 12월 15일 천도교·기독교·불교·유교·천주교의 각각 100명의 대표들이 기독교 청년회관에서 조선 독립 촉성을 위한 연합 발기대회를 열고 20일 대종교를 포함 총 6개 종교 대표가 천도교 대교당에서 종교단체 연합대회를 개최하였을 때, 청우당은 천도교의 대표로 이 대회에 참석하였다. 이 연합대회에는 임시정부의 김구 주석도 참석하였는데, 청우당은 "17년간 의로써 싸워 온 임시정부에 대하여 최대의 경의로써 지지를 표명하고, 아울러 민족통일전선을 결성함으로써 조선 독립의 완성을 촉진하자는 의미로 기독교·대종교·불교·천도교·유교·천주교의 6개 종교단체가 '조선 독립 촉성 종교단체 연합대회'를 조직하였다."고 하였다.[205]

또한, 모스크바 3상회의에서 결정된 한국에 대한 신탁통치를 반대하기 위하여 김구·조소앙·조경한·김약산·유림·김규식·신익

---

204 〈민중일보〉, 1945.12.2. 〈조선일보〉, 1945.11.29; 조규태, 앞의 글, 672쪽.

205 〈서울신문〉, 1945.12.21. 청우당이 이처럼 해방 정국 초기 이승만에 대한 지지보다는 백범의 노선 지지로 기울게 된 이유는 임시정부 시절 다수의 천도교인이 참여했다는 이유도 있지만 무엇보다도 그들의 자주적 민족 통합 운동에 동감했기 때문인 것으로 생각된다. 실제로 해방 정국 기간 동안 남한 내에서는 이승만의 외세 이용 독립 국가 건설론과 백범의 자주적 통일 독립 국가 건설론이 대립하여 경쟁 관계가 지속되었다.

희·김붕준·엄항섭·최동오 등의 임시정부 인사들이 12월 28일 '탁치반대국민총동원회'를 조직할 것을 결의하자, 청우당은 이와 행보를 같이하여 12월 28일 "조선민족이 아직 자주·독립할 자격이 없다는 구실로 조선을 신탁통치 하려는 것은 잘못되었다."는 성명서를 발표하였다.[206] 또한 조선민족이 아직 통일을 이루지 못하는 것은 명백히 미·소 양군의 남북 주둔에 그 원인이 있음을 지적하면서 "신탁통치안을 철회하지 않는 한 우리 당黨은 삼천만 대중의 선두에 서서 자주적 완전 독립을 전취戰取하기까지 결사적 항쟁을 계속하기로 결의한다."는 내용의 강경한 결의문을 발표하였다.[207] 그리고 당 이론가인 이돈화도 담화를 발표하여 "신탁통치위원회가 설치된다 하여도 낙망하지 말고 최후까지 혈전을 하여야 한다."고 하였다.[208]

이어서 청우당은 김구 등이 주도하는 '신탁통치반대 국민총동원위원회'가 조직되자 위원장 김기전, 간부 정광조 등이 위원으로 참여하였다.[209] 또한, 청우당의 산하단체인 천도교청년회는 조선공산당이 신탁통치를 찬성한 것에 대하여, 1946년 1월 16일 조선공산당을 비판하는 성명서를 발표했다.[210]

---

206 〈중앙신문〉, 1945. 12. 30.

207 〈자유신문〉, 1945. 1. 30.

208 〈조선일보〉, 1945. 12. 29.

209 〈서울신문〉, 1946. 1. 1. 당시 천도교인으로 이에 참여하였던 사람으로는 위원장 권동진, 위원 오세창 · 백세명 · 이군오 · 이인숙 등이었다.

210 〈서울신문〉, 1946. 1. 19.

2. 민전 참여와 임시정부 수립 운동

해방 직후부터 혼란기를 거치면서 국내 정치계가 우익은 '비상 국민회의', 좌익은 '민주주의민족전선(민전)'을 결성하여 대립하자 청우당은 "민족적 위기를 극복하고 민주주의적 독립 국가를 건설하기 위하여 정치적 기본 노선을 이탈한 편좌 편우의 모든 경향을 포기하고 절대 다수인 민중을 기초로 한 여러 집단과 양심 있는 개인들의 연결로 민족적 대동 단결을 촉성"하는 성명서를 발표하였다.[211] 이어 청우당은 2월 15일 오전 10시 중앙 기독교 청년회관에서 개최된 민전 결성대회에서 10명의 당원이 대표위원으로 선정되었다. 이를 계기로 청우당은 이승만의 비상국민회의에서 탈퇴하여 민전과 연대하여 활동하였다. 이승만과의 결별은 청우당의 민족주의적 이념과 노선에서는 당연한 것이었다.

청우당의 민족주의적 이념과 노선은 청우당의 민전 활동이 일방적인 좌익 편향이 아니었다는 것으로도 증명된다. 우선 모스크바 3상회의 결과인 제1차 미소공위 개최에 즈음하여, 청우당은 정치적 자유를 달라는 취지의 견해를 표명하였다. 여기에서 청우당은 첫째, 38선의 장벽은 과도정부 수립에 의하여 행정상·경제상의 부분적 해소는 가능하지만 실질적·전반적으로 해소하기 위해서는 오

---

211 〈조선일보〉, 1946.2.11.

직 미·소 양군의 동시 철군으로써 가능하다는 것과, 둘째, 과도정
부는 남북통일에 적합한 정권이어야 한다는 점, 셋째, 현재의 민족
분열과 제정당의 행동 불통일은 연합국의 남북 분할 점령에 기인
한다는 점을 주장하였다. 그리고 결론으로 "우리에게 정치적 자유
를 부여하는 동시에 내정을 간섭하지 말라."고 미소 양 군정 당국
에 요구하였다.[212] 청우당은 민족 분열이 무엇보다 미소 양군이 우
리 국토를 분할하여 점령했기 때문이라고 보았으므로 통일정부의
수립을 위해 미소 양군의 철수를 주장했고, 우선적으로 자유로운
정치 활동 보장과 양국의 내정 간섭의 배제를 주장하고 있다. 즉,
미소 군정 당국이 민족통일과 자주 독립 국가 건설을 방해하고 있
다고 인식하고 있었다.

특히 남쪽의 청우당은 미군정을 민족 분열과 통일정부 수립을
방해하는 세력으로 인식하여 미군정 정책을 계속 비판하였다. 그
것은 1946년 7월 1일경 홍수와 매점매석으로 식량난이 심화되자,
매점매석의 중지를 권유하고 미군정에게 일시적으로 양곡 배급량
을 늘릴 것을 주장하는 등 식량 정책에 비판을 가하는 것과 국대안
반대(47.8.18), 1946년 8월 19일경 '이천오백만 불 차관 문제에 대
하여'라는 담화 발표 등으로 이어졌다.

그리고 1946년 10월 중순, 청우당은 철도 종업원을 위시한 남한
전체의 총파업과 경남·북 일대의 소요가 이어지자, "이것은 전재

동포戰災同胞와 실업 대중의 생활고와 행정 당국에 대한 불만에서 폭발된 것이므로 이러한 중대 사건을 야기케 한 책임 소재를 분명히 하여야 할 것"이라고 하였다. 이 사건 책임 규명과 아울러 "이러한 불상사는 인민의 의사를 충분히 반영시키는 데서만 해결될 성질의 것이므로 급속히 행정권을 인민의 손으로 넘겨야 할 것이며 하루바삐 좌우합작 남북통일의 완전한 민주정부를 수립하여야 할 것"213이라고 하였다.

모스크바 3상회의 결과 소집된 제1차 미소공동위원회는 임시정부 수립에 참여하는 단체의 선정에 따른 미·소간의 의견 충돌214로 인해 결국 5월 8일 결렬되었다. 북한 지역의 일사불란한 정치적 의견 통일에 당황한 미군정은 남한 내에서 극우와 극좌파를 배제한 온건 좌·우파인 중간세력으로 임시정부를 수립하려는 의도에서 좌우합작운동을 추진하였다. 청우당은 7월 '좌우합작통일촉진회'를 구성하고 이 운동에 참가하였다.

이어서 그 후속 작업으로 "현하의 국제 정세의 미묘한 동향과 국내적으로는 반민주주의자, 제국주의적 파쇼 분자가 외력 의존으로 하여금 그들의 반동성을 정면으로 노골화하여 진정한 민주적 발전

---

213 〈조선일보〉, 1946.10.10.
214 의견 충돌의 핵심은 모스크바 결의문에 담겨 있는 '민주주의'의 해석문제다. 즉, 조선의 임시정부 수립을 위해 조선 내의 민주주의적 단체와 협의한다는 내용을 가지고 협의 대상이 되는 민주주의적 단체가 누구인가를 놓고 대립한 것이다. 소련은 모스크바 결의문에 동의한 단체만이 민주주의적 단체라는 주장이었고, 미국은 민주주의는 반대의 자유도 포함하는 것이므로 결의문에 반대한 단체도 협의대상에 넣어야 한다는 것이었다.

에 일대 암초가 되고 있는 이때 민주 진영의 확대·강화"를 위해 재미한족연합회·신한민주당·조선혁명당·신한민족당·삼우구락부와 무소속 유지 등으로 '8당합당준비위원회'를 구성하였으며, 9월 3일에는 신당 창당을 추진하였다. 이어 9월 15일 천도교 중앙 대교당에서 신진당 결성 대회를 갖고 "자주 독립 국가의 완성과 민주주의 정치의 실현을 기함, 국민의 평등 생활을 기본으로 하는 경제 제도의 확립을 기함, 민족 문화의 건전한 발양으로써 인류 문화에 공헌함을 기함"을 강령으로 채택하고[215] 천도교인인 유동열을 위원장으로 추대하였다. 이로써 청우당은 한편으로 독자적인 활동을 전개하면서 다른 한편으로 신진당과 정책적 연대를 통해 민족 해방과 계급 해방의 정치 이념 아래 좌우합작운동을 추진하였다. 이외에도 청우당원이었던 강순은 이 해 11월 7일 '근로대중당'을 창당하고 좌우합작운동에 동참하였다.

1946년 7월 중순 들어 우익의 김규식·원세훈·김붕준·최동오·안재홍과 좌익의 여운형·허헌·정노식·이강국·성주식 등 각각 5명으로 '좌우합작위원회'를 구성하였고 이어서 민전에서는 좌우합작 5원칙을, 우익에서는 8대 기본 대책을 각각 제시하여 의견 대립 끝에 10월 7일 좌익의 5원칙과 우익의 8원칙을 절충하여 김규식과 여운형이 좌우합작 7원칙을 합의하기에 이르렀다. 이에 청우당은 남북통일·좌우합작은 자주적 임시정부 수립상 민족적 사명이므로

---

215 〈조선일보〉, 1946.9.17.

이를 지지한다고 발표하였다.[216] 그러나 이처럼 좌우합작 7원칙은 초기에는 일부 극우·극좌를 제외한 대부분의 정당·사회 단체로부터 지지를 받았으나, 결국 결실을 맺지 못하였다.

좌우합작운동이 7원칙 합의에도 불구하고 부진하자 청우당은 그동안 정책적 연대를 모색하였던 조선인민당·남조선신민당·조선공산당·신진당·사회민주당·민족혁명당·한국독립당·독립노농당·재미한족연합회 등 9개 정당·사회 단체와 11월 13일 간담회를 개최하고 미소공위 속개 촉진, 입법의원 문제 등 당면한 제반 정치 문제에 관한 의견을 교환하고 행동을 통일하기로 하였다. 그리고 다음 날에는 동당 회의실에서 청우당의 송중곤·이종태, 사회노동당 대표 이여성 외 1명, 사회민주당 남경우 외 1명과 옵서버로 참석한 한독당 김일청·백남신, 신진당 김병순(천도교인) 등과 연석회의를 열어 미소공위를 의제로 토론한 끝에 '미소공위촉진위원회'를 구성하기로 하고 회장에 김규식과 여운형을 추대하였다.[217] 이어 이날 오후 3시 청우당 사무실에서 여운형과 각 당 대표자 간담회를 갖고 미소공위 재개 민중대회 개최 등 4개 항을 결의하였다.

이들은 임시 사무소를 청우당 본부에 설치하고, 11월 24일 '미소공위촉진민중대회'를 서울운동장에서 개최한 후 각 지방에서 연쇄적으로 민중대회를 개최하기로 하였다. 이어 11월 19일에는 "우리 당은 정당·사회 단체는 물론 거족적 위력을 이 민주 통일 합작

---

216 《서울신문》, 1946. 10. 10.
217 《서울신문》, 1946. 11. 16.

운동에 집중하여 적극 추진시키는 동시에 합작위원회에서도 정당·사회 단체의 협력을 얻어 이 운동을 남북합작운동에까지 발전시킬 것을 주장하며 협력과 합작을 불사한다."[218]고 하였다.

미군정은 '좌우합작위원회'의 건의대로 10월 12일 '조선 과도입법의원의 창설에 관한 법령'을 통과시켰다. 법령에 따라, 12월 7일 임명된 관선의원 45명과 선출된 민선의원 45명이 발표되었는데, 청우당에서는 이응진이 관선의원으로 임명되었다. 그리고 최동오와 정광조가 각각 '좌우합작위원회'와 천도교를 대표하여 관선의원으로 임명되었다. 12월 12일 '남조선과도입법의원' 개원식이 열려 이응진은 청우당의 대표로 참석하였다.[219] 그러나 중간파 세력에 의해 구성될 것으로 예상되었던 과도입법의원은 당초의 의도와는 달리 이승만의 독립촉성국민회와 한민당 출신의 의원이 대거 진출함으로써 우경화되었다. 결국 이승만의 독촉과 한민당 출신의 의원들은 1947년 1월 13일과 20일 신탁통치 반대안을 가결해 미소공위는 물론 모스크바 3상회의 결과 자체를 부정하였다. 이로써 중간파의 미소공위 재개를 통한 통일 임시정부 수립 운동은 극우파의 단독 정부 수립 추진이라는 강력한 도전에 직면하게 되었다.

여기에 대해 청우당은 1947년 1월 24일 '탈선한 현 입법의원을 단연 해체하라'는 성명서를 발표하였다. 이 성명을 통하여 청우당은 "우리 동포의 간절한 희망은 남북통일의 임시정부 수립과 민생

---

218 〈조선일보〉, 1946.11.20.
219 〈조선일보〉, 1946.12.12.

문제 해결에 있음에도 불구하고 국제 정세에 암매한 일부 애국자와 허명에 급급한 완고한 분자와 불순분자들이 연합하여 가지고서 순진한 민중을 기만하여 입법의원을 한 개의 정치 브로커들의 정쟁 도구같이 악용하는 점은 진정한 애국자로서는 도저히 용서할 수 없는 바이다. 이에 우리는 민중과 함께 이 남북을 분리시키며 군정을 연장시키는 불순한 운동을 배격하는 동시에 그들이 입법의원을 통하여 임정 수립을 방해하며 사회 논란을 조장하는 행위를 방지하기 위하여 조속히 현 입법의원을 해체하고 진정한 애국자 본위의 새로운 의원 재조직을 주장하는 바이다."[220]라고 하였다.

이제 군정 연장 내지는 한반도에서의 기득권을 유지하고자 하는 미소 양국의 의도와, 이에 편승해 단독 정부를 수립코자 한 매국 세력을 확실히 파악한 청우당이 택할 수 있는 길은 자주적 민족 통합에 의한 통일정부 수립 운동이었다. 따라서 이후 청우당의 주요 활동은 이러한 노선에 동의하는 절대적 민족주의 운동 세력과의 연대, 그리고 분열된 제 정치 세력들의 통일전선 결성 운동을 주도해 나가는 것으로 귀결되었다.

3. 단정 수립 반대 운동과 청우당의 해체

단독 정부의 수립을 저지하고 통일정부를 수립하기 위해 청우당

---

[220] 〈조선일보〉, 1947.1.25; 〈동아일보〉, 1947.1.25.

은 우선 민전과 연대하여 활동하였다. 청우당은 1947년 1월 29일, 30일 이틀간 열린 민전의 확대 중앙위원회를 통해 민전 의장단에 김기전, 상임위원에 나상신, 김현국을 진출시켰다. 청우당의 민전과의 연대 활동은 3·1절 기념 행사로 이어졌다. 지난해에 이어 또다시 좌·우익의 충돌설이 나돌자 청우당은 2월 19일 좌·우익 간의 충돌은 민족의 생활 기초 파괴와 임정 수립의 지연, 자주 독립의 길을 방해하는 결과가 될 것이라고 경고하였다. 그러나 결국 좌·우익이 별도로 3·1절 기념 행사를 갖자 민전에서 개최하는 '3·1 기념 시민대회'에 참여하였으며 김기전은 허헌, 박헌영, 김원봉, 여운형, 김창준 등과 함께 명예의장으로 선임되었다. 이에 앞서 김기전은 2월 16일 민전의 지방선거 대책위원회의 실무위원으로 선임되었다. 또한 4월 초 남원을 비롯하여 경향 각지에서 테러 행위가 잇따르는 가운데 24시간 총파업 사주 혐의를 받은 박문규 등 민전 산하 인사를 비공개 군사 재판에 회부하자 청우당은 비민주적 암흑 재판이라고 비난하였다.

한편 청우당은 신탁 문제와 미소공위 재개로 좌·우익 대립이 다시 첨예화되자 남북통일정부 수립을 위한 협동전선의 결성을 촉구하였다. 즉 민주주의에 의한 남북통일정부의 수립이 우리 민족의 최대 급무임에도 불구하고 우익 진영의 경우 소위 비국·민의·민통·독촉·반탁 등 통일체라는 단체가 다수 난립해 자체 혼란을 거듭하고 있었으며, 좌익 진영에서는 3당 합당 운동이 도리어 좌익 분열과 알력을 야기시킴으로써 그 주동체가 반발적으로 종파적으로 나아가게 되어 민전을 더욱 약화시키고 일반의 기대가 미약하게 되었다고 지적하였다. 그러므로 좌우 양 진영은 과거의 과오를 과감히 청산하고 민족 자주정신으로 돌아가야 할 뿐만 아니라, 우익은 봉건적 매판적 성격을 청산하고 일보 전진하여야 하며 좌익은 민족혁명 본진에 환귀할 것을 제시하였다.

따라서 자주 독립 민족혁명을 완수하기 위해서는 좌·우 양 진영에 가담치 아니하고 활약하는 집단까지 흔연 집결하여 우리 민족의 현 단계 최대의 역사적 사명인 남북통일의 민주정부를 수립하여야 한다고 촉구하고 있다.[221] 그리고 거족적 민족협동전선을 위해서는 상대방의 과오를 용서해야 할 것이라고 하였다.

1947년 10월 들어 미소공위에서 임시정부 수립에 대한 진전이 없자 한국 문제는 유엔으로 넘어갔다. 이에 대해 우익은 환영 일색이었지만 민족주의 세력으로서는 분단의 가능성에 대한 우려를 금할 수 없는 것이었다. 10월 28일 '유엔정치안전보장위원회'는 한국 문제를 상정·토의하고 11월 14일 신탁통치를 거치지 않는 한국 독립과 유엔 감시 하의 남북 총선거를 통한 한국 통일안을 결의하였다. 이에 대해 청우당은 "국제적 관련성을 가진 조선 독립 문제가 유엔 총회에서 남북 총선거로서 통일정부를 수립케 된 결의안에 대하여 절대 찬성하나 유엔 조선 위원단의 사업이 여의치 못할 경우 적절한 대응을 할 것이다."라고 논평하였다.[222]

그러나 1948년 들어 시작된 조선위원단의 활동은 소련의 반대

---

221 〈조선일보〉, 1947.2.4.
222 〈경향신문〉, 1948.1.16.

로 북한 입경이 거부되면서 난관에 부딪쳤다. 남북 총선거를 통한 통일정부 수립이 소련의 반대로 무산되자 청우당은 앞서 발표한 바와 같이 현실적 대응으로 남북한 천도교인이 합심하여 남북 분열을 저지하고 통일정부를 수립하기 위해 3월 1일을 기해 총궐기하기로 하였다.

곡절 끝에 결국 북조선 청우당은 독자적으로 남북한 자유 총선거 지지 운동을 계획했다. 그것이 소위 '3·1재현운동'이다. 이들은 서울 천도교중앙총부의 지시에 따라 200만 재북한 천도교인이 1948년 3월 1일을 기해 통일 선언문을 발표하고 군정 수립 반대 및 남북한 자유 총선거를 주장하는 군중 시위를 전개하기로 했다. 이때의 통일 선언문 중 통일 공약 5장은 다음과 같다.

1. 우리는 우리의 자유의사에 의거치 않는 어떤 정치 체제 어떤 경제 구조도 단호히 이를 배격한다.
2. 우리는 국내외를 막론하고 국토 통일과 민족 단결을 저해하는 모든 세력의 준동을 봉쇄한다.
3. 우리는 유엔의 결의를 성실히 준수하여 유엔 한국위원단 입국을 환영한다.
4. 우리는 남북통일정부가 수립되기 최후 일각까지 이 운동을 계속한다.
5. 우리는 이 운동을 비폭력·무저항주의로 일관한다.[223]

공약 5장은 당시 천도교 통일 운동의 뚜렷한 기본 방향과 원칙의 제시로 볼 수 있다. 이 공약은 민족 자결, 민주, 평화, 국제 협력 등 통일의 기본 원칙을 나타내고 있는데 특히 4, 5항은 기미년 3·1운동 당시의 그것과 흡사하다. 이와 같은 자유 총선거를 주장하는 '민주 원칙'과 외세 개입 반대와 민족 단결을 내세운 '자결 원칙' 그리고 비폭력의 '평화 원칙' 등은 오늘의 평화 통일 3대 원칙과도 일치한 면을 보여 주고 있다.

그러나 이 운동은 사전에 발각되어 남한에서는 성명서 발표로 끝났으며, 북한에서는 맹산·양덕·덕천·순천·영변 등 평안도 일부 지역에서만 전개되었다. 이 사건으로 북한에서는 평양의 김명희·김덕린·김일대·승관하·김도현 등 천도교 및 청우당 주요 인사와 1만 7천여 명의 교역자·교인이 체포되고 187명이 처형되는 등의 피해를 입고 운동은 실패로 끝나고 말았다. 그럼에도 이 운동은 영변 등지에서 시위 행렬이 30리나 되는 등 북한 민중들의 가슴에 통일 의지와 민족의식을 심어 주기에 충분했다.[224]

한편 소련의 유엔 조선위원단에 대한 북한 입국 거부로 유엔은 다시 가능한 지역으로 선거 영역을 축소하자, 이승만 등은 5월 남한 단독 선거를 통한 단정 수립을 주장하고 김구는 남한 단독 선거 반대 의사를 표명하였다. 그리고 5월 5월 선거를 반대하는 각 정

---

[223] 오익제 편, 앞의 책, 211-212쪽.

[224] 해방 후 북한지역에서 벌어진 3·1재현운동에 관해서는 신인간사 편, 『남북분열저지투쟁 삼일 재현 운동』(천도교중앙총부 출판부, 1969)에 그리고 이후 비밀조직으로 활동했다는 영우회에 대해서는 영우회비사편찬위원회 편, 『영우회비사』(동학영우회, 1989) 참조 바람.

당·사회 단체를 대표하여 엄항섭, 홍명희 등 5인의 발의로 '통일독립운동자협의회'를 결성하자 청우당도 한독·민독·근민·독로·신진·민중동맹·민주한독·사민·건민 등과 함께 이에 참여하였다. 이 협의회의 강령은 '첫째, 통일 독립 운동자의 총역량 결집을 기함. 둘째, 민족 문제의 자주적 해결을 도함. 셋째, 민족 강토의 일체 분열 공작을 방지함' 등이었다.[225] 또한 청우당의 부문 단체인 청년회도 단선을 반대하는 성명을 발표하였다.[226]

결국 남북 총선거가 불가능하게 되자 김구와 김규식은 통일정부 수립을 위한 남북 요인 회담을 시도하였다. 북한은 이를 받아들여 4월 14일부터 평양에서 '전조선정당·사회 단체대표자연석회의'를 갖자고 제의하고 3월 28일 김구·김규식 등 개인 15명과 한국독립당·민주독립당·민주한독당·민중동맹·청우당·사회민주당·독립노농당·신진당·근로인민당·남로당·인민공화당·전평·전농·민주여성동맹·유교연맹 등 17개 정당 단체에 초청 서한을 발송하였다. 이에 청우당은 6명, 북조선 청우당에서 9명이 각각 참석하여[227] 조선의 내외 정세에 대한 정확한 규정, 국토와 민족을 분열하는 단선을 반대하는 전국적 통일 방략, 정치와 민생의 혼란을 방지하고 자주 통일 독립을 하기 위하여 양군 철퇴를 촉진하는 방략 등을 논

---

225 〈서울신문〉, 1948.5.4. 〈조선일보〉, 1948.5.4; 조규태, 앞의 글, 685쪽.

226 〈조선일보〉, 1948.5.8.

227 〈조선일보〉, 1948.4.21 및 4.28. 그러나 자격심사에서 4명만 통과되었다. 이 외에도 천도교인으로는 최동오, 신숙이 참여하였다.

의·합의하였다. 그리고 6월 29일부터 7월 5일까지 평양에서 개최한 제2차 남북 제정당·사회 단체 지도자 협의회에 참석하였다.[228]

해방 정국에서 청우당이 민전과 연대하고 미군정 정책을 비판하며 남한 단정 수립 반대 운동을 벌임으로써 미군정과 이승만의 독촉, 한민당 등 극우 세력으로부터 탄압을 받았다. 남한 내에서의 탄압은 47년 북조선 청우당에서 6월 말경 남한의 미군정에 대하여 '민주개혁을 실시하라'라는 선전문을 발표하면서 본격화되었다.

즉, 선전문에서 북조선 청우당은 "첫째 모스크바 3상회의 결정 위에서 조선을 외국의 간섭을 받지 않는 자주 독립 국가로 발전할 수 있는 보장을 두어야 할 것, 둘째 임시정부는 국제 공약을 충실히 이행하고 민주주의 국가와의 안전과 평화를 공고화하는 데 공헌할 수 있는 보장을 주어야 할 것, 셋째 인민 자기 자신이 모든 주권을 장악하는 민주주의적 인민의 국가를 세워야 할 것, 넷째 임시정부는 조선의 노동·사무원·농민·여성을 진정으로 해방하는 제 민주 개혁을 실시해야 할 것"을 주장하였다.[229]

이런 선언문에 자극된 남한의 단정주의자들은 7월 15일 천도교에서 운영하는 보성사를 김성건 등 20여 명이 습격해 활자를 전복하고 인쇄기에 모래를 뿌리는 등 테러를 가했다.[230] 또 8월 11일에는 수도경찰청에서 좌익계 인사 검거령을 내려 민전·전평·전농 등

---

228 〈조선일보〉, 1948.7.13; 송남헌, 앞의 책, 473면.
229 〈문화일보〉, 1947.7.2.
230 〈자유신문〉, 1947.7.17. 〈중앙신문〉, 1947.7.17.

좌익계 단체 외 협동조합·근로인민당·청우당·반일투쟁위원회 등
의 사무실을 수색하고 3, 4백 명을 검거하였다. 이때 청우당 관계
자는 박우천·김병제·계연집 등 수명이 피검되었다.[231] 이후에도
자주적 통일정부 수립 운동을 전개한 청우당의 행적은 남한 단정
수립주의자들에게는 집요한 공격의 대상이 되기에 충분했다.

결국 단독 정부가 수립된 후인 1949년 8월 10일 육군에 의해 김
병순 등 청우당원 30여 명은 '북로당과 북조선 천도교청우당의 지
령을 받아 천도교 내에서 남조선 천도교의 중심 세력을 분리시키
고 북한 청우당의 세력을 부식시키며, 파괴·암살을 위한 지하당
원'이라고 하여 검거되었다. 그리고 12월 26일 청우당은 '정당에
관한 규칙'에 의거하여 정리·해체되었다.

이로써 해방 후 완전 독립과 자주 통일 국가 건설을 표방하여 민
족 해방과 계급 해방을 추구하던 청우당은 이승만 정권하에서 간
첩이라는 누명을 쓰고 결국 해체되고 말았다. 일제와 해방 공간을
거치면서 민족의 진로를 제시하고 그것을 위한 치열한 활동을 전
개했던 청우당의 자주적 민족통일 운동이라는 민족주의적 실천은
그로써 종말을 맞고 말았다.

해방 정국이 분단 고착화로 귀결되자 청우당의 민족운동 노선은
민족통일 운동으로 전환했다. 그래서 이후 남북통일 운동에 진력했
으나 일제와 해방 정국을 거치면서 크게 축소된 교세와 외세·극우

---

231 〈조선일보〉, 1947.8.13.

파들의 책동으로 소기의 성과를 거둘 수 없었다. 그들은 남에서는 중간 좌파로 몰려 제거되고[232] 북에서는 활동이 크게 제약되고 6, 70년대 이후로 점차 잊혀져 갔다.[233] 결국 그들의 남북통일 운동은 교세 회복과 맞물릴 수밖에 없었고 아직까지는 어느 것 하나 만족할 수준에 도달하지는 못했다. 그럼에도 천도교는 오늘도 활발히 움직이고 있다. 수운의 보국안민과 포덕천하는 단 한 명의 교인만이 남더라도, 단 한 명의 민족이 남더라도 추구해야 할 천도교의 이념적 원형이기 때문이다.

4. 보국당과 만화회

보국당輔國黨은 해방 이후 재 창당된 청우당의 활동에 불만을 가진 일부 구파측 인사들이 포덕 87년(1946) 7월 7일 만든 정당이다. 경운동의 중앙 대교당에서 오후 1시에서 5시까지 500여 명이 참석

---

232 이승만 정권의 천도교 탄압은 상상을 초월했다. 이 정권은 심지어 3·1운동마저도 기독교 신자인 월남 이상재가 주도한 것으로 날조하려 했다. 지금 탑골공원에 있는 의암 손병희 선생의 동상 자리에 처음에는 이승만의 동상이 있다가 4·19 때 끌어내려진 것도 같은 맥락이다. 천도교 상주선도사 임운길 선생 증언, 1997년 7월 16일.

233 B. Weems, *op. cit.* 그럼에도 불구하고 북조선 청우당과의 접촉은 계속되어야 한다. 민주주의는 다양한 제세력들간의 대화를 전제로 성립될 수 있기 때문이다. 북조선 청우당과의 접촉 창구는 북한 노동당 이외의 정치 세력, 그것도 순수 민족주의 이념을 바탕으로 하고 있는 집단과의 대화 모색이라는 점에서 또 다른 통일 운동의 시발점이 될 수 있다고 본다. 그런 의미에서 남한의 천도교는 비록 정당은 아니지만, 전위단체인 동학민족통일회를 통하여 북한과의 정치적 대화 창구를 가지고 있는 단체라고 할 수 있다.

한 가운데 건당대회를 치른 보국당은 당수에 손재기, 부당수에 정환석을 임명했다. 그리고 당일 제1회 중앙위원회를 결성해 주요 임원을 선임했다. 임원진은 총무부장 이종해李鍾海(뒤에 마기상으로 교체), 선전부장 박양신朴陽信, 문화부장 김장희金章熙, 재무부장 이종해李鍾海, 비서 정성호鄭成昊 등이었다.(『보국당일지』 참조)

해방 정국에서 보국당은 그 활동이 크게 나타나지 않아 문헌상으로도 관련 내용이 거의 없는 실정이다. 다만 1946년 10월 31일 청우당 전당대회에서 중앙위원에 보국당 당수였던 손재기 씨가 선임되었다. 또 같은 해 12월 좌우합작운동(몽양 여운형과 우사 김규식이 주도) 결과 만들어진 과도입법의원에서 관선의원을 45명 뽑았는데 그중 천도교 측 인사가 4명(정광조-천도교, 최동오-좌우합작위, 이응진-청우당, 신숙-보국당)이 선임되었다.

이로 미루어 보국당은 창당된 이후 적어도 정치적 차원에 있어서는 청우당과 크게 다른 노선을 걷지는 않은 듯싶다. 즉, 구파 측이 주도해 만든 보국당이지만 참석자는 신구파를 별로 의식하지 않았다는 증언[234] 등으로 미루어 당시 대부분의 교인들은 신·구파를 크게 구별하지 않았던 듯하다. 청우당이든 보국당이든 파벌과 노선의 차이보다는 당의 주요 인사들과의 개인적 친분에 의해 참여하게 되는 것이 일반적이었다고 보아진다. 보국당의 활동은 주로 서울당부에서 이루어졌는데 당시 서울당부 위원장은 이단이었

---

234 동암 김동순 선생 증언.(『신인간』 2004년 8, 9월호)

다. 보국당은 주로 서울당부의 이단 위원장과 조직부장이었던 김 동순에 의해서 운영되었다.[235]

이 밖에도 보국당은 주로 지방의 순회 강연회를 자주 개최한 것으로 알려졌는데, 그 내용과 일정 등은 밝혀지지 않고 있다. 강연회에는 특히 정성호 씨가 주로 다닌 것으로 『보국당일지』에는 나오고 있다. 1949년 들어 청우당이 해산되면서 보국당도 천도교 청년단체(확인불가)와 결합해 〈만화회萬化會〉를 구성하면서 해산되었다. 1949년 1월 18일 이었다.[236]

만화회는 청우당과 보국당을 통한 정치활동이 불가능해진 상황에서 출현한 천도교의 전위단체였다. 〈만화회〉는 49년 1월 18일 중앙 대교당에서 정치 조직이 아닌 일반 사회 운동 조직으로서의 목표를 명확히 하고 창건되었다. 위원장은 신숙申肅, 부위원장 박진朴震, 재무국장 이종해李鍾海(뒤에 손재기), 총무국장 이단李團, 중앙감찰위원장 강진동姜鎭東 등이 선임되었고 전국적으로 지부가 만들어졌다. 창건 선언문은 아래와 같다.

〈선 언〉

대전이 끝난 지는 이미 4년이 지났으나 대망하던 평화는 오지 않

---

235 위의 글 참조.

236 우이동 봉황각의 천도교 자료실에서 찾은 『보국당일지』에는 건당일로부터 이듬해 10월 20일까지 기록이 남아 있으며, 또 전국적으로 올라온 상당수의 입당원서가 1947년까지 중앙당에 제출되고 있음이 확인된다.

고 도리어 새로운 전쟁이 폭발할 듯한 위협에 인류는 떨고 있으며 일제의 패망으로 우리 민족은 해방되었으나 국토는 양단되고 외래 사상이 침입하여 도덕은 퇴폐하고 사상은 혼란되었으며 생산은 위축되어 민생은 도탄에 빠지게 되었으니 이는 실로 유구 반만년 우리 민족 사상에 처음 당하는 위기라 아니할 수 없다. 그러면 이 민족적 위기를 어떻게 타개할 것인가?

일찍이 수운 최제우 선생께서는 서세동점으로 닥쳐올 민족적 위기를 크게 우려하여 「함지사지 출생들아 보국안민 어찌할고」 개탄한 후 오심즉여심, 사인여천의, 인내천주의를 제창하고 또는 동귀일체와 후천개벽을 부르짖었다.

실로 이 민족적 위기를 타개하고 민생을 도탄에서 건지는 길은 오직 수운 선생의 제창한 바 인내천주의의 새 도덕으로 사상을 정화하고 각자위심으로 삼분오열된 동포를 동귀일체의 정신으로 굳게 단결케 하여 민족적 사회적 정신적 일대 개벽운동을 전개하여야 될 것이다. 이것이야 말로 민족적 위기를 극복하는 길이요 나아가 보국안민 광제창생하는 유일한 노선이다. 우리는 이 목적을 달성키 위하여 다음의 몇 가지를 실천하자.

一. 정치 경제 문화 등 각 방면을 조사 연구하여 제반 정세를 엄정히 비판하자.

一. 민중 속에 들어가 민중을 알고 민중을 계몽 지도(교화)하자.

一. 사대사상을 버리고 자주정신으로 살자.

一. 공론을 버리고 한 가지라도 실천궁행하자.

강령

一. 인내천주의의 새 도덕 실현을 기함.

一. 동귀일체의 정신으로 견고한 단결을 기함.

一. 정치 경제 문화를 조사 연구하여 국민 생활의 혁신을 기함

선언에서 알 수 있듯이 만화회는 일체의 정치적 행보를 배격하고 인내천주의와 개벽 운동을 민중 속에서 실천할 수 있도록 계몽하자는 다소 현학적인 논리를 내세운다. 이는 천도교 전위단체가 더 이상 민족운동과 같은 정치 활동을 할 수 없게 된 상황을 반증하는 것이라고 할 수 있다. 따라서 만화회의 활동은 주로 신생활 운동으로 국한되고 있다. 이러한 만화회의 모습은 기관지인 〈만화보〉[237] 사설로도 나타나고 있다.

시운을 의논하면 일성일쇠 아닐는가. 쇠운이 지극하면 성운이 오지만은 현숙한 모든 군자 동귀일체 하였던가. 이것은 대신사(최 수운 선생)께서 우리 후학에게 가장 강조해서 말씀하신 교훈의 일절이다. 이 말씀뿐만 아니라 사세 스승님들이 가장 고조하신 것이 신앙통일 규모일치로서 동귀일체해야 된다 하시고 가장 개탄하신 것이 각자위

---

237 이단과 김동순 두 사람은 〈만화보〉의 휘호를 받기 위해 당대의 명필가이자 교단 원로였던 위창 오세창 선생의 돈화문 집을 직접 찾아뵙고 글을 받았다고 한다.(『신인간』 2004년 8, 9월호 참조.) 만화보는 창단된 1949년 1월부터 이듬해인 1950년 5월까지 매월 월초에 발행되어 16호에 이르고 있다. 현재 1호에서 8호까지는 발견되지 않고 있다.

심입니다.

동덕 여러분, 동포 여러분!

우리 조국의 현실은 어떠하며 우리 민족의 입장은 어떠한 환경에 섰으며 우리 천도교 신자 여러분은 어떠한 책임을 짊어졌습니까? 조국은 일찍이 보지 못하던 위기에 섰으며 삼천만 동포는 함지사지 되었으니 보국안민 포덕천하 광제창생의 대원을 가지고 갑오 동학혁명 운동, 갑진개혁운동, 기미독립운동, 육십만세운동, 무인년 심고 사건 등으로 구십 년 동안 꾸준히 투쟁해 온 우리는 미증유의 국난에 봉착하여 본래의 사명을 다하지 않으면 안 될 지극한 시운을 당했습니다.

동덕 여러분! 동포 여러분!

흩어지면 죽고 뭉치면 산다는 것은 여러분이 잘 아시는 사실이 아닙니까? 여기에서 우리는 국민운동으로서 인내천주의의 사상적 동귀일체의 이념 아래 뭉쳐지는 건국 운동과 정치 경제 문화의 제도 확립을 하지 않으면 이 난국을 타개할 수 없는 것입니다.

동덕 여러분! 동포 여러분!

우리 민족의 고유사상, 즉 인내천주의는 세계 어느 사상보다도 어떠한 철학보다도 가장 진보된 사상이며 철학입니다. 내 나라의, 내 민족의 주의 사상을 버리고 내 것만 못한 남의 주의 사상으로써 우리 나라를 세우고 정치 제도를 맞추려고 할 것이 없습니다. 또 해방 후 우리는 무수한 정당을 보았는데 정치 이념이나 정강 정책은 천편일률로 노동자 농민을 위하고 완전 독립을 주장하지 않는 정당이 없습니다. 그러면 정치 이념이 다른 것이 아니라 영도자에 따라 당이 여러 개가 생길 것밖에는 아무런 이유가 없었습니다. 여기에서 일어나는 결과는 각자위심해서 민족의 분열을 초래했고 민생은 도탄에 빠지고 동족상잔은 날이 갈수록 혹심해져서 우리는 어떻게 해야 이 난국을 타개할는지 창공을 우러러 탄식하고 땅을 치고 통곡을 하게되었습니다.

동덕 여러분! 동포 여러분!

민족을 분열로 몰아 넣는 정당 운동을 중지 배격하여 천도교 산하의 모든 당을 해체하기로 결정하고 민족 사상을 혼란케 하는 모든 외래 사상은 물리치고 인내천주의 새 도덕 실천으로써 민족 사상을 통일하여 정치, 경제, 문화의 혁신적 새 제도로써 세계만방에 빛나는 새나라를 세우는 운동을 일으키기 위하여 천도교의 전체 의사로써 4282년 1월 18일 우렁찬 소리로 조직된 것이 만화회입니다.

동덕 여러분! 동포 여러분!

동덕 여러분은 만화회의 조직의 뜻을 아직도 확실히 해득치 못하신 분이 있는 것 같습니다.

천도교는 머리라면 만화회는 팔다리가 될 것입니다. 천도교가 대본영이라면 만화회는 제일선 장병의 역할을 할 것입니다. 동덕 여러분! 무엇을 주저하며 무엇을 기다리십니까? 한울님은 우리에게 때를 주셨으며 사명을 다하자는 절대 명령이 내리었습니다. 우리의 일은 우리 인간 자신이 하는 것이지 어떠한 조화옹이나 무궁조화가 있는 것이 아닙니다.

동덕 여러분! 동포 여러분!은 진정한 우리 민족정신을 찾읍시다. 우리의 건국은 우리의 살 길은 우리 스스로가 해야지 남의 힘으로 되는 것이 아니요, 남이 와서 해 주지 않습니다. 우리를 동정하는 나라에 대하여 감사는 할지언정 의뢰적 사대주의는 금물입니다. 내 일을 내가 하자는 만화회원이 되고 우리의 근본 사상을 찾기 위하여 최 수운주의의 신봉자가 됩시다.

동덕 여러분! 동포 여러분!

민족정신을 정화하고 만인 절대 평등 사회를 건설하기 위하여 인내천주의의 새 도덕을 실천하자. 보국안민을 하기 위하여 동귀일체의 정신으로 단결을 공고히 하여 우리 절대 사명을 달성하자. 새 나라 새 제도를 수립하기 위하여 정치, 경제, 문화를 조사 연구하여 국민 생활을 혁신하자. 동덕이여, 선도자의 역할을 다하자. 동포여, 뭉치자. 만화회 깃발 밑으로![238]

특히 1949년 9월호(제11호)에서는 성명서를 통해 소위 남조선 지하 청우당 음모 사건과는 무관함을 누누이 강조하고 있다. 남조선 지하 청우당 음모 사건은 북조선 천도교청우당의 지령에 의해 남쪽 천도교 세력을 분산시키고 북한 청우당의 세력을 부식시키는 활동을 했다는 이유로 김병순 등 30여 명의 청우당원이 구속된 사건이다. 이 사건에 대해 만화회는 일부 과거의 청우당원들이 청우당 해산에 반대하여 일으킨 것으로 자신들과는 무관하고 만화회는 오로지 국민 계몽 운동과 포덕광제 사업만을 추구한다고 주장한다. 이것은 그동안의 정치 활동에 대한 핍박으로 인한 피해 의식

---

238 〈만회보〉 1949, 7. 15, 제9호.

이 그만큼 컸다는 것을 의미한다.

> "…그러므로 천도교회는 물론 본 회로서는 지하 청우당과는 전연 관계가 없음을 언명하는 동시에 우리의 민족혼과 우리 국가 독립의 존엄에 대하야 좀먹는 행위가 유할 시는 단호 배격할 정신이 확고하여 있음을 삼천만 동포 앞에 삼가 성명하는 바이다.…"[239]

만화회는 이처럼 국민 계몽과 포덕 사업만을 한다는 것을 천명하며 국민 신생활 운동을 강조하고 있다. 즉, 신생활을 위해 만화회는 3덕德과 3적賊을 구분하여 국민들을 계몽하고 있다.

3덕 : ① 공을 위하여 사를 희생할 것. ② 포용성과 용단력을 겸하여 가질 것. ③ 남을 잘 지도할 줄 알고 또는 남의 지도를 잘 받을 줄 아는 것.

3적 : ① 자기의 의무는 이행치 않으면서 권리 행사만을 주장하는 것. ② 개인의 사상 불평을 가지고 異流分子와 결탁하며 남이 지어 놓은 토대를 헐어서 자기의 기반을 만들려 하는 것. ③ 萬人之上을 몽상하고 일부러 一人之下가 되어 민중을 愚弄하려는 것.

이러한 만화회의 의지는 창립 1주년을 맞은 신숙 위원장의 기념

---

239 〈만회보〉 1949. 10. 1, 제11호.

사에서도 드러난다. 즉, 신숙 위원장은 만화회의 삼대 목표(삼대강령)를 강조하며 만화회는 "가장 복잡 다단한 국제정국과 혼란무쌍한 국내 환경 속에서 한갓 파쟁을 일삼는 정치 운동을 맹렬히 일척하고 오직 교화를 주로한 국민 계몽을 위하여 사업을 전개해"[240]왔음을 말하고 있다.

그러나 만화회는 명백히 천도교의 전위단체인 만큼 정치 운동을 완전히 배제하기는 쉽지 않았다. 신숙 위원장의 기념사도 만화회는 교회 조직의 통일과 교인 신앙의 통일을 해야 한다면서 남북 강역의 통일을 이루어 조국의 오천년 역사를 빛내야 할 임무도 만화회에 있음을 주장한다. 이처럼 만화회는 신생활 운동이라는 구체적 방침에 입각한 활동을 했지만 내부적으로는 끊임없이 통일을 위한 민족운동의 필요성을 강조하고 또 실천해 왔다고 할 수 있다. 이러한 의식적 민족운동은 만화회 지도부의 지방 순회 강연에서 주로 이루어졌다고 한다. 특히 1949년 7월 10일 '국토 통일 기도대회'를 개최, 만화회 지도부가 모두 동원되어 기도대회를 주도해 나갔다. 당시 이단 총무부장이 읽은 기도문의 내용은 과거 천도교의 전통을 회복하여 국토 통일을 위해 모든 천도교인의 정성을 다할 것임을 다짐하고 있다.

---

[240] 〈만화보〉 1950. 2. 1, 제14호.

〈기도문〉

한울님과 스승님께 마음과 몸의 제계를 극진히 하고 특별 집합 기도를 드리나이다. 우리는 천명 그대로를 받들고 스승의 교훈 그대로를 행할 뿐입니다. 모든 일의 방편에 있어서는 작금의 차이가 있을지언정 정신 자체에 있어서는 때의 고금이 없고 공간의 좌우가 무할 줄로 확신합니다. 지나간 갑자 3월 10일 대구장대에 흘리신 대신사의 보혈이 그 무엇을 위한 것이며 경성 교수대에 이슬로 화하신 해월신사의 종용취사가 그 무엇을 위함인가를 잘 알고 몽매간이라도 잊지 않았습니다. 따라서 과거 삼대 운동에 순국 순도하신 선열 동덕이 그 무엇을 위함인가를 잘 알고 우리는 이어 계승자 됨을, 다시 속행자 됨을 자임하였습니다. 정의는 죽지 않고 진리는 변치 않는 줄도 잘 알았으며 한번 일하여 평생을 먹지 못할 것도 쉽게 얻은 복이 백천 대를 누리지 못할 것도 잘 알았습니다.

우리 인류의 본원이요 국민의 뇌장이 말라붙도록 지원이 기극에 달함에 천운이 순환하시고 인심이 돌아서서 반세기나 동여매었던 철쇄가 끊어지며 세계가 공인한 당당한 독립 국가로 일취월장의 기세를 가지게 된 이때입니다. 그런데 의외라고 할는지 변이라고 할는지, 악몽이라 할까 환상이라 할까. 어떠한 거듭 내리누르는 압력이 남북으로 몰아오다가 정점을 획한 것이 저 소위 삼팔도선이 되었습니다. 이 선이 그어지면서 우리나라의 국토가 양단되고 민족이 양분되었습니다. 이 단을 연하고 이 분을 합하려고 우리 겨레 전체의 성심 노력과 국제적 자임 협조가 불소하였으나 아직 그 효를 진치 못한 금일입니다. 그런데 제 일은 제가 하고 제 복은 제가 장만하는 것이 만고의 철리입니다. 본래에 이 국토 양단을 당치 못할 것을 당한 것이며 설령 당하였더라도 지금까지 있지 못할 것이 있는 줄 크게 반성하였습니다. 지금 와서는 의타 원망과 前顧後眄할 여유가 없게 되었음을 심각히 깨닫고 이 국토 통일은 우리의 성으로 우리의 화로 우리의 역으로 완수할 것을 맹서하고 한울님과 스승님께 이 특별기도를 드리옵나이다.

포덕 구십년 칠월 십일
국토 통일 전국 특별 기도 대회[241]

만화회는 1950년 4월 4일 제2차 전국대회를 개최하여 자립 경제운영의 건, 교양 운동의 건, 생활 개선의 건, 회세 확장의 건 등을 결의하고 일부 임원을 개편하였다. 중앙위원장은 신숙, 부위원장은 이응진, 임문호, 총무국장 이단, 재무국장 전의찬, 조직국장 임문호(겸), 선전국장 백중빈, 문화국장 송중곤, 경제사업국장 이응진(겸) 등으로 개편하고 중앙상임위원 14명을 선임했다. 그러나 새 집행부는 뚜렷한 성과를 내기도 전에 6·25를 맞이하여 만화회의 활동을 여기서 멈추어야 했다. 이후 천도교의 전위단체는 오랜 침묵의 시간을 보내야 했다.

---

241 〈만화보〉 1949. 7. 15 제 9호.

VI. 분단 고착화와 천도교의 민족통일 운동

국토의 분단과 청우당의 해체는 천도교에는 이중의 고통이자 난관으로 다가왔다. 국토의 분단은 이북에 고향을 두고 있는 대다수 천도교인에게 이산의 고통을 주었으며 청우당의 해체는 천도교의 양 날개인 교와 정에서 정의 영역을 무장해제 당한 것과 다름없었다. 따라서 천도교는 분단과 민족 상쟁의 전쟁, 그리고 그 이후 장기적인 남북 대립 최대의 피해 집단이 되었다. 자연스럽게 천도교의 민족운동은 통일 운동으로 일원화될 수밖에 없었다. 천도교의 통일 운동은 민족 구성원의 일원으로서의 의무 말고도, 분단으로 인해 약화된 교세의 회복 운동이자 천도교가 추구하는 이상사회의 실현 운동이라는 부가적 목적을 가진다.

청우당의 해체로 정치 운동의 구심점을 잃은 천도교의 방황과 답보는 오래 지속되었다. 특히 오랜 기간 반항적 정치 단체로 인식되어 온 천도교에 대한 인식은 여전히 부정적이었다. 그렇기에 천도교는 남북에서 점차 소외되고 소멸되어 갔다. 그런 가운데서도 천도교의 통일 운동은 작지만 지속적으로 있어 왔다.[242] 6·25전쟁

---

242 50년대 이후 천도교의 통일 운동은 이 책에 함께 실린 바길수, 「천도교 통일 논의의 진개 과정」을 참조.

당시 거제 포로 수용소에서 천도교인 인민군 포로들의 작은 통일 운동도 그 중의 하나이다. 극단적인 좌우 대립을 극복하고자 한 그들의 평화적인 종교적 노력은 성공하지는 못했지만 살벌한 포로 수용소에서의 미담으로 전해지고 있다.[243]

그러나 1950년대까지 천도교의 통일 운동은 당시의 남한 분위기와 함께 일방적인 반공 일변도로 경도되었다. 이는 전쟁 후 고조된 냉전 분위기와도 관련 있지만 천도교가 월남 교인들을 중심으로 집행부가 구성된 측면도 있다. 특히 1956년 아시아 반공대회에 당시 천도교 교령이 한국 측 수석대표로 참석할 정도로 천도교는 반공 운동의 최일선에 있었다. 그런 가운데 1957년 12월 〈동학회〉가 구성되어 청우당의 후신으로서의 역할 준비를 하고 있었다.

1. 〈동학회〉와 〈동학당〉

〈동학회〉는 1957년 12월 24일 청우당 참여자들의 오랜 암중 모색을 거쳐 등장했다. 실제로 이승만 정권의 권위주의적 통치와 특정 종교에 대한 편향과 우월의식은 사회 전 분야에 확산되고 있었기에 천도교 같은 민족종교가 제 소리를 내기는 어려운 시기였다.

---

243 반공포로 석방시 천도교인 포로들은 천도교의 상징인 궁을기를 앞세우고 귀환하였다. 당시 궁을기가 공산당기로 오해를 받아 신문에 게재되지 못하는 일도 있었다고 한다. 현재 거제도 포로 수용소 기념관에는 이 사진이 궁을기에 대한 설명 없이 흐릿한 사진만 전시되어 있다.

더욱이 교정쌍전론의 대원칙을 가지고 있는 천도교단이 그 전위단체를 만든다는 것은 불가능에 가까웠고 활동에도 상당한 제약이 가해질 수밖에 없었다. 따라서 동학회의 활동은 제한적이었지만 그들이 준비한 선언과 강령, 규약, 그리고 정세보고서 등은 상당한 준비와 노력을 기울였음을 알 수 있게 한다. 이것을 바탕으로 동학회는 1960년에는 드디어 동학당 창당 선언을 하게 되는 것이다. 1957년 동학회의 선언은 다음과 같다.

〈동학회 선언〉

현하 국제 정세는 민주 공산 양 진영 간의 신무기 경쟁과 그 경이적 발달로 인하여 인류 사상 최대의 위기에 직면하고 있다.

우리는 이 위기에 처하여 조속히 조국을 통일하고 모든 부패와 혼란을 일소하는 일대 혁신이 있기를 염원하며 나아가 세계적 불안과 위기를 극복하여 인류의 항구한 평화와 안전과 질서가 유지되기를 희망하여 마지않는다. 우리들은 한동안 국내외 제현상을 정관하여 왔다. 그러나 국가의 위기, 민족의 고난을 이 이상 더 방관할 수는 없게 되었다. 우리는 시운시변에 따라 이제 다시 구국 구민을 하기 위하여 분연히 궐기하는 바이다. 우리 동학회 출현의 의의는 이미 민족 대의에 입각한 그의 역사적 전통이 웅변하고 있다. 우리 회의 연혁은 일 세기 전 쓰러져가는 조국의 운명과 비탄에 빠진 국민 대중의 활로를 개척하기 위하여 동양의 풍운을 일으킨 이른바 보국안민의 혁신 사상을 가진 동학의 출현을 그 출발로 한다. 동학은 64년 전 갑오혁명운동을 일으켰고 54년 전에는 다시 갑진혁신운동을 일으키고, 일제가 강제로 조국을 병탄하자 거족적으로 삼일 독립 운동을 일으키었다. 기미 이후에는 청년당을 조직하여 민족의식 앙양과 민족 문화 운동에서 일제와 과감한 항쟁을 하여 왔다. 해방 후로는 북한 천도교인들이 공산 제국주의에 반대하고 남북 동시 선거에 대한 유엔의 결의 실행을 지지하며 삼일재현 의거운동을 일으키었다. 이상과 같이 우리는 이미 백년간 역사에서 대의를 위하여 소아를 바치는 빛나는 자취를 남겼고 민족적 이상을 위하여 과감히 투쟁하는 담력과 실천력을 보여 주었다.

이제 우리 회는 기성의 집단과 같이 자기들의 세력 부식으로 이권 점유를 위하여 정권욕에 급급하는 그러한 유형의 집단과는 다르다. 이제 우리들은 이 국가 이 민족을 위하여 존재하고 이 민족과 움직임을 같이하고 이 민족과 고락을 같이 할 것이니 이것은 우리들의 역사적 전통에서 기본적·절대적 조건인 것이다.

이제 우리들은 무위한 분파적 정쟁을 지양하는 한편 건국 정신, 말하자면 삼일정신을 망각한 부패한 정치 행위를 일소하고 일체 비민주주의 요소를 뿌리뽑는 데 누구보다도 용감할 것이다. 그리하여 우리는 자유 평등 평화 번영의 복지사회 건설에 매진하여 국민 대중과 더불어 움직임을 같이하고 불원한 장래에 공산주의자와의 대결에서 조국의 통일 독립을 쟁취하는 데 일대 용감한 운동을 전개케 될 것이다. 여기에 우리 회는 우리만이 애국애족하는 것으로 독선과 고집을 하는 것이 아니다. 이제 우리는 문호를 개방하여 모든 애국 애족의 인사와 단체와의 긴밀한 제휴를 제기한다. 우리는 우리들의 이 취지를 이해하는 인사와 단체와 더불어 그 친우됨을 조금도 주저하지 않을 것이다.

　단기 4290년 12월 24일

　동학회중앙본부

　동학회의 강령은 첫째, 인내천 원리를 바탕으로 민주주의 정치 체제의 구현, 둘째, 동귀일체 이념에 입각한 경제 체제 실현, 셋째, 사인여천 정신에 맞는 새 윤리, 새 도덕의 수립, 넷째, 인내천주의의 신문화 창조, 다섯째, 민족의 공고한 단결과 민주 우방과의 제휴하에 남북통일을 촉성한다는 강령을 발표했다. 한편 동학회는 자신들의 조직을 다음과 같이 제시함으로써 천도교 전위단체이자 과거 청우당 같은 정당적 체계를 구축했다.

〈동학회 중앙본부 기구 일람〉

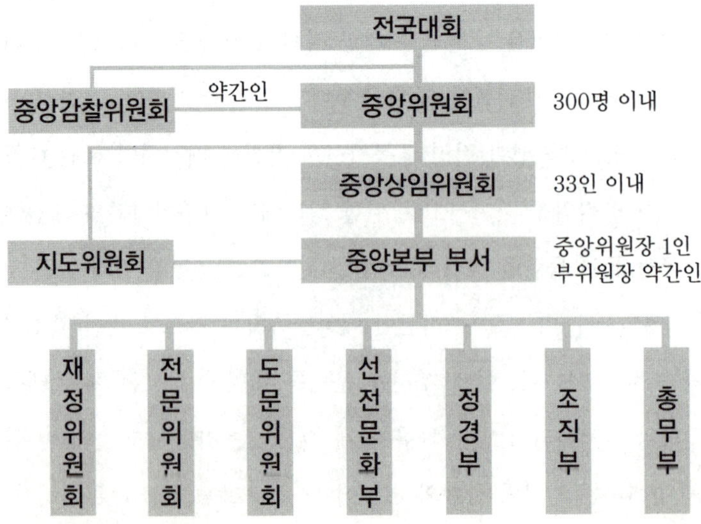

또한 동학회는 자신들의 조직을 알리기 위한 방법으로 회의 선전 요강을 작성해 회원들에게 숙지시키고 이를 실천하도록 했다.

〈동학회의 선전요강〉

一. 본회의 성격 : 동학회는 천도교의 이념에 입각한 전체 민족의 사상 통일을 기하는 초당파적 입장에서 시시비비주의로 자주적인 노선으로 지향하는 천도교적 사회 단체이다.

二. 목적 및 지위 : 동학회는 천도교의 전위대이며 대변기관으로서 천도교의 최고 목적인 지상천국 건설의 제일단계의 목적인 보국안민을 목적으로 하고 그 목적을 달성하기 위하여 실천운동을 담당한다.

三. 활동 범위 : 동학회는 천도교의 기본 이념인 인내천 사상, 즉 인 본위사상과 민족정신인 3 · 1정신에 입각하여 삼천만 민족을 대상으로 한 보국안민의 전부문에 환하여 행동하되 특히 국가와 민족의 위기에 당하여는 선봉적 역할을 담당한다.

四. 행동 방법

가. 정치 방면 : 자주적 민주주의 국가를 구현키 위하여 정치 문제에 관하여 조사 연구 비판은 물론 국민의 정치의식을 계몽 앙양하되 정권 획득운동은 하지 아니한다.

나. 경제 방면 : 균등 경제를 실현하기 위하여 협동 경제 운동을 전개하되 생산 증강 소비 절약 생활개선 등을 강조 실천하며 근로 정신의 신성성을 고취 앙양한다.

다. 문화 방면 : 민족 고유 문화를 진작하며 외래문화를 흡수 소화하여 시대의 진군에 적응한 신문화 운동을 전개한다.

라. 도의 방면 : 사인여천의 새 윤리와 경천 경인 경물의 삼경 도덕을 수립하여 국민도의를 선양한다.

그리고 결성식을 치르는 당일 국내 정세 보고서와 국제 정세 보고서를 동시에 발표함으로써 동학회의 결성이 일시적이고 일회성의 행사가 아닌, 오랜 준비와 고뇌 속에서 이루어졌음을 확인시키고 있다. 또한 국내외 정세 분석을 함으로써 향후 동학회의 진로와 또 뒤이을 정당 설립의 기반 구축을 확고히 하고자 한 의지를 읽어낼 수가 있었다.

정세 분석은 당시의 냉전적 국내외적 정서를 그대로 대변하고 있어 북한과 소련에 대한 비판적 시각을 여과없이 보이고 있다. 그러나 내용적으로는 오늘의 모든 불합리한 상황들이 우리 내부의 문제에서 비롯되었음을 인식하고 내부적 당파성의 극복과 대의의 논리를 제시하고 있다. 국외적으로도 미국과 UN의 역할을 강조하면서도 약소민족의 해방과 독립만이 국제 평화의 기초임을 역설하고 있다.

〈국내 정세 보고서〉

한국은 이조 봉건 사회에서 직접 일본 제국주의 식민지 사회로 이행되었다가, 제이차대전에 연합국이 승리함으로 말미암아 민족 해방을 맞이한 후, 이어 남북 분열의 운명적 비극에서 육이오 동란이라는 민족 상쟁의 참화를 일으키고, 오늘에 이르러 북한 공산 괴뢰 집단과 상용할 수 없는 대결의 운명을 지니고 있는 점과, 한편 민주주의의 근대적 과정을 체험할 기간이 일천한 데서 과도적 제 혼란을 면하지 못하고 있는 점이 그 국내적 제 현상의 특징을 규정 짓고 있다.

그러한 까닭으로 한국의 현실은 무엇보다 남북한 대결에 있어서 통일 독립 문제가 전 민족의 절대적 신뢰임에도 불구하고 이 문제를 민족 자결로 성취시키기는 너무나 벅찬 문제로 되고 있다. 한국의 통일 문제는 스스로 국제적 관련성을 벗어날 수 없는 숙명에 놓여 있다. 말하자면 한국 문제는 삼일 독립 운동으로 국제간에 관심과 인식을 고조한 결과, 제이차대전 진행 중 카이로·포츠담 선언에 의해 해방 독립이 기약되었던 것이 사실이지만, 이와 반면 얄타 비밀 협정으로 한국은 해방과 동시 미·소 양군에 의하여 남북이 분할되었고, 그 후 통일 문제는 미·소 양국의 합의가 성립되기 전에는 이루어지기 어렵게 되고, 전민족의 단결로 성취한다 하여도 그것은 절대적 결사적 단결이 아니고는 이루어질 수가 없게 된 것이다.

이로부터 한국 통일 문제는 해방 후 전민족의 절대적 신뢰 속에 열린 모스크바 삼상회의에서 뜻밖에 오개년 신탁통치 결의가 있게 되었으므로, 이에 대한 거족적 반탁운동이 전개될 때 미소공동위원회가 통일적 임시정부 구성 방법을 논의케 되었고, 그때 소련 측이 한국을 동구에서처럼 위성국가로 만들려고 비민주주주의 주장을 고집함으로 말미암아 이차에 한한 미소공동위원회가 결렬된 바 있고, 기후 한국 문제는 유엔 제삼차 총회에서 남북 총선거 실시 결의가 있었으나, 소련 측과 북한 괴뢰는 동 결의를 적극 반대하여 유엔 한국위원단이 북한에 입경하는 것을 거부하므로, 유엔 소총회 결의에 의거 남한에서만 총선거를 실시한 결과 합법적으로 오늘의 대한민국 정부를 수립하기에 이르렀는 바, 반면 북한 괴뢰들은 소위 남북 협상회의를 이용하여 민심 현혹을 꾀하다가 급기야 북한 괴뢰 집단을 성립시켰고, 괴뢰 집단은 그 후 무력을 대폭 증강하여 가지고 육이오 동란을 일으키고 그 후 7·27 휴전 성립 이후 한국 문제는 제네바 회의에서 다시 논의된 바 있으나, 공산 진영의 무리한 고집과 야망으로 끝내 해결치 못한 채 그 후에도 몇번이나 국제적으로 통일 문제가 논의되었었지만, 매번 공산측의 상투적 전술과 야망으로 실패되고 말았던 것이다. 따라서 오늘날 우리 민족은 여하히 하여도 북한 괴뢰 집단을 용납할 수 없는 입장에 있고 한편 통일 문제 해결의 단서는 아직 그 전제가 막연한 감이 있는데 그러나 이 문제만큼은 어디까지나 전 민족의 절대적 숙제인 만큼 이를 지연시키거나 또 지연되어도 무방하다고 생각하는 것은 천추에 씻지 못할 민족의 반역 행위로 알려지고 있는 현실에 놓여 있다.

여기에서 우리 민족은 3·1운동 정신의 계승으로 대오반성과 자각을 요청하고 있으니, 민족적으로 용납할 수 없는 일부 공산 괴뢰 집단을 제외하고는 전민족이 모든 분파를 지양하여 굳게 단결하여 총력을 통일 운동에 집중해야 할 현실에 임하였다. 그리하여 무엇보다도 민족적 총동원의 태세를 성취시키는 한편, 국제적으로 민주 우방과의 긴밀한 제휴로 통일 독립을 촉성해야 할 현실에 임한 것이다.

이처럼 한국은 북한 공산 괴뢰 집단과 대결하여 국제적 민주 공산 양대 진영의 최첨단적 전위적 위치에 거하여 있으면서, 한편 남한의 국내적 제현실은 정치·경제·문화·윤리 제분야에 걸쳐 민주주의 구현의 과도적 현상에서 여러 가지 혼란을 면하지 못하고 있다.

무엇보다 그 정치적 현상에 있어서는 오늘날 일부 특권 관료들의 무능과 전권이 부패성을 노정하고, 민주주의 이름 밑에 추악불미한 분파적 정쟁을 야기하고, 국민 대중의 기본 권리를 유린하는 비민주주의 요소가 사회적 갖은 혼란을 야기하고 있는 것이다.

그리고 한편 경제적으로는 기형적 파행적 반봉건적 경제 구조가 민주 경제 체제로 이행되는 과정에 남북 분열도 일층 그 기형성과 파행성이 심화한 데 가하여 6·25전쟁으로 치명적 파괴를 면할 수 없었고, 그 후 미국을 비롯한 유엔의 외원에 의존하여 그 부흥을 추진하는 오늘날 특권 관료적-관변 자본가적 일부 정치세력의 무인식성과 부패성으로 경제적 불평등이 방심하여 가는 현상과, 실업 사태와 과소생산의 제모순을 노광하여 국민 대중이 빈곤에 허덕이는 반면, 일부 도시 중심의 특권층이 개인 향락에 도취하는 사회 현상을 이루게 되었다.

그리고 다시 윤리 도덕과 문화 면으로는 봉건 사회의 차별적 계급 윤리와 계급 문화가 무너지는 터전에, 후진 자본주의 사회의 이기적 윤리 기형적 문화가 습득 되는 병폐에서 가진 혼란이 팽창하는 가운데, 도의가 극도로 퇴폐하고 문화는 대중적 그 건전성을 상실하고 기형화하는 현상을 보여 주고 있다.

그러나 한국의 정치·경제·문화·윤리 제분야에 걸친 오늘의 이 현실은 역사적인 일대 전환과 비약을 의미하는 과도적 시련기로서의 현상으로 볼 수가 있을 것이다. 최악의 경우로 볼 수 있는 여러 가지 민족적 수난을 이미 체험한 우리 민족은 앞으로 다시 어떠한 수난의 고비를 넘어야 할지 그것은 예측하기 어려운 것이지만, 이제 우리 민족은 여하한 고난일지라도 능히 극복할 인내와 용기를 이미 보여 주고 있는 터이다.

말하자면 오늘날 한국은 민주·공산 양대 진영 대결의 세계적 현상의 축도가 되어 북한 괴뢰와 대결하여 통일 독립을 쟁취해야 할 사명과, 한편 이 나라의 모든 혼란과 부폐를 일소하여 민주주의를 실현해야 할 이중적 과업을 당면하고 있다. 이 이중적 과업의 수행은 실로 한국에 새로운 역사 전환과 비약을 가져올 위대한 사명인 것이니 오늘날 막다른 위기에 다다른 세계 문제 해결의 열쇠가 한국 문제 해결로서 주어질 것이라는 것이며 한국에 시범적인 민주주의가 구현될 때 한국은 장래 세계의 등불로 빛나게 되리라는 것이다.

여기에 오늘날 이 어려운 고비는 여하한 파당적 정치 세력이나 외세에 의하여 극복될 성질의 것이 아니다.

바야흐로 오늘날 난국에 처한 한국의 현실은 진실로 새로운 원대한 이상과 이념 및 희생적 대의에 입각한 민족적 단결로서 극복될 운명에 있다고 할 것이다.

「보국안민계장안출고」

「쇠운이 지극하면 성운이 오지마는 현숙한 모든 군자 동귀일체하였던가」

이것은 백년 전 최 수운 선생의 말씀이시다.

단기 4290년 12월 24일

〈국제 정세 보고서〉

제2차 대전의 종결은 곧 자유 공산 양진영 대결의 시발점이었다.

소련은 약소 민족 해방이라는 구실 하에 동구 및 아세아에 진주함을 기화로 총검의 위협 밑에 민족의 분열과 괴뢰 정권의 수립, 삼각경제와 기형적 소련에로의 결부, 민족 문화의 말살과 소련 문화의 강요 등을 통하여 위성국화에 전념하였다. 민족적 독립의 요구에는 신탁통치나 후견 기간의 필요성을 내세우고 자유 진영의 공동 철수론에 반대하였던 것이다. 그들은 1950년대에 이르자 완전히 괴뢰 세력의 확립을 보게 되었고 이때를 전후하여 외군의 철수론의 연습으로 냉전을 계속하였다.

소련은 자유 진영과의 모든 협정을 휴지화하고 전후의 세계에 걸친 경제적 파멸기를 이용하여 사상전으로 전세계를 점령하려는 수법으로 나왔다. 약소민족의 해방은 실제로는 공산화였고 동양에서는 중국을 공산화하고 동구에서는 체코의 무혈 공산화에 성공하였다. 이리하여 자유 진영이 어리둥절하고 있는 순간에 소련은 사상전에 무력전을 가미하고 이미 장악해 놓은 약소민족을 그들의 세계 정복의 도구로 사용하였으니 그 시대표적 예가 greece와 한국에서의 민족 상쟁이었다.

이 시기는 곧 자유 진영의 재단결의 기점이며 소련과의 협정은 무용지물이며 힘에는 힘으로 대항하는 길밖에 없음을 인식하여 그 실천에 옮긴 단계였다.

자유 진영의 영도자격인 미국의 Role back 정책은 한국전쟁을 계기로 강화되었다. 국토가 분단된 서독, 한국을 위시하여 공산 인접국가들과의 상호방위조약을 체결하고 서구의 NATO 창설, BAGDAD 조약, 동남아 재구성으로 대소 방위를 강화하였다. 일편 소련의 위성국 통치 10년 미만에 내부로부터의 동요를 가져왔다. 코민테름에서의 YUGO의 이탈인 TITO화가 그 시발적이었다. 그것은 곧 민족 해방 배신에 대한 반발이며 공산 제도에 대한 반성이었다. 이론과 실천의 유리, 신생 특권 계급의 발생, 인권의 유린, 자유의 박탈, 경제적 파멸 등의 제 요소는 스탈린의 사망으로 야기된 크레믈린 자본 내의 동태와 혼란과 함께 공산 세력 타도로서의 민족 해방 운동을 전개케 하였다. 동독 파란을 위시한 동구 각 위성국의 폭동이 바로 그것이었다. 이 시기에 봉착하자 소련은 재빨리 그들의 후퇴 전술을 음해하려는 목적하에 평화 공존 운운의 평화 공세로 전환하였다.

한국전쟁의 참극은 평화적 통일 구호로 대체되었고 모든 과오는 사망해 버린 스탈린에게 돌려졌다. 약소민족 해방의 불길을 끌 길 없는 소련은 공산권 내에서의 민주화 민족 자주 노선에 일보 양보를 허용하는 수밖에 없었고, 마침내는 1956년 HUNGARY의 민족적 의거로서 반소 운동은 그 절정에 달하고 공산 세력은 전 세계에서 총 붕괴에 직면하고 말았던 것이다.

그러나 자유 진영 총 반격의 절호의 기회는 영불의 무모한 후반 간섭으로 세기적 헝가리 해방 투쟁은 소련의 탱크에 좌절되는 역사적 비극을 가져왔던 것이다.

이와같이 자유 진영의 진실한 지도자격인 미국은 소련과 대진하는 데 있어서 자체 내의 보수 세력 때문에 많은 지장을 받았다. 아세아 및 아프리카에서의 영불의 보수적 경향은 미국의 많은 논쟁을 가져왔다. 자유 진영 내에 있어서는 이차대전은 약소민족의 해방 독립의 기점이 된 것은 사실이다. 인도, 미얀마, TUNISIA를 위시한 수십 개의 아세아 아프리카의 신생국가는 출현한 것이다. 이들 아·아제국은 영불의 장구한 식민지 하에 있었던 관계로 본능적으로 열강 제국의 지배를 혐오하는 경향이 있음으로 해서 미소 어느 진영에로의 연결도 원치 않은 소위 제3노선인 중립노선에 애착이 있음은 자연지세라 할 것이다. 그럼으로 해서 어느 세력이든지 그 독립성에 위험을 끼친다고 볼 때에는 타방 진영을 이용하여 이를 삭제하려는 전술에 나오게 됨도 상상키에 어려운 점이 아닐 것이다.

이리하여 전국은 제삼단계인 자유 공산 양진영과 자유 진영에서 독립한 중립 국가들의 정립기로 들어서게 된 것이다. 돌이켜 보건대 소련의 무력 침략 정책은 자유 진영의 무력 대항으로뿐 사실상 정지된 것이다. 소련은 평화 공존 구호로서 자유 진영 내의 재차 침투를 기도하며 중립주의 제국에 대한 친선 교환, 경제적 원조, 기술 원조의 제의로써 자유 진영과 경쟁을 전개해 왔다. 그러나 자유 내의 경제적 불안정을 토대로 한 소련은 경제 외교로 승리를 거둘 수는 없음을 자인하며 점차 격렬해지는 위성국 내의 민주주의의 민족 독립의 요구를 억제할 수 없음을 알게 되자 소련은 흉악한 음모를 하게 된 것이다. 그것은 곧 각종 원자 무기로서 대륙간 유도탄이니 인공위성이니 하는 것이다. 이리하여 소련은 무너져 가는 공산 세력을 다시금 독일군의 군국주의인 양 가공할 인류 멸망을 임삼는 무력으로서 위협 정책에 전환한 것이다.

인류 정의는 UN에서 일류의 희망을 걸고 나왔으나 인제 소련의 무력 정책은 인류 정의의 앞길에 암운을 던졌다. 이리하여 자유 진영은 이를 제지하는 유일한 힘을 필요케 되었고 미국은 자유 진영 전체의 기둥으로서 기대되게 된 것이다. 소련의 신무기 출현은 틀림없이 차의 나토회의의 소집을 가져왔고 미국의 신무기 생산 가능은 다시금 자유 진영의 결속을 가져온 것이다.

인제 세계는 인류 흥망을 건 신무기의 커다란 고량 하에 불안 공포에 쌓여서 웅크리고 있다. 그러나 한번 폭발되면 멸망의 위기에 처할 그 위험성 때문에 자유 진영은 평화 유지에 최선을 다하고 있으며 소련도 세계의 여론과 자유 진영의 무력적 보복 능력이 두려워 감히 나서지는 못할 것이다.

이 제3단계적인 현금은 위험성을 내포하면서도 누가 인류를 진정 위하며 어느 진영이 과연 민족 자주의 길을 걷게 하느냐의 경쟁으로 그 특색을 보여 주고 있는 것이다.

국부적 전쟁이 세계적 대전으로 화할 위험성 때문에 국제적 위협도 성립될 수 있겠으나 또 세계적 대전을 우려하는 나머지 국부적 사상전이 가능한 것이다. 그것은 최근 중동의 사태로서 시리아는 그 대표적 예라 할 것이며, 동시에 아시아에 있어서는 양 진영을 이용하여 불원한 장래에 양 진영이 어쩔 수 없는 또 하나의 힘을 가진 동양의 맹주가 되려는 일본의 야망에도 주의하여야 할 것이다.

요컨대 최근 10여 년의 국제 정세의 변천은 민족 자주의 길은 저지할 수 없는 정의이며, 약소민족의 해방 독립 없이는 세계 평화의 유지가 불가능함을 보여 준다. 동시에 세계는 물질문명의 최고도의 발달로 이루어진 파괴력은 인간의 정보 문명의 현명한 도를 요구하고 있으며 전세계의 평화만이 개인의 독립 국가의 평화를 보장할 수 있으며 온 인류의 평등한 대우와 인간의 존중 없이는 세계를 지도해 나갈수 없음을 가르쳐 주고 있다. 벌써 유물적 유심적 세기는 과거의 유물임을 담하고 있다.

　　단기 4290년 12월 24일

　동학회는 정세 분석에서 한국의 분단은 우리의 자주성 결여보다는 외세에 의한, 그리고 외세를 활용하지 못한 불찰에 있음을 지적하고 통일은 우리 민족의 단합된 의지와 역량으로 이루어야 함을 강조한다. 또 통일 운동의 바탕에는 민족 이념에 입각한 동학 천도교의 정신이 필요한 때임을 지적하고 있다.

　동학회는 이후 구체적인 활동을 하지 못하다가 1960년 4·19혁명으로 도래한 민주화 시대를 맞이하여 급격한 변화를 모색하게 된다. 즉, 오랜 이승만 독재 체제가 일거에 무너지고 사회는 갑작스레 민주화 열풍에 휩싸이고 특히 급진적인 통일론과 통일 운동이 우후죽순처럼 나오는 정세 변화를 맞이한 것이다. 천도교는 먼저 4·19혁명을 적극 지지하면서 그 운동을 민족통일 운동으로 확대 발전시켜 나가자는 성명서를 발표했고, 계속해서 당시로서는 진보적인 통일 방안들을 거듭해서 발표했다.[244]

　한편으로 동학회는 오랜 숙원인 정당 건립에 박차를 가하게 된다. 즉, 동학당의 건설이 그것이다. 동학회가 제기하는 통일 방안

---

244 이 시기 천도교의 기관지인 『신인간』을 통하여 많은 진보적 통일안들이 제기되었는데 유엔 원조하의 자유 총선거를 재실시하자는 안, 자주적 통일안, 중립화 통일안, 남북경제회의 창설안 등이 그것이다. 박길수, 앞의 글 참조.

들을 집약하여 실천한 운동 단체의 결성 필요성에 따라 〈동학당 결성 준비위원회〉로 이루어졌다. 1960년 11월경에 진행된 회의에서 취지문을 마련하여 발표하고 400여 명의 준비위원과 각종 위원회를 구성했다. 취지문에서 '동학당'은 민주당 정권의 무능을 비판하고 민주적 경제와 도덕적 참여 정치를 주장하는 한편 남북 총선거에 의한 통일론을 제시하여 남북한의 연방제나 중립화 대신 자주적인 통일과 외교노선을 주장했다. 이에 앞서 1960년 7월 가칭 동학당 발기추진위원회를 구성하여 취지문을 발표했다.

〈동학당 발기추진위원회 취지문〉

친애하는 애국 동포 여러분!

줄기찬 역사의 전진을 가로막고 불법적인 모든 흉악스러운 작란을 일삼던 봉건적 잔재와 친일파와 새로운 정상배와 위선자들은 국민 대중의 노도와 같은 의거 앞에 굴복하고야 말았습니다.

희고컨대 온갖 부패와 억압이 극에 달했던 이조 말엽에 있어서 우리들은 위기에 선 국가의 운명과 도탄에 빠진 일반대중을 건지려고 동학의 깃발을 높이 들고 일어나 당시의 탐관오리들을 때려 부셨던 것이고, 그 후 다시 인류 평등의 대의에 거역하려던 잔악무도한 일제를 타도하기에 온 겨레는 삼일 독립 운동에 총궐기하였던 것입니다.

이와 같이 일 세기 동안 싸워 온 우리들의 영원한 신조인 민족의 독립과 참다운 민주 사회 건설은 우리들이 계속 이어 나가야 할 지상 과업인 것입니다.

그러므로 첫째, 민족의 생존과 권익은 모든 사회적 계급이나 정당의 이익보다 우위에 있음을 신조로 합니다. 우리의 선열 선배들이 피 흘려 지켜 왔고 아직도 백척간두의 위험 앞에 놓인 민족의 독립을 계 승해 나가기 위해서 우리는 계급 투쟁을 앞세우는 공산주의를 전면 적으로 반대함은 물론 자기 당파의 이익을 위하여 민족의 자유와 권 익을 침해하는 여하한 무리도 이를 용인할 수 없을 뿐더러 혼란기를 틈타서 혁신이라는 미명 아래 대중을 계급 투쟁 일로에로 이끌려는 사이비 정파의 출현도 경계하여야 할 것입니다.

둘째, 민권의 최대한의 확보와 균형 있는 국민 경제 향상은 민족의 생존, 단결, 발전의 출발점이 되어야 함을 신조로 합니다.

민족 지상 구호 아래 인권을 유린하며 국민의 정치적 제 기본권을 침해하는 여하한 독재나, 일부 특권층에 대한 경제적 특혜나 근로층 의 일방적 희생 강요도 이를 절대 반대하는 것입니다.

우리는 민족의 단결과 성장 발전은 온 겨레의 정치적 제자유가 확 립되어 진정한 주권재민의 원리가 실현되고 경제적으로는 창의를 최 고도로 발휘시키되 누구나 최저의 생활을 보장 받을 수 있는 복지사 회 제도가 없이는 불가능하다고 믿는 것입니다.

셋째, 민주주의 제도는 온 국민의 민주적 윤리관의 확립으로서만 성취된다는 것이 신조인 것입니다.

대통령 중심제나 내각 책임제는 각각 그 장단이 있어서 장구한 역 사적 시련을 거쳐 민주적 윤리가 확립된 미·영 제국에서는 어느 것이 고 잘 운영되고 있으나, 그렇지 못한 여러 나라에서는 모두 실패를 거듭하고 있는 현실입니다. 이차 세계대전 후 영·불의 기반에서 독립 된 중동 및 동남아 신생 제국에서 더욱 그러합니다.

그러므로 민주제도가 꽃이 피어 민주 국가의 기초가 반석 위에 서려면 국민 스스로의 근면과 인내, 책임과 신의 그리고 정의감이 모든 국민의 생활윤리가 되고 "사람을 한울같이 섬기는"(사인여천) 참다운 윤리관의 확립이 무엇보다 긴요함을 확신하는 것입니다. 이 민족의 삼대목표 실현을 위한 갑오 동학혁명, 갑진개혁운동, 기미삼일독립운동 등등을 거쳐 해방 후의 반공 투쟁 및 금일의 사월혁명에 이르기까지 수백만의 희생을 내면서 투쟁을 계속해 온 것입니다.

이 숭고한 이념을 실현시키고 더욱 증진시키기 위하여 직접 간접으로 희생된 선열들에게 무한한 경의를 표하며, 이에 관계된 모든 선배와 혁명 동지들과 그 후손들에게 단결을 호소하며, 민족의 생존을 위협하는 독재자와 부패한 기성 정치인들을 제외한 전 국민에게 철통같은 단결을 호소하는 바입니다.

이리하여 하루바삐 민족 자주의 조국 통일과 민주사회의 실현에 총매진함은 물론, 우리의 이상을 지원하는 자유 민주 우방과의 굳건한 제휴하에 온세계에 이 이념의 실현되기를 바라는 것입니다.

친애하는 애국지사 여러분!

민족의 운명과 국민 대중의 안녕을 자기의 안위로 삼고 과감히 싸워 나가시는 여러분의 계속적 분투를 기원하며 이 위대한 역사적 사명이 하루속히 성취되어 자손만대에 행복이 깃들도록 우리들의 힘을 합치려는 이 정당 결성에 과감히 참여해 주시기를 바라는 바입니다.

단기 4293년 7월 일

동학당(가칭) 발기추진위원회

이어서 동학회는 12월 24일을 기해 그동안의 준비를 바탕으로 이전보다 진일보한 정강과 구체적 정책집을 내놓게 된다. 즉 이전의 다소 모호한 정강이 보다 구체적이고 확실한 내용을 담아 낸 것인데 "첫째, 권력 독재와 금력 전횡 정치를 지양하고, 국민의 자율적인 새로운 정치 제도 확립을 기한다. 둘째, 착취와 억압이 없고 정확한 계수에 의하여 생산과 소비를 조절하며, 균형 있는 국민 자립 경제 확립을 기한다. 셋째, 민족 자주 역량을 적극 육성하고 민주 우방과 긴밀히 제휴하여 남북통일을 조속히 완수한다. 넷째, 인간 본위의 새 윤리 새 도덕의 확립을 기한다." 등이다.

또한 동학회는 정책을 보다 구체화시켜 어느 정당의 정책에 못지 않는 내용을 발표했다.

〈동학회 정책〉

一. 외교정책

1. 우리 민족의 실정을 민주 우방에 널리 선전 이해시킴으로써 통일 촉진에 적극 협력케 할 것.

2. 「유엔」 가입을 적극 추진시킬 것.

3. 제원조 장기 외자 도입 등에 적극 노력할 것.

二. 내무행정책

1. 행정구역을 대폭 폐합할 것.

2. 무능 공무원을 정리할 것.

3. 사무의 관소화와 속결 방책을 세울 것.

4. 허가 인가 범위를 대폭 간소하고 보고 정도를 활용할 것.

三. 국방정책

1. 정병정책을 실시한다.

2. 장병의 처우를 개선한다.

3. 신교육을 철저히 한다.

四. 상공정책

1. 필요불가결한 물품 외에는 일체 수입을 금지한다.

2. 철과 선박은 자급자족한다.

3. 농촌 여유 노동력을 활용하여 정밀 경공업을 적극 발전시킨다.

4. 해산물을 긴급 증진시키며 해산물의 국외수출을 장려한다.

5. 지하자원의 과학적인 개발과 국가 수입의 급진적 증가를 도모
   한다.

6. 무역보호 정책의 단행

7. 밀무역을 엄중 처벌한다.

五. 농업 정책

1. 간척지 구릉지대를 개척하여 농지 확장을 도모한다.

2. 농지의 과학적 관리를 통하여 수확의 배가 재배가 운동을 전개
   한다.

3. 축산의 과학화로써 농지 비옥화 수입 증가를 기한다.

4. 출판물 영화 방송을 통하여 농촌 문화의 향상, 영농의 과학화를
   기한다.

5. 농지 재조정을 단행할 것.

6. 유휴 노동력을 도시와 결연하여 수입 증진에 활용한다.

六. 교통정책

1. 삼면 바다인 고로 많은 해운 시설을 조속히 완비할 것.

2. 육상은 전동차와 자전차 등 신 교통 정책을 취할 것.

3. 경주, 지리산, 금강산, 풍경지를 해외에 널리 선전하여 우리 민족 문화를 이해시킴은 물론 외화 수입을 증진시킬 것.

七. 문교정책

1. 형식 교육을 지양하고 한국 실정에 맞는 직업교육을 장려할 것.

2. 해양을 친근 활용할 수 있는 신교육 방침을 수립할 것.

3. 독재 사상의 잔재와 자유 방만의 기풍을 청산하는 교육을 행할 것.

4. 과학 연구 기관을 조속히 대폭 증설할 것.

5. 방송 출판 등을 통하여 과학 지식을 보급하며 생활의 과학화를 촉진시킬 것.

6. 모든 직장에 기술 교육 시설을 갖출 것.

八. 보건 사회 정책

1. 보건 시설의 완비 및 보건 운동의 장려

2. 보건 시설의 협동조합과의 병설.

3. 통신 시설의 협동조합과의 병설.

4. 국민의 노동 의무와 국가의 수직 의무의 병행

5. 상호 협조의 복지 정책 실시, 실업 질병 고독의 보장시설.

九. 재정정책

1. 일체의 비건설적인 지불을 중지한다.

2. 물건비의 대폭 감축을 단행한다.

3. 비긴급성 지출의 보유를 단행한다.

> 4. 애국적 헌납 운동을 장려한다.
>
> 5. 외화 획득 산업에 적극 보조한다.

동학당은 같은 해 12월 22일 동학당 발기대회를 열어 본격적인 청우당의 복당과 계승을 천명하는 등 꾸준한 창당 준비를 하고 있었다. 그러나 이듬해 발발한 5·16 쿠테타로 인해 그 빛을 보지 못하고 소멸되었다. 그럼에도 동학당 준비위원회는 국내외 정세 보고를 꾸준히 발표하고 교양 문집을 발행해 동학 이념을 통한 통일 민족 국가 수립의 방략을 계도하고 준비해 나가는 업적을 쌓아 가고 있었다.

2. 1970년대의 〈통안당〉

동학당 해체 후 적어도 1980년대 중반까지 천도교의 통일 운동은 완전 지하화했다. 오히려 냉전적 분위기에 편입되는, 아니 생존의 몸부림 같은 반공 운동의 최일선에서 선봉 역할에 충실했다고 볼 수 있다. 그나마 1968년 〈3·1학회〉를 결성해 3·1정신을 통일 운동의 근간으로 하자는 민족 주체적 자주 통일 운동을 전개한 것이나, 1978년 8월 당시 춘천교구장이었던 이도천 선도사가 돌아오지 않는 다리 근처 임진강 가에서 남북통일을 호소하며 분신 순도한 사건 등이 통일 운동의 맥락을 이은 것으로 평가되고 있다.

그런 가운데 활동은 미미했지만 〈(가칭)통안당統安黨〉 창당을 위한 준비가 있었음이 주목된다. 통안당은 대변인 한태연韓泰然의 명의로 나온 자료만이 전해지는데, 내용으로 보아 과거 청우당과 동학 당의 이념과 취지를 적극 계승하고 천도교 전위단체로서의 소임을 다하고자 하는 의지를 읽을 수 있다. 그러나 1960~70년대는 냉전 이데올로기가 정점을 치닫는 시기였다. 통안당의 취지나 실천 요강 등에는 강한 반공 방첩의 내용이 들어 있을 수밖에 없는 이유도 여기에 있을 것이다. 그럼에도 통안당은 우리 전통 이념을 계승한 동학 정신이 남북통일의 기본 이념이 될 수 있음을 역설하고 있다. 우선 통안당은 1971년 발기 취지문을 통해 인내천 사상이야 말로 민족통일과 세계 평화의 최고 이념이 될 수 있음을 강조하고, 따라 서 보국안민의 길을 민족통일로 이루자고 역설한다.

〈통안당(가칭) 창당 발기 취지문〉

돌이켜보건대 8·15 해방 이후의 우리 조국과 민족은 미·소 양국 의 민주 대 공산의 사상적 대립과 권력적 각축에 의한 영토 확장주의 와 세력권 확보의 경쟁으로 말미암아 부자연한 인위적·타의적인 국 토 양단과 민족 분열의 비운에 빠졌던 것이며, 그 후 1947년에 이르 러 소련의 사주로 그 앞잡이 김일성 악당들은 동족상잔의 6·25 동란 을 도발시켰고 중공은 이유 없이 한국 동란에 개입하여 침략과 살육 을 감행하였음으로써 이에 대한 미국을 비롯한 민주 우방 16개국의 참전으로 6·25 동란은 민주 대 공산 판갈이 싸움의 서전이라 일러오 는 한국 전란으로 확대되어 우리 민족은 유사 이래 최대의 국난을 겪 어 왔었고, 현에 한국 전란은 일시적인 휴전중이지만 아직껏 복배에 적을 안고 있는 이 나라 이 땅에는 평화도 안정도 없는 냉전 상태임으로써 남북한 동포들은 온갖 부정부패 혼란과 혹사 수탈 빈곤 속에서 끝없이 신음하고 있는 것이 오늘의 실정이다.

이 장장 27년간이나 계속하여 오는 고래싸움 때문에 불쌍한 새우만 등이 터지는 천인공노할 죄악적 사실은 우리 민족의 철천의 울분을 자아내고 있는 바, 이에 대하여 우리는 미·소 양국이 하루속히 과거의 죄악을 반성하고 세계 평화와 인류 공존 공영의 인간 정도로 돌아와 가지고 한국 통일을 실현할 책임과 의무를 다하여 주기를 충심으로 바라는 바이며, 또 「유엔」은 1947년 이래로 오늘에 이르기까지 어언 25년간을 두고 해마다 한번씩 한국 통일 문제를 「유엔」 총회에 상정시켜서 표결로는 승리하고 있으면서도 아직껏 하등의 실효를 거두지 못하고 있는 것이 사실인데, 이와 같이 표결에 이기고도 그대로 추진 못한다면 이것은 민주 원칙에 위배될 뿐만 아니라 그 표결은 결과적으로 보아서 무의미한 것으로 되어지는 것임으로써, 한국 통일 문제에 대한 「유엔」의 이러한 소극적이며 우유부단한 연례 처사는 우리에게 오직 실망과 서글픔만을 안겨 주고 있는 것이다. 그럼으로써 오늘의 우리는 「유엔」에 대하여 우리 대한민국 정부는 「유엔」이 승인한 바 한반도를 대표하는 유일한 정부인 만큼, 「유엔」은 앞으로 좀더 과감하고 적극적인 권능과 권위를 확보하여 한국 통일의 실현을 위한 보다 활발한 작용을 다하여 주기를 또한 충심으로 바라는 바이다. 그리고 이 한국 통일 문제는 우리 조국과 민족의 흥망이 달려 있는 문제일 뿐만 아니라 동양 평화와 세계 평화에도 직접 관련되는 중대한 문제임으로써, 우리는 여기에서 특히 우리 민족 자체의 긴급한 반성과 자각을 촉구하는 마음 더욱 간절하다.

이제 우리는 한국 통일 문제에 대한 이때까지의 모든 시련과 실패의 교훈을 통하여 볼 때, 우리가 저 공산 측의 반대를 제지하고 끝까지 한국 통일을 실현할 수 있는 궁극적·내실적이며 기본적인 그리고 가장 가능한 방책은 무엇보다도 먼저 우리 민족이 우리 민족 고유사상(즉 단군사상에서 화랑도사상, 화랑도사상에서 천도 동학사상에로 발전하여 왔던 것)의 정화이며 후천개벽의 최고 지도 원리인 인내천주의를 잘 파악해서 우리의 자주자립적인 민주 역량을 더욱 키움으로써, 한국 통일의 기반을 공고하게 구축하는 데에 있을 뿐이라고 본다. 그것은 왜냐하면 우리의 인내천주의는 우리 민족의 민족혼을 되살려서 민족적 주체성과 민족 정기를 발양할 수 있고, 또 현에 남북한의 양극적 대립사상인 미국식 민주주의와 소련식 또는 중공식 공산주의의 모순과 대립을 근원적으로 시정 해결해서 하나의 인내천주의로 통일하여 줄 수 있으며, 또한 우리 민족의 모든 계급과 파벌을 초월 극복할 수 있는 사상적 활요소를 내포하고 있음으로써, 우리가 인내천주의를 잘 체득 실행하면 남북통일 보국안민 대업을 이룩할 수 있고, 이 주의를 체득 실행하지 못하면 사대 노예를 면치 못할 것은 명약관화한 일이기 때문이며, 또 세계 평화의 기본 정신도 또한 우리의 인내천주의에 의하여야만 가능하겠기 때문이다.

그리고 여기에서 좀 더 천명하려는 것은 곧 상술한 바와 같은 우리 민족의 최대 고난 상태는 그것이 우리 민족만이 겪게 되는 것이 아니고, 민주와 공산의 사상적 파국에 직면하고 있는 현대 인류가 다 함께 겪게 될 불가피의 악질 만세적인 고난 상태이라는 것과, 또 이러한 고난 상태는 결코 말세적인 멸망을 의미하는 것이 아니고 낡은 세상에서 새 세상에로 전환하려는 과도기적 변혁기에 있어서의 불가피의 고난상태이라는 것과, 또 이러한 과도기적 변혁기는 곧 준비기이며 이 준비기에 있어서의 유일의 임무는 선천개벽 시대의 낡고 썩어진 더러운 생활 습성인 제각기 제멋대로 행동하는 각자위심을 버리고, 후천개벽 시대의 새롭고 참된 최고 지도 원리인 인내천주의에 의한 동귀일체적인 조직을 완비하는 데에 있다는 것은, 거금 141년 전에 우리나라에서 탄생하신 후천개벽 운동의 창시자이시며 인내천주의의 창설자이신 만세명인 최 수운 선생께서 거금 110년 전에 우리들에게 가르쳐 주신 위대한 예언이며 유훈인 것인데, 이 최 수운 선생의 예언과 유훈은 오늘날 우리 조국과 온 세계의 역사적 현실의 진전과 여합부절로 부합되어감을 볼 때 우리는 여기에 일대 경이를 느낌과 동시에, 이 거룩한 예언과 유훈에 의하여 오늘의 최대 고난 속에서도 절망하지 않고 다시금 문화민족으로 재기할 수 있는 새롭고 참된 살 길을 깨달아 알게 되었다는 그것인데, 그 새롭고 참된 살 길이란 과연 어떤 길인가를 말하면 다음과 같은 것이다.

즉 오늘날 온 세계 인류의 존망은 원자력을 인류 전멸에의 전쟁에 쓰느냐, 인류 번영에의 평화 건설에 쓰느냐에 달려 있는데 인류가 바라는 것은 멸망하기 위한 전쟁이 아니고 번영하기 위한 평화건설임으로써, 결국 현대 지성인들의 이목은 선천개벽적인 물질문명의 본원지인 지중해를 떠나서 후천개벽적인 정신 문명(즉 인내천주의)의 발상지인 우리 조국 한반도에로 돌리게 되었으며, 인류의 항구 평화와 진실한 자유와 평등과 행복을 위하여 한국의 인내천주의를 요구하고 있다. 그런 고로 오늘의 우리 조국 한반도는 우리 민족과 전 인류의 새 역사 창조와 새 세상 건설에의 유일의 기지로 되어 있고, 우리 민족은 전 인류를 광제할 수 있는 최대의 역사적 사명을 지니게 되었다는 데에 논거를 둔 것인 바, 이와 같은 새롭고 참된 살길은 우리 민족이 고래 미증유의 최대 국난을 겪어오는 동안에 세계의 어느 나라 어느 민족보다도 먼저 최대 시련에 의한 최대의 현실고를 절실하게 느꼈기 때문에 깨달아 알게 된 것이다.

오오 위대하다 인내천주의의 나라인 우리 한국! 일찍이 에집트의 새 광명은 희랍에 비쳤지만 우리 한국의 인내천의 새 광명은 온 세계 인류에게 비치리라! 저 시성 타골의 「광명은 동방에서」라는 말은 과연 이 인내천의 새 광명이 동방의 성역인 우리 한국에서 비쳐오리라는 것을 의미하는 것임을 우리는 알고 있다. 이제 우리 민족은 전 인류에게 광명을 비쳐 주는 위대한 목표를 설정할 때에 진정한 애국심과 자주 자립 정신은 환기되어 희망에 찬 힘찬 전진을 하게 될 것이며, 이러한 힘찬 전진만이 부패와 혼란을 막을 수 있고, 또한 근검절약과 국산품 애용 생활에 의한 내자 동원으로 국민 전체의 동귀일체적인 자립 경제 건설과 승공 통일을 이룩해서 세계사의 주역으로 등장할 수 있을 것이다.

우리는 이상과 같은 희망적인 새롭고 참된 살 길을 우리 민족이 스스로 개척하여 나갈 것과, 또 그 적시기는 바로 이때임을 깨달아 알게 되었음과 동시에, 저 외래의 불합리한 정치 풍조의 추종과 자당 자파의 권익에만 몰두하고 있는 기성 정치인들에게만 국가와 민족의 운명을 맡겨 두고 수수방관할 수 없는 긴박한 현실임과, 또 오늘의 세대교체란 곧 이념의 교체임을 알았길래, 우리는 이제부터라도 우리 선렬의 애국 애족 애세의 진실한 자유 평등과 평화 안정과 공존 협동의 대의적인 전통 사상과 그 빛나는 「얼」을 되살리고, 민족적 주체성과 민족 정기를 발양하여, 자주 자립적인 민주 역량을 더욱 키움으로써 우리 민족의 지상 숙원인 남북통일 보국안민 대업을 달성하고, 나아가서는 사회개혁을 추진시키고 20세기 후반기적인 인류의 새로운 문예부흥을 촉진시켜서, 온 세계 피압박 약소민족의 완전 해방과 전 인류의 희망의 새 세상 지상천국(즉 세계 공화국) 건설의 세기적인 역사적 과업을 완수함에, 우리가 선봉적 역할을 담당하기 위하여 시대적 사명감에 불붙는 애국 동지들이 모여서 이 통안당(가칭) 창당을 발기함에 이 취지문을 널리 펴노니, 우리와 사명을 같이 하는 조국 동포 형제자매들이여! 부디 이 적시기를 놓치지 말고 다함께 모여 와서 우리의 당위적 양심적인 이념정당을 결성하자!

1971년 월 일

통안당(가칭) 창당 발기 준비위원회

이어서 통안당은 자신들의 창당 목적을 "통안당(가칭)은 대한민국 국민 대중으로 하여금 우리 민족 고유사상의 정화이며 후천개벽의 최고 지도 원리인 인내천주의를 파지케 하여 민족적 주체성과 민족 정기를 발양하고, 모든 계급과 파벌을 초월한 동귀일체적 대동 단결에 의하는 자주 자립적인 민주 역량을 더욱 키움으로써, 안으로는 남북통일 보국안민 대업을 달성하고 밖으로는 온 세계 피 압박 약소민족의 완전 해방과 전 인류의 새세상 지상천국 건설에의 세기적인 역사적 과업을 완수함에 선봉적 역할을 담당할 것을 목적으로 한다."고 밝히고 있다. 또한 통안당은 기본강령으로 첫째, 인내천주의의 체득 실행과 선전 보급으로 국민 사상을 개조한다. 둘째, 성신쌍전 교정 일치적인 혁명 투쟁의 실천으로 자주 자립적인 민주 역량을 육성한다. 셋째, 동귀일체적인 경제 체제의 실현으로 인류의 새 역사를 창조한다. 넷째, 사인여천 새 윤리의 수립으로 인류의 새 세상을 건설한다고 정했다. 내용상 이전의 청우당이나 동학당을 계승하고 있음을 알 수 있다.

통안당은 구체적인 실천 요강을 제시해 회원들에 실천할 것을 요구하는데 그 내용은 다음과 같다.

1. 인내천적 인 본위사상 기초 하에서 민족 자결의 자주 독립 정신을 환기시키는 범국민운동을 전개함으로써, 국민 대중의 사상 통일과 거국적 단결을 이룩하여 남북통일 보국안민의 기반을 공고하게 구축한다.

2. 우리의 민족성과 역사와 자연환경과 생활양식과 체질 등 모든 실정에 알맞는 진실한 의미의 과학과 철학과 종교의 통일된 새로운 문화를 연구 보급함으로써 우선 오늘의 사회악인 부정부패와 불신불의의 악순환을 발근퇴치한다.

3. 국민 대중의 인격을 비열한 동기로부터 무한히 해방하여 인간본연의 천성 그대로의 참다운 인격을 완성케 함으로써 개아와 전아는 생명의 근원으로 보든지 또는 현실적인 사회생활의 연대성 관계 등으로 보아서 둘이 아니고 하나라는 것을 깨달아 알게 함과 동시에 내일의 전적 생활을 위한 동귀일체적인 신생활 이념을 파지케

한다.

4. 경제적 생활의 기반을 튼튼히 하기 위한 생활 혁신 운동을 추진시 킴으로써 새로운 동귀일체적 경제 체제를 실현할 수 있는 기본 정 신을 육성한다.

5. 농어촌에 대한 계몽 또는 개발 사업에 중점적인 지도 협력을 경주 함으로써 전체 국민의 균형적인 생활 향상을 조성한다.

6. 노사 협동에 의하는 중소기업체를 권장 협조 육성함으로써 빈부의 격차와 인간 차별 또는 인종 차별을 조절 철폐한다.

7. 반공 방첩과 자립 경제 건설에 적극 참여함과 동시에 국가의 재산 과 국민의 권익을 침해하는 부정 공무원의 망국적 악덕 행위를 조 사 고발함으로써 복지사회의 건설을 촉구하며 한국의 중흥 발전 을 촉성한다.

8. 사회개혁을 추진시키고 20세기 후반기적인 인류의 새로운 문예부 흥을 촉진시킴으로써 온 세계 피압박 약소민족의 완전 해방과 전 인류의 새 세상 지상천국 건설에의 선봉적 역할을 담당한다.

기본적으로 1970년대의 반공 이데올로기에 입각한 한계를 가지 고 있음에도 명백히 천도교의 전위단체로서의 역할을 다하고자 하 는 실천의지를 강력히 표출했다고 볼 수 있다. 특별히 통안당은 당 가를 제정해 놓고 있는데 이는 시대 변화에 따른 추세를 반영한 것 이 아닌가 사료된다.

〈당가〉

거룩하신 수운 선생 유훈 받들어

남북통일 보국안민 대원 이룩할

큰 이상과 큰 포부를 지닌 우리들

통안당 깃발 아래 굳게 뭉쳤다.

(후렴) 우리 당은 개벽의 당 인류의 빛

새 역사를 창조하는 핵심당일세

만세 만세 우리 통안당 만만세

삼대 혁명 정신 이어 사회 개혁코

지상 천국 극락세계 건설해 나갈

큰 사명과 큰 경륜을 가진 우리들

사상 경제 무력전에 총진군하자

후천개벽 종소리는 울려 번지고

인내천의 새 광명은 비쳐 오나니

창생들아 이 소리에 악몽 깨치고

이 광명을 우러러서 살길 찾으라

3. 1980년대의 〈민족통일연구회〉

    1980년대 초부터 천도교만의 특성을 나타낼 수 있는 통일 운동
이 서서히 부상했다. 즉, 운동의 바탕이 될 이론의 준비가 그것이

고 대중 운동화를 위한 소규모 운동의 전개가 그것이다. 먼저 1982년 63회를 맞는 3·1운동을 기념하면서 남북통일을 기원하는 철야 기도회와 특별기도회가 전국적으로 전개되었으며 기도 기간 동안 아침식사를 단식하여 성미를 모아 통일 운동의 밑거름으로 삼고자 했다. 그리고 당시의 이론가들인 오익제, 임운길, 김철 등을 중심으로 천도교 통일 이념을 개발하고 소개하는 작업들이 꾸준히 이어졌다.[245] 1984년 '민족통일연구회' 결성은 이러한 천도교 통일 운동의 이론적 기반을 다지는 결정적인 계기가 되었다.

특히 민족통일연구회는 지금까지의 천도교 전위단체를 자임한 보국당, 만화회, 동학회, 동학당, 통안당과 달리 구성원들과 활동 내용 등이 명확히 밝혀져 있고 무엇보다도 천도교단 전체의 참여와 지원 속에서 이루어졌다는 특징을 가지고 있다. 즉, 민족통일연구회는 천도교중앙총부의 부설로 만들어진 것이다. 청우당 해산 이후 비로소 교단 차원의 전위단체 내지는 민족운동의 구심점과 그 운동을 위한 이론적 바탕이 필요함에 공감대가 형성된 것이라고 할 수 있다. 실제로 민족통일연구회에는 조기주, 고정훈을 비롯한 고문 23명, 지도위원 46명, 평의원 446명이 참여하고 있다. 그리고 오익제 회장과 함께 표영삼 등 연구위원 10명이 위촉되었다.

---

[245] 이들은 특히 1981년 10월 설악산에서 비공개로 개최된 범종단 남북통일 발표회에서 천도교적 통일 이념은 '자주정신'에 입각한다고 발표한 바 있다. 천도교단이 '자주'를 주장하게 됨으로써 지금까지의 반공 일변도적 성향을 벗어나기 시작하는 계기가 되었다고 평가된다. 즉, 이후에 등장하는 천도교 전위단체들의 성명서나 활동 내용에는 탈반공적 성격과 보다 강력한 민족 통합 논리가 제시되고 있다.

이들은 발기 취지문을 통해 통일 문제의 본질이 사상과 체제의 대립이기에 이를 극복하고 통합할 수 있는 이론적 연구와 전파가 중요함을 역설했다.

〈취지문〉

통일이 우리의 지상 과제요 온 겨레의 한결같은 염원임은 두말할 여지가 없다. 남북 대결과 민족 분단이 장기화됨에 따라서 통일이 실현 불가능할 것으로 생각하는 일부 좌절감 같은 경향이 있음은 매우 유감된 일이다.

통일이 요원하다고만 생각하는 통일 의지의 박약과 통일 노력을 포기하는 나약한 태도는 민족의 일원으로서 사명감이 결여된 역사에 대한 배신이 될 수도 있다. 통일은 강대국의 정치적 농간이나 제3국의 관여로 좌우되어서는 안 될 것이다.

통일은 남의 일이 아니요 바로 우리의 일이다. 우리 민족이 자주적 결단으로 평화적, 민주적으로 성취해야 할 민족의 대 성업이다. 통일은 우리 민족 스스로의 노력 여하에 따라 뜻하지 아니한 시기에 예상보다 빠르게 앞당길 수도 있는 일이다. 우리 천도교는 「보국안민」을 위해 백여 년의 근대적 민족사에서 민족이 직면한 위기의 단계마다 궐기하여 민족의 활로를 열어나아가는 데 역사의 주역을 담당하여 왔고 백만에 가까운 고귀한 피를 흘려 왔다.

우리 민족은 19세기 후반부터 시발한 근대적 민족사에서 ① 왕조 사회 붕괴기를 거쳐 ② 일제 침략에 의한 국권 상실기 그리고 ③ 남북 분단에 의한 민족적 분열기라는 백여 년의 역사 경험의 혹독한 시련과정에 민족의 주체성을 잃지 아니하고 견지하는 근대적 민족주의 운동을 지속함으로써 근대적 통일 민족 국가 형성을 추구하여 왔다.

천도교는 백여 년의 역사 속에 ① 봉건적 왕조 사회 붕괴기에는 갑오 동학혁명을 일으켰고 ② 일제 침략의 국권 상실기에는 3·1독립운동 거사에 주역을 담당하였으며 ③ 남북 분단의 시초에는 공산주의에 저항하여 3·1재현운동을 전개하여 왔다.

오늘날 우리는 민족사적 단절의 위기에 서 있다. 남북 분단 이래의 민족 사회는 민족 주체성의 위축, 외세 의존 세력의 득세, 민족의 이질화를 가져오고 특히 북한 공산 치하에서 민족 정통성의 이단과 민족 주체성 말살은 일제 치하의 국권 상실의 암흑기보다 더욱 심각한 민족 수난의 위기를 가져오고 있는 것이다.

백여 년에 걸쳐 민족 수난의 어려운 단계마다 민족과 운명을 같이하여 역사의 주역을 담당해 온 천도교는 「보국안민」의 이념을 통일의 지로 구현하여야 할 역사의 소명을 받고 있다.

통일 문제의 본질은 사상과 체제의 대립과 대결을 어떻게 극복하느냐에 있다. 우리는 통일의 사명감과 자신감 그리고 투철한 역사의식을 가지고 사상적 대립을 극복할 수 있는 이념적 측면의 태세와 특히 공산주의 이데올로기 비판 이론을 높이는 연구를 갖추어 나아가야 할 것이다. 이와같은 뜻에서 이제 우리는 평화 통일 촉진에 관한 이론과 실제를 연구할 전담기구로서 천도교중앙총부 부설 「민족통일연구회」를 발족하는 바이다.

포덕 125년 5월 일

천도교중앙총부 부설 민족통일연구회

민족통일연구회는 평화 통일 촉진을 위한 이론과 실제를 연구하기 위해 출범했으며 특히 통일 문제 강연회를 개최함을 기본 사업으로 정했다. 그래서 생긴 것이 1986년의 '민족통일대학강좌' 이다. '민족통일대학강좌' 는 3개월을 1기로 하여 격주로 강좌를 실시하면서 통일 이념의 보급에 진력했다. 매 강좌마다 학계의 권위자들을 모신 강의에는 약 2,300명의 청중이 모일 정도로 열기가 높았다. 이는 그 이후 천도교 통일 운동 전위단체인 〈동학민족통일회〉 결성의 바탕이 되었다.

4. 동학민족통일회의 등장

1990년대 이후의 천도교 통일 운동은 청우당 이래로 천도교 정의 영역을 담당할 '동학민족통일회' (이하 동민회)를 중심으로 전개되었다. 동민회는 1989년 4월 천도교 제26차 정기대의원대회에서 오랜 시간 동안 천도교 전위단체가 부재했음을 인식한 대의원들에 의해 설립이 결의되면서 창립 준비를 하게 되었다. 주지하다시피 천도교는 동학 시대 이래로 교정쌍전을 기본 이념으로 하기에 반드시 정의 영역을 담당해 줄 단체가 필요했다. 특별히 청우당의 해산 이후 정치적 암흑기라는 시대 상황으로 인해 천도교는 정의 영역을 담당할 전위 조직을 가질 수가 없었다. 그러나 시기적으로 1987년 6월 항쟁과 직선제 개헌 등 상당 부분의 정치 사회 민주화가 진행되면서 천도교도 새로운 국면을 맞이한 것이다.

이듬해 6월 5일 박연수 외 14명으로 구성된 천도교 전위단체 가칭 〈동학민족통일회 창립준비위원회〉가 구성되었다. 창립 결의가 있은 지 1년이 지나서야 준비위원회가 꾸려질 수 있었던 것은 그만큼 전위단체 성립이 난제였음을 의미한다. 1년 가까운 준비위원회의 활동 뒤에 드디어 동학민족통일회는 창립되니 1991년 5월 11일이었다. 발기위원들은 전라북도 정읍군 황토현 동학혁명군 위령탑 앞 광장에서 창립총회를 개최하고 만천하에 동민회의 태동을 선언했다.[246]

창립대회에서 발표된 창립선언문은 다음과 같다.

〈창립선언문〉

우리 민족은 남과 북으로 분단되어서는 안될 자주민임을 선언한다. 민족의 사상적 일대 자각으로 창도된 동학은 근세 백년의 국난기에 암울했던 역사와 민중에게 새로운 희망의 빛으로 除暴救民 보국안민의 깃발을 높이 들고 조국의 자주적 근대화와 국민국가의 건설을 위해 위대한 갑오 동학혁명을 주도했다.

민족적 전통 사상의 주체로서 동학의 확고한 역사적 위치가 있었기에 민족사의 주역으로 구국의 선봉에 서 왔고, 변화하는 역사의 법칙에 따라 다시 한번 이 시대 개벽의 주역일 수밖에 없다.

동학은 민족 자주의 진취적 기상의 발양을 위해서도, 잠들었던 민족혼을 일깨우고 민족 정기를 되살리기 위해서도, 편견과 독선, 아집

---

246 당시 광장에는 천도교 원·주직을 망라한 각급 교역자와 총부 산하 전국대표 등 약 700여 명과 참관인 약 3,000여 명이 참석하여 창립선언문과 전문 제22조의 규약을 채택했다.

과 위선 그리고 부패로부터 사회 문화를 개혁하기 위해서도, 인간과 자연을 조화시키며 새로운 생명의 질서와 생명의 이치로 인간과 우주가 개벽되기 위해서도, 더 이상의 정체와 침묵을 스스로 용납지 않음을 선언한다.

국난의 위기 때마다 이 땅의 호국정신이 민족사 5천년을 보존케 해 왔듯이, 제폭구민 보국안민으로 민족 분단기를 슬기롭게 극복하고 하나의 생명공동체로의 민족 화합과 민족통일의 새 시대를 열어야 한다.

세계 냉전의 종식과 변혁의 전환기를 맞이하여 남북이 이 지구상에서 냉전의 마지막 대결의 장으로 남아서 분단의 장벽을 허물지 못하고 있는 것은 민족 자존과 지성에 대한 모독이 아닐 수 없다.

반세기에 가까운 민족 자해적인 남북의 냉전 대결 구조는 평화체제로 전환되어야 하며, 금세기 안에 이루어야 할 조국 통일은 양체제의 혼합·절충이나 흡수가 아닌, 남북을 초월하고 포용하는 민족 대화합에 의한 인간화의 원점에 선 민족 동질성 회복의 통일 문화 창출의 새로운 창조적 민족통일 노선이 되어야 한다.

오욕과 통한의 세월이었던 36년간의 국권의 상실기나 미·소 양극체제의 예속하에 냉전의 희생양이 될 수밖에 없었던 광복 후의 분단사는 모름지기 이 땅의 냉전 편승 세력과 스스로 힘을 기르지 못한 백성들의 책임이며, 외세의 간섭이나 국운으로 변명되어서도 안 될 것이다.

동학은 이제 개벽의 대전환기, 인류 역사의 개벽 시대가 도래했음을 만천하에 선언하며, 우리 인류가 일찍이 경험하지 못한 미증유의 엄청난 환경 파괴, 인간성의 황폐화의 인류적 위기에 대응하는 새로운 인류 구원의 진리로, 아시아의 빛나는 정신적 등불로, 동방의 밝은 빛으로 조국의 융성하는 새 역사의 전면에 나섬을 주저치 않는다.

동학은 인간에 대한 어떤 멸시나 천대, 억압과 착취 소외도 용납하지 않는 결연한 의지와 결의로, 진실한 실천으로, 실종 증발된 이 시대의 도덕과 정의를 찾으려 한다.

근대화와 서구화를 동일시한 일부 몰지각한 국적 없는 지식인들의 오도된 지도노선과 시행착오가 전통 가치관의 급속한 붕괴를 가져오게 했고, 이에 따른 필연적 결과로 사치, 향락, 퇴폐, 도덕과 윤리의 타락이 실로 극에 이르렀다.

가진 자들의 끝없는 횡포와 공직 사회의 구조적이고 고질적인 부정부패, 범죄와의 전쟁을 선포하지 않으면 안 될 만큼 난무하는 폭력, 허무와 냉소주의가 판치는 사회에, 일부 종교까지 혹세무민의 종말론을 들고 나와 국민 불안을 가중케 하는 비탄한 현실 앞에, 동학은 근세 민족사의 진로를 밝히고, 갑오년 동학혁명과 기미년 3·1독립운동, 광복 후 민주 통일 투쟁의 현장에서 조국과 민족의 제단 앞에 뿌려진 고귀한 피와 30만 순국 선열 동덕들의 거룩한 희생을 헛되이 하지 않으려는 우리의 결의는 평화 통일의 기수적 역할, 민족 문화 운동의 전위적 역할을 담당할 것이다.

자유 경제를 기조로 경제적 분배 정의에 입각한 복지 평등을 추구할 것이며, 새로운 생명운동을 통한 건강한 사회, 힘 있는 나라 건설에 앞장설 自擔勢力임을 선언한다.

동학혁명은 조국의 평화적 자주 민주통일로 완성되며, 정직하지 못한 자들의 국가 경영을 용납하지 않으며, 민주화가 통일 역량의 임을 의심치 않으며, 사람을 한울처럼 존중하는 새로운 민족사회와 세계 평화 건설의 개벽 역군임을 선언한다.

1991년 5월 11일

동민회는 설립 취지문과 선언문 등을 통하여 '인류는 같은 한 울 안의 공존 질서 속의 지구촌 동포이며 우리 민족 역시 남북으로 분단되어서는 안 될 한겨레'임을 선언하고 "세계 냉전의 종식과 변혁의 전환기를 맞이하여 남북이 이 지구상에서 마지막 대결의 장으로 남아서 분단의 장벽을 허물지 못하고 있는 것은 민족 자존과 지성에 대한 모독이 아닐 수 없다…(중략) 조국 통일은 양 체제의 혼합·절충이나 흡수가 아닌 남북을 초월하고 포용하는 민족 대화합에 의한 인간화의 원점에 선 민족 동질성 회복의 통일 문화 창출의 새로운 창조적 민족통일 노선이 되어야 한다."고 통일 운동의 원칙과 방향을 명시했다.[247]

동민회의 강령은 다음과 같다.

---

[247] 동학민족통일회, 〈설립취지문〉(1991. 5. 11), 〈선언문〉(1991. 5. 11) 내용을 요약하면 다음과 같다. ① 사회주의와 자본주의를 초월하는 제3의 사상 요청에 부응 ② 인간화의 신문화창조 선봉 ③ 남북의 평화와 통일시대를 여는 기수 역할 ④ 사회정화와 자연환경정화 실천운동에 헌신 ⑤ 복지, 평등을 추구하는 평등주의적 신경제질서의 정의실현 ⑥ 자유·평등·평화의 민주사회 발전을 위한 기수 역할 ⑦ 민족 문화 운동의 전위 역할 ⑧ 건강한 사회, 힘있는 나라 건설에 앞장 ⑨ 새로운 민족사회와 세계평화 건설의 개벽군 자임. 김관희, 「동학민족통일회 발전방안」, 동민회발전방향 학술대회 발표 글, 2004. 10.

첫째, 동학사상을 기본으로 조국의 평화 통일을 성취한다.

둘째, 사인여천의 윤리로 도덕적 복지사회를 구현한다.

셋째, 경천·경인·경물의 삼경사상을 적극적으로 실천한다.

넷째, 자유·평등·평화의 민주주의 발전을 기한다.

5월 25일에는 41명의 운영위원을 선임하여 운영위원회를 구성하고 운영위원회는 공동의장에 김현국, 박연수, 김인태 3명과 고정훈 종법사를 비롯한 13명을 고문으로 추대하고 지도위원에 김창업 외 36명, 중앙위원에 김춘명 외 321명을 위촉했다. 이듬해인 1992년 5월 11일 창립 1주년에서는 대표의장에 유붕선, 공동의장에 신덕순, 양건주, 이자헌을 선임하고 지방지부 결성을 촉구하였다. 그리하여 전남 완도 지부를 시발로 전국에 각 지부를 결성해 명실상부한 전국 차원의 천도교 전위단체로서의 틀을 갖추었다.

이후 동민회는 "동학의 이념과 사상을 이념적으로 선양하기 위하여 조직 확장 사업, 교양 사업, 남북 교류 협력 사업 등을 위한 세미나, 강연회 개최, 홍보용 책자 간행" 등의 사업을 전개하니 우선 민족통일대학강좌를 이은 민족정신 선양의 교양 강좌를 지속적으로 실시하고 학술 발표회를 주최하여 통일 운동의 저변 확대에 노력했다. 특히 천도교의 민족통일 방안에 대한 학술 토론회가 본격적으로 준비되어 꾸준한 학술대회를 전개하여 통일 방안을 다듬어 나갔다. 이 통일 방안은 1999년 5월 29일 제4기 3차 운영위원회에서 '민족통일 자주 동귀일체 통일 방안'으로 제정 통과되었다. 이후 통일 방안은 다시 또 수차에 걸쳐 여론 수렴과 토의 그리고 수정 끝에 '민족 자주 통일 방안'으로 완성되어 이 시기 동민회의 가장 큰 업적이 되었다고 할 수 있다.[248]

통일 운동에서 동민회가 어느 단체보다도 강한 자부심과 행동을 할 수 있는 것은 내부적으로 이 같은 이론적 뒷받침이 있었기 때문이다. 그리고 외부적으로도 천도교는 남한 내에 있어서 거의 유일할 정도로 북한 내 연결 통로를 가지고 있는 단체라고 할 수 있다. 즉, 북한 내의 가장 활발한 종교인 천도교와 그 전위단체로서의 북조선천도교청우당[249]이 그것이다. 이미 천도교의 꾸준한 대북 접촉을 통해 1999년 북경에서 남북한 천도교 최고 지도자들이 회동하여 조국 통일의 전위에서 활동할 것을 합의한 바 있다.[250]

5. 2000년대 전반기의 민족통일 운동

2000년 6·15남북공동선언이 나오기 이전에 이미 동민회는 북경에서 북측 천도교청우당과 회동하여, 조국의 자주적 민족통일을

---

248 천도교의 공식적인 통일 방안인 '민족 자주 동귀일체 통일 방안'의 1차 안이 확정된 것은 1999년 5월 29일이었다. 임운길 선도사의 주도로 완성된 1차안은 필자를 포함한 다수 전문가의 수 차례의 수정을 거쳐 2002년 11월 25일 '민족 자주 통일 방안'으로 최종 확정되어 현재 동민회의 공식 통일 이념이 되어 있다.

249 북조선천도교청우당은 현재 북한 조선노동당의 우당으로 1948년 3·1재현운동으로 북한에서 자취를 감추었다가 1980년대 중반부터 남북대화의 분위기가 형성되면서 재등장했다. 월북한 최덕신 전 교령의 역할이 컸으며 현재 그의 사후 부인 류미영 씨가 조선천도교청우당중앙위원회 위원장직을 맡고 있다.

250 합의문은 5개 항으로 되어 있는데 그 중 4개 항이 남북통일에 천도교가 앞장 설 것을 다짐하는 내용으로 되어 있다.

위한 남북 천도교인의 자주적인 신앙 역량을 확대하고, 화해와 평화 분위기를 확산시키는 데에 공동 노력을 하기로 합의했다. 뒤이은 6·15남북공동선언은 동민회 활동에 일대 전기를 이루는 사건이었다. 그 해 8·15를 맞이하여 공동 선언의 일부인 남북 이산가족 상봉을 실현하기 위해 북측의 이산가족들이 서울을 방문했다. 이때 북측 대표단 단장이 북 천도교청우당 위원장인 류미영 씨였다. 과거 남쪽의 유명인사였던 류미영 위원장에 대해 일부 언론이 악의적인 보도를 내자 동민회는 즉각적인 그 보도에 반박하고 류미영 위원장을 환영하는 성명서를 발표했다.

북한 동포 여러분을 뜨거운 가슴으로 열렬히 환영한다. 일제의 폭압의 쇠사슬을 끊고 광복을 되찾은 지 55년!

우리는 이 역사적인 날에 남북 이산가족 상봉을 위하여 북한 동포를 인솔하고 서울을 방문하는 북한 천도교 류미영 위원장과 북한 동포 여러분을 뜨거운 가슴으로 열렬히 환영하며 조국 통일이라는 역사적인 대장정의 힘찬 신호탄인 〈6·15남북공동선언〉의 실천과제인 이산가족 상봉 북측 대표단 단장인 류미영 위원장에 대한 최근의 편향적이며 악의에 찬 일부 언론의 보도사실에 주목하면서 우리의 입장을 다음과 같이 표명한다.

하나. 우리는 자주, 자립, 협력이라는 기조 위에 남북 정상이 합의한 〈6·15남북공동선언〉의 역사적인 의미를 되새기며 조국의 평화 통일이라는 열망을 가슴에 안고 민족의 역사를 새롭게 창출하는 선봉이 된다.

하나. 우리는 〈6·15남북공동선언〉의 실천과제인 남북이산가족 상봉이라는 민족의 경사날에 남측 이산가족의 북한방문을 기쁜 마음으로 축하 환송하면서 아울러 이산가족의 재회를 위하여 서울을 방문하는 류미영 위원장과 그 일행인 북한동포를 열렬히 환영한다.

하나. 우리는 분단된 지 55년만에 남북이 교류의 물꼬를 막 트려고 하는 작금에 이를 저해하며 모략하는 일부 불순세력의 조직적이며 악의에 찬 동태를 주목하면서 〈6·15남북공동선언〉 정신을 손상시키는 어떠한 움직임도 결코 묵과하지 않을 것임을 엄중 경고한다.

하나. 우리는 현대 사회에서 대중매체의 위력과 영향력이 막중하다는 점에서 언론의 보도태도는 언론인의 양심에 따라 명백한 사실에 근거하여 보도되어야 함에도 불구하고 경도된 냉전적 사고와 무분별한 상업주의에 편승하여 반통일적인 태도를 보이고 있는 조선일보사를 비롯한 일부 언론의 보도 사실에 경악을 금치 못하며 이에 대한 사실보도와 맹성을 촉구한다.

하나. 우리는 천도교가 수운 최제우 대신사의 득도 이후 외세에 의하여 민족이 신음하고 조국이 유린당할 때 앞장서 이를 배격하고 유일하게 민족 자주적 재결합과 화해를 위해 노력해 온 우리의 일관된 정신을 다시 한번 확인하면서, 남북 전 교인은 이 영광된 전통을 후대에 계승할 것임을 다시 한번 다짐한다.

포덕 141(2000)년 8월 15일

동학민족통일회 의장단

또 같은 해 10월에는 주선원 운영위원과 오훈동 사무총장이 방북하여 최초로 북 천도교청우당사를 방문해 남북의 천도교 전위단체의 재건 중흥 방안과 실천 과제에 대해서 심도 있는 의견을 교환했다. 북 청우당과의 교류는 이듬해 3월 금강산 평화모임, 2002년 8·15 서울 행사, 개천절 평양 행사 등에서도 계속되었다.

동민회의 활동은 남북통일 문제에 국한되지 않았다. 그것은 동민회가 천도교의 전위단체이기에 수많은 민족 문제에 있어서도 천도교를 대표하는 활동을 해야 했기 때문이다. 2001년 들어서 일본의 교과서 역사 왜곡이 노골화 하자 동민회는 강력한 규탄 성명을 발표했다.

〈성명서〉

歷史는 살아 있는 사실이요 미래를 예단할 수 있는 지표다. 거짓되고 粉飾된 역사는 과거의 잘못을 반복하는 어리석은 誤謬다.

최근 일본 극우주의자들의 歷史의 왜곡, 축소, 조작이 다시 고개를 들고 있다. 과거 일본 제국주의자들이 우리 강산 등을 강제 倂呑하고 한국과 중국 등 아시아 여러 민족들에게 말할 수 없는 고통을 안겨준 것은 엄연한 사실이다.

일본 제국주의자들은 恥辱의 36년 동안 우리의 자원과 문화재를 약탈하거나 우리의 성과 이름마저 저 〈皇國臣民〉이라는 허울 아래 빼앗아 가면서 고귀한 청장년의 목숨을 〈大東亞共榮圈〉이라는 침략전선에 내몰고 그것도 모자라 수만명의 꽃다운 여성들을 정신대로 동원하였음은 천인공노할 역사적 사실이다.

우리는 이 日帝의 罪過가 청산됨이 없이 현재 일본은 또 다시 우리를 비롯한 전인류에게 무슨 망동을 다시금 획책하고 있는지를 엄정하게 묻고자 한다. 새로운 세기에 자라나는 일본 신세대에게 호도된 역사로 軍國主義를 부활하여 피의 역사를 다시금 되풀이하고자 하는 망상에 대하여 엄중하게 경고하면서 파렴치한 작태를 즉시 중지하고 일본 민족의 이름으로 사죄할 것을 엄중하게 촉구하며 우리의 뜻을 아래와 같이 밝힌다.

하나, 日本은 21세기를 선도할 韓·中·日 3국의 우호증진과 동반자적 협력 관계를 지속하기 위하여서는 2002년부터 사용될 역사교과서에서 縮小, 捏造, 歪曲된 과거사 부분을 즉시 폐기하고 개정할 것을 엄중 촉구한다.

하나, 日本의 모든 知識人은 과거 일본이 저지른 만행을 懺悔하고 망동적인 과거사의 결과로 나타난 불행을 거울 삼아 왜곡된 역사 교과서의 전면 개정을 위한 共同戰線에 다함께 동참할 것을 엄중 촉구한다.

하나, 한국정부와 중국을 비롯한 유엔은 일본의 역사교과서 왜곡이 시정될 때까지 일본과의 선린외교와 동반자적인 관계를 再檢討하고 日本文化의 배척과 日本商品의 不買運動에 連帶해 나갈 것을 엄중 촉구한다.

포덕 142(2001)년 4월 일

東學民族統一會

동민회의 대일 규탄은 우리의 과거에 대한 명백한 자성과 극일을 위한 최소한 의지의 표현이다. 일본의 역사 왜곡과 군국주의 망령이 계속되는 한 동민회의 의지는 꺾이지 않을 것이다.[251]

이러한 동민회의 의지는 대일 문제에서만 국한하는 것은 아니다. 오히려 역사의식이 부족한 정치 지도자의 행태를 비판하는 데에서도 더욱 철저했다. 특히 2003년 노무현 대통령의 방일 일정이 6월 6일 현충일과 중복되자 빈약한 역사 인식을 냉혹히 비판했다. 그리고 2002년 11월에는 우리의 어린 여중생 두 명이 미군 장갑차에 희생된 사건을 계기로 미국에 대한 강력한 책임 요구와 불평등한 한미행정협정 시정을 촉구하는 성명서를 발표했다.

〈노 대통령의 현충일 일본 방문을 반대한다〉

노무현 대통령이 일본을 방문한다. 필자는 대통령이 당면한 한일 양국의 현안을 풀기 위한 일본 방문을 환영한다. 그러나 노 대통령의 방일 일자를 6월 6일 현충일로 결정한 정책적인 이유와 과정이 대단히 잘못된 것으로 국민의 한 사람으로 걱정하지 않을 수 없다.

정부는 노무현 대통령의 현충일 방일을 놓고 고민하던 끝에 현충일이 6·25전쟁시 전몰하신 국군 장병을 추념하는 날로 일본과는 무관한 날이라 당일 국빈방문을 강행하기로 하였다고 한다. 그러나, 이것은

---

[251] 2004년 1월에는 일본의 고이즈미 총리가 거듭 1급 전범들을 합사한 야스쿠니 신사를 참배 방문하자 동민회는 강력한 대일 성토의 성명서를 발표하기도 했다. 이러한 동민회의 대일 규탄은 동어반복이 아니라 민족저 자존신과 세계저 양심에 대한 최소힌의 의지 표명이다.

매우 잘못된 판단이다. 현충일은 한국 전쟁 때 전몰하신 국군장병뿐만 아니라 나라와 겨레를 위하여 돌아가신 분 모두를 추념하기 위하여 제정한 날이다. 서울과 대전 국립묘지에 임시정부 요인과 애국지사를 전몰장병들과 함께 모시고 있다.

필자는 이 자리를 빌어 다시 한번 현충일의 고귀한 의미를 생각하고자 한다. 이 날은 민족의 자존과 국권 수호라는 숭고한 가치를 위하여 고귀한 생명을 초개와 같이 버리신 국군 장병뿐만 아니라 조선 말기 일본 제국주의자의 침략에 죽창으로 맞서다 희생당하신 동학혁명군과 의병에서부터 힘의 논리로 국권이 박탈된 조국의 광복을 외치다 이역만리 이름 모를 산하에 몸을 누이신 독립투사까지 그들의 거룩한 뜻을 받들면서 다시는 조국이 외세에 유린되는 부끄러운 역사를 반복하지 않겠노라고 다짐하는 날이기도 하다.

유감스럽게도 국권을 유린당하는 부끄러운 역사의 중심에는 늘 일본이 있었다. 일본은 한반도 문화의 자양을 젖줄로 하여 자라난 수혜자였음에도 불구하고 지난 세기 우리나라의 국권을 박탈하여 정치적으로 경제적으로 천인공노할 범죄행위을 저질렀음은 이미 역사가 말해주고 있다. 그럼에도 일본은 이에 대한 진솔한 사과나 응당한 보상 없이 "통석의 염" 등 음험한 수사를 동원하여 침략 사실을 호도하여 우리를 분노하게 하였다.

물론, 1998년 한일 정상에 의하여 책택한 "공동 파트너 십에 관한 선언문"에 따라 한일양국은 과거 불행한 역사에 탈피하여 21세기 미래지향적인 관계 구축에 디딤돌이 되자고 약속하였지만 최근 우리에게 보여 주는 일본의 움직임은 밝은 미래를 약속하는 파트너로서 취할 태도가 아닌 것이다. 일본 총리가 태평양 전쟁의 전범들 위패를 모아 논 소위 "야스꾸니 신사"에 참배한 일이라던지 국민 동원령을 연상하게 하는 "유사법" 등 일련의 관계법을 제정하였으며 세계 2위의 막강한 경제력을 바탕으로 하여 국방 예산을 대폭 증액하여 재무장을 추진하는 등 오히려 군국주의로 다시 회귀하는 것은 아닌가 하는 의심을 낳게 하고 있어 역사적인 죄인을 이웃으로 둔 우리로서 일본의 동정을 경계하지 않을 수 없다. 그러한 점에서, 일본과의 미래 지향적인 공동 파트너 십은 고도의 장기적인 전략에 따라 수립되고 움직여야 하는 것이며 노 대통령의 현충일 방일 또한 그러한 점에서 재고해야 할 일이라는 것이다.

보도대로 노대통령의 현충일 일본방문이 국빈방문이라는 허울 좋은 가식과 일왕의 일정조정 불가 때문이라고 한다면 실리외교라는 명분마저 상실한 처사인 동시에 또 하나의 굴욕외교를 낳는 일이 될 것이며 바로 그 날 애국애족 인사와 전세계 인민 수백만 명을 학살한 전범의 아들인 일본왕을 예방하고 술까지 곁들인 만찬까지 한다고 하니 노정권의 역사인식에 대하여 의심하지 않을 수 없다. 이 모든 것이 참여정부 출범 100여일 동안 끊임없이 문제를 야기한 노 대통령과 그 정책 입안자들의 가벼운 언행과 사고의 연장선상에서 결정된 것과 무관하지 않을 것이라 생각하니 국민의 한 사람으로 한심할 뿐이다.

2차 세계대전이 끝난 후, 전범인 일본 왕이 허리를 구부리고 영국 국왕앞에 나아가 머리를 조아리고 과거사를 사죄하였다. 이 자리에서 영국 여왕은 단호한 어조로 말한다. "용서는 하겠으나 너희 죄는 잊지 않겠다."

역사는 반복한다. 역사는 과거의 잘못을 잊어버린 민족에게 또다른 시련을 안겨준다. 나라와 겨레 사랑으로 목숨을 조국에 바치신 순국선열들의 영령을 추모하는 날, 힘이 없어 유린되었던 우리의 과거를 되새기며 미래의 예측할 수 없는 위기를 준비하는 지도자의 판단이 아쉽다. 실리외교도 좋고 극일외교도 좋지만 나라와 민족의 자존심마저 저버리는 외교는 하지 않음만 못하다.

포덕 144년 5월 23일

동학민족통일회

〈SOFA의 전면 개정과 한미간 불평등한 모든 법제도의 시정을 촉구한다!!! 〉

우리는 미군 장갑차에 치여 어린 나이에 숨진 심미선과 신효순양 두 여중생의 죽음에 애통한 마음을 감추지 못하면서 한국민으로 고인의 원통함을 달랠 수 없는 현실을 부끄럽게 생각하며 명복을 기원한다.

주지하는 바와 같이, 미국은 이번 참사를 가해자 없는 사건으로 규정하여 직접 책임이 있는 미군 병사를 자국의 법정에서 무죄 방면하였다. 우리는 이번 사건의 원천적인 책임이 미국 정부에 있음을 주장하며 책임자를 처단하라는 우리 국민의 정당한 요구를 일방적으로 무시하고 있는 미국의 최근 행태는 미국이 진정한 우리의 우방이며 문명국가인가를 의심하게 한다.

우리 국민이 백주대로상에서 미군의 군사무기에 압살당하였으나 미국 정부는 시대착오적이며 전적으로 미국에 유리하게 되어 있는 한미주둔군지위협정(SOFA)을 들어 책임이 없음을 주장하고 있다.

우리는 이러한 미국 정부의 주장에 자주국의 국민으로서 자괴심을 넘어 말할 수 없는 충격과 분노를 금할 수 없으며 이번 사건이 한미 우호관계의 돌이킬 수 없는 상처를 남길 수 있음을 우려하면서 다음과 같이 우리의 뜻을 밝힌다.

1. 우리는 이번 사건에 직접 책임이 있는 미국 정부가 여중생 압살 사건에 대한 미군 법정의 무죄 평결이 잘못된 것이었음을 선언하고 관련 책임자 전원을 즉각 구속하여 엄벌에 처할 것을 촉구한다.

2. 우리는 이번 사건의 파장이 불평등한 한미주둔군지위협정 (SOFA)에 있음을 확신하면서 한미 양국은 행정 재판권 이양 등 현행 SOFA의 전면적인 개정과 한미 우호 관계를 저해하는 각종 불평등한 모든 법제도를 시정하거나 청산할 것을 촉구한다.

3. 우리는 현재 전국적인 반미 시위가 미국의 비도덕적이며 반문명적인 처사에 기인하였음을 주장하며, 우리 국민의 분노로 또다른 심각한 사태가 야기될 것을 우려하면서, 미군의 최고 책임자인 조지 W 부시는 두 여학생의 명복과 유가족에 대한 위로 그리고 우리 국민에 대한 직접적이며 솔직한 사과를 촉구한다.

포덕 143(2002)년 11월 30일

이처럼 동민회의 활동은 통일 운동과 사회 운동 등 천도교 정政의 영역 전반을 아무른다고 할 수 있다. 그러나 동민회의 활동이 광범위한 것은 그만큼 특정 활동에서의 특화를 이루지 못하게 하는 요인이 되고 나아가, 이런 문제는 동민회의 정체성 문제와 직결된다고 할 수 있다. 즉, 창립된 지 십 수 년에 이르렀으면서도 동민회는 어느 영역에서든 뚜렷한 성과를 이루지 못했다는 비판을 당면하고 있는 것이다.

동민회의 대표적 활동이라고 할 수 있는 대북 관계만 하더라도 북측 청우당과 적지 않은 회동과 교류를 가졌지만 결실을 맺은 것은 거의 없었다. 물론 초창기 대북 접촉을 통해 성급한 성과를 기대할 수는 없었지만, 잦은 만남에 비해 성과가 미미했던 것이 사실이다. 또한 다수의 시민단체 등과의 교류도 빈약했고 동학사상과 천도교 이념을 바탕으로 한 어느 영역에서도 동민회의 특화된 부분을 발견하기 쉽지 않았다. 그럼에도 지금까지 동민회의 활동은 어렵고 제한된 여건과 열악한 상황에서도 멈추지 않고 오히려 장기적인 차원에서의 확실한 토대를 구축했다고 평가된다. 이는 구성원들의 희생과 열정이 없었다면 불가능한 것이었다. 이러한 동민회의 토대 구축이 이후 본격적인 민족통일 운동의 기반이 되었음은 자명하다.

동민회가 본격적인 천도교의 전위단체 혹은 천도교의 NGO(비정부기구)로서 인식되고 활동에 들어 간 것은 2004년 지도체제가 바뀌면서부터이다.[252]

---

252 2004년 6월 동민회는 제6차 정기총회를 개최하고 대표의장에 박남수, 공동의장에 김관희, 박창수, 감사에 홍장화, 주선원을 선임했다. 이후 공동의장에 노태구, 이규정을 보강하고 류윤근 사무국장, 최인국 대외협력위원장과 마지막으로 2005년 2월 임형진 사무총장을 선임해 신 체제를 구축했다.

6. 동학민족통일회와 민족통일 운동

체제 정비를 마친 동민회는 2005년 들어서 본격적인 천도교 전위단체로 거듭났다. 그래서 현재는 민족 문제와 통일 문제에 발언권을 높이고 있는 상황이다. 2005년 초 정부에 의해 일방적으로 변경된 3·1절 기념 행사장 변경에 대한 항의 기자회견을 개최한 것도 그 중의 하나이다.

사실 천도교만큼 3·1절과 연관 있는 단체는 없다고 해도 무방하다. 또한 3·1운동은 오늘날 대한민국 정부가 그 역사적 정통성의 근거를 두고 있는 민족사적 쾌거이기도 하다. 그러나 애석하게도 일제하에 가장 큰 민족운동으로 전개되었던 3·1운동을 기념할 만한 기념관 하나 없는 현실에서 정부는 정부 공식 국가 기념 행사장인 세종문화회관에서 그동안 3·1절 행사를 치러 왔다. 그러나 참여정부 들어 벌어지는 일련의 과거 지우기 열풍에, 또 잘못된 역사관으로 인해 2005년도 기념식을 유관순 기념관에서 치르겠다고 한 결정에 천도교가 방관할 수는 없었다.

우선 교단 차원의 항의가 있은 다음 동학민족통일회는 전 민족 진영을 중심으로 정부의 정책 결정에 항의하고 시정을 요구하는 기자회견을 개최했다. 국내 약 40여 개의 민간 민족 단체들이 동학민족통일회의 뜻에 공감하며 동참했다. 동학민족통일회가 비로소 민족운동의 구심점으로 거듭나는 순간이기도 했다.

많은 매스컴의 주목 속에서 중앙 대교당에서 항의 기자회견이 열리고 항의 성명서와 국민에 드리는 글이 발표되었다.

존경하는 국민 여러분

오늘 우리는 정부의 3·1절 기념 행사 장소 변경에 이의를 제기하며 그들의 빈약한 역사 인식을 규탄하기 위해 이 자리에 모였습니다. 우리는 행동을 통해 정부에 강력한 우리의 의지를 표하면서 국민 여러분께 우리가 이렇게까지 할 수뿐이 없음을 알려 드리고자 합니다.

지난 86년 전 우리 발 딛고 있는 이 땅의 방방곡곡에는 남녀노소와 이념과 종교성을 넘어서 한국인 모두의 손에 손에는 태극기가 들리고, 모두가 목놓고 감격의 "대한독립 만세"를 외쳤습니다. 우리 한민족의 의지가 삼천리 반도를 울려퍼졌고 만천하에 동방의 작은 땅 조선이 살아 있음을 확인되는 순간이었습니다. 그렇기에 86년 전 3·1 독립만세운동은 우리의 자부이자 자랑이고 우리의 혼입니다.

3·1독립만세운동 그 뒤로 26년 간의 지난한 독립 운동을 통해 우리는 비로소 자유대한으로 광복의 날을 맞이했습니다. 광복의 날은 그렇기에 3·1독립만세운동에서부터 시작한 것입니다. 우리가 3·1절을 국가의 최대 기념일로 삼는 이유도 바로 여기에 있는 것입니다. 그래서 이 날은 국가가 공식적인 기념행사를 하고 당시의 만세운동의 정신을 기억하며 선양해 후손의 영원한 귀감으로 삼는 것입니다.

따라서 그 국가 행사의 장소는 국가의 가장 중심부에서 그리고 민족정신이 가장 빛나는 곳에서 거행되어야 했습니다. 그러나 지금까지 애석하게도 3·1 절의 86주년을 맞이했음에도 불구하고 그 거족적인 운동을 기념할 만한 성전이 없다 보니 편법으로 국가의 공식 기념

행사장인 "세종문화회관"을 이용해야 했습니다. 이는 3·1운동의 기념관이 없는 현실에서 어쩔 수 없는 방편이었다고 이해합니다.

그러나 최근 정부는 지금까지의 관례에서 갑자기 행사 장소를 독립기념관이나 서대문 형무소 터가 아닌 이화여고 안의 "유관순 기념관"으로 변경해 우리를 의아하게 했습니다. 문제는 그렇게 변경한 이유가 세종문회회관이 3·1운동과 무관한 장소이기에 그나마 관련 있는 유관순 기념관을 택했다는 것입니다.

국민 여러분

우리는 3·1독립만세운동에서 유관순 열사의 그 장렬하고 숭고한 정신과 의지를 깊이 존경하고 흠모합니다. 그러나 3·1운동의 기념식이 유관순 기념관으로 변경되는 데에는 동의할 수 없습니다. 그것은 3·1절이 국가의 공식기념일이기에 개인 기념관에서 행한다는 것이 격이 맞지 않는 다는 것입니다. 세종문화회관은 물론 3·1운동과 무관한 장소입니다. 그러나 그곳은 국가의 공식적인 기념행사를 치르는 수도 한 복판의 국가기관이기에 무방하다고 여긴 것입니다.

국민 여러분께 호소합니다.

3·1절은 온 국민의 기념일이기에 개인 기념관을 반대하는 것이지 결코 유관순 열사의 뜻을 거역하고자 하는 생각은 추호도 없습니다. 더욱이 일간에 나도는 과거청산의 일환이라는 말도, 특정 종교의 영향력이라고도 믿지 않습니다. 다만 정부 관계자들의 빈약한 역사인식을 질타하며 올바른 길로 갈 수 있도록 하고자 하는 것입니다. 우리는 3·1절이 온 민족의 운동으로 이루어진 역사로 선양되어야 한다고 믿기에 장소 변경을 통해 그 의미가 축소되는 것을 용납할 수 없

습니다. 그래서 우리는 정부에 우리의 의지를 단호히 전하고자 하는 것입니다.

3·1절의 행사장을 유관순 기념관으로 변경하는 것을 반대합니다. 아울러 정부가 진정으로 3·1절 행사를 당시의 정신과 관련 있는 곳을 찾고자 한다면 만세운동이 실제로 벌어졌던 탑골공원이나 그 만세운동의 도화선을 일으킨 태화관 터 아니면 진정으로 3·1운동의 산 파였던 이 곳 천도교 중앙 대교당을 기념식장으로 권합니다.

국민 여러분

우리는 오늘 우리의 의지가 관철될 때까지 이러한 요구를 멈추지 않을 것입니다. 3·1운동은 너무나 소중한 우리 역사의 자산이기 때문입니다. 국민 여러분께 간절히 호소합니다. 우리의 뜻을 십분 이해하시고 동참해 주시기 바랍니다. 우리는 아무런 권력도 없고 특별한 힘도 없습니다. 그러나 우리에게는 3·1정신이 있습니다. 그것이 우리가 가진 유일한 그러나 가장 강력한 힘입니다. 그렇기에 우리는 우리의 올바른 행동이 정의의 호위를 받고 역사의 응원을 받는다고 믿고 뜻을 관철시킬 것입니다.

"착수가 곧 성공이라 다만 전두의 광명으로 맥진할 따름이다."

감사합니다.

2005년 2월 24일

한편 동학민족통일회는 북쪽에 있는 천도교청우당과의 몇 차례에 걸친 접촉을 통해 본격적인 통일 운동의 전위에 나서는 활동도 활발히 전개했다. 특히 2005년 3월 11일부터 13일까지 세 차례에 걸쳐 중국 심양에서 가진 남북회담을 통해 상당한 내용의 합의를 이루어냈다.(동민회 : 박남수 대표의장, 박창수 공동의장, 최인국 대외협력위원장, 임형진 사무총장, 청우당 : 강철원 부위원장, 박문철 서기장, 리치현 단통협 책임부원) 즉, 남북 양측의 천도교 전위단체들이 민족 공조와 민족 화합에 선두에 서서 활동을 이루어 내자는 것이었다. 특히 민족 문제가 발생할 때는 우선적으로 민족 공조를 이루기로 합의했다. 양측 대표의 모두 발언은 그런 의미에서 남북 천도교인의 동일한 시각을 그대로 담아내고 있다고 할 수 있다.

〈박남수 대표의장 인사말〉

모시고 안녕하십니까. 존경하는 천도교청우당 동지 여러분!

여러분들을 뵙는다는 설레임에 이렇게 불원천리 달려와 여러분 앞에 서니 참으로 감개무량입니다. 비록 지리적으로는 경계를 가졌다 하더라도, 6·15남북공동선언 정신을 실천하고자 하는 마음이 하나인데 우리가 어찌 동덕이 아니겠습니까. 참으로 반갑습니다.

하나의 민족이 둘로 갈려 산 지가 어언 60년이 흘렀지만 천도를 바탕으로 일어난 우리들 천도교인들이기에 저와 같은 마음은 모두 다 한결같으리라 믿습니다. 그럼에도 북과 남 민족의 마음이 편치 않으실 것이라 짐작되는 것은 작금의 우리 상황 때문이라고 사료됩니다.

국토는 분단되고 한민족임에도 같이 살 수 없는 것도 억울한데 그 때나 다름없이 여전히 세계 4강이 강고하게 한반도를 둘러싸고 있는 형국이 변하지 않고, 반통일 세력이 시시각각으로 우리를 방해하고 있습니다. 보국안민과 척양척왜의 기치를 높이 들었던 지난 시절 선열들의 자주 독립 정신이 더욱 생각나게 하는 이유도 여기 있는가 봅니다. 마침 올해는 우리가 일제의 압제로부터 벗어난 60주년입니다. 그러나 한편 을사늑약으로 국가의 실질적 주권이 상실된 지 100년이 되는 해이기도 합니다. 을사년 직전, 의암성사께서는 문명개화야말로 조선의 자주 독립국을 유지하는 길이며, 개화된 민중만이 나라를 지킬 수 있는 근본임을 깨달아 갑진혁신운동을 전개하였습니다. 그러나 애석하게도 지배층의 무능함과 몰이해는 을사늑약으로 결론되었음을 우리는 기억합니다.

오늘 한반도의 상황은 오히려 그때보다 더 위험할 수도 있습니다. 여전히 분단 상황으로 국력이 양단되어 있고 주변 4강은 우리를 호시탐탐 노리고 있기 때문입니다. 그렇기에 오늘은 제2의 을사조약을 막을 수 있는 제2의 갑진혁신운동이 필요한 때이기도 합니다. 오늘 우리의 만남은 바로 제2의 갑진혁신운동입니다.

민족의 명운이 경각에 달렸을 때 우리 천도교인들은 침묵하지 않았습니다. 우리는 언제나처럼 민족 문제를 최우선에 둔 자랑스러운 전통을 가지고 있습니다. 주지하다시피 동학농민혁명과 3·1운동 그리고 일제하의 천도교청우당이 그런 우리의 자랑이 아니겠습니까. 이제 청우당과 동민회는 그러한 선배들의 전통을 계승하고 새로운 차원으로 한 단계 올려야 할 임무를 부여받고 있습니다.

이제 우리 앞에 놓인 최급선의 민족 문제는 통일 운동입니다. 마침 우리는 같은 스승님을 모시고 같은 도를 따르는 동지이기에 북과 남의 그 어느 단체나 집단보다도 많은 동질성을 가지고 있습니다. 이때 우리가 민족 공조를 통한 조국의 평화 통일 운동에 앞장서지 않는다면 이 또한 민족을 배반하는 일이 아니겠습니까. 모쪼록 이 회합이 민족 문제 해결의 전기가 되고 통일 운동의 정점이 될 수 있도록 동덕 여러분 모두의 정심진력이 이루어지길 기대해 마지않습니다.

민족 문제가 산적한데 천도교청우당과 동학민족통일회가 나서지 않는다면 누가 앞장설 수 있겠습니까. 그렇기에 오늘의 회동은 천도의 가르침이 인도해 줄 것이며, 스승님들께서 보살펴 주실 것이고, 지금까지의 민족운동의 제단에 숭고한 피를 바치신 1백만 우리 순도자들의 성원이 우리를 호위해 줄 것입니다. 감사합니다.

포덕 146년 3월 12일

동학민족통일회 대표의장 박남수 심고

〈강철원 청우당 부위원장 인사말(요약)〉

좋은 말씀 감사합니다. 그동안 남북의 천도교가 만난 적이 별로 없었는데 이렇게 대규모의 사람들이 만난 것은 대단한 의미를 갖는다고 생각합니다. 특히 오늘 박창수 의장과 임형진 총장은 처음 뵙지만 이미 『신인간』 등 언론 매체를 통해 알고 있었기에 꼭 만나고 싶었습니다. 이렇게 직접 뵈니 매우 기쁩니다. 오늘처럼 우리가 앞으로 자주 만나고 회동하는 것이 통일에 기여하는 바라고 생각합니다.

해월신사께서 대도는 용시용활하니 때와 짝이 되어야 한다고 하셨습니다. 우리는 용시용활에 주목해야 한다고 봅니다. 바로 때를 잘 타고 그에 상응하는 운동을 해야 할 때를 놓쳐서는 안 된다는 의미일 것입니다.

또 우리 도는 교정쌍전과 교정 조화의 역사를 가지고 있습니다. 갑오동학농민전쟁 때도 그랬고 이후에도 우리는 이것을 지켜왔습니다. 우리가 통일 운동에 나서야 하는 이유도 여기에 있고 이것을 실현시켜야 한다는 것이 우리의 생각입니다. 현재는 6·15남북공동선언의 정신이 살아있는 통일 시대입니다. 이 시기를 놓치면 우리는 다시 돌이킬 수 없는 후회를 할 것입니다.

남북 분단의 고통이야 우리 천도교가 직접 체험하고 있는 것이 아닙니까. 서로 만나지 못하고 하는 등의 심리적 고통을 어찌 표현할 수 있겠습니까. 우리 통일을 이루는 데 총집결합시다. 우리 민족끼리 힘 합쳐 단결하고 나가야 외세를 극복할 수 있습니다. 바로 6·15자주정신이 그 바탕이 되어야 합니다. 천도교인이 단결하고 남북 인민이 단결되어야 통일은 이루어집니다. 통일은 애국이요, 분단은 매국입니다.

우리는 어떻게 하든 전쟁은 반대합니다. 어떠한 수단과 방법을 동원해서라도 평화를 유지해야 하는데, 그러기 위해서는 남북이 힘을 합쳐야 합니다. 통일은 남북의 힘이 합쳐질 때 가능해집니다. 척양척왜와 보국안민이 필요한데 북은 이미 되었습니다. 그러나 남은 아직 되지 않았습니다. 우선 미군 철수가 전제인데 그렇지 못하지 않습니까. 우리 힘을 합쳐 외세를 물리칩시다. 남쪽에서 미군과 일본을 밀어냅시다. 그래서 금년이 통일 원년이자 미군 철수의 원년이 되게 합시다.

남쪽 천도교인들이 미국을 몰아 내려면 우선 숭미사상을 없애야 합니다. 숭미사상은 사대주의입니다. 민족이 사대주의에 빠지면 절멸하게 됩니다. 천도교의 구호가 현실적인 것이 되려고 한다면, 또 우리에게 제의한 의제들이 진짜 의제가 되려면 숭미 사대주의가 배격된 환경 조성이 되어야 합니다. 작년 인천대회에서 경찰이 우리와 남쪽 인민들의 만남을 막았습니다. 그래서 연회가 새벽 1시에야 개최되었습니다. 숭미주의자들의 방해 때문이었습니다. 천도교인부터 이런 숭미 사대주의를 버려야 하겠습니다. 잦은 교류는 그것을 가능하게 해 줄 것입니다.

김정일 위원장의 선군정치를 생각하면 우리는 참으로 탁월하다고 느낍니다. 이라크를 십시오. 우리가 선군정치를 실현하지 않았다면 우리는 이라크와 똑 같아지고 또 미국의 식민지가 되었을 것입니다. 미국은 자고로 식민지를 독립시켜 준 적이 없습니다. 선군정치야말로 북남의 평화를 가져다 줄 것입니다.

이제 첫술에 배부를 수는 없지만 우리의 만남이 민족 자주의식을 바탕으로 계속적으로 이루어지길 바랍니다.

2005년 3월 12일

천도교청우당 부위원장 강철원

심양 회담은 특히 동민회와 청우당의 본격적인 회동과 공동 통일 운동을 이루어 내기로 합의한 역사적인 순간이었다. 또한 남북에서 천도교의 전위단체들이 다시 역사의 주역이었던 옛날의 영광을 재현해야 한다는 필연이 현실로 이루어지는 순간이기도 했다. 문제는 이러한 합의가 훌륭한 성과로 계속해서 이어짐으로써 민족 통일에 초석을 놓는 목적을 달성해야 한다는 과제였다.

합의 정신에 입각해 동학민족통일회는 귀국 후 즉각적인 북한의 모내기용 비닐박막 지원 사업에 착수해 만족할 만한 성과를 북에 전달해 줄 수 있었다. 그리고 이어서 바로 터진 일본의 독도 영유권 주장 등 역사 왜곡에 공동 대처할 필요성을 절감해 동학민족통일회는 즉시 공동 항의성명서 발표를 청우당에 제의했고, 청우당이 이에 응해 4월 5일 천일기념식을 기해 남북의 천도교인이 기념식을 마친 뒤 서울과 평양에서 동시에 일본에 항의 공동 성명서를 발표하기로 합의했다. 심양에서 합의한 민족 문제에 공동대처하는 첫 번째 사례가 만들어진 것이다. 더욱이 참여정부 들어 남북 관계가 순탄치 못하고 당국자 회담 등이 이루어지지 않는 가운데 남북의 천도교 전위단체가 이러한 결과를 만들어 냈다는 것은 대단한 성과이기도 했다.

〈공동성명서〉

일본의 강도적인 재침 야망 책동을 준열히 단죄 규탄한다.

애국애족의 투쟁 전통을 자랑과 재부로 삼고 있는 남과 북의 전체 천도교인들은 우리 민족의 불구대천의 원수인 일제가 우리나라를 비법불법으로 강점한 지 100돌이 되고 패망 60년이 되는 올해에, 뼈저린 역사의 교훈을 찾고 진심으로 사죄하며 보상을 하기는커녕 오히려 저들의 재침야망기도를 더욱 보편화하고 있는 데 대해 끓어오르는 분노를 금할 수 없어, 함께 목소리를 합쳐 준열히 단죄 규탄하며 더 이상 좌시할 수 없음을 온 세상에 공포한다.

날이 갈수록 군국주의의 부활을 획책하면서 헌법 개정과 군대 개편놀음을 계속 벌여왔고 당국자들까지 〈야스쿠니 신사〉를 참배하여 전범자들의 망령을 부르며 역사 왜곡을 감행하던 일본이 이제는 본격적으로 우리의 신성한 조국 땅인 독도를 저들의 영토라고 우기며 제2의 침탈 행위를 서슴없이 자행해 나서고 있다.

이는 곧 우리 전 민족을 향한 일본의 영토적인 선전포고이다.

지난날 일본이 40여 년간이나 우리나라를 타고 앉아 우리 민족에게 들씌운 헤아릴 수 없는 온갖 불행과 고통을 우리 어찌 잠시인들 잊을 수 있고, 지금 우리 겨레가 당하고 있는 민족 분단의 모진 아픔과 고통의 일차적 책임이 일본에 있음을 우리 어찌 모를 수 있겠는가. 반만년의 유구한 문화전통을 창조하며 선조들이 피땀으로 가꾸고 지켜온 이 강토에 대한 철석 같은 수호는 〈척양척왜〉, 〈보국안민〉의 기치를 높이 들고 싸워 온 우리 민족종교인들의 한결같은 애국적 의무이며 추호도 물러설 수 없는 절대 불변의 강렬한 의지이다.

일본이 오늘날 구시대의 악습에서 벗어나지 못하고 우리나라를 비롯하여 많은 나라들을 온통 적으로 만들려고 하는 시대착오적인 행위는 반드시 천도의 응징을 면치 못할 것이다.

그리고 평화 우호적이고 양심적인 전세계 인민들의 질타와 경원 속에 영원히 외톨이 난쟁이로 잦아들고 말 것이다.

군국주의의 침탈을 꿈꾸는 일본은 더 이상 이웃들에게 상생의 대상국이 되지 못함을 스스로 각성하고 하루빨리 개꿈에서 깨어나라.

일본은 우리 겨레가 어제의 식민지인이 아님을 시급히 깨닫고 인류 대의에 역행하지 말아야 한다.

일본이 여전히 이에 귀를 기울이지 않고 탐욕을 버리지 못한다면 동학 천도교의 백만 순도자들은 하나로 떨쳐 일어나 피맺힌 100년

숙적의 대가를 치르고야 말 것임을 엄숙히 성명한다.

우리의 주장

하나. 우리는 일본이 독도를 향한 영토적 야욕을 포기하지 않는다면 이를 제2의 침략이요 선전포고로 간주하고 〈보국안민〉을 기치로 그에 상응하는 조치를 취할 것이다.

둘. 우리는 일본의 어리석은 역사 왜곡과 헌법 개정, 군대 개편 놀음과 함께 당국자들의 〈야스쿠니 신사〉 참배 행위를 우리 민족에 대한 계속되는 모독으로 받아들이고 앞으로 이에 대해 민족의 공조로 강력히 대응해 나갈 것이다.

셋. 우리는 일본이 우리 민족을 향한 오늘날의 침탈행위에 대해 진솔히 반성하고 지난날의 죄에 대해 응분의 사죄와 보상을 할 것을 촉구한다.

우리의 주장은 시대와 민족의 요구에 부응한 것이기에 온 겨레와 세계 양심의 전적인 지지와 호응을 받게 되리라고 믿는다.

동학민족통일회   천도교청우당중앙위원회
2005년 4월 5일   2005년 4월 5일
서울   평양

4월 5일 천일기념식을 마치고 중앙 대교당 앞에서 이루어진 남북 공동 성명서 발표에는 천도교인을 비롯한 많은 일반 시민들이 참여하였다. 보국안민과 척왜창의의 깃발이 휘날리는 가운데 남북의 일본을 규탄하는 의지가 만천하에 공포되었다. 110여년 전 동학군의 의기와 모습이 재현되는 순간이었다. KBS, MBC, SBS 등 지상파 방송사와 대부분의 언론사가 상당수의 취재기자를 파견해 이 역사적인 현장을 기록하고 있었다. 남북 공동성명서의 발표가 끝난 뒤 동학민족통일회는 약 200여 명이 참석한 가운데 일본 대사관 앞까지 남북 공동 성명서를 전달하기 위한 가두 행진을 전개하였고, 가두 행진 중에는 인사동 등에 있던 많은 시민들로부터 열렬한 환호와 찬사를 받았다. 종로 경찰서 경찰들의 호위를 받으며 진출한 일본 대사관 앞에서 남북의 의지를 다시 한번 주창한 동학민족통일회는 남북 공동 성명서를 일본 대사관에 전달하였다.

이날 행사의 전 과정은 대부분의 언론에서 취재했고 또 상당수의 언론에 다음 날 바로 보도되었다. 천도교와 동학민족통일회가 근래에 가장 주목을 받는 순간이었다. 이처럼 민족 공조를 이루는 일은 곧 통일 운동이자 포덕 운동과 결합되고 있다고 할 수 있다. 한편 성공적인 남북 공동 성명서를 만들어 낸 동학민족통일회는 청우당과 민족 공조를 해 나가면서 지속적인 민족운동과 통일 운동을 전개할 것을 구상하고 또 실천하고 있다.

또한 통일 운동의 저변 확대를 위해 동학민족통일회는 1980년대의 '민족통일대학강좌'를 계승해 '월례통일강좌'를 개설, 통일 운동에 참여하는 운동가와 학자들을 초빙하여 대중 강연을 개최하고 있다. 그리고 학생들을 대상으로 하는 역사 탐방과 답사 운동을 전개하여 민족의 숨결이 서려 있는 역사적 유적지를 순례함으로써 커져가는 민족의식과 정신을 살리는 데도 공을 들이고 있다.

특히 동학민족통일회가 2005년 3월 11일 숙원이었던 사단법인으로 허가됨으로써 새로운 출범을 하게 되었다. 민법 제32조 와 통일부 소관 비영리법인의 설립·감독에 관한 규칙 제4조의 규정에 의거하여 통일부로부터 정식 사단법인으로 허가를 받은 것이다. 이로써 동학민족통일회의 집행부는 보다 확실한 법적 체계를 갖추고 목적 사업을 전개할 수 있게 되었다. 사단법인이 된 동학민족통일회는 그 의의를 다음과 같이 발표했다.

〈동학민족통일회가 사단법인으로 새롭게 출발합니다〉

지난 3월 11일 동학민족통일회가 오랜 숙원이었던 사단법인으로 허가됨으로써 새로 출범을 하게 되었습니다. 민법 제32조 및 통일부 소관 비영리법인의 설립 및 감독에 관한 규칙 제4조의 규정에 의거하여 통일부로부터 정식 사단법인으로 허가를 받은 것입니다. 이로써 지난 해 새롭게 구성된 동학민족통일회의 집행부는 보다 확실한 법적 체계를 갖추고 목적 사업을 이루게 되었습니다.

주지하다시피 우리 도의 역사는 교정쌍전, 교정 조화의 역사였습니다. 즉, 창도 이래로 지금껏 단 한 번도 교회의 역사와 사회의 역사가 분리되지 않았다는 것입니다. 그렇기에 천도교를 교 혹은 정의 입장만을 중심으로 이해한다면 이것은 천도교의 일면성만을 평가한 것이 될 것입니다. 의암성사님은 도는 정법(정치)과 교리(종교)의 둘로 구성되어 있어 도의 하위 개념인 정은 법에 의하여 규율되고, 종은 이치에 의하여 밝혀진다고 하셨습니다. 이렇게 되지 못할 경우 정치권력은 쭉정이에 불과하게 되고 도덕은 혼미에 빠져버린다고 합니다. 정치 권력은 도덕을 만나야 하며 도덕은 정치 권력을 만나야 비로소 우리가 이상하는 도가 완성된다는 것입니다.

지난 1991년 출범한 동학민족통일회는 정의 영역을 담당하는 천도교의 전위단체입니다. 그래서 동학민족통일회는 동학혁명, 갑진혁신운동, 3·1운동 그리고 천도교청우당의 문화 계몽운동과 통일 운동의 전통을 계승하고 더욱 발전시켜야 할 의무가 있는 것입니다. 이처럼 우리 도는 끊임없는 현실 참여와 방향성 제시로 진정한 천도교가 되는 것입니다. 이제 동학민족통일회는 사단법인으로 등록됨으로써 더욱 구체적이고 실천적인 천도교의 NGO가 될 것입니다.

그동안 우리 도의 현실 참여는 두 가지의 큰 특징을 가지고 있었습니다. 민족 우선의 전통과 강한 이념적 진보성입니다. 민족은 그 실현의 주체이자 공동의 문화를 소유한 운명 공동체이기에 천도교의 절대적 중심이라고 할 수 있습니다. 이 시대 최고의 민족적 과제는 통일 운동입니다. 그렇기에 동학민족통일회가 지향해야 할 최우선의 운동은 당연히 통일 운동입니다. 또한 우리 도는 언제나 그 시대 최고의 진보적인 목소리를 냈고 또 그것의 실현을 위해 엄청난 희생을 치러냈던 것입니다. 이 시대 동학민족통일회의 이념적 지향이 어느 정도의 진보성을 가져야 하는가에 대해서는 보다 많은 토론과 합의가 필요하겠지만 분명한 것은 시대를 앞서가는 혁신적 방향을 제시해야 함은 분명합니다.

사단법인으로 재출범하는 동학민족통일회의 활동은 이제 혁신적인 민족통일 운동으로 구체화되어야 할 것입니다. 이미 올해 들어서 벌어진 일련의 활동이 그 서곡이었습니다. 3·1절 행사장 변경에 대한 항의 기자회견에서부터 성공적인 심양에서의 남북회담, 대북 비닐박막지원 사업의 완수, 역사적인 대일 규탄 남북 공동성명서 완성과 발표 등이 그것입니다. 특히 천일기념일에 벌어진 일본 대사관 앞으로의 항의 시위는 실로 110여년 만의 동학혁명군의 재현이었고 대규모적인 매스컴의 주목을 받았습니다. 이제 확실해진 것은 동학민족통일회의 활동은 곧 우리의 목표인 천도 실현의 방편이자 민족 문제의 해결을 위한 우리의 사명 완수이며 곧 교세 확장 운동이 중층적으로 이루어진다는 점입니다. 동학민족통일회의 활동에 적극적인 지지와 참여 그리고 편달을 부탁드립니다.

2005년 4월 20일

동학민족통일회

사단법인으로 거듭난 동민회는 통일 운동에서 가일층 탄력을 받고 있다. 올해(2005) 6·15남북공동선언 5주년 기념 민족통일 대축전 평양 대회에 참석하여 남북 경협과 천도교 자체의 통일 운동 모색 등 상당한 남북 합의 사항을 만들어 냈고, 현재는 그 합의들의 구체적 결실을 만들고 있는 중이다. 현재 봇물 터지듯 밀려오는 남북한 간의 민간 교류에 있어 천도교는 그 세에 비해서는 상대적으로 많은 언론의 주목을 받게 되는데 이것들은 모두 그간의 동민회의 노력과 북한 지역에서 차지하는 천도교의 비중 덕에 힘입은 바 크다고 할 수 있다.[253] 그럼에도 천도교단 내에서는 '천도교가 통일의 주역이 되어야 한다', '통일은 천도교 중흥의 중대한 계기가 될 것'이라는 막연한 기대감의 통일 대망론과 함께 '과연 통일이 되겠느냐', '통일이 된들 천도교에 무슨 도움이 되겠느냐'는 통일 회의론이 상존하고 있는 것이 현실이다.[254] 문제는 전자는 통일에 대한 막연한 기대를 하면서도 정작 북한과의 교류나 협력에는 인색하고, 후자는 북한에 존재하는 천도교인의 실체를 인정하지 않는다는 점이다.

천도교가 많은 부분에서 북한과 교류를 하고 있는 것은 사실이지만 그들이 차지하고 있는 비중에 비하면 아직 충분한 만큼의 역할을 하고 있지 못하다는 점을 지적하지 않을 수 없다.[255] 또한 천도교단 내에서 통일 문제가 정책의 우선순위가 되지도 못하고 있다. 북한 천도교인에 대한 부정적 인식 역시 시간이 흐르고 북한 쪽 천도교인들과 접촉 빈도가 늘어나면서 차츰 오해의 고리를 풀고 천도교의 동덕임이 받아들이는 추세이다. 따라서 천도교의 통일 운동은 많은 한계에도 불구하고 시간이 문제일 뿐 그 당위성을 거역하기 어려울 것이다.

---

[253] 북한 내 종교인구에 대한 북한 측의 발표를 보면(2001년 '유엔인권이사회'의 질문에 답한 자료) 2001년 현재 북한의 천도교인은 1만5천여 명, 기독교 1만여 명, 천주교인 3천여 명, 불교인 1만여 명으로 되어 있다. 외형적인 숫자 말고도 북한에서 민족종교로서 천도교가 차지하는 비중은 크다고 할 수 있는데 청우당 위원장인 류미영 씨가 6·15공동선언 후 첫 이산가족 상봉단의 대표로 참석하는 등 남북의 천도교를 민족사를 함께 논의할 수 있는 중요한 민족주의 세력으로 인정하고 있다고 볼 수 있다.

[254] 박길수, 「천도교 통일 운동의 전망」, 『신인간』 647호, 포덕145년 7월호 참조.

[255] 실제로 얼마 전까지 남북 사회 단체나 민간인들의 대화에서 천도교는 늘상 주제가 되고 있음에도 주도적인 역할을 해 본 적이 거의 없었다.

VII. 동학민족통일회의 향후 방향

지난 십 수 년 간 천도교 정政의 영역을 맡은 전위 조직 동민회의 활동은 교세가 약하다는 한계에도 불구하고 많은 성과를 쌓았다. 특히 통일 운동에서 천도교를 대표한 여러 활동과 통일 방안 정립 등은 높은 평가를 받을 수 있다고 본다. 그러나 이러한 활동은 앞으로 더 많은 노력과 진보의 지속성을 요구한다. 따라서 앞으로 동민회의 발전을 위한 과제를 분석할 필요가 있다.

지금 동민회의 가장 큰 과제는 정체성을 명확하게 하는 일이다. 개인이든 국가든 정체성이 확고할 때 자신감을 갖고 미래에의 비전을 제시할 수 있다. 그것은 곧 개인의 존재 이유이고 국가의 존립 근거이기도 하다. 조직도 마찬가지이다. 조직의 정체성이 명확할 때 조직에 생기가 돌고 발전의 동력이 작동할 수 있다. 그런 의미에서 동민회의 정체성에 대한 문제 제기를 하지 않을 수 없다. 동민회는 지금 천도교의 정의 영역을 담당하는 확고한 전위 조직인가, 아니면 단순한 교의 하위 조직인가? 동민회가 총부의 하위 조직이라면 이런 고민을 할 필요는 없다. 그렇지 않다면 진정한 정의 영역 담당자인지를 확고히 해야 한다다. 나아가 동민회는 과연 이전 청우당이 했던 만큼의 전위 조직으로서의 역할을 하고 있는지 생각해 보아야 한다.

둘째 동민회의 활동이 아직은 미약하다. 동민회는 동학 이념의 사회적 구현의 일환으로 자주·민주·통일을 실현하기 위하여 조직 확장, 연구와 교양 강좌·강연회·수련회 개최, 남북 교류 사업을 위한 세미나, 도서 출판, 시청각 매체의 보급 활동, 신문·잡지 발간, 홍보용 책자 간행, 환경·문화 운동 등 거의 모든 분야에 걸친 사업을 선언하고 있다. 그러나 지금 현재 동민회가 수행하는 활동과 사업은 현저히 제한되고 열악하다. 어쩌면 너무 많은 사업을 나열하다 보니 정작 아무 것도 하지 못하는 것은 아닌지. 무슨 활동을 통해 동민회가 안팎으로 부각될 수 있는가. 과연 동민회의 존재를 알고 있는 사람들이 얼마나 될까에 대한 진지한 고민이 필요해졌다. 동민회가 가장 전력하는 대북 교류에 있어서도 북쪽의 파트너인 청우당과 당 대 당 혹은 단체 대 당간의 독자 회합이나 교류를 더 활성화할 수는 없는지 모색해 보아야 한다.

셋째, 동민회 활동이 미약한 원인 중 조직의 보수화가 큰 몫을 차지한다. 동학 천도교의 전통은 시대를 앞서가는 개혁과 진보의 소리를 내는 것이었다. 그러나 동민회에 남아 있는 보수의 잔재는 시대의 선각자로서의 역할을 하는 데 제약이 되고 있다. 때로는 교세의 미약함을 핑계로, 재원의 부족을 이유로, 생존의 위기라는 핑계로, 자리 지킴의 역할로 만족하는 모습 등이 그동안 동민회의 모습이었다고 해도 과언이 아니다. 심지어 천도교가 마치 반공 종교로 인식되는 지경에까지 이르렀다면 이는 심각한 역할 전도이다. 역사를 되돌아보건대 동학 천도교만큼 진보적인 집단이 우리 사회에 존재한 적이 없었다.

넷째, 천도교 전반의 문제이겠지만 동민회 역시 젊은층의 활동 공간이 없다는 것이다. 기성세대에 의한 창립 초기 어느 정도의 기반 조성은 물론 필요하다. 그러나 조직 구성원에 기존 세력이 장기화하면 당연히 조직은 노쇠화하는 것이고, 그것은 곧 조직 실천성의 한계를 가져오는 것이며 나아가 퇴화되는 것이다. 현재 동민회는 이를 극복하기 위해 노력하고 있지만 좀더 적극적인 문호 개방을 통해 조직의 활성화를 기해야 한다.

우리가 추구해야 하고 역사가 동민회에 기대하는 것은 이 같은 한계를 딛고 다시 일어서 역사적 임무를 완수해 주는 것이다. 이를 위해 몇 가지 발전 방향을 제시한다.

첫째, 동민회는 동학 천도교의 민족적 자부심을 회복해야 한다. 천도교는 민족종교이자 민족운동의 구심점 역할을 했으며, 그 바탕에는 민족정신의 정수를 교리화한 민족 이념을 담고 있기 때문이다. 이것은 천도교만의 교정쌍전이라는 이론적 배경이 있었기에 가능했다. 따라서 동민회는 과거 민족운동의 정신과 이념의 계승을 보다 확고히 할 필요가 있다. 진정한 천도교 전위 조직의 위상을 확보하고, 교에 얽매이지 않는 정의 영역을 개척해 나가야 한다.

둘째, 천도교와 동민회의 가장 큰 장점 중 하나는 확실한 민족통일 이론을 가지고 있다는 데 있다. 그러나 그 이론을 담아 현실화시킬 수 있는 몸통으로서의 조직이 없다는 한계를 가지고 있다. 이것은 그대로 동민회의 문제이다. 물론 이는 오늘 천도교의 교세를 반영한 문제이면서도 그것을 핑계로만 삼을 수 없게 한다. 민족통일의 문제는 확고한 통일 이론을 바탕으로 현실 속에서 지속적인 통일 운동을 전개해 나갈 때 풀린다고 할 때 그것을 선도해 줄 조직의 뒷받침이란 절대적인 것이다. 천도교 통일 운동이 반세기가 지났음에도 여전히 동어 반복을 거듭하고 있다는 이 현실을 어떻게 극복할 것인지가 천도교 통일 운동의 최대의 문제라고 할 수 있다. 사실 북한 지역과 관련해 동민회는 여러 가지 장점을 가지고 있다. 아직도 북에는 천도교청우당이 제1야당으로 존재하고 있는 점이나 여전히 많은 수의 천도교인의 존재, 민족정신을 계승한 정치 이념을 창조했던 유일한 세력이었던 점 등 노력 여하에 따라서는 동민회 통일 운동의 에너지는 충분하다.[256] 두 차례에 걸친 전임 교령의 월북 문제로 교단이 위기에 처하기도 했지만, 위기와 기회는 물체의 양면이기에 대화쟁의 차원에서 접근해 문제를 풀어야 한다고 본다. 동민회의 활성화에 기대를 하는 이유도 여기에 있다.

셋째, 동민회 활동의 활성화가 필요하다. 다행히 동민회는 최근 들어 본격적인 활동에 나서고 있다. 어차피 천도교의 역할과 동민회의 역할은 구분될 수밖에 없고 같아서도 안 된다. 동민회는 종교 단체인 천도교가 할 수 없는 운동적 성격의 모든 영역을 대변해야 한다. 통일 운동의 전위에 서야 하는 것도 마찬가지이다. 한편 동민회는 천도교 이념이 실현될 수 있는 모든 영역에서 제 소리를 내어

---

256 이 밖에도 방북 경험자들에 의하면 류미영 청우당위원장에 대한 김정일 국방위원장의 극진한 대우나 '한울님', '동덕' 같은 명칭의 대한 경의 등은 민족종교로서의 천도교에 대한 인식이 지극했음을 전하고 있으며 실생활에 있어서도 최고인민회의 대의원 680명 중 23명이 천도교인이고 약 800여 개이 전교실이 개인 가정을 중심으로 설치되어 있나고 한다. 임운길, 「평양에 다녀왔습니다」, 『신인간』2001년 8월호, 36-41쪽 등 참조.

야 한다. 대사회 운동으로 대북 교류의 선도적 역할을 넘어서 보다 적극적인 교류 협력의 창구 역할까지 하여야 한다. 여기에 북쪽의 청우당을 적극 활용해야 하는 것은 물론이다.

한편 이를 위해 동민회는 사회 변혁과 개혁에 앞장서야 한다. 특히 우리 사회를 구조적으로 얽어매고 있었던 냉전 구조의 탈피를 위한 변화에 적극 나설 필요가 있다. 예를 들면 국가보안법 폐지, 친일 잔재의 청산, 과거사 정리, FTA 협상 등에 보다 적극적인 목소리가 필요하다는 것이다. 어차피 동학 천도교의 전통 자체가 시대의 아픔을 먼저 받아들이면서 극복해 나갔기 때문에 이런 일에 동민회가 나서야 함은 필지의 사실이다.

이런 과정 속에서 동민회는 현재 난립하고 있는 민족운동 진영을 규합하는 역할을 해 나갈 수 있을 것이다. 현재 민족 이념과 정신에 입각해 민족운동을 해 나가는 다양한 세력이 있지만, 이들의 통합적 단체가 부재함으로 인해 그 역량을 집결시키지 못하고 있다. 과거 동학·천도교의 거대한 민족운동이 가능했던 것도 당시의 민족운동 진영에 동학·천도교가 중심이 되었기 때문이다. 이제 그 역할은 동민회의 몫이 되었다.

또한 천도교가 추구하는 교정쌍전의 정은 정치의 영역에 국한하는 것은 아니다. 그렇기에 더욱 동민회의 대 사회 활동과 나아가 문화 운동에까지 나서길 요구한다. 문화 활동 면에서 천도교만큼 많은 소재를 가지고 있는 단체는 없을 것이다. 천도교에는 역사적 흔적이 그만큼 많고 우리의 정서가 그만큼 많이 녹아 있다는 것이다. 그러나 동학 천도교의 위대한 역사에 비해 그것의 기록은 빈약하기 이를 데 없다. 변변한 도서관 하나 없는 현실을 어떻게 타개해 나갈 것인가. 그 많은 동학 천도교의 성지들은 이렇게 방치해야하는가. 이런 것들을 묶어 하나의 성지순례 코스로, 민족정신 선양의 장으로 활용하는 일에 동민회가 앞장설 수 있을 것이고 나아가이같은 전통의 캐릭터 사업화 역시 할 수 있을 것이다.

넷째, 동민회 활동은 결국 동민회의 청년 운동이 얼마만큼 이루어지느냐에 달려 있다. 3세교조 의암 손병희가 3·1운동 뒤 청년회의 결성 소식을 옥에서 정광조에게서 듣고는 "우리의 고생도 그것을 이루기 위해서였다."고 했다 한다. 이제 통일 운동을 비롯한 동민회의 운동에 청년들이 주체가 될 수 있도록 기성세대의 많은 배려와 관심이 뒤따라야 한다. 즉, 통일 운동의 일꾼 양성뿐 아니라 통일 이후 시대를 대비하는 젊은 교역자와 인재들을 발굴 양성하는 데 적극 나서야 한다. 원래 천도교의 힘은 젊은이들을 양성하는데서 나왔는데 지금은 그 전통이 끊어진 듯하다. 무엇보다도 현재의 청년회 조직과의 연계가 필수적이다. 청년회 활동가들이 동민회의 수족이고 그들이 장차 동민회의 수뇌가 될 것이기 때문이다. 이 밖에도 여성회와의 연계, 대학생단의 활동 지원 등으로 동민회 활성화를 유도해 나가야 할 것이다.

마지막으로 장차 청우당의 복당 문제가 검토되어야 한다. 현재의 천도교는 정의 영역이 미약한 상황이다. 한 시절 전 천도교가우리 사회의 중심이 되었을 때는 교와 정이 함께 높아졌을 때였다. 한쪽만 성할 때 천도교는 천도교답지 못했다. 천도교가 천도교다우려면 교와 정이 함께해야 하기 때문이었다.

천도교가 여전히 개벽 세상을 지향해 교정쌍전의 논리를 수용한다면 반드시 청우당을 통일 운동의 전위에 세워야 한다. 동학의 창시자인 수운 최제우가 말한 후천개벽의 구체적 모형인 청우당의 강령(민족 자주의 이상적 민주 국가 건설, 사인여천의 정신에 맞는 새 윤리 수립, 동귀일체의 신생활에 기한 신경제 제도의 실현, 국민개로제를 실시하여 일상 보국의 철저를 기함)이 실현되는 세상을 건설하는 것은 천도교와 동민회의 과제이자 민족의 과제이기 때문이다.

VIII. 새 시대의 들불로

동학 천도교의 한 세기 반은 성공과 실패가 교차한 역사였다. 그것은 종교성을 뛰어 넘는 이념성의 이상적 공동체 건설을 목표로 한 도전의 역사였기에 아직 누구도, 어느 국가도 달성치 못했던 실패한 이데올로기 실험의 하나였다. 그러나 적어도 19세기 역사적 격변기에서 동양의 작은 국가 조선의 민중들에게 자신들이 역사의 주체임을 각성시킨 점에서는 성공의 역사였다.

천도교가 이처럼 다른 종교와 달리 역사 변화의 동인이 될 수 있었던 것은 교정 조화의 독특한 이념이 있었기 때문이다. 개벽된 세상은 내세나 영혼의 세계에서뿐 아니라 현실의 세계에서도 실현되어야 하는 것이다. 천도교단이 3·1운동의 실패 후 청우당을 통해 민족 문화 운동을 전개하고 민족을 계도해 이상사회를 지향했던 이유도 여기에 있다.

흔히 천도교는 한국 민족주의의 세 가지 특성인 저항과 통합과 변혁의 지향성을 표출했다고 한다. 그 점 때문에 천도교는 이전의 배외사상이나 전통주의, 호국사상을 뛰어 넘는 현대적 한국 민족주의의 전형을 제시했다고 볼 수 있다. 더욱이 이런 질적 차별성을 천도교는 줄기차게 민족의 한가운데서 민중운동으로 실천해 왔다고 평가할 수 있다.

이제 그 전통은 이 시대의 민족운동인 통일 문제로 집약되어야
한다. 그것은 천도교의 이상인 천도 실현을 위한 교정쌍전의 지상
명령이기도 하다. 창도 이래의 반외세 반봉건 운동과 민족 독립 운
동 그리고 문화 운동은 모두 민족 문제의 해결을 위한 천도교의 현
실참여였다. 민족은 그 실현의 주체이자 공동의 문화를 소유한 운
명 공동체이기 때문이다. 천도교가 통일 운동에서도 전위에 서야
하는 이유는 여기에 있다.

해방 이후 한반도의 상황은 냉전을 바탕으로 한 이데올로기적
국가 형성의 논리가 민족 이념에 입각한 민족주의적 공동체 형성
의 요구보다도 우월한 힘으로서 역사를 통하여 작용하였음을 보여
준다. 그러나 현대사에서 민족의 중요성에 대한 홉스봄 등[257]의 부
정에도 불구하고 우리는 민족 문제의 해결을 위한 길은 여전히 민
족주의일 수밖에 없다는 것을 인식해야 한다.[258] 그것은 민족 문제
에 대한 민족주의 이외의 어떠한 해결책도 지금까지 문제를 더욱
악화시켰거나 미봉책에 불과한 수준이었으며, 오히려 새로운 문제
를 발생시키는 경우가 더 많았기 때문이다.

동학과 천도교가 지향하는 민족 공동체적 사상과 운동은 확실히
기존의 냉전 논리와는 구별되는 한국의 전통적 정신문화를 바탕으

---

257 오늘날 민족주의연구를 대표하는 서구의 Eric J. Hobsbawm이나 Ernest Gellner, Anthony
   Smith, Benedict Anderson 등의 부정적 경향은 일관되고 있다.

258 Anthony D. Smith, *Nations and Nationalism in A Global Era*, Cambridge : Polity Press, 1995,
   Introduction.

로 하고 있다. 이는 그들이 추구하는 조화와 화합의 이념과 자주적 통일 민족 국가 수립 운동의 과정에서도 증명되고 있다. 그 과정에서 천도교는 어느 집단보다도 큰 피해를 입고 희생을 치렀다. 따라서 오늘 통일 운동에 나서는 천도교의 자세는 적어도 세 가지의 목표를 명확히 가지고 있다. 분단 극복과 교세 회복 그리고 동학 시대 이래로 천도교가 추구하는 이상사회의 건설이 그것이다. 이 시대 동민회가 앞장서는 천도교의 통일 운동이 많은 어려움에도 불구하고 지속되어야 하는 이유도 여기에 있다.

동학민족통일회는 천도교의 전위단체로 이 같은 선배들의 전통을 계승하고 새로운 역사를 창조해야 하는 시대적 소명 하에 탄생했다. 동민회의 앞에는 수많은 난관과 한계가 놓여 있다. 그러나 동학이 창도되었을 때의 고난길과 청우당이 탄생했을 때는 지금보다 훨씬 더 열악했고 위태로운 순간이었다. 조직과 자금과 사람도 훨씬 부족했다고 보아야 한다. 그럼에도 그들은 동학혁명 이래로 숱한 역사의 장을 만들어 냈고, 청우당은 일제하 문화 운동과 7대 부문 운동을 실천해 나감으로써 당시 국내에서 좌절과 절망의 늪에 빠진 민족에 등불과 같은 역할을 해 내었다. 아마도 그분들이 가진 유일한 자산은 수운 최제우가 제시했던 후천개벽의 이상사회가 가능하다는 확신이라는 열정이 아니었을까.

물론 21세기는 훨씬 더 복잡하고, 고려해야 할 것들과 돌아보아야 할 것도 무수히 많다. 특히 정의 영역이 정치에 국한하기보다는 사회·경제·문화의 전 영역을 망라한다고 할 수 있다. 그럼에도 이념적으로나 역사적으로나 경험적으로나 엄청난 자산을 가지고 있

는 동학민족통일회가 작금의 환경을 제3자로 지켜보는 것은 용납
되지 않는다. 더욱이 오늘의 사회가 철학과 이념 빈곤에 이벤트성
의 감성만으로 움직이는 것 같아, 웅대한 이상과 원칙을 가지고 있
는 천도교 이념이 구현되는 사회가 더욱 그리워진다. 동학민족통
일회의 미래는 과거를 바탕으로 현재를 성찰하는 가운데 비로소
개척될 것이다. 그것은 각고의 노력과 실천만을 요구한다고 할 수
있다. 동학·천도교의 민족운동 전통은 〈동학민족통일회〉를 통해
새 시대의 들불로 타오를 것이다.

제 2 부

동학·천도교 민족통일 운동의 사상과 맥락

- 천도교청우당의 국가 건설 사상
- 동학과 민족통일 이념
- 천도교 통일 운동과 논의의 전개 과정

천도교청우당의 국가 건설 사상

1. 머리말

3·1운동 이후 천도교단의 위기를 수습하는 과정에서 교단이 가장 역점을 둔 분야는 청년 운동이었고 청우당은 그 운동과 노선의 중심에 있었다. 즉, 청우당은 동학과 천도교의 반봉건·반외세의 전통을 계승해 봉건과 외세를 극복한 근대성을 실현하고자 했던 천도교의 이념 정당이었다.

동학은 지상천국의 실현을 위해 종교(敎)와 정치(政)의 쌍방을 조화시키는 교정 조화·교정쌍전을 끊임없이 추구하였는데, 이러한 교정 조화·교정쌍전의 개념에는 종교 민족주의와 문화 민족주의가 결합되어 있다고 할 수 있다. 동학에서는 교정쌍전의 개념을 후천개벽의 세상으로 표현하고 있는데, 후천개벽을 위한 구체적 실천 운동 전위단체로 등장한 것이 청우당이었다.[1] 청우당靑友黨은 일

---

[1] 천도교에서 청우당 창당의 목적을 "천도교의 주의, 목적을 사회적으로 달성코자…", "천도교의 전위대, 별동대로서… 정치활동을 주로 하는 천도교적 정치 단체요, 천도교적 청년 운동기관이 아니다…"라고 성격 규정을 하고 있다. 김병제 대표집필, 『천도교정치이념』 천도

제 강점 시기에 천도교청년교리강연부로 시작해, 민족 계몽과 문화 운동에 진력하면서 오심당吾心黨·불불당不不黨이라는 지하 항일 조직을 결성해, 국내에서의 민족 문화 운동을 주로 전개해 나갔다. 1939년 4월 일제에 의해 강제 해산당하였으나, 청우당은 해방과 함께 다시 출범하였다. 해방 당시의 미국에 의한 군정 분위기에 편승해 급조된 정당들은 대부분 그 노선이나 정책이 불투명했던 데 비해, 동학·천도교 사상을 기초로 하고 있던 청우당은 자신의 입장을 명확히 제시할 수 있었다.

청우당의 정치 교과서로 쓰였던 『당지黨志』나 1947년 미소공동위원회에 제출한 『천도교정치이념天道教 政治理念』 등에는 당시의 상황에서 청우당이 표명한 동학의 정치 노선과 그들이 구상한 국가 건설 사상이 구체적으로 제시되고 있다. 청우당의 정치적 이념은 곧 동학 정치사상의 현대적 표현이었다고 할 수 있으며, 동학사상의 창시자 수운 최제우가 구상했던 후천개벽 세상의 구체적 모형이라고 볼 수 있다.

청우당은 동학사상의 대원칙인 인간 존중 이념을 바탕으로 인내천人乃天, 물심일원物心一元, 성신쌍전性神雙全, 교정 일치教政一致의 철학적 이념을 제시하고 보국안민과 포덕천하의 원대한 이상을 언급하고 있었다. 그리고 좀더 현대적 실천의 의미에서 청우당은 여전히 남아 있던 신분제를 타파한 사회 질서 확립, 민주 경제 실현을

교총본부 知道觀 편찬, 1947, 117-118쪽 참조.

위한 공정 배분이 이루어지는 평등 사회의 건설, 진정한 문화개벽文化開闢의 완성 등 한마디로 조선적朝鮮的 신민주주의新民主主義를 주창하고 있다.

조선적 신민주주의 국가는 수운 이래로 해월과 의암에 이르는 동학 민족운동의 전 과정 속에서 구현된 이상적 도덕 국가의 다른 표현이다. 시천주를 깨달은 신인간들에 의해 구성되고 운영되는 국가이기에 도덕을 바탕으로 한 정치 세계인 것이다. 확실히 동학·천도교가 추구하는 민족 공동체적 사상은 대립·대결 지향적인 기존의 냉전 논리와도 구별되는 한국의 전통적 정신문화에 기초한 민족주의적 정치사상이다. 동학사상에 내포되어 있는 조화와 화합의 이념이 그것을 증명하고 있다.

자본주의도 사회주의도 아닌 제3의 길로 해석될 수 있는 청우당의 노선은 한국 민족주의의 특징과 성격을 규명할 귀중한 사례이고, 동학이 제시한 국가 건설론이라고 할 수 있을 것이다. 이러한 연구 과정 속에서 동학사상은 한국 민족주의 국가 건설 사상의 하나의 원형적(ideal type) 모습으로서, 그리고 갈등을 극복하는 정치 질서의 모델로서 얼마 만큼의 적실성을 갖고 있는지 여부를 재평가할 수 있고, 나아가 한국적 특수성이 현대적 보편성을 획득할 수 있는 가능성을 타진해 보는 계기가 될 수 있을 것이다.

2. 천도교의 대 사회 의식과 교정쌍전론

천도교의 역사는 교정쌍전·교정 조화의 역사였다. 즉, 창도 이래로 단 한 번도 교회의 역사와 사회의 역사가 분리되지 않았다는 것이다. 교정쌍전의 이념은 천도교의 대표적 정치사상이지만, 다수의 학자들은 서구적 교정 분리의 시각에 입각해 그것을 전근대적 요소로 취급하고 있다.

그러나 천도교를 교敎 혹은 정政의 입장만을 취해서 이해한다면 이것은 천도교의 일면성만을 평가한 것이 될 것이다. 천도교의 교정 조화 이념은 서양의 '정교 합일주의政敎合一主義'처럼 세속적 군주가 종교의 교주를 겸하거나, 종교에 의한 세속 지배로 상징되는 서양 중세의 경우와도 구별된다. 천도교의 교정쌍전론은 종교와 정치가 대등한 입장에서 쌍방적으로(교정쌍방) 조화되는 것을 이상으로 하였다.[2]

동학사상은 '후천개벽後天開闢·오심즉여심吾心卽汝心·인내천人乃天·동귀일체同歸一體·사해일가四海一家·만족일인萬族一人'이라는 원리와 목표를 표방하여, 그의 구체적 강령으로 나타난 것이 '보국안민輔國安民·포덕천하布德天下·광제창생廣濟蒼生'이다. 그리고 이것들의 총괄적 이름은 이 원리와 강령의 탄생이 동쪽에서 이루어진 까닭에 '동학'이라 한 것이요, 오늘의 이름은 '천도교'인 것이다. 이 원리와 목표의 실현은 지상천국의 건설이고 그것의 전위 조직으로 결성된 것이 청우당이다.[3]

청우당은 많은 난관 끝에 등장했다. 그것은 천도교가 창도 이래 최악의 위기에 직면했을 때, 즉 3·1운동의 여파로 그 존립이 위태로운 상황에서 출현하게 된 것이었다[4]. 천도교는 위기를 오히려 기회로 삼았다. 즉 후천개벽의 주역이 될 청년들에 기대를 건 것이다. 천도교청년교리강연부가 그것이었고, 그들은 의암이 일찍이 유학을 시키거나 운영 또는 지원하던 학교와 교리 강습소 운영 등을 통해 양성되었다. 교리강연부는 청년회로 나아가 청년당으로 발전하며 그 성격을 보다 확고히 해 나갔다.

청우당의 방향과 노선은 당헌의 제1조에 "천도교의 주의·목적을 사회적으로 달성코저 이에 시종할 동덕으로써 한 개의 유기체를 조직하여 그 명칭을 천도교청년당이라 한다."한 데서 알 수 있다. 이를 좀더 분석해 보면 천도교단의 대 사회 인식을 읽을 수가 있다. 첫째, 천도교의 주의·목적을 그대로 당의 주의·목적으로 하는 것이니, 천도교의 주의·목적은 '오심즉여심'이라는 인내천의 원리 하에서 보국안민 포덕천하하여 지상천국을 건설하는 것인바

서 나타날 때는 정이 되고, 그것이 교화로서 나타날 때는 교가 되는 것이다. 따라서 천도교는 세상을 새로이 하는 일에서 정신 교화를 존중하면서 제도를 또한 중시하여 그 두 가지를 병행하려고 한다. 이것이 천도교의 교정 일치이고 청우당을 건설한 이유가 되는 것이다.

4 3·1운동을 주도한 천도교에 대한 일제의 탄압은 가혹하기 이를 데 없었다. 많은 교도의 연행과 구속은 물론 재산 압수, 전교실 폐쇄 등이 잇따랐다. 뿐만 아니라 천도교를 분열시키기 위하여 靑林敎, 濟愚敎 등 친일적 사이비 동학 계열의 종단의 건설을 부추겼다. 오지영은 이때의 상황을 이렇게 말하고 있다. "조선독립운동에 타사회보다 천도교는 일층 곤란을 밧엇서고 乃終에는 천도교 간판 문제까지도 흔들니어 가장 위험한 상태에 빠졌섯다." 오지영, 『동학사』 四, 신창서관 발행(아세아문화사 영인본, 1973).

이것이 곧 당의 주의·목적이라는 말이다. 물론 교단에서도 당시의 열악한 상황에서 이러한 이상적 사회 건설이 당장에 가능하다고 보지는 않았을 것이다. 종교로서의 기능을 가지고 있던 천도교는 이 같은 이상향을 제시함으로써 종교성을 담보하고, 좌절에 처한 조선 인민에 최소한의 희망을 전망하게 해 주고자 했던 의도로 해석된다. 청우당은 이를 실천적으로 담지하는 단체인 것이다.

둘째, '사회적으로 달성코저 하는 것이니', 사회적이라는 의미는 일반적·현실적이라고도 할 수 있는 천도교의 주의·목적이다. 이것을 단지 머릿속에 담아 두고 관념만 하는 데에서 그치는 것이 아닌, 그것을 일반 창생을 통하여 현실적으로 성취하려는 것이다. 그러므로 현실적·구체적 노력과 운동을 요하게 되는 것이다. 당시의 상황에서 어쩌면 천도교는 청우당을 전위에 세워 가능한 범위에서의 운동, 구체적으로 문화 운동을 통해 민족의식을 지켜내면서, 나아가 개화와 독립된 이상적 자주 국가 건설을 대비하자는 의도를 가지고 있었을 것이다.

셋째, '이에 시종할 동덕(교인)을 결합하는 것'이라 함은 당헌에 있는 것과 같이, 천도교의 역사적 사명을 의식하는 동덕으로서 당의 주의·목적을 직업적으로 수행하고자 하며 이념과 사상이 일치되는, 천도교와 자기가 둘이 아님을 자각하고 체화體化한 사람이라야 한다는 것이다. 즉, 3·1운동의 실패로 좌절에 처한 민족에게 새로운 전망을 제시하기 위해 천도교단이 앞장서서 민족의 앞길을 개척해 보자는 것이다. 그리고 그 전위에 청우당이 서야 한다는 것을 말한다. 당시의 분위기에서 민족운동에 나선다는 것은 국내에서의 독립 운동과 진배없었을 것이다. 따라서 목숨을 걸어야 하고, 그 앞장에 천도교의 동덕들과 청우당의 당원들이 결집해야 함을 역설하고 있다고 볼 수 있다.

넷째, '한 개의 유기체有機體를 조성하는 것'은, 유기적 조직으로 부분을 결합하여 하나의 커다란 전적全的 기관을 만들어 간다는 것을 말한다. 즉, 아주 긴밀하게 체계가 있는 유기적 조직을 가지자는 것으로, 당의 생명은 여기에서 생성·발전되고 유지된다고 할 수 있다. 청우당이 천도교의 전위당前衛黨이란 점을 이해한다면 제한적이나마 종교성과 현실성의 결합을 발견할 수 있다. 동시에 당은 개벽적 당, 획기적 당으로서 평상적·대중적 의의를 가진 당임을 주장한다. 따라서 청년당이라고 해서 명칭처럼 청년 운동에 국한되는 것이 아니라, 천도교의 이상을 실현하는 혁명적 전위 정당이라는 의미임을 알 수 있다.

이러한 청년당과 천도교의 관계는 일체 양면이며 이위일체이다. 교는 광원과 같다 하면 당은 광선과 같다 할 수 있다. 이 진리는 천도교와 교도들로 조직된 청우당과의 관계에서 특별히 그렇다. 『천도교청년당소사』[5]는 이렇게 기술하고 있다.

천도교 자체가 한 개의 당이어늘 또 천도교청년당이라는 별개의 기관을 가지는 것은 무슨 뜻이냐. 물론 이렇게 생각할 수 있다. 그러

---

5 조기간, 『천도교청년당소사』, 천도교청년당본부, 1935. 이하 『소사』로 약함.

므로 천도교청년당이라 함은 추호라도 천도교 그 자체의 당적 의의를 慊然함이 아니요, 철두철미 일원적 체계임을 물론인 바, 이를 한 층 더 적극적 구체적으로 진전 발휘키 위한 천도교 자체의 일종 전위 조직이다. '水不離波波是水'라는 말과 같이 천도교를 떠나서는 청년당이 있을 수 없는 것이며, 청년당의 운동은 곧 천도교 운동의 하나이다. (중략) 요컨대 이와 같은 청년당은 우리 교내에 언제든지 있을 것이다. 있어야 될 것이다. 더구나 지금과 같은 과도기에 있어 일층 중요한 의의를 가지는 것이 사실이며, 이리하던지 저리하던지 불구하고 당의 일체가 천도교의 전적 의지 내지 범주를 벗어나서 있지 못할 것은 물론이다.(『소사』, 135쪽)

천도교와 청년당은 이런 관계 속에서 유기적 연결과 체계적인 시스템을 유지하며 활동해 왔다. 또한 청우당의 운동에서 운동과 교리가 서로 배치될 경우 청우당은 운동을 선택하라고 한다. 이는 교단 입장에서는 어려운 일일지라도, 당을 통해서는 교를 극복하는 대승적 결론을 유도하는 천도교 민족주의의 한 단면이라 할 수 있다. 종교와 민족의 이해관계가 서로 어기는 부분이 있을 때 과감히 민족을 택하라는 주장은 청우당 노선을 종교 운동이 아닌 민족 운동으로 평가하게 하는 대목이다. 그러나 이러한 민족운동 우선론은 동학 창도 이래의 현실 비판과 참여를 통한 현실 개혁 지향의 전통이기도 하다.[6]

3. 청우당과 민족운동

3·1운동을 교단 차원에서 준비하고 주도한 천도교는 교주 손병희를 위시한 원로급 지도자들이 대부분 구금·기소됨에 따라 지도체제의 재정비가 불가피하게 되었다. 그 결과 젊은 지도층을 중심으로 1919년 9월에 천도교의 교리를 연구·선전하며 민족 문화를 향상·발전시키기 위하여 〈천도교청년교리강연부〉가 창립되었다. 이것은 당시 운동 색채를 띤 청년 단체로서는 가장 먼저 조직된 단체였다.[7]

〈천도교청년회〉로 명칭을 변경한 후 이들의 활동은 주로 천도교리와 새로운 사회 사상의 선전·보급, 조선 문화 향상 발전 사업, 지식열 고취, 교육 보급, 농촌 개량, 도시 중심의 계몽 활동, 전문가 양성 등이었다.[8] 특히 문화 사업으로 종합잡지인 『개벽』을 발행

---

6 동학의 이 같은 현실위주의 사고는 한국 전통 종교가 가지고 있는 공통점이기도 하다. 실제로 원효의 和諍思想이나 보조국사 지눌의 教觀兼修論 그리고 성리학의 實學思想 등은 종교 위주가 아닌 현실 개혁 위주였다. 그래서 한국 전통 종교는 종교로 접근하기보다는 하나의 사상으로 접근해야만이 그 내면의 본질을 발견할 수 있다고 생각된다.

7 천도교청년교리강연부의 설립과 교단 차원의 지원은 옥중에 있던 의암 손병희의 뜻이었다. 영어중인 의암을 찾아간 사위 玄庵 鄭廣朝가 교리강연부의 운동을 보고하자 "응 그래! 그럴 걸 그러리라! 앞으로는 포덕이 더 많이 나리라. 그리고 청년들의 하는 일을 부디 잘 도와주어 그것이 잘 돼야지. 그것이지 다른 것이 아니오. 나도 그것을 위해 그러는 것 아니냐."라고 했다고 한다. 『소사』, 130쪽.

8 김병준, 「지상천국의 건설자 천도교청년당의 출현」, 『천도교회 월보』157호, 1923. 10, 8쪽; 이돈화, 「조선 신문화 건설에 대한 도안」, 『개벽』4호, 1920. 9, 9-16쪽, 정용서, 「일제하 천도

하고, 방정환·김기전 등을 중심으로 〈소년회〉를 결성하고 어린이 운동을 제창하여 실행한 것은 지금까지도 빛나는 업적으로 평가되고 있다. 청년회는 이 같은 문화 사업과 운동을 통해 일반 민중을 각성시켜 전근대적인 봉건 사상에서 탈각시키고 근대 의식을 함양시키려 했다.

이들의 활동이 점차 교회 차원을 넘어 민족 문제의 해결로 연결되면서, 공고한 세력 기반과 정치적 투쟁·훈련의 필요성이 인식되었다. 따라서 기존의 청년회를 발전적으로 해체하고 1923년 9월 천도교청년당(청우당)을 결성하였다.

초기의 청우당은 포덕 운동과 선전 운동, 조직 운동, 교양과 훈련, 경제 운동, 체육 운동 그리고 통속 운동 등 주로 민족 계몽 운동에 주력하고 있었다. 이 운동에서도 청우당 스스로가 가장 높이 평가하는 것은 문화 운동이었다. 문화는 자유를 상실한 우리 민족이 내세울 수 있는 마지막 자존심이었는지도 모른다. 청우당은 인간력의 총화, 사회력의 총화를 문화라고 했다. 어떤 민족 사회를 막론하고 그 민족 사회의 총 노력의 결정은 그 민족 사회의 문화로 표현되는 것이다. 결국 천도교의 민족 문화 운동은 후천개벽 운동인 동시에 인문개벽 운동, 즉 인류의 신문화를 창조하는 운동이었다. 이러한 점에서 청우당은 신문화 운동이 가장 중대한 임무라고 주장했다. 『천도교청년당소사』에서는 청우당의 문화 운동을 이렇

교청년당의 정치·경제 사상 연구」, 연세대 사학과 석사학위 논문 재인용.

게 정리했다.

(1) 개벽사 창립. (2) 신문화 선전. 1919년 9월 2일부터… 오늘날까지 15, 6년간 계속하여 연1, 2차의 순강으로 강연, 강도, 강좌, 강습 등의 형식으로 천도교의 인내천 진리와 그에 상응하는 후천 신문화를 선전. (3) 조선정형연구회 조직. (4) 신인간 자학 창설. 1926년 5월 21일 일반 당원의 지식 향상과 의식적 교양을 위하여 연 1차 이상의 자수자학 공부를 실행. (5) 시일학교 창설. (6) 당기관지 黨聲 발행. (7) 간행물 출판. (8) 자수대학 강의 발행. 중등학과를 마치고 그 이상 학과를 수득할 길이 없는 처지에 있는 조선청년에게 전문적 지식을 수득케 하기 위하여 종교, 철학, 정치, 경제, 사회, 예술, 체육 등의 7대 과목에, 대학 정도의 종합강의록 발행. (9) 당학 창설. 정신, 민족, 생활, 건강의 4대 방면에서 1. 교리교사 2. 조선어 3. 조선사 4. 농학, 5. 체육 등 5대 학과를 선택하여 당원의 필수학과로 한 바, 이를 당학이라 명칭하여 1934년 1월부터 기관지 당성을 통하여 통신 교수 방법으로 실시.(『천도교청년당소사』)

문화 운동과 더불어 청우당은 점차 후천개벽의 지상천국 건설을 직접 목표로 해서 인간 개벽, 사회개벽의 대중 운동을 전개했다. 이에 따라 농민부·노동부·청년부·학생부·여성부·유소년부·상민부 등 7대 부문 운동이 대대적으로 전개해 나갔다. 일제의 감시하에서 이루어진 제한된 운동이기는 하지만 그 시기 청우당의 7대 무분 운동을 능가한 사회 활동을 한 단체는 없었다. 간략히 부문 운동의 구체적 성과를 정리하면 다음과 같다.

(1) 포덕 운동은 당의 목표인 후천개벽의 지상천국을 실현하려는 민중의 계몽 운동으로서, 당의 선전 운동과 함께 연평균 2000호, 약 1만명 등 건당 10년을 기점으로는 약 10만 명이 포덕 운동에 계몽되었다. (2) 천도교소년회 운동은 어린이의 날을 제정하고 최초의 어린이 잡지인 『어린이』를 간행하는 등 어린이 사랑을 전파했다. (3) 천도교내성단의 활동으로, 이는 여성의 해방을 제기한 최초의 페미니즘 운동이었다고 평가된다. 군 기관만도 100여 개소, 단원은 수만 명에 이르렀다. (4) 농민 운동으로 특히 〈조선농민사〉를 결성해 조선 농민의 지위 향상과 소득 증대 사업을 모색했다. 『농민』지를 발간해 새로운 영농법을 소개·지도하고 농민들의 자치 능력 함양에 주력했다. 이는 나중에 농민공생조합 경제주의로 전환해 사업 영역을 확대했다. (5) 문화 운동으로 『개벽』지를 비롯한 많은 문화 사업을 말한다. (6) 체육운동에 주목해 특히 덴마크 체조를 보급함으로써 국민 건강 증진을 도모했다. (7) 조선노동사를 창건해 노동자 권익 보호와 계몽 활동을 전개했다.

1931년 당 사업이 본궤도에 올랐을 때에 청우당은 3만 당원에 전국적으로 지부가 120여 개나 되는 조선 최대의 조직이었다. 따라서 이 방대한 조직을 이끌기 위해 당에서 채택한 조직 운영 방침은 근대적 정당 체계와 비슷한 '민주적 중앙집권제'였다. 이 조직은 당의 사무가화·관료화를 방지하고, 당 역량의 집중화·통제화를 기하기 위한 것으로, 개벽적 목표를 지향하는 당의 주장·정책과 기타 일체의 진행 방법을 당 전체의 요구와 경험에 근거하는 내용을 갖도록 하자는 것이다. 이것은 각 당원과 하부 기관의 의견과 경험 일체를 당으로 전달하지 않을 수 없는 것이요, 그러하기 위하여는 기회를 주지 않을 수 없는 것이니, 이것이 곧 민주적 원칙을 채용하는 이유라고 밝히고 있다.

그러나 1920년대 천도교단의 분규로부터 청년당 역시 자유로울 수는 없었다. 특히 청년당의 심각한 위기는 천도교 제4세 대도주인 춘암 박인호의 교주직 인정 여부를 놓고 벌인 1925년의 신구파의 분열에서 초래되었다. 이후 천도교청년당과 천도교청년동맹으로 분열되었다가 다시 청우당으로 통합, 그리고 다시 분열의 길을 걸었지만 그들의 초기 이념과 정신은 변함이 없었다.

난관은 여기에서 그치지 않았다. 1930년대 국내의 모든 민족운동 단체가 존립할 수 없었듯, 7대 부문 운동으로 꾸준한 활동을 하고 있던 청우당도 일제의 제한을 받게 되었다. 그러던 중 신간회의 해체처럼 청우당도 해체의 위기에 직면하자, 그들은 자신들의 활동에서 정치 요소를 제거하기로 결정했다.

일제 말기에 청년당의 존재는 교단에 크게 부담이 되었다. 따라서 청년당의 조직·활동 역시 이 연장선상에서 변화하게 되었다. 사회 활동의 중심이었던 부문 운동을 당 포덕부에서 총괄·관리하도록 하였으며, 각 부문 단체의 중앙과 군 기관을 해체하고, 조선농민사를 제외한 각 부문 단체의 현행 규약을 폐지하고 당 본부에서 정하는 규제에 따라 조직을 정리하기로 하였다. 이처럼 부문 운동을 중심으로 한 대외 활동보다는 대내적인 수련·수양을 청년당의 중심 활동으로 삼음으로써, 청년당의 본격적인 운동은 사실상 끝났다고 할 수 있다. 따라서 이후 청년당의 활동은 대외적으로 사회 운동을 전개하기보다는 대내적으로 당원들의 수련·포덕·교양을 위주로 하는 활동으로 위축되었다. 그런 가운데 4세 대도주인 춘암 박인호 중심의 멸왜기도 운동이 시행되다가 발각되고, 천도교는 또 한 번의 대 탄압을 받으며 모든 사회 활동을 금지당했다. 그 결과로 천도교의 모든 단체들도 강제 해산되었고, 청우당도 1939년 4월 3일에 열린 제13차 전당대회에서 당을 해체하고, 당시 천도교가 가입해 있던 일제의 국민정신동원총연맹에 합류함으로써 일제 시대 청우당의 역사도 막을 내렸다.

이러한 비극은 해방 정국에서도 이어졌다. 해방은 청년당이 보국안민을 달성할 수 있는 절호의 기회였다. 지하로 잠복했던 청우당은 해방 직후 부활하여 의욕적으로 활동을 전개하려 했다. 그러나 분단된 국토와 새로운 외세의 등장으로 자주·자립의 여지는 크게 줄어들고 있었다. 청우당은 남과 북에서 각각 재창당되었으나 당세의 분포도가 남북으로 확연히 구분되어 있어 단일 정책의 지향에 많은 어려움이 있었다. 그런 가운데 나온 『천도교 정치이념』은 남북 청우당의 합의로 정리되었다. 그러나 해방 정국의 향방은 강대국의 이해 득실과 국내 반민족적 세력에 의해 민중의 여망과는 다른 길로 치달았다. 1947년 11월 UN 총회의 남북한 자유 총선거 결정이 이루어졌고 청우당은 그 안을 지지하게 되었다. 그러나 결과는 국내의 여느 민족주의 세력의 몰락과 같았다.[9] 해방 정국이 분단의 고착화로 귀결되자 청우당의 노선은 민족통일 운동으로 전환되었다. 그래서 이후 통일 운동에 당은 진력했으나 일제와 해방 정국을 거치면서 교세의 사회적 세력은 크게 축소되어 버렸다. 나아가 그들은 남에서는 중간 좌파로 몰려 제거되고, 북에서는 일련의 정치 투쟁 과정이 좌절을 겪으면서 그 세력이 급속히 위축되었다. 이어 닥쳐오는 6·25와 그 이후 극심한 냉전 체제는 남북 모두 청우당 활동의 재기를 어렵게 만들어 갔다.

4. 청우당의 조선적 신민주주의 국가 이념

청우당은 1927년 8월의 제1차 대표대회까지는 그 주의와 목표가 명확히 제시되지 못하고 있었으나, 제1차 대회를 계기로 당헌이 제정되면서 본격적인 이념 정당의 노선에 맞는 주의·주장과 정강 정책이 정립되었다. 그러나 청우당이 제시한 이념이나 주의는 일제라는 시대적·공간적 제약으로 인해 그 근본적 목표가 실현될 수 없었다. 그러나 해방 정국의 등장은 지하화되었던 청우당의 재출현을 가능케 하는 충분한 공간이었다. 비로소 청우당의 이념과 주의는 햇빛을 볼 수 있었고, 새로운 시대에 적합한 정강 정책의

---

9 해방 정국에서 활동한 청우당의 통일 국가 수립운동은 성주현, 「해방 후의 천도교청우당의 통일 정부 수립 운동」, 『문명연지』제2권 제1호, 한국문명학회, 2001; 조규태, 「해방 후 천도교청우당의 조직과 활동」, 천도교청년회중앙부부, 『천도교청년회 80년사』, 2000; 인형진, 「해방 정국과 천도교청우당」, 『동학학보』제4호, 동학학회, 2002.10 참조.

제시가 가능해졌다. 그러나 전술한 대로 청우당은 뜻밖의 분단으로 말미암아 남북한으로 이원화되어야 했다.

1) 청우당의 운동 목표

청우당이 생기게 된 의의는 당헌 제1조 내용을 통해 알 수 있다. 당헌 제1조는 "천도교의 주의 목적을 사회적으로 달성코자 이에 시종할 동덕으로써 한 개의 유기체를 조직하여 그 명칭을 천도교청우당이라 한다."고 하였다.

즉, 첫째, '천도교의 주의·목적' 그대로가 당의 주의 목적이 된다는 것, 둘째, '사회적으로 달성코자 함'은 현실적·정치적 의미를 표시한 것, 셋째, '시종할 동덕으로써 조직한다' 함은 천도교인 중에도 특히 천도교의 주의·목적을 사회적·정치적으로 실현하고자 하는 정예만으로 재조직한다는 것이다. 이것으로 보아 천도교청우당은 천도교의 전위대·별동체로서 천도교인 중 정치 운동가를 재조직한 단체라고 정의할 수 있다. 그러므로 청우당은 그 자체 성격이 정치 운동을 주로 하는 천도교적 정치 단체이지 천도교 청년 운동 기관이 아니다.[10]

청우당의 목표는 당의 주의·강령·정책에 제시되고 있다.

---

10 교리강연부에서 청년회로 다시 청년당 그리고 최종적으로 청우당으로 변천한 것이 이를 증명한다.

　1. 주의 - 지상천국 건설이 우리 당의 주의이다. 이 주의를 달성키 위하여 다음과 같은 강령을 세운 것이다.

　2. 강령 - 그물에 벼리가 있고 옷에 옷깃이 있는 것과 같이 당에도 그와 같은 그것만 잡어 처들면 당의 전체가 쑥 들리워짐과 같을 강령이(요항) 있을 것은 물론이다. 그런데 강령에는 단순하게 원칙만을 의시함에 그치는 원칙 강령과 그 원칙을 줄여서 일층 행동화시킨 행동강령의 이종이 있다고 할 수 있는데 우리 당이 가진 강령은 원칙 강령이다. 이 강령을 실행하는 순서와 수단에 대한 대체의 책이 없지 못할지니 이것을 이른바 정책이라 하는 것이다. 당헌에 '본당의 주의 강령을 실현코저 정신개벽을 기한다' 함은 정책의 극대체를 표명한 것이다.

　· 사람성 자연에 맞는 실현!

　· 사인여천정신에 맞는 새 윤리의 수립![11]

당시 시국 관계로 그 표현이 막연한 추상적 문구이지만 내용의 의미는 첫째, 당의 주의를 지상천국 건설이라 하였으니 지상천국의 내용을 순수 정치적 견지에서만 추상한다면 무침략·무압박·무착취·무차별의 진정한 평등 자유의 세계를 이룩한다고 하였다.

둘째, 당의 강령은 새 제도의 실현과 새 윤리의 수립을 내세웠으

---

11 『소사』 136-137쪽. 이어서 『소사』는 청우당의 3대 개벽을 설명하고 있으나 정신개벽 부문만 서술하고 민족개벽과 사회개벽 부문은 기술하지 않고 있다. 일제시대의 한계를 발견할 수 있는 대목이다.

나, 그 역시 이상적인 미래상을 말한다.

셋째 당의 정책으로서 정신개벽·민족개벽·사회개벽을 기한다 하였으니, 이 정책에 와서야 비로소 당의 정치적 기본 이념이 표시되었다고 볼 수 있다. 사실 청우당의 활동은 이 민족개벽과 사회개벽 두 가지에 중점을 두었던 것이 사실이다. 민족개벽이란 당시 일본 제국주의의 기반에서 우리 민족이 해방을 얻자는 것이 제일의 목적이었고, 사회개벽이란 자본 사회의 제도를 개혁하여 무산계급을 해방하자는 것이다.[12]

이상 세 가지를 종합해 보면 청우당의 현실적인 정치 이념과 운동은 민족 해방과 계급 해방이었던 것은 분명히 알 수 있다. 원래 보국안민은 천도교의 신조이자 염원이니만큼 천도교의 그것은 곧 당의 이념이 된다. 그런데 해석상 보국은 민족 해방이 되고 안민은 계급 해방이 되는 점에 다시 의심할 여지가 없다.

2) 청우당의 종지[13]

청우당의 종지는 인내천 사상[14]으로서 그것은 구체적으로 본체상 인내천과 응용상 인내천으로 나눌 수 있다. 본체상 인내천은 다

---

12 당시 우리 민족은 이중적 착취의 구조 속에 있었다. 이러한 이중적 착취의 논리는 일제하 조소앙에게서도 발견할 수 있다. 三均學會, 『素昻先生文集』下卷, 1976, 횃불사.

13 이돈화, 『당지』(북조선 청우당, 1945)의 이론을 주로 참조함. 19-53쪽.

14 청우당의 종지로서의 인내천은 동학과 천도교의 중심 사상인 인내천주의의 정당적 표현 이다. 특히 청우당 종지인 인내천은 지금까지의 인내천 사상을 최종적으로 본질과 실제의 측면에서 종합 정리하고 있다.

시 종교적·철학적 사상의 두 방면으로 구별할 수 있다.

첫째, 종교적 방면의 인내천을 살펴보면, 종교에서는 우주 본체를 인격화하여 천주天主 혹은 우주신宇宙神이라 부른다. 그리하여 천지만물은 다 같이 우주 본체인 천주 혹은 신령神靈의 조화적·자율적 화생으로 본다. 이 의미에서 천지만물은 자격子格이 되고 본체는 부격父格이 된다. 그러므로 본체(천주)와 현상(만유)은 이위일체一體二位였다. 즉, 종교 차원에서의 하늘과 인간의 관계는 이위일체로서, 하늘은 천주로 표현되는 본체를 의미하고 인간은 만유로서 현상을 나타낸다. 따라서 이들의 관계는 부모와 자子의 관계이며, 인간의 본질은 신의 분신이라는 것이다. 인간이 신의 자이면서도 신의 지인지자至仁至慈의 성능과 전지전능의 행능行能을 표현하지 못하는 이유는 인간 개체의 성능이 무명에 가깝기 때문이다. 즉, 인간은 개성을 보호하고자 하는 물욕·번뇌·미망·악념 등에 얽매이기 쉬운 동물인 까닭에, 그 본체인 전능전명全能全明을 발휘하지 못하고, 스스로 번뇌·미망을 일으켜 무명의 고해에 빠지고 천과 인의 구별이 생기게 된다. 그러므로 인간이 능히 천도의 수행으로 무명을 해탈하면 인내천의 본래 풍광을 얻게 되는 것이다. 이것이 종교적으로 본 인내천이다.

둘째로는 사상적 차원에서의 인내천이다. 이는 다시 진화사상의 측면과 철학사상의 측면으로 구분된다. 진화사상으로 보면, 진화사상은 불완전이 완전으로 나간다는 의미에서 천지만물은 일시의 창조 행동에서 된 것이 아니요, 일원적 우주 진화력이 도도한 자율적 조화에 의하여 지금의 우주와 같은 삼라만상을 만들어 낸 것이다. 그러므로 우주 진화는 전 계단이 후 계단보다 비교적 불완전하다. 즉, 후단이 전단보다 비교적 완전한 것이며, 그리하여 인간은 우주최후 계단에서 생성한 동물인 까닭에 인간성 중에는 우주의 전 성격을 구비한 측면이 있는 것이다. 이것이 진화사상으로 본 인내천이다. 철학사상에서 본 인내천은 인간은 유심·유물의 본체인 지기적至氣的 본질을 구비하였다. 그러므로 인간은 정신과 육체에서 지기의 능력을 가지고 우주의 객관적 진리와 인간의 주관적 진리를 통일시킬 수 있다.

응용상 인내천은 전술한 본체상 인내천의 진리를 실생활에서 응용하는 것으로, 인내천은 인본 사상도 되며 사인여천의 윤리도 되며 인간 지상의 도덕도 되며 여천합일의 종교도 되며 평등 자유의 제도도 될 수 있다는 것이다. 하늘과 합치된 인간이고 보면 그것은 당연한 결론일 수 있다.

인본 사상은 지금까지의 신神, 심心, 물物 중심에서 벗어나 인간 중심의 문화를 건설하자는 것이다. 즉, 중세의 신 본위神本位 시대와 자유주의의 물 본위物本位 시대 그리고 공산주의의 물 본위 시대를, 이제는 모두 통합해 인간 자신의 문제로 돌아오는 인간 본위의 문화를 창조하자는 것이 인내천 사상의 첫 번째 응용이다. 실생활에서의 그 응용은 정치에 있어 이상적 민주주의, 경제에 있어 공동 생산·공동 분배주의, 문화에 있어 대중문화주의, 교육에 있어 보편 타당주의, 도덕에 있어 평등·자유주의 같은 것을 의미한다고 할 수 있다.

두 번째, 사인여천의 윤리라는 것은 인간은 그 본질에서 천주의 분신이므로, 천주에게 경의를 표하는 심성으로 인간에게도 사인여천의 경의를 표함으로써 만인 평등의 이상을 실현하는 윤리를 창제하자는 것이다. 즉, 전근대적인 존비귀천의 차별을 철폐하게 하는 것은 물론, 부자형제·장유의 사이에도 질서의 차별을 정연하게 하는 동시에, 인간격 본질의 평등을 인내천의 원칙에서 인정함과 같은 것이다.

세 번째, 인간 지상의 도덕이라 함은 인간 자기가 인내천, 즉 신령의 인의 것을 확신하고, 인간격의 존엄을 확대하는 동시에 경천경인 경물의 원리를 활용하는 것이다. 강도와 같은 악인이라도 그 행위는 어디까지든지 미워할 수 있으나, 그 천부의 본성에는 경의를 표하여 대할 것이며, 초목과 생물을 이용후생할지라도 그 생물의 본질을 학대하지 말 것과 같은 의미이다.

네 번째, 여천합일與天合一의 종교는 곧 인내천의 종교와 같은 것을 의미하며, 평등·자유의 제도는 악평등·악자유를 제재하는 반대로, 평등의 중에서 차별적 조화가 있고 차별의 중에서 평등적 조화가 있고 차별의 중에서 평등적 동귀일체가 되는 제도를 건설하는 것이었다.

3) 청우당의 강령

청우당의 강령은 청년당 시절[15]과 해방 후 재창당 된 이래로 4개

---

15 『소사』에 의하면 청년당 시절의 강령은 일, 사람성 자연에 맞는 지상천국의 실현! 이, 사

의 강령으로 구성되어 있다.

일, 民族自主의 理想的 民主國家 建設을 期함.

이, 事人如天의 精神에 맞는 새 倫理 樹立을 期함

삼, 同歸一體의 新生活에 基한 新經濟 制度의 實現을 期함

사, 國民皆勞制를 實施하여 日常輔國의 徹底를 期함[16]

(1) 민족 자주의 이상적 민주 국가의 건설을 기함

천도교는 천도의 진리를 세계관으로 요약하여 인내천으로 종지를 삼았다. 인내천은 양으로 세계 각국의 사상을 통일·내포하고 있으며, 내용적으로도 보편적 가치를 담고 있어 개별 민족과 국가에 맞는 적용을 가능케 한다. 그 출발의 기초 단위는 민족이다.

청우당의 민족은 천도교 정적 영역의 핵심이다. 국가는 민족으로 구성된 권력 단체로, 단일 민족으로 혹은 복수 민족으로 구성된 국가도 있다. 단일 민족은 혈통이 같고 역사가 같고, 언어·문자, 풍속·습관이 같고, 문화가 같고 경제적 조건이 같고, 최종으로 공통 숙명을 가졌다. 그러나 단일 민족이라 할지라도 이민족 혈통이 다소간 혼합한 것은 사실이다. 그러므로 민족의 개념을 신비적으로 규정할 것은 아니다. 아무리 혼혈된 민족이라 할지라도 이해관

인여천에 맞는 새 윤리의 수립! 의 두 가지였다. 『소사』136쪽.

16 청우당의 소강령은 초기 4대에서 1948년 제2차 전당대회를 통해 4항이 빠진 3대 강령으로 축소되었다.

계가 공통되면 공동의 숙명을 향유하게 되는 것이다. 민족은 공통 이해의 숙명을 가진 점에서 생존경쟁의 단위가 될 가능성이 있다.

청우당이 지향하는 민족주의는 당의 핵심 이론가였던 야뢰 이돈화의 『신인철학新人哲學』에서도 제기되고 있다. 즉, 그는 민족이란 인류주의의 의미로 보든지 사회주의의 의미로 본다면 거론할 필요가 없는 것이라고 한다. 각자 자기의 민족만을 기준하고 다른 민족은 배제 또는 무시한다면 군국주의 폐해가 그칠 날이 없고, 세계의 평화는 기대할 수 없을 것이기 때문이다. 그런데 민족개벽을 주장하는 이유는 민족의 문화와 생활 정도를 향상시키고자 하는 개벽이니, 즉 민족개벽은 이상주의의 과도기에 있어 최대의 준비 기초가 된다는 것이다.[17] 이러한 그의 민족주의관은 『당지』에서 소위 신민족주의로 불린다.

청우당은 보국안민 차원의 1차원적 민족주의를 넘어선 포덕천하의 국제주의를 지향하는 차원 높은 민족주의임을 신민족주의로 확인해 주고 있다. 신민족주의는 세계 각 민족이 세계 공화를 위해 자기 민족을 종으로 향상하는 주의이다. 어차피 세계는 민족이 기본 단위가 된다. 따라서 민족주의는 피해 갈 수 없는 인류의 과제가 된다. 이 점을 잘 알기에 청우당의 신민족주의도 보국안민을 통한 각국의 민족주의를 바탕으로 하고 각 국의 공존공생의 각성에 호소하는 것이다. 이렇게 될 때 신민족주의는 세계 최고의 이상을

---

17 이돈화, 『신인철학』, 천도교중앙총부출판부, 1924.

달성하는 것이자 세계 공화국을 실현하는 것이 된다는 이상론을 가지고 있는 것이다.

한편 자주의 문제에 대해서 청우당은 자주가 고립이 아님을 강조한다. 즉, 자주는 좌左로는 고립을 제거하고 우右로는 의타依他를 배제한 행동 관념이라고 지적한다. 자주란 상호부조의 자연적 원리를 활용하는 자주·자유의 독립적인 존재를 의미한다[18]고 할 수 있다. 주목할 점은 청우당의 이러한 자주적 민족 국가 건설의 노선이 정립되어 있을 당시는 해방 정국의 시기였다는 것이다. 이 시기는 우후죽순처럼 수많은 정당들이 등장하는 때였으나, 중경의 임정 세력이었던 한독당을 제외한 거의 모든 정당들이 미·소 등 외세에 크게 의존해, 그들의 세에 거슬리는 '자주'라는 표현을 거의 쓰지 않았던 시절이었다. 이런 '비자주'적 분위기가 만연하고 있던 시기에 청우당은 당 강령의 1호로서 '자주'를 강조하고 있다는 점은 청우당을 전형적인 민족주의적 정당으로 자리매김하기에 충분하다.[19]

민주 국가에 대해서도 청우당의 입장은 '민주 국가란 것은 문자 그대로 인민이 직접 국가의 주권을 가진다는 말'로 해석한다. 즉, 주권이 군주에게 있는 것은 군주 국가라 하고, 주권이 귀족에게 있

---

18 이러한 자주를 유지하기에 조선의 지정학적 위치가 유리하다는 점을 지적하고도 있다.

19 청우당의 자주노선은 동학 사상과 운동에 연유한다. 동학의 역사가 곧 민족 자주를 향한 역사였기 때문이다. 이는 독립선언서의 첫머리에서도 '자유민'이 아닌 '자주민'임을 선포하는 대목에서 동학의 역사가 자주를 향한 투쟁의 역사였음을 증명하고 있다. 김철,「동학의 정치사상-청우당의 삼대강령을 중심으로」,『東學精義』, 동선사, 359-360쪽 참조.

는 것을 귀족 정치라 하며, 주권이 자본가에게 있는 것을 자본주의 국가라 하는 것과 같이, 주권이 인민 전체에게 있을 때에 이를 민주 국가라 한다는 근대적 정치 체제를 말하고 있다. 청우당이 지향하는 민주 정치는 신민주주의新民主主義이다. 이는 당시의 우리 현실을 반영한 것으로, 노동자와 농민이 절대 다수인 사회인 만큼 그들이 중심이 되고 국가의 직접적인 주권을 가진 국가가 진정한 민주 국가라는 주장이다.[20] 그리고 이러한 민주 국가는 세계가 모두 진보하여 이루어지게 될 수순이라고 지적하고 있다.

이 같은 기초적 이해를 바탕으로 하면 청우당의 제1강령인 민족 자주의 이상적 민주 국가는 다음과 같이 정의될 수 있다. "신민족주의에 입각한, 고립과 의타가 아닌, 자주적 노농 민주 국가의 건설에 청우당의 당력을 집중한다." 즉, 구민족주의가 국수적·침략적 또는 폐쇄적 민족주의라면, 신민족주의는 횡으로 발전하는 주의가 아니라 세계 공화를 위해 자기 민족을 종으로 향상케 하는 주의이다. 따라서 민족은 세계 공화에 기여하는 단위 민족으로서의 의무와 역할을 분담하게 된다.[21]

또한 이러한 신민족주의에 맞는 자주란 고립과 의타를 배제[22]하

---

20 이러한 주장은 당시 자본가 중심의 사회를 지향하는 남쪽과 노동자 중심의 사회를 지향하는 북쪽 모두로부터 소외되는 청우당의 운명을 예고해 주는 것이나 다름없었다. 김철, 앞의 책, 364쪽 참조.

21 김철, 앞의 책, 366쪽.

22 고립은 자살을 의미하고 의타는 타살을 의미하므로, 자립을 하고 독립은 하되 다른 나라와 더불어 평화적 공존과 협동체제의 중요성이 제기된다는 의미이다.

면서도 상호부조의 자연 원리에 따르는 것으로, 세계 공화에 이바지하는 민주 국가를 건설하자는 것이다.

(2) 사인여천의 정신에 맞는 새 윤리 수립을 기함.

대체로 정치 집단인 정당의 강령에 도덕성을 강조하는 경우는 매우 드물다. 그럼에도 청우당은 강령으로 사인여천의 윤리적· 도덕적 측면을 강조하고 있으니, 이는 청우당이 동학사상을 바탕으로 하고 있기 때문이다. 즉, 도덕성을 상실한 조선에 도덕성 회복을 외치며 등장한 것이 동학이었기에, 도덕성이야말로 국가 기강의 근본이 된다는 것으로, 청우당은 사인여천의 정신으로 새로운 윤리관을 세우자는 것이다.[23]

이에 대해 청우당은 "인내천을 종지로 하는 생활에 있어 사인여천의 윤리가 성립될 것은 자연의 순서이다. 사인여천의 윤리란 것은 인 본위 사상에 맞는 새 윤리를 이름이다."[24]라며 자연의 진화로 인 본위 시대가 옴은 필연이라고 주장한다. 사인여천이란 본시 인간의 존엄성을 모든 가치의 척도로 삼는 것이다. 따라서 인간은 하늘과 같은 대우를 받아야 하는 대표적 존재이다.[25] 이처럼 인간

---

23 실제로 개인이든 사회든 윤리 도덕이 확립되어야만 국가가 부패하지 않는다. 세계사의 흥망성쇠를 보더라도 순수한 외침에 의해서 나라가 망한 예보다도 대내적인 부패와 도덕적 타락에 의해서 내우외환을 자초하여 국가를 멸망으로 몰고 간 경우가 허다하며, 특히 정치 지도자의 부패와 타락은 나라의 존망과 직접적인 관계에 있어 더욱 경계의 대상이 된다. 김철, 앞의 책, 367쪽.

24 『당지』, 65쪽.

존엄을 최고 가치로 했을 때 권위주의나 독재란 존재할 수 없다. 즉, 사인여천의 윤리가 없는 순간은 권력의 남용과 비민주가 횡행하는 시기이며, 이것이 존중되는 순간부터가 민주의 시작이랄 수 있는 것이다.[26]

사인여천의 윤리는 평등만을 강조하는 듯하나, 인간 선의의 자유 의지를 자유로 존중하기에 일면에서는 평등이고 일면에서는 자유다. 사실 자유와 평등은 그 모순성으로 인해 민주주의의 발전과 더불어 숙제로 지금껏 남아 있다. 자유의 강조는 평등의 구현에 치명적 폐를 끼치며, 평등의 강조는 자유의 억압으로 이어지기 때문이다. 이 모순을 풀기 위해 민주주의는 이 둘 모두를 묶을 수 있는 이념으로 '인간의 존엄'을 들고 있다. 즉, 자유와 평등은 모두 인간의 존엄을 실현하기 위한 하위 개념에 불과하다는 것이다.

그런데 이런 민주주의를 가장 완벽하게 실현시킬 수 있는 정신이 바로 사인여천이다. 사인여천 자체가 인간 존엄을 최고로 강조할 뿐 아니라, 자유와 평등의 모순성을 자연스러운 질서와 제한으로 조화시킬 수 있기 때문이다. 나아가 청우당은 개인과 전체의 조화, 사회 윤리 그리고 천도교의 삼경 윤리를 제시하며 사인여천의

---

25 해월 최시형의 "人是天이니 事人如天하라"는 말에서 기원하는 사인여천은 사람 섬기기를 한울님 섬기듯하라는 동학사상의 실천론이다. 사인여천이 있음으로 해서 동학사상의 시천주는 민중 속으로 들어와 민중 하나 하나가 주인되는 세상을 건설하여야 한다는 당위를 갖게 되었다. 즉, 동학이 수운의 관념성을 뛰어 넘어 구체적 실천성을 부여 받는 계기가 된 것이 바로 사인여천이다

26 정당에서도 윤리와 도덕의 철학이 반드시 있어야 하는 이유는 여기에 있다.

윤리를 구체화하고 있다.

(3) 동귀일체의 신생활 이념에 기한 신경제 제도 실현을 기함

동귀일체는 생리적 신체에서 상징한 이념이다. 생리적 신체는 그 자율적 본능으로 백체百體를 기화 작용의 평등으로 통일한다. 자유의지를 자유로 조화하는 것이다. 영양을 평균으로 분배하고 혈액을 자유로 평등 순환하게 하는 것이며, 행동을 격에 맞추어 조절하는 것이며, 원기를 내외백체內外百體에 충족하게 하는 등 실로 자연의 영묘라 할 수 있다. 이것은 전적으로 유기체의 본성이다. 인간 사회를 유기체로 보는 견해와 무기체로 보는 견해의 구별이 있으나, 사회 조직을 유기화하여 인체의 생존 원리에 들어맞도록 하는 것이 동귀일체의 생활이다.

즉, 신체와 사회는 밀접한 상관관계가 있으니, 신체가 세포라는 개체로 조직되어 있다면 사회는 개인이란 개체로 조직되어 있으며, 신체가 오장육부·사지백체·이목구비의 기관으로 형성되어 있다면 사회는 각종 공공 기관과 임의단체로 구성되어 있다. 이 밖에도 신체는 신경의 상부 지휘 체계와 하부 전달 기관을 가지고 있으며, 그것을 총괄하는 정신이 있고, 혈맥이라는 교통수단을 가진다. 사회는 중앙이라는 상층부와 이들의 지시를 실천하는 지방 조직이 있으며, 그것들을 통합시키는 그 사회의 통일 사상이 존재하고, 교통·통신 등 커뮤니케이션으로 의사를 전달한다. 이처럼 신체와 사회는 유기체로서의 기능을 거의 비슷하게 공유하고 있다. 특히 신체가 동식물의 섭취로 신체라는 유기체를 유지하듯이 사회라는 유

기체가 유지되기 위해서는 올바른 경제 제도가 있어야 한다.

인간의 신체 진화를 강제할 수 없듯이 사회 진화도 인위적으로 강행시킬 수 없다. 즉, 사회 진화 역시 불가항력에 의한 무위이화로 진행되야 한다.[27] 인간이나 사회나 유기체이기에 무위이화의 자연적 진화야말로 가장 이상적인 진화이다. 무위이화가 실현되는 것이 동귀일체이다. 동귀일체의 신생활이란 무엇보다도 강제하지 않는 것이다. 따라서 청우당은 사회생활에 가장 큰 불편을 주는 것 중 하나인 소유 제도는 강제를 통해 이루어지니 무엇보다도 이것이 유기체를 파괴하는 만악의 근원이라고 지적한다.

이로써 청우당의 경제 원칙은 대단히 진보적임을 알 수 있다.[28] 소유제에 대한 부정적 인식은 토지 문제에 와서는 더욱 신랄해진다. 청우당은 소유 제도에 왜 이렇게 부정적일까. 당시는 아직 우리나라에서 자본주의의 폐해가 두드러진 시기도 아니었음에도 불구하고, 청우당은 이미 한국 사회에서 자본주의가 크게 성할 것을 예상이라도 한 듯이 거침없이 소유 제도를 비판하고 있다. 이는 아마도 동학의 출현이 그러했듯이 청우당도 민중에 기초한 정당이기에 그러했을 것이다. 동학 이래로 그 추종자들은 한국 사회의 전형적인 민중 그 자체였다. 조선 말이나, 일제 그리고 해방 후에도 가난하고 무지한 무지렁이들이 그들이었다. 그들은 역사의 주체요

---

27 『당지』, 70-71쪽 참조.
28 마르크스의 소유제 부정론과 같은 인식적 기초가 청우당 경제론의 토대이다. 마르크스가 소유제가 없어진 사회를 공산사회라고 했다면 이들은 동귀일체 사회라고 명명했다.

주인공이라면서도 어느 시대, 어느 순간 한번 실제로 자신들이 신바람난 주체가 되어 보지 못했던 사람들이었다. 당연히 그들의 소유란 이 땅 어디에도 존재하지 않았다. 청우당은 민중주의를 대변하는 정당이었기에 가장 그들의 염원을 들어서 정책화해야 할 의무가 있었다. 그들의 소유제 폐지, 토지 국유화 주장 등은 당시 민중의 염원 그 자체였다. 그리고 그 폐해를 시정하는 역사는 지금의 대변동 시대에 가능하다며 시급성을 말하고 있다.

그러나 청우당은 무조건적인 소유제의 폐지가 능사가 아님을 지적하고 있다. 그리고 그것을 극복하는 소위 창조 충동의 역할에 자신들의 의무가 부여되어 있음도 자각하며, 이것들을 동귀일체의 경제관으로 연결하고 있다.[29] 동귀일체의 경제는 자본주의니 사회주의니 하는 말을 쓰지 않으면서 인간 개체의 윤리적인 이념을 바탕으로 하고 있다고 볼 수 있다. 인내천 사상으로 인간들을 교화하여 인간의 원초적인 소유 충동을 창조 충동으로 변환시킴으로써 경제 문제를 해결하자는 것이다. 그것은 분배에 보다 치중하는 사회주의 경제론을 지향하면서도, 부의 저하 분배가 아닌 부의 평등적 향상 분배인 사회민주주의적 지향성을 동시에 담아 내고 있고, 한편으로는 국가의 개입을 철저하게 배제하는 자유주의적 시장 질서에 철저하고 있다고 할 수 있다.

---

[29] 인간의 소유 충동은 항상 인류 부패의 원인이 된 데 비하여 창조 충동은 과거의 불안전에서 탈피하여 미래의 완전을 향하여 발전하는 계기가 되므로 정신개벽의 요체는 창조 충동에 있다. 황선희, 『한국근대사상과 민족운동』, 혜안, 1996, 262쪽 참조.

나아가 청우당이 지적하는 명백한 것은 경제 문제라는 것이 독립된 변수로 홀로 설 수는 없다는 점이다. 경제는 분명 정치와 깊은 상관관계를 맺고 있으며, 사회적 여건도 뒷받침이 되어야 한다. 그리고 특히 경제 운영의 주체가 인간인 이상 인간의 심성과 자질 등이 결정적 역할을 한다.[30] 결국 경제 문제는 인내천 사상을 체화하고 동귀일체한 인간이 운영해야 한다는 것이다.

(4) 국민개로제를 실시하여 일상 보국의 철저를 기함

국민개로國民皆勞制란 말은 놀고 먹는 사람들을 없애자는 뜻이라기보다도, 한 걸음 깊이 들어가 천도공리天道公理에 입각한 성誠의 표현을 가르치는 말이다. 즉 『중용』의 '성자誠者는 천지도天之道요 성지자誠之者는 인지도人之道'라는 말처럼 천도의 원리가 성誠이라고 하면 천天의 자子인 인간도 성誠으로 존재 가치를 표현해야 한다는 것이다.

구체적으로 국민개로란 말은 '성誠'을 의미한다. 성은 자강불식自疆不息을 이르며 보편 타당의 진리 표현을 말한다. 국민 전체가 의타를 끊고 고립을 버린 후 자주·자립의 정신에 의하여 자율적 생활을 영위하는 것을 자강이라 하고, 보편 타당이라는 것은 누구에게나 행복이 되고 누구나 가능한 사실을 의미한다. 예를 들면 근검과 같은 것은 누구에게나 행복이 되며 또 가능한 일이 된다. 그러

---

30 김철, 앞의 글, 379쪽.

므로 보국의 도는 누구나 근검자강하여 정진 또 정진하는 곳에 위기위국爲己爲國의 행복이 만들어지는 것이다.

따라서 보국의 방편으로 제시되는 것이 국민개로제이다. 즉, 천불생무록지인天不生無祿之人이란 말과 천생만민필수기직天生萬民必授其職이란 말처럼, 녹祿과 직職은 하늘로부터 타고났다는 것이다. 그러므로 인간은 누구나 그 녹과 직을 갖고 그에 따르는 책무를 행하여야 할 의무를 가진 존재가 된다. 그러나 녹과 직이 평균으로 만인에게 균형을 얻게 못되는 이유는 사회 제도의 불완전한 것과 본인에게 자강불식自彊不息의 성이 없는 데 있다.

특히 이 강령에서 청우당이 강조하는 것은 국민된 자로서의 자각이다. 사회 제도의 불완전을 고칠 수 있는 것도 인간이라 했을 때 인간의 자세는 모든 것에 우선하기 때문이다. 그러나 불행히도 인간들 간에 부족한 성誠 인식이 만인에게서 녹과 직을 불균등하게 한다. 이것은 실질 생활 세계의 문제이기에 대단히 중요한 지적이다. 인간이 인간다움을 누리기 위해서는 우선 생활의 바탕이 되는 직업의 안정이 이루어져야 한다.

청우당은 해월 최시형을 자신들의 모범으로 삼아야 하는 최고의 인물로 받든다. 그는 조선에서 개로의 정신으로 일상 보국을 체행한 유일한 인물로 평가되고 있다. 그는 종교가이며 혁명가로서 관리의 지목을 피하여 1개월 이상을 한 곳에 머물지 못하고 이곳 저곳으로 이주하는 중에도, 어디를 가든지 노를 꼬거나 혹은 짚신을 삼거나 멍석을 내었다. 할 일이 없으면 꼬았던 노를 다시 풀어 꼬는 일도 마다하지 않았다. 제자들이 그 이유를 물으면 "사람은 일

시도 손을 쉬어서는 안 된다." 하고, 그 까닭은 한울님 역시 잠시도 쉬지 않기 때문이라고 하였다. 그는 어느 곳을 가든 유실수를 심었고 절구를 파고 방아를 놓는 등 쉬임 없이 노동했다.

국민개로는 성誠의 의미를 되새겨 국민된 도리로 국가에 당연히 보국함을 말하는 것으로, 그것은 놀지 않다는 지극히 평범한 그러나 진리를 담고 있는 강령이다. 청우당원들은 특히 해월이 그러했듯이 앞장서 실천함으로써 모범을 보여야 한다는 원칙을 의미하기도 하는 것이다. 국민개로를 말하는 성誠의 정치를 실현하는 것은 곧 정치를 인간들의 구체적 삶 속에 돌려 주는 생활 정치의 회복이자 실현을 의미한다. 국민개로가 실현되지 않는 국가는 이미 그 존재의 의미를 상실한 것이다. 이 부분은 청우당이 종교적 교리를 넘어서서 정치적 강령을 제시하는 대표적 표현이라 할 수 있다.

4) 조선적 신민주주의 건설 이념

해방 정국에서 1946년부터 미소공동위원회가 열렸다. 미소 양국은 독립된 조선의 정체政體 마련하는 작업에 조선의 정당과 사회단체의 참여를 요청하였다. 이에 청우당이 참가를 희망하며 제출한 건국 이념은 동학적 이상국가를 구상하고 있다. 새로운 국가 건설이라는 민족 과제에 청우당이 제시한 민주 정치·민주 경제·민주 문화·민주 윤리의 건국 이념은 동학사상을 바탕으로 한 동학의 이상국가론이었다고 볼 수 있다.

청우당은 해방 정국 당시 조선민족에게 부여된 정치적 사명은 민족 해방과 사회 해방이라고 설정했다. 두 가지의 과업을 동시에 수행하지 않으면 안 되게 된 것이 당시 조선의 특수 사정이었다. 이것을 위해 청우당은 조선은 어디까지 조선민족의 조선이니만큼 정치도 우리의 힘으로 꾸려나가야 한다는 민족주의 의식을 표명한다. 즉, "국제 민주주의 원칙에 의하여 우리 민족의 절대 다수가 요망하는 진정한 민주주의 국가 사회를 건설하여야 할 것은 물론, 연합국의 원조도 우리의 주권이 손상됨이 없이 자력의 부족을 보충하는 정도로써 민족적 우호관계를 돈독히 하는 데 한할 것이요, 그 이상의 타력 신뢰, 외세 의존은 배제하지 않을 수 없다는 것이다. 신뢰는 자주가 아니요, 의존은 독립이 아니기 때문이다."[31] 여기서 청우당이 제시하는 것이 조선적 신민주주의이다.

조선적 신민주주의는 자본주의의 한계와 공산주의의 한계를 극복하려는 정치 노선이며, 동학이 이루고자 했던 보국안민을 실현하려는 정치 노선이기도 하다. 이것은 조선민족이 원하는 정치·경제·문화는 연합국의 지도자들보다도 조선의 평민이 더 잘 안다는 정치적 자주의 원칙에서 출발한다. 그러므로 조선은 미국형인 자본가 중심의 자유 민주주의나 소련식의 무산자 독재의 프로 민주주의도 원치 않는다. 즉, 조선적 신민주주의란 민족 해방과 계급 해방을 차별 없이 동일한 목적으로 해결하고자 하는 민주주의이다. 이른바 조선적 신민주주의는 조선의 독립과 함께 조선민족 사회에 맞는 민주 정치, 민주 경제, 민주 문화, 민주 도덕을 동시에

---

31 김병제, 『천도교정치이념』, 천도교총본부 지도관, 1947, 123-124쪽.

실현하려는 민주주의이다.[32]

우선 청우당이 제시하는 건국 이념에서 정치는 민주 정치[33]이다. 즉, 조선의 현단계에서 민주 정치란 자본가 전횡의 자유 민주주의 도 아니요, 무산자 독재의 프로레타리아 민주주의도 아니고, 조선 에 적응한 조선적 신민주주의에 기초한 정치이다.

진정한 민주 정치를 실현하자면 "전 인민이 정치적·경제적·사 회적으로 자유와 평등을 향유할 수 있는 진정한 민주주의라야 한 다."는 것이며, 민주 정치의 실현을 위해 우선 평등과 자유를 보장 하는 인민의 기본권을 확립하는 동시에, 입법 기관의 민주화와 행 정·사법 기관의 민주화가 이루어져야 한다는 것이다. 청우당이 제 시하는 인민의 기본 권리는 다음과 같다.

1. 인민은 법률상 일률 평등으로 할 것.

2. 인민은 법률에 의하여 권리와 자유를 상실한 자를 제외하고는 일 률로 정치·경제·문화·사회생활의 전영역에 참여할 권리를 가질 것.

3. 만이십세 이상의 인민은 평등한 선거권, 피선거권을 향유할 것.

4. 인민은 언론, 출판, 집회, 결사, 신앙, 연구, 시위, 파업의 자유 를 가질 것.

5. 인민은 신체의 자유를 가질 것. 즉 법률에 의함이 아니면 체포, 구금, 심문 또는 처벌을 받는 일이 없을 것.

---

32 위의 책, 124쪽.
33 『천도교정치 이념』, 앞의 책, 126-134쪽 참조.

6. 인민은 거주의 자유를 가질 것. 그 거주의 장소는 법률에 의함이 아니면 침입 수색 또는 봉쇄함을 부득할 것.

7. 인민은 이전의 자유를 가질 것. 법률에 의함이 아니면 이것을 제한함을 부득할 것.

8. 인민은 서신 비밀의 자유를 가질 것.

9. 인민은 법률이 허하는 한도에 재산 사유의 권리를 가질 것.

10. 인민은 육체적 내지 정신적 노동력의 보호를 받을 권리를 가질 것.

11. 인민은 국가의 부담으로 최소한도의 초등교육을 받을 권리를 가질 것.

12. 인민은 청원, 소원, 소송을 제기할 권리를 가질 것.

13. 인민은 기타 자유 내지 권리는 사회의 질서, 공공의 이익을 방해하지 않는 한 균일한 국가의 보호를 받을 권리를 가질 것.

14. 인민의 자유 내지 권리를 제한하는 법률은 국가 안정의 보장, 긴급 위난의 방비, 사회 질서의 유지 또는 공공 이익의 증진을 위하여 필요한 것에 한함.

진정한 민주 정치를 실현하기 위하여 이상과 같은 인민의 기본적 권리를 주장하는 한편 중앙·지방을 통하여 입법 기관에서 인민의 의사를 대변하는 대의원이나, 행정 기관에서 인민의 공무를 대행하는 행정관이나, 사법 기관에서 인민의 양심적 명령을 실현하는 사법관을 막론하고, 다같이 인민의 일반적·평등적·직접적 선거에 의하여 이를 선출하는 동시에, 그들의 실제 행동이 인민의 본의에서 월권 또는 탈선될 경우에 그에 대한 정정 또는 파면 권한도 인민이 가져야 한다고 주장한다. 그러므로 인민은 진정한 인민 정치의 주권자가 되고, 관리는 진정한 인민의 공복이 될 것이고, 비로소 진실로 인민을 위한 법률을 제정하고, 경제를 건설하고, 교육을 실시하게 될 것이며, 또는 그렇게 하는 데서야 비로소 다수가 소수의 무리한 지배와 압박을 받지 아니하며, 선이 악에게 억울한 굴종을 면하게 될 것이라는 것이다.

청우당은 "민주 경제[34]라 함은 동귀일체의 신생활 이념에 기한 민주주의 경제 제도를 이름한다."고 규정하고 있다. 즉, 과거 봉건 시대의 경제 제도는 봉건적 특권 계급이 경제적 실권을 가졌고, 현대 자본주의 사회의 경제 제도는 다수 자본가 계급이 경제적 실권을 잡았던 것과는 근본적으로 다르게, 근로층에 속한 인민 대중이 민주주의적으로 경제적 실권을 가질 수 있는 경제 제도이다.

지금까지 생산 수단(토지, 광산, 공장, 교통기관, 기계 등)과 분리되어 있던 생산력 담당자(농민, 노동자, 기술자 등 근로층)가 생산 수단을 법적으로 재분배 또는 장악하게 하여, 사회적 생산의 정당한 토대를 부여하는 동시에 경제권을 소수의 지주 자본가로부터 인민 전체에 옮겨 놓자는 것이요, 계급적 대립이 없는 단일성인 민족 경제를 실현하자는 것이다. 이러한 내용을 가진 민주 경제만이 조선민족이 재생할 유일한 방도일 것이며, 이러한 민주 경제의 방향으로 발전

---

34 위의 책, 135-140쪽 참조.

되어 가는 것이 조선 경제 사회의 역사적 순로이며, 이러한 민주 경제 제도의 실현을 담당할 수 있는 정권만이 진정한 민주주의 정권일 것이며, 이러한 민주 경제 제도를 실현할 수 있는 정치만이 진정한 민주주의 정치일 것이다.[35]

원래 '민주 정치'와 '민주 경제'는 불가분의 표리 관계이다. 정치를 표면적·형식적이라 하면 경제는 이면적·실질적인 점에서 민주 경제를 떠난 민주 정치는 존립할 수 없을 것이며, 민주적 신경제가 명목에만 그치면 민주 정치도 명목에만 그치고 만다. 그러나 당시 일부 정치가들은 정치적 독립이 된 뒤에 경제 건설을 논의해도 늦지 않다고 주장했다. 그것은 정치와 경제의 표리관계를 이해치 못한 데서 기인하는 것으로, 민주 정치와 민주 경제는 건국 당초에 동시 해결하여야 할 관련성과 필요성을 가진 것이다.

공업 발전의 공업 경제에 있어서도 민주 경제 체제에 의하여 중요 산업 기관은 국유로 하고, 그 경영은 국영 또는 반 공영으로 하여, 자본가의 이윤 착취 방지를 원칙으로 하는 동시에, 한편 토지 제도를 개혁하고 농업 정책, 즉 농업 생산 양식을 근대화하여, 적은 노동력으로 많은 수확을 얻도록 하며, 그 잉여 노동력을 공업노동력으로 전환하는 것을 방략으로 제시하고 있다.

청우당이 건국 이념에서 제시하는 민주 문화[36]란 동귀일체의 신

---

35 청우당은 그렇다 해서 중소 상공업의 자유기업을 금지하자든가 또는 어느 정도의 개인 사유권을 일체 부인하는 것은 아니다.

36 위의 책, 140-146쪽 참조.

사회 생활에 적응한 민주주의 문화를 말한다. 이것은 봉건 사회 또는 자본주의 계급 문화의 기형적 문화에 대비되는 표현이다. 즉, 우리는 유구한 민족사와 더불어 찬연한 문화를 자랑한다. 그러나 이제부터 신시대·신생활에 적응한 민주적 신문화를 재수립하지 않으면 안 된다는 것이다. 왜냐하면 과거의 문화는 부하고 귀한 특권 계급만이 향유할 수 있고, 번화한 도시에서만 향락할 수 있는 계급적·기형적인 것이기 때문이라고 지적한다.

민주 문화의 건설을 위해 청우당은 교육 제도의 사회화, 교육 기관의 대중화, 교육 정신의 민주화를 주장하는 동시에, 당면의 급선무로는 문맹 퇴치, 초등 교육의 의무제 확충을 철저히 이행할 것과, 경제 건설의 기본이 되는 기술자 양성, 노동자와 농민 교양, 여성 계몽 등을 제안한다. 나아가 청우당은 민중 중심의 문화가 신국가의 이념이 되어야 한다고 본다. 그래서 과거의 양반 중심적 음악, 양반 지향의 문학을 비판하며 민중의 소리, 민중주의적 민주주의의 문학을 강조한다. 원래 문화란 것은 시대적·사회적 산물이니만큼 구시대·구사회의 기성 문화가 그대로 신시대·신사회에 적용될 수 없다. 따라서 현존 문화 각 부문의 봉건적·일제적 모든 잔재를 일소하는 동시에, 대중 생활을 향상시키고 대중 정서를 함양시킬 수 있는 민주주의에 입각한 신문화를 건설해야 한다고 지적한다. 물론 신문화를 수립하자면 먼저 새로운 정치·경제의 제도가 실현되어야 한다. 그러나 조선의 현재와 같은 건국 초창기에 있어서 신문화 운동이 신정치·신경제의 건설을 추진하는 데에 유력한 보조역이 되니만큼, 이 문화 운동을 적극적으로 전개하는 것이 역시 건국 사업에 일익이 된다는 것을 잊지 말아야 한다고 주장한다.

한편 새로이 개벽되는 세상으로 맞이해야 할 신국가의 도덕적 토대는 새로운 민주 윤리[37]여야 한다는 것이 청우당의 입장이다. 이는 동학의 개벽관과 같은 것으로, 민주 윤리야말로 청우당이 주장하는 새로운 국가의 건국 이념이다. 민주 윤리란 사인여천 정신에 맞는 새 윤리, 즉 민주주의의 윤리를 의미하고, 봉건적인 계급 윤리와 자본사회의 개인적 이기적 윤리를 극복하는 윤리를 말한다. 과거의 우리 민족은 동방예의지국이니 군자지국이니 하여 윤리 도덕에 있어서는 세계에 우리가 제일이거니 자긍자처하여 왔으나, 청우당은 이를 현재화해야 한다는 것이다. 이를 위한 선결 과제가 과거 윤리·도덕 내용의 비판이다.

즉 윤리·도덕도 고정불변하는 것이 아니라 이 사회가 변천함에 따라서 변천한다는 것이다. 민주주의의 신사회·신시대의 윤리는 인간 상호 평등 입장에서 인격을 기준으로 하고, 공동 사회 공동 생활을 표준으로 하여 거기에 상응하는 도덕으로 세워야 한다는 것이 청우당의 주장이다. 그러므로 동양 전래의 예도 개념화한 형식적인 허례를 강조해 다시 진흥시킨다면 그는 봉건적인 계급 의례의 반복에 불과한 것이지 결코 민주 사회의 창조 과정을 정화시키는 것이 아니다.

민주적 예란 생활양식에 있어서 인격적으로 평등화하려는 규범

---

37 위의 책, 146-153쪽 참조.

인 것이며, 타인에게 불쾌감을 주지 않는 사회적 약속인 것이다. 그뿐 아니라 타인의 의견과 인격을 존중할 줄 알아야 한다. 만일에 민주 정치를 논하면서 타인의 의견과 인격을 무시한다면 민주 정치의 본질을 망각한 것이며, 민주 공덕을 말하면서 타인의 면전에서 불쾌한 언동을 자행하는 것은 민주 도덕을 모르는 까닭이다. 따라서 신윤리는 인격과 공동 생활을 척도로 하고 표준으로 하여, 거기에 부합되는 인간의 행위를 말한다. 이를 위해 천도교의 윤리인 사인여천을 가르치고 그 실천 행동으로 성·경·신을 제시하고 있다. 이 성·경·신은 실생활에서의 삼경사상의 체현으로 구체화되어, 이른바 공동체 구성원 모두의 도성덕립이 완성된 사회, 즉 광제창생을 이루는 이상국가가 건설되는 것이라고 할 수 있다.

5. 맺음말

동학과 그를 계승한 천도교는 종교이자 정치 운동체였다. 그렇기에 동학에서는 종교적 교리 못지 않게 중요하게 여긴 영역이 정치사상의 영역이었다. 동학에는 민중의 가슴 속 응어리를 풀어 줄 수 있는 정치사상이 들어 있었기에, 조선 말과 일제 시대를 거치면서 40만 명 이상의 순도자를 기꺼이 민족의 제단 앞에 바칠 수 있었던 것이다.

확실히 동학은 특정한 이상향을 설정하고 그것의 실현을 위해 노력하는 가치 지향적 운동(Value-Oriented Movement)이었다. 동학은 다른 종교와 달리 강한 현세성과 정치 지향성 그리고 혁신성을 가지고 있다.[38] 동학은 내세의 천국이 아닌 '지금 여기'에서 인간들의 인위적 노력으로 그들의 목표를 이루고자 했고, 제인질병을 개인을 넘어 국가로 확대하여 보국안민의 길에 이르게 하는 강한 정치성은 바로 개벽이라는 방법론을 통해 구체화했다

동학의 이러한 민족주의 사상은 시대적 요구와 민중 의지의 구체적 표현이었다. 1894년의 동학혁명은 봉건적 모순에 저항해 민족 평등 사상을 바탕으로 반외세의 자주 자립 근대 국가 건설을 목표로 매진하였다. 동학의 민족주의 이념은 천도교로 공포된 이후에도 일제 시대 내내 가장 강력한 민족 단체로 활동함으로써 계승되었다. 갑진혁신운동을 주도하고, 3·1운동과 6·10만세운동에서 중심적 역할을 하였으며, 청우당을 통해 전개한 민족운동의 사례가 그것을 입증한다.

일제 치하의 민족운동 단체 중 해방 공간까지 이어지면서 일정 정도의 역할을 했던 대표적인 정치 세력은 한국독립당, 조선공산당, 연안 조선독립동맹의 후신인 남북한의 신민당 그리고 천도교에서 만든 청우당을 들 수 있다. 그러나 공산당과 신민당은 북한에서 조선노동당으로 통합되어 6·25전쟁이라는 민족상잔의 당사자가 되면서 이전의 독립 운동 성과를 훼손시켜 버리고 말았다. 그리고 그들의 정강 정책 역시 마르크스 레닌주의에 입각하고 나아가 주체사상으로 무장됨으로써, 남북한의 공통 분모 역할을 하기에는

---

[38] 이보근, 「동학의 정치의식」, 『신인간』 7~9월호, 신인간사, 1971 참조.

한계를 가지고 있다. 한독당의 경우는 해방 정국에서 철저한 민족 주의 노선으로 민족 통합의 통일정부 수립 운동에 진력했으나, 단선·단정 불참으로 점차 정치 무대에서 소멸되고 말았다. 그러나 천도교청우당은 민족주의 노선과 통일정부 수립 운동에 있어 한독당과 운명을 함께 했으나, 전통적 정치 이념을 현재화했다는 점에서는 한독당과 차별된다. 즉, 청우당은 구한말 이래로 민족운동의 선구였던 동학·천도교의 이념을 지상에서 실천하고자 창당된 정치 세력으로, 그 이념은 철저하게 민족 전통 의식에 기반하고 동학 사상을 계승·실천한 개벽의 정당이었다.

분명 동학·천도교의 한 세기 반은 성공과 실패의 역사였다. 그것은 종교성을 뛰어 넘는 이념성의 이상적 공동체 건설을 목표로 한 도전의 역사였기에 아직 누구도, 어느 국가도 달성치 못했던 실패한 이데올로기 실험의 하나였기 때문이다. 그러나 적어도 19세기 역사적 격변기에서 동양의 작은 국가 조선의 민중들에게 자신들이 역사의 주체임을 각성시킨 점에서는 성공의 역사였다. 그 시절 타 이념과의 이러한 질적 차별성을 천도교는 줄기차게 민족의 한가운데서 민중운동으로 실천해 왔다. 청우당의 경우도 일제 치하와 해방 정국을 거치면서 자주적 통일 독립 국가 수립 운동을 위하여 민족운동, 사회 운동 부문에 큰 업적을 내고서도 지금은 잊혀져 버린 정치 세력이 되어 있다. 암울하고 희망 없던 그 시대에 국내의 대부분의 유력자나 단체가 친일·친미·친소파가 되어 가고, 민중에 그 좌절감을 더욱 심화시키고 있던 그 때에, 청우당의 활동은 항해하는 배를 인도하던 아주 먼 곳의 희미한 등대불과도 같았다고 할 수 있다.

청우당의 정치 활동과 이념은 동학사상에 입각해 민족 자주의 이상적 통일 민주 국가를 수립하고자 하는 민족운동이자, 도덕 국가 건설 사상이었다고 평가할 수 있다. 그들은 다른 정치 세력과 달리 명백한 정치 이념을 가지고 해방된 국가의 미래상을 제시했다. 청우당의 운동과 이념은 분명 많은 문제와 한계가 있다. 그러나 그것은 우리 역사에서 한국 민족주의 운동의 전통이라고 할 수 있는, 현실적이냐 비현실적이냐의 문제가 아닌 정도正道냐 사도邪道냐의 문제이기에, 그 의의와 가치는 평가될 수 있을 것이다. 청우당의 조선적 신민주주의 국가는 동학사상이 추구했던 후천개벽의 이상사회를 구체화시켜 놓은 모형이라고 하는 이유도 이와 같은 그들의 노력과 운동이 평가되어야 한다고 보기 때문이다.

동학과 민족통일 이념

1. 서론

반세기 이상을 민족 분단의 질곡에 처해 있는 우리에게 21세기는 분명 화합과 평화의 이상적 민족 국가가 수립되는 전환의 시기가 되어야 한다. 분단의 숱한 폐해는 그동안 너무나 많이 지적되었고 현실적으로 당하는 불이익만으로도 그 체제 해소는 민족의 과제가 되었다. 현재 분단을 극복하기 위한 민족 통합 운동은 활발히 진행되고 있다. 그러나 통일의 토대라고 할 수 있는 민족 통합의 이념과 사상적 대안 모색은 활성화되지 못하고 있다.[1]

특히 통일이 전통적인 민족의식을 바탕으로 이루어지는 과업이라고 했을 때, 민족정신에 입각한 통일 이념의 추구와 설정은 당연한 귀결이라고 할 수 있다.

올바른 통일 운동의 첫걸음은 분단의 원인을 치유하는 데서 시

---

1 2000년 6·15남북공동선언의 제2항에서 남측의 연합제와 북측의 낮은 단계의 연방제가 공통 부분을 가지고 있다고 선언하자 국내적으로 그에 대한 격렬한 논쟁이 전개되었다. 통일 시대를 대비한 이념적, 사상적 준비가 결여되었다는 사례이다.

작되어야 한다. 그것은 정치적으로는 분단을 야기한 요인들을 해소하는 것이며, 이념적으로는 오늘의 분단 현실을 가능케 하는 마음의 장벽을 허무는 것이다. 통일 운동은 분명 가장 현실적인 접근을 해 나가야 한다. 동시에 가장 미래지향적이어야 하며 그 목표와 원칙이 명확히 정립되야 한다.[2] 그것은 우리의 목적이 통일 자체가 아니라 통일이 추구하는 이상, 즉 민족 전체의 향상된 삶의 질의 구현에 있기 때문이다. 동학의 통일 이념이 궁극적으로 지향하는 통일은 바로 이 길을 제시하고 선도하는 데에 있다.

19세기 국가의 누란지위 상황에서 등장한 동학은 당시의 시대 상황을 누구보다도 예리하고 정확하게 분석하여 민족의 나아갈 바를 제시해 주었다. 동학은 민족 전통 사상을 계승하고 우리의 고유의 사유 체계 속에서 창도된 종교로서 출발했지만, 지극히 정치적이었다. 즉, 동학은 보국안민의 대내적 민족주의에 입각한 반봉건·반외세의 정치 운동을 실천하여 후천개벽의 이상적 공동체를 실현하고자 했고, 대외적 민족주의로 포덕천하를 통해 도성덕립의 신인간 세상을 이루고자 했다. 그로 인해 동학은 창도 이래로 구한말과 일제 시대를 거쳐 해방 후에 전개되었던 자주적 통일 민족 국가 수립을 위해 많은 희생을 치른, 한국 근대 민족운동사와 일치되는 역사를 가지고 있다.

한편 해방 이후 한반도의 상황은 냉전을 바탕으로 한 이데올로

---

2 한신대학교 평화연구소 편, 『민족통일과 평화』, 한국신학연구소, 1995, 9쪽 참조.

기적 국가 형성의 논리가 민족 이념에 입각한 민족주의적 공동체 형성의 요구보다도 우월한 힘으로서 역사를 통하여 작용하였음을 보여 준다. 21세기 들어서도 세계화로 특징되는 신 국제 질서는 국가와 민족 간의 경계를 무너뜨리고 인류 공동체주의를 강조한다. 그러나 세계화 시대에도 기초 단위는 민족 국가이듯이 민족 문제 해결을 위한 길은 여전히 민족주의일 수밖에 없다. 그것은 지금까지 민족 문제에 대한 민족주의 이외의 어떠한 해결책도 문제를 더욱 악화시키거나 미봉하는 수준이었으며, 오히려 새로운 문제를 발생시키는 경우가 더 많았기 때문이다.

동학이 지향하는 민족 공동체 사상은 확실히 기존의 냉전 논리와는 구별되는 한국의 전통적 정신문화에 기초한 민족주의적 정치사상이다. 동학사상에 내포되어 있는 조화와 화합의 이념이 그것을 증명하고 있다. 그것은 민족과 더불어 호흡하는 과정 속에서 부침을 거듭했다. 우리가 민족 평화 통일과 그 이후의 전망을 민족 이념에서 찾고자 한다면 동학사상은 반드시 다시 검토되어야 하고 나아가 한국 민족주의의 원형적(ideal type) 위치에 놓여져야 한다.

2. 신 국제 질서와 민족 국가

21세기에 들어서 국제 질서는 새로운 편성을 강요받고 있다. 이는 오랜 냉전의 종식과 함께 보다 새로운 국제 질서로의 재편을 의미한다. 학자에 따라서는 미국 단독 주도의 '팍스 아메리카나(Pax-Americana)' 시대의 도래로, 혹은 걸프전 이후 강화된 UN의 위상을 고려해 '팍스 유엔(Pax-UN)' 시대라고도 한다. 그러나 또 많은 전문 가들은 과학 기술을 수반한 경제력의 중요성이 강조되어 일본이 21세기 국제 질서의 중심 세력으로 등장할 것으로 보기도 하고 여전히 강대한 군사력과 문화적 전통을 바탕으로 한 중국·러시아의 재등장 등을 예견하는 견해도 있다. 이른바 새로운 질서는 미국이 지배하는 다극체제인 '단다극체제(Unimultipolarity)'로 볼 수 있다.[3]

즉, 미국이 정치·군사·경제면에서 총체적으로 가장 강한 영향력을 행사하고 있으나 다원주의와 상호 의존성이 증대하고 있는 신세계 질서 속에서 미국은 유럽·일본·중국 그리고 러시아 등과 협력할 수밖에 없을 것으로 보인다.[4]

이처럼 21세기의 새로운 세계 질서는 아직 무엇이라 규정할 수 있는 단계에 와 있지 못한 상태이다. 다만 이 신 국제 질서의 확실한 특징은 이데올로기적 대립과 군사 안보 우선주의가 경제 우선으로 급속히 전환하고 있으며, 경제력과 정보화의 우월성이 국제 사회의 발언권을 강화하게 되리라는 점이다. 따라서 각 국가는 서로간의 경제적 이해에 얽혀서는, 그리고 정보화의 단계에 따라서는 국경선조차 무의미해지는 사태가 발생하고 있는 점도 사실이다. 그러나 한편 그러한 세계주의적 경향에 반대해 민족 고유의 독

---

3 신 국제 질서의 특징은 Joseph S. Nye, Jr., "What New World Order?" *Foreign Affairs*, vol. 71, No. 2(Spring 1992), pp.83-96 참조.

4 2001년 9월 11일 뉴욕시에 가해진 테러에 대한 보복 공격에 미국은 이들 나라들을 끈질기게 설득해 협력과 동참을 요구했다. 이런 사례는 과거 유고 공습 시 나토를 앞세운 미국의 모습에서도 발견할 수 있는데 이 같은 추세는 계속될 것으로 전망된다.

자성의 가치를 강조하는 민족주의와 그것과 결합된 경제 형태의 등장은 새로운 지역주의로 대두하고 있다.[5]

분명 탈냉전의 시기를 넘어선 21세기의 신 국제 질서는 기존의 질서와는 여러 가지 점에서 다르다. 첫째, 신 국제 질서는 과거에 비해 덜 위험하고 체제 간의 갈등과 전쟁의 공포는 줄어들었다고 볼 수 있다. 둘째, 그러나 세계 체제 차원의 대규모 전쟁의 위험은 사라졌다 해도 지역 차원이나 국가 차원의 분쟁과 갈등 그리고 전쟁의 위험은 더욱 증가되었다. 이러한 위험은 과거의 미국과 소련이라는 두 슈퍼 파워의 소멸과도 관계 있다. 셋째, 미국의 역할 중 국가 간 민족 간의 분쟁에 있어서는 중재 역할이 축소될 것이다.[6] 넷째로 이들을 대신한 UN의 역할 증대가 가시화하고 있으나 이 역시 그들의 활동은 항상 강대국들의 이해와 밀접한 관계를 유지해 왔다는 점에서 그 효과는 제한적일 수밖에 없다. 끝으로 신 국제 질서의 국제적 주요 관심은 정치에서 경제·문화 환경, 정보 등으로 급격히 이전되었다는 점이다. 이제 국제 사회는 정치 파워는

---

5 특히 이를 크게 확대 해석해 서구문명과 이슬람문명, 유교문명의 충돌로 미래사회를 예견하는 이가 Huntington이다. 미국에 대한 자살 테러사건에 대한 그들의 과민 반응(?)은 마치 문명간, 지역간의 충돌이라는 미래상을 설정해 놓은 듯하기도 하다. 그러나 헌팅턴의 견해는 전형적인 세속적 민족주의의 질서 붕괴에 대한 또다른 서구적 우려의 표현일 뿐이다. S. Huntington, The Clash of Civilizations, 이희재역, 『문명의 충돌』 김영사, 1997.

6 미국의 영향력이 쇠퇴할 것이라는 주장은 A. Morita and S. Ishihara, *The Japan that Can Say No*(ToKyo: Konbusha, 1990)을 그리고 미국의 영향력은 여전할 것이라는 주장은 Joseph S. Nye, Jr., *Bound to Lead: The changing Nature of American Power*(New York: Basic Books, 1990)을 참조.

경제와 문화 그리고 정보화의 정도에 의해 판단된다는 것이다.

20세기 말 맥루언(Marshall Mcluan)은 세계는 '지구촌'(global village)이 되었음을 인정하는 것을 서슴지 않았다. 지구화 현상은 정치와 정치의 상호작용에 대한 우리의 이해를 완전히 바꾸어 놓았다. 정치에 대한 전통적 시각은 국가가 중심이었다. 국가는 주요한 정치적 행위자로 다루어졌으며, 정부 활동의 민족적 수준에 초점이 맞추어졌다. 그러므로 국내 정치와 국제 정치, 즉 민족 국가 내에서 일어난 것과 그 바깥에서 일어난 것을 명확히 구분하였다. 후자는 하나의 새롭게 분리된 학문의 분야, 국제 정치의 주제가 되었다. 그러나 오늘날의 세계화는 '세계 사회'의 출현으로 '국내'와 '국외'의 구분을 약화시켰거나 아니면 파괴하였다. 민족 국가가 세계 무대에서 가장 중요한 요소로 계속하여 작용한다고 할지라도 초국가적 기구와 다국적 집단과 기구의 증대하는 영향력을 부인할 수는 없다. 그러나 여전히 국제 사회의 기본 단위는 민족 국가일 수밖에 없다. 따라서 과제는 민족 정책(national policies)과 지구의 번영(global prosperity)이 어떻게 통합(조화)을 이루어 내느냐이다.[7]

근대 이래로 주된 정치체는 민족 국가(nation-state)이다. 인류는 어느 시대에나 정치적 충성의 대상-정치 공동체-을 가지게 마련이

---

7 George P. Shultz, "The Global Political Economy : National Policies and Global Prosperity" *International Relations : Contemporary Theory and Practice* (Washington, D. C.: A Division of Congressional Quarterly Inc., 1989); 노태구·임형진, 「신국제질서와 동학」, 한국정치학회 연례학술회의 발표논문, 1998, 12 참조.

며 근대 이후에는 정치적 충성이 민족 국가로 향하여 왔다. 민족 국가의 큰 장점은 문화적 응집력과 정치적 통일의 전망을 제공하는 것이다. 공동의 문화적 또는 종족적 동질성을 나누는 인민이 자치정부의 권리를 가질 때 공동체와 시민은 일치하는 것이다. 따라서 오랜 기간 단일국가를 유지해 온 우리에게 분단 체제의 지속은 신 국제 질서 하에서의 정치적 단위로서의 기능 상실뿐만 아니라 민족생존의 문제와 직결되는 것이기도 하다.

결국 21세기 분단의 극복이야말로 전 민족의 역량과 슬기가 집결되어야 할 과제일 수밖에 없다. 여기서 한민족 국가 공동체 건설을 위해서는 민족정신과 이념에 입각한 주의가 여전히 유효하다고 할 것이다. 즉, 민족은 각 시대와 그 처한 상황을 벗어날 수 없다는 존재 구속성을 가지고 있다고 보아야 한다. 21세기의 신 국제 질서는 분명 세계화의 시대이다. 그러나 여전히 그 바탕은 민족 국가일 수밖에 없다는 점은 너무도 자명한 사실이다. 결국 민족 국가의 생존이 없는 세계 국가는 존재할 수 없다고 했을 때, 우리가 민족 이념에 의한 통일 조국의 실현을 위한 동학사상을 논해야 할 이유 역시 명백한 현실 인식을 바탕으로 한다고 할 수 있다.

동학은 서세동점의 위기의식 속에서 우리 민족의 정통성과 사상이 위협을 받고 있을 때, 민족 자주의 기치를 높이 들어 한국적인 가치 체계를 제시함으로써, 갈팡질팡하는 민중의 가슴속에 그들 중심의 새로운 세계관과 자부심을 심어 주었다. 특히 수운이 표방하는 시천주의 평등한 정치와 동귀일체의 신경제, 새로운 문화의 탄생을 요망하는 후천개벽과 그리고 도성덕립의 신윤리 국가의 형성은 그 당시 이래로 우리의 민족 국가의 국가 이념으로도 손색이 없다고 할 수 있다. 이 민족 국가가 이루고자 하는 외세의 침략으로부터의 완전한 독립, 내부 전쟁의 위협으로부터 화합과 통일의 달성은 동학의 목적인 보국안민, 포덕천하, 광제창생을 이루는 길이라고 확신한다.[8] 부분적으로 동학의 민족주의는 이 신 국제 질서에 부합하지 않는 측면도 있는 것은 사실이다. 그러나 그것이 민족 국가를 완성해 세계일가에 기여하고자 하는 그 순수함에 있어서는 결코 국수적·공격적·지배적 이데올로기가 아닌 개방적·조화적·평화적 이데올로기로서의 정치 이념인 것이다.

3. 동학과 공동체주의

동학의 정치사상에서 주목되는 것이 공동체주의이다. 특히 공동체의 논리는 민족 통합의 정서적 바탕을 제공하는 논리이자 통합의 기본 이념이고, 통일의 원리라고 할 수 있다. 실제로 동학사상은 한국인들의 전통적인 공동체 의식을 근대적으로 표현한 것이라고 할 수 있다. 한국 근대기의 다른 사상들과 달리 동학은 자주적이고 진보적인 입장에서 새로운 사회 이념을 추구하였다. 동학사상의 자주성은 그것이 한국의 전통 사상을 비판적 종합을 토대로 발전적 정치 이념을 발견하고자 하였다는 점에서 단적으로 드러난

---

8 이찬구, 「동학의 역사적 성격과 수운교의 진로」, 한국민족종교협의회 편, 『한국민족종교논총:새천년 민족종교의 진로』, 늘하늘, 2000, 116쪽 참조.

다. 따라서 한국인의 정신문화와 전통을 도외시한 공동체 논의는 방법론적 오류를 벗어나기 어렵다고 하겠다. 동시에 동학사상은 조선 왕조의 유교적 통치 이념이나 전통적 공동체의 모순을 직시하고 지금까지와는 질적으로 다른 신형의 공동체를 통하여 새로운 시대에 대응하려고 하였다는 점에서 진보적이라고 말할 수 있다.[9]

민족의 개념과 마찬가지로 공동체의 의미도 일종의 신화와 허구의 요소를 포함하는 것으로 보인다. 그러나 그렇더라도 이 개념이 인간 사회의 역사 변동에 있어 중심적 측면과 관계하고 있는 것은 틀림없다고 하겠다.[10] 따라서 공동체의 개념은 간단하게 다루어질 문제가 아니다. 우리의 경우 민족 통합의 전제 개념으로서의 공동체주의는 동양[11] 전래의 의미로 쓰였던 공동체로서의 민족, 이른바 민족 공동체에 관한 의미로서의 공동체주의를 의미한다.

현대의 공동체 이론들은 대체로 다음과 같은 이념적 요소들을 공통적으로 포함하는 것으로 생각된다. 첫째, 현대 공동체 이론은 사회 관계의 완전성과 전인성(whole man)을 실현하는 방법으로 공동체를 다루고 있다(민족주의). 둘째, 현대 공동체 이론은 공동체적 삶의 이념으로 평등주의를 중요시하고 있다(민권주의). 셋째, 공동

---

9 민족 공동체에 관한 구체적 규정과 내용은 노태구, 「동학의 공동체 원리와 통일 이념」, 『한국정치학회보』 제30집 2호, 1996, 79-98쪽 참조 바람.

10 '공동체적 삶' 이야말로 현대인과 인류가 절실하게 추구하는 미래 사회의 이상적 삶이기 때문이다. 신용하 편, 『공동체 이론』 문학과 지성사, 1985, 17쪽.

11 예를 들면 우리 민족이 전래로 쓰고 있었던 마을 공동체, 향약 공동체, 두레 공동체 등과 같은 공동체 개념을 말한다.

체주의자들에게 있어 공동체는 박애 정신과 형제애의 표현으로 이해되고 있다(민생주의). 넷째, 현대 공동체 이론은 미래의 사회가 필요로 하는 새로운 공동체의 요소로서 합리적 토론 문화를 중요시하고 있는 것으로 보인다(문화주의).[12]

동학은 고유의 공동체적 성격을 제시하니 그것은 위의 민족, 민권, 민생, 문화의 내용을 수용하고 있다. 즉, 수운은 "오도吾道는 유불선합일儒佛仙合一이라. 즉 천도天道는 유불선이 아니로되 유불선은 천도의 한 부분이라. 유儒의 윤리와 불佛의 각성과 선仙의 양기는 사람 성性의 자연한 품부品賦이며 천도의 고유한 부분이니 오도는 그 무극대원無極大源을 잡은 자이다."[13]라고 했다. 따라서 민족통일 이념으로서의 동학의 공동체 사상이 나타내고 있는 이념적 지향 내지 특징으로는 다음과 같은 것을 들 수 있다.

첫째, 동학의 공동체 사상은 국내 정치에 있어 계급 화해와 국제 정치에 있어 세계 평화주의의 특징을 띠고 있다. 동학은 조선 왕조의 계급 모순에 대하여 비판적이었지만 여기에 대하여 계급 투쟁적 이데올로기를 발전시키지는 않았다. 해월은 "사람은 한 사람이라도 썩었다고 버릴 것이 없으니, 한 사람을 한번 버리면 큰 일에 해롭다."[14]고 했다. 세상 모든 사람들이 도덕군자로서 동귀일체하는 공동체를 지향하였던 동학에 있어 사회는 서구식 사회주의의

---

12 노태구, 「동학의 공동체 원리와 통일 이념」, 앞의 글, 84쪽.
13 이돈화, 『천도교창건사』 앞의 책, 47쪽.
14 『해월신사법설』 「吾道之運」.

계급갈등의 무대이기보다는 화해와 협력의 장이었다. 한편 해월은 동학이 한국 정신문화의 상징으로서 전세계로 퍼져 나갈 것이라고 예언했다. 또 우리 나라의 영웅 호걸은 모두 만국의 포덕사로 나가고, 제일 못난 이가 본국에 남아 있게 될 것이라고도 했다.[15]

이것은 우리의 문화와 사상으로 세계를 이롭게 하겠다는 홍익인간의 정신과 일맥상통하는 것이라고 할 수 있다. 동시에 이것은 세계 평화주의의 표현이라고 볼 수도 있을 것이다.

둘째, 동학의 공동체 사상은 한국사상 특유의 휴머니즘을 배경으로 하고 있다. 다른 종교들과 비교해 볼 때 동학에서의 신과 인간의 관계는 대단히 가까운 것으로 설명된다. 동학의 한울님은 인간이 접근할 수 없을 정도로 아득한 곳에 있는 존재도 아닐 뿐더러, 인간 위에 군림하지도 않는다. 동학의 한울님은 우리 인간들 속에 모셔진 존재이다. 이것이 시천주의 교리이다. 시천주 사상은 인격의 가치를 신과 같은 위치에까지 끌어올리는 종교적 휴머니즘의 극치이다. 이제 인간은 신에 의한 피조물로서만 평등하게 태어난 것이 아니라, 제각기 똑같은 한울님을 자기 속에 모신 고귀한 존재로서 평등한 것이 된다. 동학의 공동체 사상은 이와 같은 고도의 휴머니즘을 배경으로 하고 있다.

셋째, 동학사상은 평등주의를 기초로 한 민주주의적 공동체를 이념적 목표로 하였다. 동학은 사회적 귀천의 구별을 초월하여 사

---

15 『해월신사법설』「開闢運數」.

람은 누구나 똑같은 한울님을 모신 존귀한 존재로서 인격적으로 무궁한 자기 확대의 가능성을 지녔다고 가르친다. 동학의 도성입덕은 유교나 불교처럼 힘든 것도 아닐 뿐더러 누구에게나 개방되어 있다. 수운은 "십년을 공부해서 도성입덕 되게 되면 속성이라 하지마는 무극한 이내 도는 삼년불성 되게 되면 그 아니 헛말인가."[16]라고 했다. 동학은 조선조의 피지배층들을 향해 근대적 인격의 모형과 거기에 도달하는 방법을 제시했다. 동시에 그것이 누구에게나 도달 가능한 목표임을 분명히 했다. 동학은 사민의 평등을 설파하였고 소수의 양반들보다는 온 백성이 나라의 주인이라고 주장하였다.[17] 이런 점에서 동학의 공동체 사상은 평등주의를 배경으로 한다고 할 수 있다.

넷째, 동학이 지향하였던 공동체는 한국 사상사의 신인합일주의적 교정 일치의 전통을 배경으로 하였다. 동학사상은 한국 고대의 단군 풍류도와 여기에 기원을 둔 화랑도 사상에 뿌리를 두고 있다는 해석도 있다.[18]

동학은 단군 풍류도의 신인합일 사상을 계승하였기 때문에 한울님과 인간의 영성적 하나 됨(吾心卽汝心)[19]과 이를 매개로 한 인간들 사이의 정신적 교류(接靈)를 중요시한다. 따라서 동귀일체의 동학

---

16 『용담유사』「도수사」.

17 『해월신사법설』「포덕」, "唯天은 無別班常而賦其氣寵其福也요 吾道는 輪於新運而使新人으로 更定新制班常也니라."

18 조용일, 『동학조화사상연구』, 동성사, 1990.

19 『동경대전』「논학문」

공동체는 공동체 내의 인간 관계에 있어 사인여천의 윤리를 지향한다. 이러한 동학 공동체는 포스트 모더니즘 시대에 문화주의의 중요한 특성이 될 신인간의 형제애와 전인성으로 특징지어질 수 있다.

다섯째, 동학이 지향하였던 공동체는 평등하고 자유로운 구성원들 사이의 이성적 담론(discourse)과 합의를 공동체 결합의 중요한 기초로 하였다. 동학은 흔히 한국 근대 민족주의의 원형으로 이야기되고 있다. 근대 민족주의는 전술한 대로 개개인의 최고의 충성은 마땅히 민족 국가에 바쳐져야 한다고 느끼는 심리 상태라고 할 수 있는데, 이때의 심리 상태로서의 민족의식은 자발적이어야 한다. 인간은 누구나 자신이 그 집단의 주인이거나 중요한 존재임을 느끼지 못하는 한 거기에 대해 충성심을 갖지 않기 때문이다. 동학은 피지배층으로 길들여져 온 조선 왕조의 서민들에게 사회적 평등 의식과 주인 의식을 일깨워 줌으로써 한국 민족주의의 정신적 기초를 마련하였다. 동학은 이러한 민족 공동체의 운영을 위한 기준, 즉 정치 원리로서 '합리적 토론' 의 규칙을 발달시켰다.

이러한 동학사상의 공동체적 특징은 민족 통합과 이상적 자주 국가를 수립하고자 하는 우리에게 시사하는 바가 크다고 할 수 있다. 통일은 무력이나 경제력 등 한쪽의 압도적인 힘의 우위에 의한 점령·정복으로 이루어져서는 안 된다. 즉, 통일은 남북한이 구동존이求同存異의 자세로 이성적 합리성에 바탕한 의사소통을 이루어내는, 이른바 화쟁의 과정을 거쳐야 한다. 동학이 추구하는 민족 통합의 이념도 이 같은 공동체 의식을 바탕으로 남북의 공동의 유대감과 동질성을 추구한다고 할 수 있다.

4. 동학의 통일 이념

동학사상이 지향하는 통일 이념은 이상적 민족주의 정치 이념을
바탕으로 한다고 평가된다. 그것은 동학이 민족의 과제 앞에서 운
동의 향도의 역할을 맡아야 한다는 것뿐만 아니라, 민족 진로의 좌
표까지를 제시해 주어야 한다는 의미이기도 하다. 민족주의는 언
제나 그 민족의 오늘과 내일을 책임 있게 조망하고 이끌어 줄 때
제 역할을 다하는 것이기 때문이다. 여기서 제시하는 시론적 성격
의 민족 자주의 이상적 민주 국가, 시천주의 평등 정치, 동귀일체
의 신경제, 다시 개벽의 문화주의, 도성덕립의 윤리 국가라는 통일
이념도 그 같은 의미를 포함하고 있다.

1) 민족 자주의 이상적 민주 국가

동학이 지향하는 민족통일의 정치 이념은 우선 민족 자주의 이
상적 민주 국가를 목표로 한다는 것이다. 국가는 민족으로 구성된
권력 단체다. 단일 민족으로 구성된 것도 있고 복수 민족으로 구성
된 국가도 있다. 단일 민족은 혈통이 같고 역사가 같고, 언어·문자
와 풍속·습관이 같고, 문화가 같고, 경제적 조건이 같고, 최종으로
공통 숙명을 가졌다. 그러므로 남북이 한민족이라는 공통 숙명은
통합된 모습으로 함께 더불어 살아야 한다는 당위성을 낳는다.

동학의 민족주의는 보국안민 차원의 1차원적 민족주의를 넘어

선 포덕천하의 국제주의를 지향하는 차원 높은 민족주의이므로, 이를 신민족주의라고 정의할 수 있다. 신민족주의는 세계 각 민족이 세계 공화를 위해 자기 민족을 일률적인 횡으로 발전시키는 것이 아니라 종으로 향상시키는 주의이다. 따라서 민족은 세계 공화에 기여하는 단위 민족으로서의 의무와 역할을 분담하게 된다.[20]

자주의 문제 역시 자주가 고립이 아님을 인식해야 한다. 즉, 자주는 좌左로는 고립을 제거하고 우右로는 의타를 배제한 행동 관념이다. 즉 자주란 상호부조의 자연적 원리를 활용하여 자주·자유의 독립적인 존재를 의미한다고 할 수 있다. 민족의 자주정신은 먼저 개인들의 정신적 변화를 요구하고 그것들의 총체적 합인 국가의 자주성으로 확대되어야 한다. 자주성이 없는 국가에서는 아무리 국민 개개인의 자유가 보장된다고 해도 국민들이 자신의 미래와 운명을 스스로의 힘으로 결정할 수 없다. 군사·경제·문화 등의 대외 종속성이 갈수록 심화되는 듯한 우리의 경우 시급한 자주성 확보 노력이 요구된다. 전쟁 직전까지 간 1994년 북핵 위기와 1997년의 IMF 사태를 기억한다면, 우리 의사와 상관없이 심각한 문제들이 무차별적으로 강요되는 국제 정치의 현실을 인식할 수 있다.

또한 통일은 이상적인 민주 국가를 목표로 해야 한다. 민주 국가란 문자 그대로 인민이 직접 국가의 주권을 가진다는 말로 진정한 의미의 근대적 정치 체제를 말한다. 확실히 통일 국가는 모든 국민

---

20 김철,「동학의 정치사상 빙-칭우딩의 심대강령을 중심으로」,『東學精義』, 농선사, 1989, 366쪽 참조.

이 주인이 되고 모든 사람을 하늘같이 섬기고 하늘같이 대접 받는, 그야말로 모든 국민이 주인 노릇 하는 진정한 민주 국가가 되어야 한다. 자유로운 선거를 통해서 진정한 국민의 의사가 반영되어야 하고, 삼권 분립의 원칙 하에 권력의 균형과 통제가 이루어져 높은 차원의 민주주의가 실현되어야 한다. 그리고 물심 양면으로 풍요를 누리는 최고 복지의 나라가 되어야 한다. 이때 동학의 이상적 민주 국가는 천도의 진리가 확증되어 개개인의 자유가 확실히 보장되고 교敎는 진리로서 사람을 교화하고, 정치는 법으로 바르게 다스리는 교정쌍전敎政雙全의 제도가 바람직하다고 본다. 이를 통해 정치·경제·문화·윤리·교육 모든 면에서 진정한 민주주의가 실현되어야 한다.

2) 시천주의 평등 정치 체제

동학사상의 민주주의적 정치사상은 인간 평등의 원리에서 찾을 수 있다. 즉, 시천주 사상이 바로 그것인데 인간은 누구나 한울님을 모신 존재이므로 인간을 이 우주의 가장 최고최령最高最靈의 자리에 있는 위대한 존재로 보는 것이다. 어떠한 인간이든 성실성과 존경심만을 가졌다면 모두 한울님과 같은 존재이다. 즉 성誠과 경敬의 2자만 지키는 인간이라면 노예든지 천민이든지 모두 군자요 성인이 되지만, 이 성과 경이 없다면 양반이나 토호 같은 지배층이라도 참다운 인간이라고 할 수 없다는 것이다. 결국 재래의 문벌과 신분상의 낡은 봉건적 인간관계에 대해서 동학에서는 성·경 2자에 의해 평등하고 스스로 각성한 근대적 개인을 발견하고 있다.[21]

당시의 엄한 신분제사회 속에서 동학의 이 같은 평등주의 사상은 충격적인 발상의 전환이었으며 기층 민중에게는 엄청난 호소력을 지녔었다. 실제로 동학에 입도해 혁명에까지 참여했었던 백범도 동학의 이 같은 평등주의에서 자신이 찾는 이상향을 발견했었다고 기술하고 있다.[22]

동학사상의 '시천주' 원리는 천시인天是人, 인시천人是天이라 하여 인간이 하늘과 직결되는 바, '시천주'는 내 몸에 한울님을 모시고 있다는 뜻으로 동학의 천인합일 사상을 제출하게 된다. 또한 인간은 시천주적 존재이기에 때문에 천시인이고 인시천이 되며 시천주이기 때문에 인간은 본래부터 자유롭고 평등한 존재이다. 왜냐하면 사람의 몸은 한울님을 항상 모시고 있는 집과 같으므로, 사람이 한울님을 늘 모시고 있다면 모시고 있는 그 사람도 한울님과 같이 존경해야 하고, 만약 인간이 존경받지 못한다면 한울님은 그 존재가치를 잃게 되기 때문이다.

이처럼 사람은 누구나 시천주한 존재이므로 한울님 앞에 누구나 평등하고, 지극히 존엄하다는 두 가지의 뜻을 동시에 지니게 된다. 그리고 13자 주문으로 지극히 마음공부를 하면 현인군자가 된다고 말한다. 만권시서도 따라올 수 없다는 것이다. 전통적인 유교 사회

---

21 위의 글, 37쪽. 특히 성·경 문화에 대해서는 오익제 편저, 『천도교요의』133-138쪽 참조.
22 "상놈된 한이 골수에 사무친 나로서는 동학의 평등주의가 더할 수 없이 고마웠고, 또 이씨의 운수가 盡하였으니 새나라를 세운다는 말도 해주의 과거장에서 본 바와 같이 정치의 부패함에 실망한 나에게는 적절하게 들리지 아니할 수가 없었다." 김구, 「백범일지」 송진호 편, 『김구』, 한길사, 1980, 37-38쪽 참조.

의 인간관으로는 이해할 수 없는 도성덕립의 길이다.[23] 따라서 수운이 제시한 인간관은 한울님을 모신(시천주) 사람으로서의 평등성과 존엄성에서 출발한다.[24]

결국 동학의 인간 주체 사상은 모든 사람이 계층과 관계없이 각기 신을 내면화하는 것으로 인간의 존엄성을 신격화시키고 남녀노소나 직업의 귀천이나 지위의 고하나 빈부의 차별을 막론하고 도덕적으로 차별이 있을 수 없고 인권이 무시될 수 없는 인간 평등의 정치 이념을 제시하게 된다.

남북은 현재 서로 다른 정치 체제를 유지하고 있다. 북한은 '조선민주주의인민공화국'으로 주체사상을 자기 활동의 지침으로 삼고 프롤레타리아 독재를 실시하는 국가이다. 또한 남한은 민주 공화국을 천명하고 복수정당제 하의 대통령제를 실시하며, 주권을 국민이 갖는다고 하고 있다. 지난 해 남북 공동 선언은 우선 당분간 서로의 정치 체제를 인정·존중해서 '1국가 2체제'를 유지한다고 했지만 이것이 영구적일 수는 없다.

따라서 서로의 공통점을 찾아보면 바로 '민주주의 정치'를 추구한다는 점이다.[25] 그러므로 통일 국가의 정치 이념은 민주주의라는

---

23 "열세자 지극하면 만권시서 무엇하며 심학이라 하였으니 불망기의 하여서라 현인군자 될 것이니 도성입덕 못미칠까"(『용담유사』「교훈가」).

24 이찬구, 「동학의 하늘님(天主)에 관한 연구: 영부와 주문을 중심으로」, 성균관대학교 유학대학원 석사학위논문, 2000, 174쪽.

25 이때 북한의 민주주의를 남한이 어떻게 받아들이는지는 별개로 치고, 우선 그들도 인민이 정치의 주체가 되는 인민을 위한, 인민에 의한, 인민들이 자기 운명의 주인이 되는 민주주

공통 분모 속에서 모색되어야 한다. 자유주의가 개인의 자유를 우선하는 것만큼 사회주의는 개인간의 평등을 우선하고 있다. 그래서 민주주의는 이 두 가치를 모두 포용하는 것이라고 하지만, 현실적으로는 두 가치는 모순된 상반관계에 놓여 있다. 즉, 개인에 자유를 최대한 보장하면 평등은 실현될 수 없고, 평등 개념의 확대는 인간의 창의성의 발로라고 할 수 있는 자유의지를 꺾고 만다. 결국 진정한 민주주의의 최고 이념과 가치는 자유와 평등이 아닌 인간 존엄의 실현이라고 할 수 있다. 인간의 존엄성을 실현키 위해 자유와 평등은 존재하는 것이다. 인간 존엄을 가장 잘 구현할 수 있는 것이 동학사상의 시천주이다. 개개인간에 주체성과 가치성을 최고로 부여한 시천주의 정치적 의미를 담아내는 정치 체계가 동학이 추구하는 통일 이념이다.

3) 동귀일체의 신 경제

동학이 지향하는 통일 국가의 경제는 동귀일체의 이념에 따른 민주주의적 경제 제도이다. 동귀일체란 모든 사람의 근본이 무형한 한울님임을 깨닫고, 일체의 원리로 돌아가 한마음 한뜻으로 화합하자는 뜻이다. 세상 모든 사람과 모든 존재는 무형한 한울님의 이치 기운으로 화해 났고, 그 이치 기운으로 살아가고 있다. 따라서 다같이 한울님의 아들 딸이며 한 동포, 한 형제, 한 생명체이다.

의 정치를 이상적인 정치 체제로 추구하고 있다.

우주는 하나의 영체요 하나의 생명체인 것이다. 경천敬天·경인敬人·경물敬物의 정신과 인오동포·물오동포[26]의 정신으로 인간과 인간과의 관계, 인간과 자연과의 관계 인간과 초자연과의 관계를 재정립하여 온 세상이 한 마음 한뜻 한 몸 한 가족 같이 화합하고 풍요롭게 사는 일류 복지국가를 건설하자는 것이다. 인류는 자타일체 동귀일체의 원리를 몰랐기 때문에 서로 속이고 훔치고 빼앗고 죽이며 살아 왔다. 이제는 그런 생활 태도는 청산해야 한다.[27]

동귀일체는 신체 생리에서 비롯된 이념이다. 신체는 그 자율적 본능으로 백체百體를 기화작용의 평등으로 통일한다. 자유의지를 자유로 조화하는 것이다. 영양을 평균으로 분배하는 것과 혈액을 자유로 평등 순환하게 하는 것이며, 행동을 격에 맞추어 조절하는 것이며, 원기를 내외백체內外百體에 충족하게 하는 등 그 조화로움은 실로 자연의 영묘라 할 수 있다. 이것은 전적으로 유기체의 본능이다. 이 같은 유기체론을 원용하여 사회 조직을 유기체화해 인체의 생존 원리에 들어맞도록 하는 것이 동귀일체의 생활이다.

즉, 신체와 사회는 밀접한 상관관계를 가지니, 신체가 세포라는 개체로 조직되어 있다면 사회는 개인이란 개체로 조직되어 있으며, 신체가 오장육부·사지백체·이목구비의 기관으로 형성되어 있다면 사회는 각종의 기관으로 존재하고 있다. 이 밖에도 신체는 신경의 상부 지휘 체계와 하부 전달 기관을 가지고 있으며, 그것을

---

26 『해월신사법설』 「삼경」
27 동학민족통일회, 「민족 자주 동귀일체 통일 방안」, 동학민족통일회, 1999, 26쪽.

총괄하는 정신이 있고 혈맥이라는 교통수단을 가진다. 사회는 지휘부와 이들의 지시를 실천하는 하부 조직이 있으며, 그것들을 통합시키는 그 사회의 통일 사상이라는 것이 존재하고, 교통 통신으로 그 전달은 이루어진다. 이처럼 신체와 사회는 유기체로서의 기능을 거의 비슷하게 공유하고 있다. 특히 신체가 동식물의 섭취로 신체라는 유기체를 유지하듯이 사회라는 유기체가 유지되기 위해서는 올바른 경제 제도가 있어야 한다.

사회 진화도 인간의 신체를 강제할 수 없듯이 인위적 강제로 강행시킬 수 없다. 즉, 사회 진화 역시 불가항력에 의한 무위이화로 발전해야 한다.[28]

인간이나 사회나 유기체이기에 무위이화의 자연적 진화야말로 가장 이상적인 진화이다. 무위이화가 실현되는 것이 동귀일체이다. 동귀일체의 신생활이란 무엇보다도 강제하지 않는 것이다.

결국 동귀일체의 경제는 자본주의니 사회주의니 하는 말을 쓰지 않으면서 인간 개체의 윤리적인 이념을 바탕으로 하고 있다고 볼 수 있다. 시천주 사상으로 인간들을 교화하여 인간의 원초적인 소유 충동을 창조 충동으로 변환시킴으로써 경제 문제를 해결하자는 것이다. 그것은 분배에 보다 치중하는 사회주의 경제론을 지향하면서도 부의 저하 분배가 아닌 부의 평등적 향상 분배인 사회 민주주의적 지향성을 동시에 담아내고 있다. 명백한 사실은 경제 문제

---

28 이돈화, 『당지』평양 천도교청우당 중앙당 선전부, 1947, 70-71쪽 참조.

라는 것이 독립된 변수로 홀로 설 수는 없다는 점이다. 경제는 분명 정치와 깊은 상관관계가 있으며 사회적 여건도 뒷받침이 되어야 한다. 그리고 특히 경제 운영의 주체가 인간인 이상 인간의 심성과 자질 등이 결정적 역할을 한다.[29] 결국 경제 문제는 시천주 사상을 내면화하고 동귀일체한 인간이 운영해야 한다는 것이다.

실제로 남북한의 경제 체제는 자본주의와 사회주의를 표방하지만 '혼합 경제 체제'를 유지한다고 할 수 있다. 혼합 경제 체제는 사적 소유의 확대와 사회화의 확대는 상대와 상황에 따라 대처할 수 있다. 즉, 시장경제의 활성화와 국가의 개입이 조절되는 경제 체제의 유연성은 자연스러운 상황 속에서 이루어질 수 있는 것이다. 문제는 사유화와 사회화 문제를 절대적이고 경직된 것으로 받아들여서 안 된다는 점이다. 모든 것이 무위이화하듯 경제 역시 무위이화의 상태를 유지한다는 것이 동학의 통일 경제 이념이다.

4) 다시 개벽의 문화주의

수운은 구도 단계에서 현실의 과제 상황을 극복하려는 데 시점을 맞추고 있었다. "한계에 이른 현 문화 체제를 다시 개벽하자."는 것이 바로 구도의 과제였다. '다시 개벽'이란 "문화의 틀을 다시 열자."는 뜻이다. 수운의 표현대로 "개벽 후 5만년"[30]과 "십이 제국 괴질 운수 다시 개벽 아닐런가."[31]라는 두 말을 연이어 보면

---

29 김철. 앞의 글, 379쪽.
30 『용담유사』「용담가」

'개벽' 했던 것을 다시 개벽하자는 말이다. 즉 "처음 열었던 문화를 다시 새롭게 열자."는 것으로, 앨빈 토플러의 제3의 물결과, K.볼딩의 문명 전 사회→ 문명사회→ 문명 후 사회의 개념과 유사하다. 동학이 지향하려는 것은 바로 낡은 문화의 틀을 새로운 문화의 틀로 '다시 개벽' 하자는 데 있다.[32]

수운은 낡은 문화 체제를 '다시 개벽' 하는 길을 찾아 나서 6년간 고행한 끝에 1860년 4월 5일에 새로운 신념 체계를 득도했다. 종교 체험을 통해 얻어낸 신념 체계의 핵심은 바로 시천주 신관념이었다.[33] "천상에 상제님이 옥경대 계시다고 보는 듯이 말을 하니 음양 이치 고사하고 허무 지설 아닐런가."[34] "날로 믿고 그러하냐 나는 도시 믿지 말고 한울님만 믿었어라. 네 몸에 모셨으니 사근취

---

31 『용담유사』「안심가」,「몽중노소문답가」.
32 특히 표영삼 천도교 선도사는 문화의 틀을 ① 규범의 틀, ② 기술의 틀, ③ 언어 정보의 틀, ④ 관념의 틀로 규정하고, "이 네 가지 틀로 문화가 이루어지는 데 문화의 틀에는 씨앗 역할을 하는 관념의 틀이 으뜸이다. 이 관념의 틀을 바탕에 깔고 규범의 틀, 기술의 틀, 언어 정보의 틀이 형성되게 마련이다. 새로운 문화를 다시 개벽하자면 가장 중요한 것은 새로운 관념의 틀을 창조해 내는 일이다. 지금까지 우리들의 관념은 초감성적인 세계와 감성적인 세계로 이분화한 바탕 위에 놓여져 왔다. 즉 초감성계는 최고가치체계(신?절대정신 등등)가 있는 높고 성스러운 영역으로 생각해 온 반면, 감성계는 낮고 속된 일상적인 것이 있는 영역이라 생각했다. 이것이 지금까지의 전래된 문화체제의 관념이다. 이 관념의 틀은 기본적으로 초감성계는 높고 감성계는 낮다는 수직 관계를 바탕에 깔고 있다. 그리하여 귀족과 천민을 인위적으로 구분하여 봉건신분제를 만들었고 통치자와 피통치자의 지배관계를 만들어 이분적인 사회가 형성됐다."고 지적하며 동학의 후천개벽의 당위성을 제기하고 있다. 표영삼, 「동학과 민주사회주의」, 민족문제연구소 간, 『한국 민족주의와 국제주의』민족문제연구 제3집, 1995, 333쪽.
33 『동경대전』「논학문」에 "侍者 內有神靈 外有氣化 一世之人 各知 不移者也"라 했다.
34 『용담유사』「도덕가」.

원하단 말까"[35]라는 말로 시천주 신관념을 표현했다. 후천개벽은 이런 시천주에 바탕 한 이상사회를 향하는 과정이다.

개벽의 첫 발자국은 동학의 출발이었다.[36] 이는 한울님을 만나기 전의 모든 질병으로부터 벗어나 '다시 태어나는 삶', '군자 사람'의 삶을 살아가는 것을 의미한다. 즉, '군자 사람'의 삶이란 한울님의 가르침을 받아가면서 한울님의 은혜로 살아가는 삶을 말한다. 수운은 이것을 무위이화라고 했다. 이러한 무위이화의 삶에서 그 주체는 개개 인간이었다. 시천주 신앙으로 개벽된 인간들이 모여 지상천국의 이상사회 건설이 수운의 최종 목표였다고 할 수 있다.[37]

이처럼 새로운 이념을 내면화한 새로운 인간들이 주역인 세상을 이루고자 한 것이 수운의 목표였기에, 거기에는 당연히 기존의 문화와는 다른 새로운 문화의 건설을 요구하고 있다. 개벽은 분명 삶의 양식의 변화이다. 개벽된 인간의 삶은 당연히 생활 양태의 변화를 이룰 것이다. 삶의 양식의 큰 틀을 문화라고 규정했을 때, 개벽은 새로운 문화의 확산을 의미한다. 즉, 당시의 지배 계급만을 위

---

35 『용담유사』 「교훈가」.

36 『용담유사』 「용담가」. 수운 자신이 1860년 4월 5일 한울림을 접한 날을 開闢時 國初日이라고 말하고 있다.

37 결국 동학적 후천개벽의 이상사회는 그것을 구성하는 주체로서의 인간의 각성을 전제로 성립한다. 실제로 어떠한 이상적 정치 체제의 등장도 그것의 실현은 개별 인간에 의하여 이루어진다고 했을 때 어떤 유형의 인간이 그 공동체의 주인인가는 중요한 문제로 부각될 수밖에 없다. 수운의 직접적인 언사는 아니지만 동학에서 이 미래 세계 주인을 新人間으로 규정한 이유는 여기에 있다.

한 부유층의 문화도 아니고 퇴폐 향락적 문화도 아닌, 보다 많은 다수가 즐길 수 있고 민족의 가치와 내용이 담보되는 문화의 시대를 의미한다. 원래 문화란 시대적·사회적 산물이니만큼 구시대·구사회의 기성문화가 그대로 신시대 신사회에 적용될 수도 없다. 그러므로 우리는 현존한 문화의 각 부문에 있어서 구시대의 모든 잔재를 청소하는 동시에 대중 생활을 향상시키고 대중 정서를 함양시킬 수 있는 민주주의에 입각한 신문화를 건설하여야 한다.

현대의 심화는 곧 문화의 향상에 있다고 했을 때, 후천의 개벽이 인문의 개벽이 될 것이라고 예언한 수운의 언명은 확실히 증명되고 있다. 문제는 그 같은 고급 문화의 주역이 다수의 민중이어야 한다는 점이다.[38] 적어도 문화에 관한 한 만인이 혜택을 보는 문화적 공산주의가 실현되어야 한다는 것이다. 통일 이념으로서의 문화는 남한의 퇴락적 문화를 거부하고 북한의 특권층을 위한 문화도 거부하는 것이다. 통일 한국의 문화는 분명 새로운 삶의 양식을 요구하고, 시천주를 자각한 새로운 인간의 새로운 가치관에 의해 정립된 문화이기에 다시 개벽된 세상의 문화가 될 것이다.

---

[38] 프랑스의 Post-Modernist인 P. Bourdieu는 특히 문화권력을 논하면서 이제 문화는 소수의 계급을 위한 하나의 권력이 되었으며 그것이 지배의 수단으로 전락하고 있다는 점을 냉철히 지적하고 있다. 피에르 부르디외 저, 최종철 옮김, 『구별짓기 ; 문화와 취향의 사회학』 上下, 새물결, 1995.

5) 도성덕립의 윤리 국가

동학의 통일 이념은 우리 국민이 높은 윤리·도덕성을 지닌 통일 국가를 만들기를 목표로 한다. 이른바 도성덕립의 윤리 국가가 그것이다. 도덕성을 상실한 조선에 도덕성 회복을 외치며 등장한 것이 동학이었기에 윤리·도덕성의 회복이야말로 국가 기강의 근본이 된다는 것을 강조하는 것이다.[39]

동학에서는 인간의 본래적인 존재 양식을 경천명순천리敬天命順天理로 파악하고 있다.[40] 그러나 인간의 당연한 존재 양식은 현실의 세계인 선천에서는 왜곡되고 도착될 수밖에 없는 것이었다. 경천순천의 상태를 회복하기 위해서는 반드시 천의 존재를 인식하고 두려워하고 그야말로 '참' 되게 존재해야 한다. 이러한 상태를 동학에서는 '도성덕립'[41]으로 규정하며 이는 또한 후천의 사회 상태를 뜻하는 것이 되기도 한다. 그러므로 개개 인간의 도덕성과 인격적 성품의 확립으로 동학적 이상사회가 완성된다고 본다.

현대 사회는 선천 시대의 도덕은 몰락하고, 후천 새 시대의 새

---

39 실제로 개인이든 사회든 윤리 도덕이 확립되어야만 국가가 부패하지 않는다. 세계사의 흥망성쇠를 보더라도 순수한 외침에 의해서 나라가 망한 예보다도 대내적인 부패와 도덕적 타락에 의해서 내우외환을 자초하여 국가를 멸망으로 몰고 간 경우가 허다하며, 특히 정치 지도자의 부패와 타락은 나라의 존망과 직접적인 관계에 있어 더욱 경계의 대상이 된다. 김철, 앞의 책, 367쪽.

40 『용담유사』「권학가」,『동경대전』「포덕문」

41 도성덕립은 원래 『동경대전』「수덕문」에만 한 번 나오고 도성입덕은 『용담유사』「교훈가」, 「도수사」, 「도덕가」와 「논학문」 등에 나온다. 여기서 도성입덕이 아닌 도성덕립을 사용하는 것은 전자가 도만을 강조한 것이라면 후자는 도와 덕 모두를 강조한 것으로 해석되기 때문이다. 김철, 「문법상 교리문제 몇 가지」, 『신인간』 포덕 142년(2001) 5월호, 54-56쪽 참조.

도덕이 확립되지 못한 상황에서 혼란이 악순환되고 있다. 건전한 도덕 기초 위에 물질문명이 꽃 피워야 할 터인데, 현실은 마치 뿌리 병든 나무에 꽃을 피우려는 것과 같아서 언제 어떻게 될지 예측할 수 없는 불안·공포에 휩싸일 수밖에 없는 실정이다. 도덕성 회복을 외치는 소리는 높지만 옛날로 되돌아 갈 수도 없고 새로운 대안도 없는 막연한 실정에 있으므로 결국 구두선에 그치고 만다.

그러나 동학적 이상국가는 후천의 신인간 세상이다. 그리고 신인간은 도성덕립으로 완성된다. 동학에서의 신인간의 도성덕립은 성·경·신을 통하여 이루어진다고 본다. 즉 성·경·신은 인격 완성의 길인 것이다. 성·경·신은 한울님에 대한 정성·공경·믿음을 말하며 일상생활에서의 실천 덕목을 의미한다. 사람은 정성과 공경 그리고 믿음을 모두 갖추도록 노력해야 한다. 정성만으로도 안 되고 공경만으로도 안 되고 믿음만으로도 안 되고, 세 가지 모두를 도야함으로써 인격 완성을 이룬다고 본다. 성·경·신을 신인간 교육의 목표로 설정함은 그것이 천도가 제시하는 후천개벽의 동학대국과 이상적 인간, 즉 지상신선이 되는 첩경이기 때문이다. 각 개인의 도성덕립은 성·경·신 수양을 통한 인격 완성의 실현[42]을 통해 이루어진다.

---

42 이찬구는 이와 같이 완성된 인격체를 특히 最靈體라 불렀다. 그는 신인간이라는 말이 경전에 나오지 않는 점에 유의한 듯, 수운의 최령자(논학문1장)를 구체적으로 표현한 것으로 보이며, 그 실현방법으로 수신정기, 성경신, 오심즉여심의 회복을 들고 있다. 최령체는 신인간의 영적 측면을 강조한 말이라고 해석할 수 있다.(이찬구 앞의 석사논문 210쪽)

동학에서 성·경·신을 구체적 실생활에 적용시킨 것이 삼경사상이다. 즉, 삼경의 실현을 통해 천도를 생활 속에서 구현한다. 따라서 삼경의 체현은 구체적 실현 목표인 생활의 도이다. 삼경사상이란 경천·경인·경물의 사상을 말하는 것으로, 한울님을 공경하고 사람을 공경하고 물건을 공경한다는 뜻이다. 이처럼 동학이 추구하는 이상세계는 무극대도가 실현되는 세상이다. 그래서 근대 이후 등장하는 서구의 이성적 사고를 바탕하는 합리성의 평등주의에 비해 동학은 모든 존재의 존엄과 평등을 지향하는 도덕적 개념을 바탕한 무극대도의 평등주의를 지향한다.

오늘 우리가 통일하고자 하는 국가의 이념은 우리 전래의 하늘을 공경하는 사고를 바탕으로 하고, 민주주의 이상인 인간 존엄을 실현하며 나아가 황폐해진 생태계의 회복을 위해 그들을 사랑하는 마음을 지향한다. 이 같은 시대 정신에 남북한의 차이가 존재할 수는 없다. 동학의 통일 이념은 바로 이 같은 남북한의 공통 분모를 찾아가는 과정이다. 이것은 민족통일 운동이자 우리가 잃어버린 윤리성 회복 운동이라고 할 수 있다. 새롭게 통일된 민족 국가는 다시는 도덕성의 상실로 인한 수모를 겪어서는 안 되고, 나아가 전 세계의 윤리 모범 국가로 우뚝하길 목표로 한다.

5. 결론

현재 남과 북은 상이한 정치·경제 체제를 반세기 이상 유지시키고 오면서, 그 가운데 상당 부분의 이질성이 심화되어가고 있는 것은 사실이다. 그러나 수천 년의 운명 공동체로 삶을 같이 영위해 온 역사의 눈으로 볼 때, 오늘의 이질성은 매우 사소한 차이에 불과하고 결코 극복치 못할 수준도 아니다. 오히려 여전히 많은 부분의 공통성이 우리를 함께 살수 있는 한 민족임을 자각시키고 있다.

동학의 민족통일 이념이 주목하는 점은 바로 이 점이다. 우리 고유의 사유가 단기간에 형성된 것이 아니듯, 그것을 바탕으로 한 정치 이념 역시 오랜 기간을 걸쳐 우리에게 내면화되어 있다가 구한말에 동학의 이름으로 등장한 것이다. 동학은 당시의 시대적 모순을 극복키 위한 처방을 제시해 방향성을 상실한 민족 앞에 등대의 역할을 해 주었다. 어쩌면 오늘의 분단된 조국 현실 역시 당시 못지 않은 민족의 시련의 기간이라고 할 수 있다. 동학의 위대함은 그것이 제시하는 이념이 시대를 초월해 유용성을 가진다는 데 있다. 이것이 가능한 것은 동학의 형성이 바로 우리 민족의 삶과 정신 속에서 농축된 에토스였기 때문이라고 생각한다.

동학의 공동체주의는 결코 우리 민족만의 행복을 주장하지 않는다. 그것은 사해일가의 한 부분으로서의 공동체를 소박하게 역설하면서 전체주의를 지향하고 있다. 이것이 동학의 민족주의를 구민족주의가 아닌 신민족주의 또는 우리의 문화를 바탕한 문화적 민족주의의 전형으로 꼽는 이유이기도 하다.

한편 동학의 민족통일 이념 역시 근시안적인 운동의 차원에 머무르지 않는다. 즉 동학은 운동의 배경이자 이념적 토대를 제공하고 나아가 통일 국가의 이상적 모형을 제시하고 있다. 분명 통일은 가장 현실적인 곳에서 이루어져야 하지만 통일은 민족의 삶의 질이 고양되는 이상적이고도 미래 지향적인 목표를 가지고 있어야 한다. 비록 그것이 다소 비현실적이고 이상론적이라 해도 원대한 이상과 목표에 우리의 희망을 설정한다면 그 의의는 충분하다고 본다. 그래서 동학이 추구하는 민족 자주의 이상적 민주 국가, 시천주 이념을 바탕으로 한 개개인의 주체적 참여와 역할이 강조되는 평등의 정치 체제, 각자위심의 경제 체제가 아닌 동귀일체의 신경제, 새로운 삶의 양식을 요구하는 다시 개벽의 문화주의, 무극대도의 큰 덕이 실현되는 도성덕립의 윤리 국가는 우리 민족의 나아갈 바와 다름없다.

천도교 통일 운동과 논의의 전개 과정

1. 머리말

천도교단이 통일을 바라는 마음은 남다르다. 교인 가운데 이산 가족이 많다는 것도 그 이유지만, 천도교가 남북 분단과 6·25, 그 이후 남북 대립 과정에서 가장 크게 피해를 받은 민족주의 세력이었다는 점도 그 이유다. 그러므로 천도교단의 통일 운동은 민족의 일원으로 민족사의 당면 과제인 통일을 위해 노력한다는 뜻 외에, 남북으로 분리됨으로써 약화된 교세를 하나로 통일하여 교회 중흥을 꾀하는 신앙 운동이기도 하다.

분단을 낳은 역사적·사상적 배경과 한민족의 통일에 얽혀 있는 주변국들의 이해관계를 생각할 때, 천도교의 통일 운동은 천도교 창도 이래 일관되게 추진해 온 민족운동과 개벽 운동의 연장선상에 놓여 있다.

동학 천도교는 "동에서 태어나서 동에서 도를 받았으니 동학"이라고 한 뜻이나, '아국운수我國運數 먼저하네'라는 예언적 경구警句에서도 보이듯이, 신앙 주체의 '지금 여기' 상황을 중시한다. 그러나 그것은 현실에 안존安存하는 것이 아니라, "십이제국 괴질 운수 다시 개벽 아닐런가."라는 선언에서 알 수 있듯이, 현실의 불합리와 부조리를 타파하는 '개벽 정신'으로 뒷받침된 현실주의이다. 그러므로 천도교가 조선 말기의 '동학혁명'이나 일제 치하의 3·1운동이나 문화 투쟁 전통을 이어, 분단 시대에 통일을 지상 과제로 삼는 것은 당연한 귀결이다.

그러나 지난 60년 동안의 천도교의 통일 논의들이 언제나 바람직하고 옳았던 것은 아니다. 일제 시대 말기에도 유사한 전철이 밟았거니와, 교단의 지도자들이나 교역자들이 역사를 전망하는 안목을 상실하거나 역사 발전의 방향을 잘못 잡았을 때, 천도교의 통일 운동과 논의는 때로 '반통일적' '반민족적' '반민중적'인 행태를 보이기도 했다.

그런 그동안의 사정을 돌이켜볼 때, 통일이 눈앞으로 다가온 이 시점에 지나온 천도교 통일 운동과 논의 역정歷程을 개괄하고, 분단에서 통일로 향하는 마지막 고비를 바른 걸음으로 넘는 지혜를 구하는 것은 의의가 있을 것이다. 또한 이것은 천도교단의 문제를 넘어서서 지난 반세기 이상의 분단사에서 우리 사회 일각에서 분단이 어떻게 내면화해 왔고, 또 그것을 극복하기 위한 노력이 어떻게 진행되었는가를 연구하는 데 일조하리라 기대한다.

다만 여기서의 연구는 본격 연구를 위한 자료 개관의 입장에서 천도교 기관지인 〈신인간〉과 〈천도교월보〉에 게재된 글을 소개하는 데 주안점을 두고자 한다.

분단 시대 60년 중 대부분의 세월 동안 우리는 두 얼굴을 한 통일을 보면서 살아야 했다. 하나는 '우리의 소원'이라는 노래로 대표되는 것으로, '이 나라와 겨레를 살리는' 최고 최대의 지상 과제로서의 통일이다. 그 속에는 헤어진 가족과 상봉하는 인간 본연의 염원도 포함된다. 또 하나는 통일 논의 자체를 금기시하는 경향이다. 오랫동안 정부 또는 정부의 통제 아래에 있는 기관이나 연구자를 제외한 개인이나 단체가 통일을 거론하거나 통일 운동을 벌이는 것은 반정부·반체제·반민족적인 것으로 매도되었고, 그 결과 많은 사람들은 투옥되거나 심지어 헌법상 권리조차 보장받지 못하고 사형되기까지 하였다.

이러한 시대 배경 속에서 천도교 안에서도 끊임없이 통일 운동을 전개하고 통일을 위한 이론을 정립해 오는 한편으로, 통일의 상대방인 북측 천도교의 실체를 부정하고 심지어 인도적인 지원조차 벽안시하는 극단적 반공주의가 상존해 있기도 하다. 그러나 이러한 '반북 정서'는 타파하고 적대시하는 것이 아니라, '다름'을 인정하고 존중하는 또다른 문화 양식에 의해 극복되어야 한다. 통일은 '공산'과 '민주'를 '지양'한 바탕 위에서 이루어져야 한다는 20세기식 절충주의가 아니라, 오히려 그 둘의 병존까지 허용할 수 있는 문화 바탕 위에서 이루어져야 한다는 것이다.

좁은 의미의 통일 운동은 8·15해방 이후에 시작되지만, 한편으로는 일제 시대 때 있었던 〈신간회新幹會〉 운동도 통일 운동사의 맥락에서 조명할 수 있다. 좌우합작을 통해 성립한 신간회는 남북 분단이 사상 대립의 중대한 고리가 되고 있다는 점에서 통일 운동을 전개하는 데 교훈을 준다. 천도교는 〈신간회〉 성립 단계에서부터 깊숙이 관여하여 중추 역할을 담당했으며, 중앙 조직은 물론 지방

단위 조직에서도 현지의 청장년 천도교 활동가들이 적잖이 신간회에 참여했다. 이러한 신간회 활동의 경험은 해방 이후 천도교가 남과 북에서 각각 '자유주의'와 '사회주의'를 수용할 수 있는 모태가 되기도 했다.

2. 해방 이후~6·25전쟁 시기 통일 논의

1) 『천도교정치 이념天道敎政治理念』

해방 이후 크게 넓어진 정치 공간에서 천도교는 교단 체제의 수습·정비와 더불어, 지하로 잠적했던 청우당을 재건하면서 격동하는 해방 정국에서 제 목소리를 내기 위해 노력하였다. 그 결과의 하나로 1947년 3월 『천도교정치 이념』이라는 소책자가 나왔다. 이 문건의 작성에는 대표 집필을 한 김병제金秉濟 외 김병순, 박천우, 공진항, 이응진, 송중곤, 이석보 등이 참여하였으며 〈북조선천도교종무원〉과 〈북조선청우당〉에서 대표를 파견하여 의견을 반영시킴으로써, 문건의 가치를 높여 준다. 이 문건은 천도교 정치사상과 그 사회적·이론적 근거를 교리에 입각하여 천명하고, 천도교 운동사를 일별한 다음 청우당의 연혁을 소개하고, 이어 천도교가 생각하는 이상적인 정치 체제, 국호, 국가 권력 구조, 지방자치제 등을 담았다. 자유 민주주의나 프롤레타리아 독재 체제(사회민주주의) 모두를 비판하면서 '조선적 신민주주의'를 내세우고 있다.(원문은 『한국사상』 23집에 자료로 수록되었다. 또한 오늘날 천도교의 통일 이념에 관한 여러 연구 논문과 동학민족통일회의 공식 통일 방안인 〈민족 자주 통일 방안〉은 이

『천도교정치 이념』에서 제시된 범주를 시대에 맞춰 발전, 전개시킨 것이다.)

2) 〈3·1재현운동〉, 〈영우회운동〉

이 시기 가장 중요한 통일 운동은 북한 지역에서 전개된 〈3·1재현운동〉과 〈영우회운동〉 등의 '분단 저지 운동'이다. 비록 그 계획이 사전에 탄로되어 일부 지역에서만 진행되었지만, 이 사건에 대해 좀더 주체적인 관점에서 재조명해야 한다. 특히 당시의 운동이 현재의 북조선 정권의 성립기에 이루어진 것으로, 또 이 운동의 주동 세력의 민족적 정통성, 외세와의 관련 혐의 등의 맥락에서 이 운동을 천도교 통일 운동사에서 긍정적인 반열에 세울 수 없다는 논리가 있다는 점도 유념할 대목이다.

그러나 그 운동은 단순한 '반공 운동'이 아니라, 남북한을 통틀어 분단을 고착화하려는 모든 세력에 반대하는 민족적 요구를 대변한 것이었으므로, 이를 정당하게 평가하는 것은 반드시 필요하다. 3·1재현운동과 영우회운동의 구체적인 전개 과정과 성격은 별도로 정리키로 하고, 이후 이 글에서 이에 대한 시기별 평가 등은 언급하지 않는다. 이에 관해서는 1969년 『남북분열저지투쟁-3·1재현운동지』(신인간사)에 자세히 소개되었다.

3) 6·25 전후의 통일 논의

이 시기에 통일과 관련된 논의는, 6·25전쟁에 인민군으로 징집되었다가 포로가 된 천도교인들이 포로 수용소에서 전개한 활동을 중심으로 전개된다. 이때는 좌우 세력이 목숨을 걸고 투쟁하는 시기였으므로, 좌우 모두 극한의 수단을 동원하여 상대방을 제압하려 했다. 이때 천도교인 포로들은 북한으로의 송환을 분명히 거부하고 수용소에서 시일식을 봉행하며 성금을 모아 외부로 반출, 전국 주요 도시에서 월남 교인들이 교구를 세우는 데 기여하는 등 투철한 신앙심을 보여 준다. 특히 반공포로 석방 시 태극기와 더불어 궁을기를 앞장세우고 귀환하는 천도교 청년들의 장한 모습(사진)은 감동적인 장면으로 기억되고 있다.

이 시기에는 『신인간』지도 겨우 발행되었으며, 그나마 유실된 경우가 많아 당시 천도교인들의 통일에 대한 관점을 이해하기가 어렵지만, 단편적인 글들로 보건대 월남한 천도교인에게 전하는 당부와 위로의 글이 주류다. 아쉬운 것은 '월남' 한 천도교인들의 발언이 주를 이룸으로써 균형된 시각이나 '자주적' 인 시각보다는 '반反북한' 의식이 주류를 이루고 있다는 것이다.〔△194호, 1952.11 ; 월남동덕 제위에게 고함(金光浩) △195호, 1952.12 ; 월남동덕들에게(李在淳) △196호, 1953.1 ; 거제리 포로 수용소 방문기(李在淳)〕

한편 이 시기 통일 운동 중 〈천도교보국동맹〉도 그 성격과 활동 내용을 연구가 더욱 진척될 필요가 있다.(△196호, 1953.1 : 보국맹원에게 고함(申肅)) 다행히 최근 들어 청우당 연구 전공자인 임형진 교수가 당시 활동했던 원로들의 증언을 녹취 정리하면서, 해방 후의 청우당은 물론 보국동맹과 보국당과 그 이후 천도교의 통일 운동 전위단체의 역사적 맥락을 찾는 작업을 하고 있어 그 결과가 주목된다. 그 과정에서 최근에 밝혀진 〈만화회〉의 존재와 그 활동상도 앞으로의 연구 과제다. 이러한 연구 성과로 천도교의 '전위 운동' 은 청우당 이래로 끊임없이 지속되어 왔으며 그것이 오늘의 동학민족 통일회로 이어지고 있음을 이해할 수 있게 되었다.

3. 1950년대의 통일 운동과 논의

1) 50년대 통일 논의

휴전이 성립된 후 남북한은 극한 대치 상태에 놓이고, 남한에서의 통일 논의는 반공 일변도로 되어 갔다. 월남 교인들이 교단의 중심부에 자리하면서 천도교의 통일론과 운동도 반공 투쟁을 성원하는 범주에 머물렀다.〔△200호, 1953.11 ; 항거투쟁 반공청년성원대회개최 △208호, 1956.11 ; 아세아반공청년학생대회 참가기(洪晶植 : 당시 천도교청년회중앙본부 상임위원〕 또 당시 교령이던 공진항이 아시아 반공연맹 이사장직을 맡아 순회 강연하며 반공을 강조하거나(208호, 34쪽), 베트남에서 개최되는 아시아 반공 대회에 한국 수석대표로 참석(211호, 38쪽)하는 등 천도교는 반공 운동의 최일선에 서 있었다.

50년대가 저물어가는 시점에서 비로소 통일 문제를 통일 문제답게 거론하는 최초의 논의가 나타난다. 〈통일 문제는 어떻게 되어가는가〉(李應辰 · 215호, 1958. 7)는 분단의 원인을 소련과 북한 당국의 분열 책동 탓으로 규정하고, 동포들에게서 통일의 기운이 점점 사라지는 현상을 우려하면서 '엄격한 국제적 세력 관계와 국내 조건'에 의해서만 통일이 가능하다고 진단한다. 이어 제2차 세계대전 이후 형성된 국제 정세는 '한국 통일의 최대 장애인 소련'의 무기 체제 발달에 따라 앞으로의 전쟁은 공멸을 가져올 것이 우려되므로, 전쟁 없이 문제를 해결할 계기를 한반도에서 시험해 보려고 할 가능성이 있고, 이것이 통일의 호기로 작용할 수 있다고 분석한다. 이에 따라 안으로는 첫째, 국제 세력이 우리에게 협조토록 할 자체 역량을 기를 것, 둘째, 정치 부패 청산·경제 불평등 개선·사인여천 윤리 보급으로 국제 사회가 본받을 만한 사회상을 구현할 것, 셋째, 3·1정신을 재현하여 분단을 획책하는 일부 세력을 억누르고 애국 동포들의 총단결로 국제 사회의 원조를 이끌어 내야 한다는 자주적·민중 주도적 통일론을 제기한다. 이는 극한 냉전기였던 당시로서는 매우 진보적인 입장으로, 공산 진영 반대 의사는 분명히 하되 주체적인 입장에서 국제 사회의 영향권에서 독립해야 한다는 의지를 밝혔다. 그러나 여전히 이승만 체제 아래서 대한민국을 주체로 한 통일을 주장하는 것은 당시의 사회 분위기나 남북 대치 상황에서 가질 수밖에 없는 한계였다.

2) 〈동학회〉와 50년대 통일이론

한편 포덕 98년 12월에 6·25 이후 최초로 개최된 임시전국대회의 결의로 구성된 전위단체인 〈동학회東學會〉에서는 자본주의와 사회주의, 그리고 수정자본주의 등을 모두 살펴보고 '동귀일체 경제'를 새로운 시대의 지도 원리로 제안하여, 반공 일변도의 조류를 벗어나고자 하였다.(215호, 1958. 7) 〈동학회〉에서는 그 외에도 정치 면에서도 이 문제에 접근하는 등 논의를 계속하는데, 다만 공식 이론 체계를 확립하지 못한 점이 한계라고 할 수 있다.(216호, 1958.10 : 후천개벽과 동학의 정치 운동·백낙순)

포덕 100(1959)년을 맞는 신춘호(217호) 특집에서 백중빈은 짧은 글로나마, 통일 운동은 동학혁명 운동과 '갑진문화혁신운동', 3·1 운동, 3·1재현운동으로 이어져 온 천도교 운동사의 연장선에 있음을 밝힘으로써 천도교 통일 운동의 역사성을 분명히 정리했다. 또 박래원과 송중곤은 통일을 위해서는 스승님의 심법을 계승하고, 선열들의 운동 정신을 계승하여 민족 자주 역량을 기르는 것이 필요하다고 지적하였다.(같은 책)

218호(1959. 6) 권두언은 '자유·통일·평화'라는 제목으로 통일 운동은 낡은 것과 새 것이 갈아드는 '개벽 운동'의 일환으로 이해되어야 하며, 통일을 이루기 위해서는 새로운 문화 세계 건설과 문명을 평화적으로 활용해야 한다고 말하였다. 그러나, 한편 '한반도의 운명이 자유 세계의 운명에 달려 있다'고 함으로써 자주적인 입장보다는 냉전 체제의 진영 논리를 벗어나지 못하였다.

그러나 이 시기 통일 논의의 가장 두드러지는 한계는 통일 전망이 요원한 상황에서, 실제 실천이 아니라 사변이 앞서간다는 점이다. 따라서 설령 '이론의 진보성'이 간혹 발견된다 할지라도 그것을 교단 차원의 입장이나 실천과는 구분해서 보아야 한다. 이는 이후의 통일 논의나 오늘날의 통일 관련 논문에서도 지적되어야 할 점이다. 즉, 어떠한 관점의 당위론을 제창하였다는 것과 실제로 그러한 통일 운동을 전개했다는 것은 구분해야 한다는 것이다.

4. 4·19혁명과 천도교 통일 논의

1) 제2공화국 시기 천도교의 통일 운동

1960년 4·19혁명이 전개되자 천도교는 이 '운동'을 지지하며 민족통일로 확대 발전시켜 갈 준비가 되어 있다는 내용의 성명서를 발표하였다. 이러한 의지 표명의 연장선상에서 5월호 이후 6개월 만에 발간된 12월호 『신인간』에서는 "민족통일, 중립이냐 자유냐"는 주제를 특집으로 다룬다.(222호, 1960. 12)

먼저 이광순은 '남북통일의 혁명적 과제'라는 글에서 민간에서 공허한 통일 논의가 남발되고 정부는 북한의 통일 제의에 갈팡질팡하는 현실을 우려하는 한편, 대학생들이 발기한 〈민족통일연맹〉의 통일 운동을 정부와 보수 세력이 억압·매도하는 것을 비판한다. 또 학생들 사이에서 유행하던 중립화 통일론이나 북한이 제안한 연방제 통일 방안은 좋지 않게 보면서, 유엔 원조하의 자유 선거를 대안으로 내세웠으며, 민주당이 국민과 멀어져 가는 현실을 비판하면서, 부정 축재자의 재산을 영세민들에게 나누어 주는 등의 조치로 국민의 신망을 되찾고, 혁명 정신을 실제로 계승할 것을 권유한다. 또 그렇게 해야만 영세민이 공산당의 회유와 선동에 빠지지 않게 된다고 지적한다. '반공'이라는 큰틀을 벗어던질 수 없었던 이 시기 천도교의 한계를 고스란히 보여 주는 것으로, '보수적' 입장의 통일론이 천도교단 내에 주된 흐름으로 자리잡게 되었음을 엿볼 수 있다. 그것은 시대의 한계이기도 하면서, 일제 말기부터 분단을 전후한 시기에 크나큰 '인적' '물적' 역량의 손실을 감내해야 했던 천도교단이 취할 수밖에 없었던 입장의 한계였다.

계속해서 이광순은 북한 정권의 성립과 발전 과정에서 독립 운동가들을 우대하고 친일파를 철저히 청산하며, 이에 따라 재일교포 귀국이 북한으로 집중되고, 서민 위주 정책 등으로 일정한 지지를 얻어낸 반면, 남한에서는 민족운동가와 3·1운동 정신이 시궁창에 빠져 있는 실정을 개탄하면서, 이는 북한 정권을 혐오하는 월남민은 물론 일반 국민들이 남한 정권에 무조건적인 지지를 보내지 않는 원인이 되고, 향후 통일 과정에서 남한이 주도권을 갖지 못하는 원인이 될 수 있다고 지적한다. 이에 따른 통일 운동의 전개 방향은 혁명 주체 세력이 앞장서서 부패와 무능을 몰아내고 신생활 운동을 전개함으로써 신 사회를 건설하여 국제적 지지를 획득하는 것이 가장 바람직한 것이라고 하였다.

이영복은 '통일은 우리 손에'라는 부제가 붙은 '신인간 창조운동'이라는 글에서 "지금(1960·포덕 101년)은 '백년 대일변'의 시기로서 '신인간 운동'을 전개할 때이며, 그것은 물질문명 위주의 인간 생활을 정신 문명 위주로 전환하는 것"이라고 했다. 구체적 방법으로 정신개벽, 내유신령의 회복, 즉 진선미의 양심 회복, 기화협동, 인내천 진리로의 사상 통일을 제시하였다.

이어 홍정식은 '중립화 통일은 가능한가'라는 글에서 전쟁을 회피하는 미·소 양 진영의 냉전 대립 상황 등 주변 정세로 보아 오스트리아식 중립화 통일은 우리가 택할 수 있는 현실적인 통일 대안이 될 수 있으며, 다만 민주 세력과 병존하게 될 공산당의 책동에 맞설 수 있는 민주 역량, 민주 정치의 발전이 전제되어야 한다고 지적하였다.

남북한 인구 비례로 보아 북한 당국이 수용할 수 없었던 '자유 선거에 의한 중립화 통일론'이 시대적 한계이기는 하지만, 특기할 것은 이승만 정권 당시, 북한 지역 천도교의 통일 운동이 제대로 평가되지 않았던 사실을 잊지 말 것(이승만 정권의 반민족적 성격과 관련하여)과 진정한 혁신 세력인 천도교가 통일의 기본 세력이 되어야 한다고 대외적으로 선포하고 있다는 점 외에, 중립화 통일론이라는 상당히 진보적인 입장을 취한 것은 높이 평가할 만하다.

그러나 이러한 '중립화 통일론' 지지 논조는 같은 호에서 순암(淳菴, 이광순 : 필자주)이 '남북 경제회의 창설안을 배격한다'라는 글을 통해 북한의 김일성 정권이 이승만 정권처럼 타도, 제거되지 않는 이상, 굶어 죽을지언정 남북한 간의 경제 교류는 결코 받아들일 수 없다고 주장한 것과는 배치되는 것으로 교단 내의 공식적인 통일론과는 일정한 괴리가 있는 것으로 보인다.

이 시기에 특기할 만한 것은, 확대된 정치 공간을 활용하여 천도교의 전위단체인 〈동학회〉가 〈동학당東學黨 결성준비회〉로 변신을 꾀하면서 '취지문'을 발표하고 400여 명의 준비위원과 각종 위원회 기구를 갖춘 사실이다.(222호) '취지문'에서 〈동학당〉은 민주당 정권의 무능을 비판하고 민주적 경제와 도덕적 국민의 참여정치를 주장하는 한편 남북 총선거에 의한 통일론을 제시한다. 또 남북한 현정권 간의 연방제는 받아들일 수 없으며 중립화 통일 대신 인도식의 자주적인 외교 노선을 표방한다. 그러나 곧이어 닥친 5·16쿠데타로 인해 〈동학당〉 창설은 그 결실을 거두지 못했다.

2) 2공화국 시기 통일 운동의 성과와 한계

천도교는 민족통일을 교단의 지상 과제로 삼아 왔으나, 그 결과 교단의 체제 정비를 소홀히 하고(월남한 실향민이 남한에 땅을 사지 않는 것과 같은 논리로), 분단으로 인해 약화된 교단 역량과 민족 정통성 대신 서구화로 치달은 1공화국 정권 시대 상황을 넘지 못했다. 다만 통일 국가의 정체政體에 대한 인식, 통일 방법론, 통일의 신앙적 뒷받침 등 천도교 통일 운동의 이념적 배경이 될 요소들이 모두 제기되었다는 점은 이 시기 천도교 통일 운동의 성과이다.

통일을 기다리며 자기 정비에 크게 신경을 쓰지 못하던 교단은 5·16을 맞으며 더욱 거세게 시대 조류에 휩쓸리면서 쇠퇴의 길로 접어들고, 통일 운동과 통일 논의 수준도 답보 상태에 빠진다.

전쟁의 상처가 아물지 않은 50년대와 60년대 초까지 천도교단의 통일 논의는 남북 대치 상황이라는 엄숙한 현실을 벗어나지 못하고, 냉전이라는 거대한 세계사 흐름의 일부로 편입되어 간다. 그것은 단지 통일 논의의 전개 양상뿐만 아니라 천도교가 역사를 바로 전망하지 못하고 현실 정치의 호흡에 의해 재단되는 결과를 낳는다. 그것이 당대 모든 종교 및 사회 단체 일반의 과오라고 이해하며 넘어갈 수는 없다. '남들도 하는데' 라는 말로 자신의 과오를 덮는 것은 천도교로서는 용납될 수 없는 논리이기 때문이다.

천도교는 현세를 지향하는 종교이지만, 현실을 추종하는 종교는 아니며 "앞서 때를 짓고 때를 쓴다."는 가르침에 비추어 보아도,

현실과 타협함으로써 장래를 그르치고 만 근시안은 비판하고 자성해야 할 것이다. 누구보다 앞장서서 진리와 진실을 잃지 않는 용기와 지혜를 가져야 함을 다시 배울 수 있는 역사의 장면이다.

그렇다고 해서 분단과 6·25로 인해, 개인(교인)적인 차원에서는 물론 교단적인 차원에서 극심한 피해를 입은 천도교단으로서, 남쪽에 있는 우리들이 취할 수 있는 행동 양식은 선택의 폭이 매우 좁았다는 점을 간과하거나 얕보아서는 안 될 것이다. 이는 천도교가 조금의 여력이 생길 때마다, 전위단체라고 하는 정치 조직을 구성하려고 애쓰는 것을 통해 짐작할 수 있다. 동학혁명 이래 민족운동의 최전방에 서 있었던 역사를 돌이켜 보며, 천도교인들은 운명처럼 정치 운동에 대한 부채 의식을 갖고 있었던 것으로 보인다. 신앙의 강화와 사회 참여, 이 둘은 천도교인이 끊임없이 고민해 온 두 수레바퀴와도 같다.

교정쌍전, 교정 일치로 표현되는 정치와 신앙의 관계에 관한 천도교의 입장을 이론 차원이 아니라 개개 천도교인의 삶과 행동 속에서 어떻게 구현할 것인가를 좀더 분명히 정리해야 한다.

5. 1960년대의 천도교 통일 논의

1961년 5,6월 합병호(224호)에서는 5·16 쿠데타 이후의 논조의 변화를 짚어 볼 때 오익제(당시 신인간 주간)의 〈수운주의와 맑스주의〉라는 글이 눈길을 끈다. 이 글은 세계적으로 공산주의가 발호하는데, 공산주의는 기본적으로 세계관의 문제이므로 그에 대응하는

'수운주의'를 밝히고 연구해야 한다는 취지로, 본체론·인식론·방법론·역사관·국가관 등 모든 영역에서 수운주의는 맑스주의보다 우월하다는 논리를 편다. 그러나 거대한 철학 이론을 몇 장에 걸쳐 논술하려다 보니 구호 수준에 그칠 수밖에 없으며, 신앙의 사상화·철학화·정치화를 가져오는 것이어서 득보다 실이 많은 논리 전개의 전형을 보여 준다. 그나마 이러한 '논리적'인 대응 노력도 가상하다 할 것이, 이후 몇 년 간 『신인간』은 논리보다는 감정과 당위론에 치우친 반공, 방첩의 최선봉에 선다.

225호(1961.12) 〈공산사회와 종교(朴廷壽)〉에서 "공산주의자들은 인간 본연의 이성을 회복하는 길인 천도(종교)의 길로 돌아가라."고 권유하고 〈반공과 방첩(金光柱)〉에서는 '중립화 통일론', '미군 철수', '남북 교류', '남북학생회담' 등 2공화국 시기에 이루어졌던 통일 논의는 모두 반국가적 행위이고, 간첩 혹은 그 사주를 받은 자들의 소행이므로 앞으로는 그와 같은 어리석음에 빠지지 않도록 반공 태세를 갖추자고 주장한다. 집권 후 자신의 전비前非를 감추기 위해 '반공'을 '국시國是'로 내세우고 모든 '평화 통일' 논의를 이적시하던 군사 정권의 논리가 그대로 투영되어 있다. 통일에 관한 역사적·신앙적·예언자적 의식이 전혀 보이지 않는 것은 비단 이 시기만의 문제는 아니다.

235호(1964.7)의 〈인내천만이 통일의 관건이다(金吉雲)〉는 당시 '천도교는 기독교의 아류'라고 발표한 한 학자의 논문을 논평하는 특집에서, 남북통일의 이데올로기 측면을 담지할 수 있는 것은 천도교의 인내천 사상임을 언급하였고, 236호(1964.12) 〈남북통일의 진원 시비(洪晶植)는 국제 정세의 흐름으로 보아 통일 가능성이 높아지고 있기는 하지만, 이럴 때일수록 '반공의 실력'을 함양하는 준비가 필요하다는 내용이다. 홍정식은 '반공론자'이기는 하지만 무조건하고 반공을 부르짖는 것이 아니라, '비교우위'에 입각한 반공 논리를 편다는 점이 특징이다. 238호(1965.6) 〈민족혼에 의한 민족통일(白重彬)〉은 남북한 분단의 이념적·경제적 근거가 되고 있는 계급의식이나 빈부 간 격차 문제 해소는 '천리에 순종'하는 민족 고유의 혼魂을 회복함으로써 가능하다는 내용이다. 이러한 경향은 242호(1966.12) 〈우리의 주체성 확립과 승공 통일은 인내천주의 파지把持에 있다(韓泰然)〉는 글에서도 드러난다. 일관되게 인내천주의의 우수성과 정신개벽으로 통일을 이룰 수 있다는 논리는 250호(1967.7) 〈동귀일체로 통일성업을 완수하자(金應龍·당시 신인간 주간)〉까지 이어진다.

60년대가 저물어 갈 무렵 설립되는 〈3·1학회〉는 그 자체가 천도교 단의 내부 조직은 아니지만, 실질적으로 천도교인들이 주도하고 사회 각계각층의 지도급 인사들이 참여한 조직으로서 그 목적이 통일 운동을 전개하려는 데 있었다는 점에서 주목된다.

259호(1968.11)에 실린 〈3·1학회 준비위 구성 간담회록〉을 보면 최덕신 당시 교령이 주동림 당시 서울교구장 등과 함께 발의한 이 학회는 최 교령을 위시하여, 이선근·이항녕·박종홍·양주동 등 학계 인사를 중심으로 정치인·종교인 등이 망라되었으며, 천도교에서는 위 두 사람 외에 이광순 당시 신인간 주간과 장준섭張俊燮 당시 종무위원이 발기인으로 참여하였다. 이 학회는 3·1운동이 종교

지도자들의 오랜 준비의 결과 크게 일어났듯이, 3·1정신을 근간으로 하는 민족 주체 사상을 정립하여, '사상전'을 승리로 이끌고 민족통일을 앞당기자는 취지로 발의되었다.

　260호(1968.12)를 보면 이 해 12월 1일 오후 2시 총부 회의실에서 발족식을 갖고 〈3·1학회〉가 정식으로 출범한다. 고문으로 이갑성(33인 중 생존자), 주옥경, 최덕신 등 각계 각층의 원로들을 모시고 회장에 유봉영劉鳳榮, 이사장에 주동림 등이 선임되었으며, 이후 토론회나 소식지 발간 등으로 그 명맥을 이어 갔다. 참여 인사의 면면은 전후前後로 다시 보기 힘들 만큼 화려했으나 이 역시 최덕신 당시 교령의 후광(?)에 힘입은 바 컸다는 쓸쓸한 평가를 남기지 않을 수 없는 일이다.

　269호(1969.10)부터 8회 동안 연재된 〈삼변기三變記-반공애국포로수기(石)〉는 한 천도교인이 인민군에 징집되어서 반공포로가 되고 포로 수용소에서 치열한 반공 투쟁을 거쳐 마침내 석방되기까지 사정을 생생하게 그리고 있어, 오늘날 월남 천도교인들의 의식 형성의 일단을 짐작케 하는 좋은 단서가 된다.

6. 1970년대의 천도교 통일 논의

1) 〈새인간연맹〉과 통일 논의

　70년대 천도교의 통일 논의 또한 시대의 역류 속을 크게 벗어나지 못한다. 270호(1969.11·12)에는 〈국민 정신 통일안(白世明)〉이라는 글에서 다른 종교의 사회 봉사 또는 교육·의료 등의 사회 참여에 대해, 우리 천도교가 사회 참여를 할 수 있는 가장 특징적인 분야가 국민 정신을 통합하는 일임을 역설하고, 이를 통해 국방력을 강화할 것을 제안하였다.(271호, 한빛, '종교계와 국민 정신 통일 운동' 참조). 271호에는 〈새인간운동 발기준비위원회 개최〉 소식이 열리는데, '새인간운동'은 그 이전 약 2년여 간의 준비 끝에 1969년 12월 22일 대교당에서 발기 준비위원회를 열고(1967년 정기대회에서 집행부에 위임한 사항) 백세명·이응진·오근 등 대내위원, 이항녕·최동희·장호강 등 대외위원을 선임하고 교령·종무원장 등 9인을 추가하여 상임위원으로 위촉하고 발기 연구에 착수했다. 이 새인간 운동은 주체성 확립, 근대화와 함께 승공 통일을 그 목적으로 내세운 천도교 사회 운동 단체였다.

〈새인간연맹〉은 4월 1일 창립대회를 갖고 이후 전국적인 지부 조직과 강연회 등으로 그 세를 과시했으며, 신인간에도 거의 매호에 그 이념과 운동 방향을 제시하는 논설들이 실렸다.(272호, 白世明, '천명에 의한 새인간 운동' 참조) 또한 '새인간연맹 회보'를 수십 호에 걸쳐 발행하면서 정세 분석과 새인간 연맹 활동 상황 보고를 했다.

274호(1970.4)에 게재된 〈조국 통일과 세계 평화(白世明)〉라는 글은 이 해 2월 26일에 행한 강연으로 백세명의 유고이다. 교단 내 이론가로 숱한 논설을 남긴 백세명이 평생의 필력을 담은 통일론이라는 점에서 교단 차원에서도 그 내용이 예사로울 수 없다. 백세명은 이 글(강연)에서 조국 통일이 우리나라가 당면한 최대·최우선의 문제라고 전제하고, 통일에서 가장 중대한 관건은 군사력, 경제력 이전에 정화精華한 민족정신으로의 국민 정신 통일임을 지적했다. 그리고 그 연원은 1919년 3·1운동에서 찾을 수 있음을 역설하고 통일 운동은 3·1운동을 계승한 제2의 독립 운동이며, 단군신화에서 유래하는 만신일령萬神一靈 정신을 회복하는 운동이라고 했다.

275호(1970.5) 〈오늘의 한국과 남북통일 문제(金用文)〉에서는 통일의 관건은 주체성의 확립에 있음을 주장하고 '민족적 주체성' 뿐만 아니라 인간의 주체성을 확립하기 위해 모두가 시천주를 자각하고 사인여천하는 생활 속의 운동이 되어야 한다고 주장했다.

이 무렵의 모든 글에 공통적으로 나타나는 '반공주의'가 다분히 관념화되고 있었다. 즉, 필자 자신의 반공 의지가 어쨌든지 간에 그것은 이미 내면화의 단계를 넘어선 관례화·의례화의 수준에 도달해 있었다. 유신 직전의 시대 상황 때문이기도 하고, 분단으로부터 이미 반세기 가까이에 이른 역사 때문이기도 하다. 어쨌든, 이 시기 『신인간』 내용 속의 반공주의가 어쩔 수 없는 한계이기도 하지만, 그것에 크게 구애될 필요도 없다는 점을 알 수 있다.

288호(1971.8)의 〈천도교의 반공 운동(文再慶)〉은 1952년 10월 19일(평양 수복 2주년)에 발표된 필자의 유고遺稿로서 '삼재당三才黨 사건' '동학동지회東學同志會 사건' 등 다른 기록에서는 볼 수 없는 약 10건의 사건들을 밝히고 있다. 문재경은 해방을 전후한 시기에 북한 종리원의 '법도부장法道部長'을 지낸 분으로, 당시 북한의 교세나 교인들의 움직임을 내밀하게 파악할 수 있는 위치에서 반공 운동을 가장 치열하게 벌이던 시기의 일들을 생생하게 증언하면서 반공 운동 논리를 정교하게 제시하고 있다.

290호(1971.10)에서 최덕신 당시 교령은 〈통일에 대비하는 국민 자세〉에서 미·중 간의 해빙 무드와 이산가족 상봉을 의제로 하는 남북 적십자 회담 진행 등의 상황 속에서 8·15해방을 되새기면서, 준비되지 않은 해방이 민족 분단과 골육 상쟁을 불러왔다고 했다. 이어서 오스트리아가 통일을 이룬 밑바탕에 천주교가 국민 정신을 통합한 것이 가장 핵심 역할을 하였음을 예시하고, 우리 또한 천도교 사상을 근간으로 하는 3·1정신을 국민 총화의 근원 정신으로 삼고, 우리의 지정학적 위치에 따른 주변 강대국의 길항拮抗 관계를 활용해서 통일에 대비해야 한다고 했다. 오랜 경륜에서 나오는 안목은 탁월하나, 천도교의 내적 단련, 즉 신앙심과 신앙적 입장의 고려가 미약한 점이 한계다.

293호(1972.1·2)에 실린 〈새인간연맹〉의 지난 해 사업보고와 올해 사업계획안을 통해 새인간 연맹의 지향이 우리 천도교단의 조직력을 근간으로 하되 그 틀을 서서히 벗어나 천도교의 신앙성을 위협하는 단계로 발전해 갈 수 있는 소지를 발견하게 된다. 정치 활동, 사회 봉사 등은 교단으로서는 마다 할 것은 아니로되, 그것을 천도교의 한 부분으로 자리잡게 하는 데는 깊고 넓은 지혜가 필요함을 배울 수 있다.

297호(1972.7) 〈7·4남북공동성명 발표에 즈음하여(교령)〉는 이 해 7월 4일 발표된 남북공동 성명으로 통일이 한층 앞당겨졌음을 역설하고, 이 공동성명 정신의 근간인 "사상·이념·제도의 차이를 초월하여 민족 단합을 이룰 수" 있으려면 3·1정신을 선양해야 하며, 교회의 앞날을 위해서는 청소년 교화에 중점을 두어야 한다고 역설한다. 298호(1972.8) 〈남북 공동성명과 우리의 자세(崔蒼波)〉에서는 이를 더욱 심화하여 "남북공동 성명은 통일의 운이 다가오고 있음을 말해 주는 것"이라고 전제하고, "통일을 낳은 것은 외세이나 현재 그 외세는 상호 견제 때문에 남북의 통일을 이룰 힘을 상실했다."는 문제의식을 바탕으로 오직 종교의 힘만이 분단을 유지 지탱하는 세계 사상의 분열·대립 상태를 극복하는 유일한 통일 대안이라고 주장했다. 구체적으로는 신앙의 힘을 기르고, 3·1정신으로 국민 총화를 이루며, 통일에 대비할 핵심 세력으로 청소년, 학생, 어린이를 바르고 씩씩하게 키우자고 제안했다.

최창파, 김용문 두 사람은 당대의 교단의 최고 이론가들로서 통일 논의를 거의 주도하고 있으나, 한편으로 그것들이 여기에 인용되지 않는, 당시 교령의 각종 연설문(신년사 등)을 이론적으로 심화하는 내용이라는 점도 밝히고 가야 할 대목이다. 299호(1972.9) 〈통일을 바라는 마음(金用文)〉에서는 남북 적십자 회담의 진행에 기대를 표하고 적십자 정신에 따라 회담이 꼭 성사되도록 당부하면서, 앞으로 남북 동포 교류가 이루어질 때를 대비하여 남북 동포(당국자)가 실제로 마음을 열어야 한다고 역설하고, 종교인들이 더욱 분발하여 3·1운동에서 하나의 목적 아래 단결했던 그 정신으로 돌아가자고 했다. 교단에서는 남북 적십자 회담이 성사되기를 기원하는 특별기도(1972. 9. 11~17·300호 참조)까지 실시하였다.

그러나 이후의 한국사는 이런 천도교, 나아가 전체 한민족의 염원과는 전혀 다른 엉뚱한 방향으로 나아간다. 7·4남북공동성명이나 유신 선언이 이미 계획된 수순이며, 남북 당국자 간의 상호 밀약에 의한 것이라는 평가는 우리로서는 크게 관여할 바는 아니다.

안목의 부족이든, 아니면 불의에 항거할 용기의 부족이든, 유신 체제 출범에 대한 천도교의 태도는 공식적인 지면에서는 추앙과 지지 일색이며, 이후 통일 논의도 그러한 유신 체제의 틀 안에서, 유신의 논리로 풀어가려는 '안타까운' 몸부림을 보여 준다.

우리가 역사를 공부하는 까닭은 그것이 오늘의 우리에게 주는 교훈을 얻기 위해서다. 역사를 소중히 여기지 아니하고 나아가 망각하는 사람, 민족은 결코 어제보다 나은 내일을 맞이할 수 없다. 지금 통일 이야기의 목적은 그것이다. 또한 남의 말을 믿지 않아서든, 남이 잘 되는 것을 못 봐 주는 속좁은 생각에서든, 남이 말하는 것은 아랑곳하지 않고 오직 자기 말만 되풀이하는 경우, 우리 역사는 늘 같은 자리를 맴돌게 된다. 자기 말을 앞세우는 일이 좋은 방향일 때는 '말 잘하는 천도교인'이라고 표현되지만 그렇지 못한 경우에는 아집과 독선으로 전락하는 경우가 다반사이다. 더구나 다른 사람이 한 말을 자기 말인 것인양 인용부호 없이 끌어다 쓰는 경우까지 생긴다면 그 또한 우리의 미래를 어둡게 하는 행위일 것이다. 남의 말에 귀를 기울이는 것은 또한 말하는 사람의 입이 부끄럽지 않도록 하는 일이기도 하다.

2) 유신 시대 천도교 통일 운동과 논의

『신인간』 301호(1972.11)에는 그동안에도 정교한 통일론을 전개해 오던 박창건이 〈통일과 광제창생〉이라는 글을 발표한다. 이 글은 그 후 오랫동안 천도교 통일론의 대종을 이루는 글이다.

이 글에서는 7·4남북공동성명 이후 남북 적십자 회담으로 구체화되고 있는 통일 기운을 소개하고 "박 대통령은 유신 체제를 출범시켜 남북간 장벽을 뚫기 위한 뒷받침을 하였으므로 이제 국민 총화로 그 구멍을 넓혀야 한다."고 전제하면서 천도교야말로 갑오 동학혁명 이래의 빛나는 민족운동의 전통을 살려 큰 역할을 해야 한다고 하였다. 또 그 구체적인 방법론으로 제시하는 것이 유신 체제에 적극 참여하고 협조하는 것이라고 주장한다. 다행히(?) 거기에서 머무르지 않고 종교 입장에서는 국민들에게 "통일은 반드시 이루어진다."는 신념을 심어 주는 데 힘써야 하며, 이것은 3·1정신의 선양으로 이루어져야 하고, 이 3·1정신 선양 운동 역시 그것을 주도했던 보국안민의 종교인 천도교가 앞장서야 한다고 주장한다. 나아가 유신 정신의 핵심은 언론 자유와 복수 정당제를 기본으로 하는 서구적 민주주의와는 다른 '한국적 민주주의'를 정착시키는 데 있는데, 한국적 민주주의의 핵심은 천도교의 '중앙집권적 민주주의'와 일맥상통하므로 천도교는 다른 어떤 단체, 종단보다 앞장서 유신 체제를 지지·지원할 것과 천도교 또한 중앙집권적 민주주의(중의제) 전통을 되살려야 한다고 주장하면서, 그것을 담당할 전문 지식을 갖춘 교역자를 양성하기 위한 대학 설립을 방안으로 제시하였다. 세세명찰細細明察한 이론화의 작업이 역사적으로 허무하게 결론지어진 것을 보면서, 논리의 정교함이 역사적 안목, 신앙적 진실성에 기초하지 못할 때 얼마나 큰 오류로 돌아오는지를 다시 한번 절감할 수 있다.

302호에 실린 〈시운시변과 신앙보국(김용문)〉, 〈유신을 성공케 하는 세 가지 정신자세(최창파)〉, 〈민족의 대동 단결(김규천)〉이라는 글이 모두 스승님들의 법설을 동원하여 공산주의와 서구적 민주주의를 극복하는 '유신 정신'과 한국적 민주주의를 명시적 혹은 암묵적으로 정당화하면서 '3·1정신을 통한 민족통일 성업 완수'라는 주장을 하고 있어 씁쓸하다. 왜 그렇게 되었는가? 오늘 현재까지도 그 원인은 해소되지 않았다. 천도교가 내세보다 '지금 여기'를 중시한다는 것은 '현실'에 매몰되고 '현실'과 타협하는 것이 아님은 자명하다. 그러나 이러한 근본을 망각하고 현실적 '권익'에 부응하여 개벽의 전망을 상실할 때, '유신 찬양'과 같은 역사적인 오류를 자행하게 된다는 것이다. 천도교단의 이러한 역사적인 오류들은 이 이전에도 있었고 이후에도 있었다. 오류에 대한 명확한 인식과 대안의 모색이 구체적으로 이루어지지 않으면 그것은 언제까지나 되풀이될 것이다.

303호(1973.1) 〈북한에 있어서 천도교 운동(최동희)〉은 해방 이후부터 6·25 직후까지의 북한 지역 천도교세 변동 상황과 신앙 활동, 정당 활동 상황을 개괄하면서, 초지일관한 반공 투쟁 경력을 높이 평가하고, 그 결과로 천도교와 청우당은 지하로 잠재했지만 그 역사적 전통과 신앙적 결속력을 볼 때, 계기만 주어진다면 언제든지 부활할 것이라고 전망한다. 학자적 객관성을 엄격히 지키면서 제시한 북한 지역 천도교사가 현실을 직시하는 혜안을 제시해 주었지만, 역시 반공주의의 틀을 벗어나지는 못하였다.

304호(1973.2)의 〈조국 통일과 민족혼(장일우)〉에서는 유신 체제가 제시하는 정치적 미래상과 통일 방안이 천도교리와 일맥상통한다고 비교 분석하고, 이를 정신적으로 뒷받침하기 위해서는 한국혼을 담지한 천도교 사상을 널리 펴는 길뿐이라고 주장한다.

그러나 이후 천도교의 통일 논의는 일종의 잠복기로 들어간다. 이는 '통일' 논의 자체를 이적시하고 적색시赤色視하던 유신 체제의 시대 상황과 무관하지 않다. 이는 또 그동안 천도교의 통일 논의가 모두 유신 체제의 틀 안에서 이루어진 것임을 역설적으로 보여 주는 것이기도 하다.

많은 설교에 통일을 염원하고 그 중요성을 강조하기는 하지만 그것은 의례적이고 단발적인 수준을 벗어나지 못한다. 다만 천도교의 역사와 사상을 민족 주체 사상이라는 관점에서 연구하고 조명하는 작업이 상대적으로 활발히 진행되고 있음은 주목할 만하다. 그것은 각종 동학혁명 사적이 성역화되는 것과도 연계되는 것으로, 동학이 정치적으로 어떻게 활용되고 있으며, 천도교인이 그 화려한 열매에 환호작약하는 동안 동학 천도교가 시나브로 정치 단체화하고 '친정권' 화 하는 이면을 짚어볼 수 있다. 그리고 그 후 유증은 시간이 갈수록 오히려 천도교의 정치 역량을 감쇄시켜 왔음을 알 수 있다. 종교인 천도교의 정치 참여는 정치 결사체와는 다른 철학과 방법론에 입각해야 한다는 사실을 배울 수 있다.

3) 반공론으로 기우는 통일 논의

315호(1974.3)에 1974년 2월 15일 북측 〈천도교중앙지도위원회〉 등 3개 종단 명의로 남한 당국의 독재, 폭압체제를 비판하면서 남한의 반체제운동을 지지하는 성명을 발표하고 이를 세계 각국에 보내기로 한 것에 대해, 최덕신 교령이 회장인 〈한국종교인협의회

〉 명의의 성명서와 천도교중앙총부의 성명서(북한 공산 집단과 세계 종교단체에 보내는 글)를 싣는 한편, 금봉산인錦峯山人이 '북괴의 만행과 허위선전을 폭로 규탄한다' 라는 장문의 논설을 싣고 있다.

이는 전후 최초의 대북 성명이자 간접적이나마 서로의 의사를 교환하는 작업이었음에도, 불행히 7·4남북공동성명서 발표 이후 화해 분위기를 반영하기는커녕 일언지하에 상대방을 무시해 버림으로써 남북 서로에게 새로운 상처만을 남겼다. 금봉산인의 논설에서는 북한에서의 천도교의 반공투쟁사와 종교의 몰락 과정을 소상히 소개하면서, 북한 천도교를 유령 집단이라고 주장하고 허위선전을 중지하라고 경고한다. 그런 상황에서 중앙총부 성명서의 말미에 "북한에 계신 3백만 천도교인 여러분은 곧 다가올 통일의 새 운수를 기다려 달라."고 하는 당부한다. 이는 천도교인의 실체를 상정하면서도 그 대표자들의 성명을 벽안시하는 자기 모순을 드러내기까지 한다.(이러한 반공 분위기는 이 해 6월 한달 내내 최덕신 교령과 김용문 선도사가 문화공보부에서 주관하는 반공 강연회 연사로 위촉받아 전국 대학과 산업체를 방문하여 반공 강연을 실시한 것-318호-과, 8·15경축식장에서 영부인 육영수의 피격 사건으로 극에 달하면서 천도교단에서도 각종 반공궐기대회가 잇따라 열렸다는 기사-320호-를 통해서도 짐작할 수 있다.)

또 318호(1974.7)부터 335호(1976.3)까지 13회에 걸쳐 각 분야별로 북한의 실정을 소개한 〈문답으로 엮어 본 북한문제〉 시리즈는 관련 기관의 협조가 있지 않으면 얻을 수 없는 각종 자료와 통계·용어들이 사용되고 있어, 관제官製 기사임이 의심되는 기사로, 반공 강연회에서 들을 수 있는 북한관에 입각한 객관적(?) 자료 열거 이상은 되지 못한다. 그것은 333호(1976.1)호에 남북조절위원회에서 발표한 〈북한의 위장평화선전의 허구성〉이란 글과 344호(1977.2)에서 〈남북한의 생활양식과 풍속〉이란 평화 통일연구소의 글을 그대로 싣고 있는 행태에서도 짐작할 수 있다.

이후 70년대가 다 갈 때까지 천도교의 통일 논의는 343호(1977.1)에서 〈소제탁기 아양숙기로 민족 이념을 통일하자(鄭雲彩)〉는 원론적인 주장이 제기되는 이외에는, 해방에서 6·25까지의 교단사 점검(329호, 1974.8), 북한 천도교의 반공 투쟁 소개(340호, 1976. 9·10) 등 역사적 언저리를 맴돌고 만다. 그것은 통일이라는 이름으로 포장한 채 반공 운동론을 전개하던 최덕신 당시 교령이 도미渡美-출교(1977.11.24) 등의 과정을 거치면서 월북으로 이어지는 일련의 교단 내부 사정과도 무관하지 않다.

7. 1980년대의 천도교 통일 논의

1) 통일을 위한 구체적인 실천의 시작

박정희의 죽음과 광주민중항쟁 그리고 5공 정권의 등장으로 이어지는 80년대 초 천도교의 통일 논의 또한 그때까지의 틀에서 벗어나지 못한다.

375호(1980.2 · 3)부터 3회 동안 연재된 〈북한의 천도교(表暎三)〉는 국토 통일원이 주관한 세미나에서 발표한 것으로, 월남 천도교인들의 증언과 국토 통일원에서 제공된 자료, 그동안 신인간에 게재된 월남 교인들의 수기 등을 총망라하여, 해방 이후 북한 지역 천도교단 재건 과정과 그 이념, 북한 청우당의 정치 지향, 3·1재현운동 등 통일 운동, 영우회 사건 등 반공 투쟁과 북한 천도교의 몰락 과정, 6·25 당시 북한 지역 천도교인들의 상황 등을 정리하면서, 휴전 이후 몇 년 동안의 엉성한 동거 기간을 거쳐 50년대 이후에는 실제상 모든 종교 활동이 중지되고 지하로 잠적하게 되었다고 지적한다. 통일의 한 당사자인 북한 지역 천도교단 교사와 몰락 과정을 총체적으로 점검함으로써 천도교의 통일 운동과 논의 전개 과정을 제시할 기본 토대를 제시했다. 그러나 국토 통일원의 관변 자료를 활용할 수밖에 없었다는 한계를 인정한다 하더라도, 50년대 이후 북한 천도교의 실체에 관해 부정적 인식에 머무르고 있음은 아쉬운 대목이다.

381호(1980.9)에는 포덕대회의 강사로 초빙된 송호수 당시 민족문화연구소장의 강연 요지가 〈민족 정통 사상은 민족통일 이념이다〉라는 제목으로 실렸다. 제목에서 짐작되듯 원론적인 수준 이상을 넘어서지는 못했다. 386호(1981.3·4) 〈3·1재현운동과 반공 구국 투쟁(오익제)〉 역시 강연 요지로 3·1운동─3·1재현운동으로 이어지는 운동 맥락에서, 통일의 정통 사상을 찾자는 논리를 되풀이한다. 390호(1981.8)의 〈정주 천도교 학생접과 오산학교 반공의거(좌담회)〉는 3·1재현운동 등과 맥락을 같이하는 해방 공간 북한 지역의 반공 투쟁사를 그리고 있으나, 새롭게 밝혀지거나 매우 소상하게 밝혀지는 내용들이 주목할 만하다.

한편 1981년 1월 25일에는 천도교 대교당에서 1천여 명의 교인들이 모여 '평화 통일 촉진 기도회'를 열고 강연회를 여는 한편,

대북 성명서를 채택하는 큰 행사가 전개된다. 이는 소위 1·12 대북 제의에 대한 북한 측의 거부를 비난하기 위한 모임이다. 이 1·12 대북 제의는 5·18광주민주화운동을 짓밟으며 집권한 전두환 당시 대통령이 정치적 몸짓에 불과한 졸속 제의였다는 것이 통일 전문가와 일반인들의 평가이다. 교단이 독자적인 정책 판단 능력을 갖추기 못한 데서 나타난 섣부른 궐기였다.

그 외 이해 발간된 천도교월보는 오익제 당시 종무원장의 반공 강좌와 〈3·1재현운동과 반공구국투쟁〉 강좌 등으로 점철된다. "우리 교회는 반공의 보루(천도교월보 32호 사설)"라는 규정은 해방 후 그때까지 통일과 관련하여 천도교단이 그나마 이룩해 온 역사적 진전을 의심케 하는 낡은 논의다. 해방 직후나 6·25전쟁 전후의 그 엄중한 시기에도 천도교에서는 "천도교는 '공산' '자본'의 양 체제를 아우르고 보다 높은 차원에서 통합하는 사상"이라는 원대한 포부를 피력했다는 점을 떠올려 보면, 수십만의 순도자를 내면서 그 엄중했던 '조정'에 저항했던 동학혁명의 정신이나, 총알이 빗발치는 와중에서 태극깃발과 돌멩이로 저항했던 3·1운동, 그 이후의 민족운동 정신이 사그라든 추레한 모습이 드러난다.

2) 통일의 화신, 이도천 선도사

이러한 상황에서도 천도교인으로서 통일의 염원을 토해내며 온몸을 불살라 가신 분이 있다. 이도천 선도사는 춘천교구장이던 포덕 119년(1978) 8월 5일 '돌아오지 않는 다리' 근처 임진강 사장沙場에서 남북통일을 호소하며 분신 순도한다.(『신인간』 463호 66쪽, 576

호 100쪽 참조) 유신이 막바지로 치달으며 온 나라가 고통의 극단에 처해 있을 때, 홀로 나서서 북녘을 향하여 몸을 사른 이도천 행적을 낱낱이 조사하고, 그 추모 행사를 매개로 천도교의 통일 기운을 북돋는 날로 삼자는 의견이 한동안 비등하였는데, 아직 결실을 맺지 못하고 있다.

포덕 123년 63회 3 · 1운동을 기념하면서 남북 평화 통일을 기원하는 철야 기도회가 2월 28일 오후 7시부터 다음날 3월 1일 새벽 5시 기도식 때까지 2백여 명이 참석한 가운데 대교당에서 열렸다. 이것은 '교단' 적인 차원에서 '말' 이 아니라 실천적인 입장에서 통일의 기운을 살려 가는 첫 걸음으로 기억될 만하다.

이어 이해 6월 19일부터 25일까지는 전국의 천도교인들이 남북 통일 기원 특별기도를 했다. 특히 24일부터 25일까지는 집단 기도처 별로 철야기도를 하기로 하였으며, 기도 기간 중에는 아침 식사를 단식하고 그 절약미를 돈으로 환산하여 교회에 납부, 남북통일을 위한 밑거름으로 삼기로 했다.(그러나 그 결과에 대한 통계는 남아 있지 않다.) 또 이 해 9월 16일~18일에는 설악산 파크호텔에서 평화 통일 정책자문회의 종교분과위가 개최한 각 종단의 통일 방안 발표회에서 〈평화 통일에 기여할 천도교인의 역할(임운길)〉, 〈우리의 민족통일은 세계사적 사명(박충남)〉을 발표하고 오익제 종무원장의 사회로 질의 토론을 하였다.(내용은 후술함.)

비교적 초기부터 통일론 전개에 깊은 관심을 가져 왔으며, 개인적으로는 가장 많은 수의 통일 관련 논설을 발표한 오익제 전 교령의 전말(반공 이론가였다가 월북 인사가 되기까지)은 천도교단의 '통일 운동'의 한계를 적나라하게 보여 준다. 또한 '말(설교, 이론, 논리)'이 '실천'보다 앞서 온 그동안의 상황을 여실히 보여 준다. '통일 운동'이 그 자체로 '도덕재무장운동'은 아니되, 통일의 이론과 주장이 설득력을 가지려면 그 이론의 주창자의 행동이 도덕적일 필요는 있다는 점을 다시금 생각케 한다.

401호(1982.9)의 〈주체성 회복과 통일〉은 광복 37주년을 보내며, "광복은 민족 주체성의 회복이 그 본지이므로 민족 사상을 회복하여 민족의 정기를 되찾는 데까지 나아가야 하며 그 광복의 빛은 바로 천도교"라고 주장하면서, 광복 운동의 의의를 생각할 때 현재의 분단 상태를 극복할 사명이 주어지는데, "통일은 민족사적·인도적 요청, 민족 번영 발전의 필수 조건, 전쟁 방지의 전제 조건, 동북아 및 세계 평화의 관건"이라고 전제하고 "북한의 동포를 기아선상과 비인간적인 수용 생활로 내몰고 있는 북한 체제에 대한 남한 체제의 우월성을 확보하기 위해서는 민족 주체 사상으로서의 동학사상으로 사상사의 일대 혁명을 가져와야 한다."고 제안하고 있다. 이 글의 '반공'과 '반김일성' 논리의 정교함이 돋보일수록(실제로 딱히 그런 것은 아니지만) 이 글 필자의 뒤끝을 알고 있는 우리로서는 쓴웃음을 짓게 된다. 오익제 전 교령의 통일 관련 논설이 많았다는 것(동학혁명에 관한 것도 많다)에서 이미 그 실마리를 찾을 수 있는 것처럼, 종교는 머리로 하는 것이 아니라 가슴과 온몸으로 해야 한다는 것을 다시금 깨닫게 되는 역사적 교훈의 현장이다.

3) 이론이 살아 숨쉬는 몸이 필요하다

404호(1982.12)에는 이 해 9월 강원도에서 있었던 평통자문회의 종교분과위 주관 세미나에서 발표된 천도교 통일론 요지가 실려 있다. 〈평화 통일에 기여할 천도교인의 역할(임운길)〉은 '평화 통일'을 이루기 위해서는 유심·유물의 양극 사상 대립을 지양止揚할 수 있는 사상적 우월성을 가진 인내천人乃天 '사상'을 제창하고, 천도교의 민족 사상사적인 정통성과 민족운동사에서의 정통성을 사례별로 요약 정리하면서 천도교에 있어 통일은 지상 과제가 되는 이유를 밝히고 있다. 이어 천도교의 평화 통일 실천 방안으로 '민족 주체성 확립 운동', '신인간 창조 운동', '새 도덕 질서 수립'의 세 가지를 내놓으면서 이들을 성사시키려면 우리 민족 고유의 사상이자 시천주의 원리로 인간을 한울님 모신 사람으로 거듭나게 하며, 성·경·신의 자세 확립을 통한 새 윤리 건설을 주창主唱하는 동학사상이 그 대안이라고 하였다. 이는 '통일'을 단지 '정치 체제'의 결합이나 일방에 의한 일방의 흡수로 해결되는 것이 아님을 이야기한다는 점에서 주목할 만하다. 통일은 체제의 결합이 아니라 이전의 역사 단계에서 새로운 단계로 도약 진전한다는 생각은 80년대보다 지금, 그리고 앞으로의 통일론 정립 과정에서 반드시 필요한 내용이라고 할 수 있다. '천도교'의 통일론이나 통일 방안은 '지엽적'이고 '현실적'인 방안보다는 '광역적'이고 '이상적'인 통일 방안이어야 한다는 점을 다시금 생각케 한다. 구체성과 현실성(실현 가능성)만을 염두에 두거나 그에 치우칠 때 통일은 우리 민족의 뜻과는 다른 방향에서 전개될 수도 있다는 것이다.

또 〈우리의 민족통일은 세계사적 사명(박충남)〉은 먼저 북한의 '고려민주연합공화국창립방안(1980.10.10)'과 남한의 '민족화합민주통일방안(1982.1.22)'을 비교하고, 천도교의 통일 운동(3·1재현운동을 중심으로)을 약술한 다음 남북통일의 최우선 과제이자 최선의 방법인 체제의 대립을 극복하기 위해서는 지기일원至氣一元으로 대변되는 천도교 사상과 그를 바탕으로 한 3·1정신이 그 대안이라고 하면서, 이것은 곧 오늘날 세계사적인 과제인 양극 체제와 사상의 혼돈 상태를 극복하는 길이 되기도 한다고 남북통일의 세계사적인 의의를 정리했다. 이어 토론 요지가 실려 있는데, 오익제 당시 종무원장의 사회로 정천구·유승국 박사가 참여, 대체로 긍정적인 평가를 하였다. 〈천도교월보〉 46호(1982.11.13)의 〈평화 통일과 천도교(오익제)〉도 이때의 발표 내용과 비슷하다.

양극 사상의 지양으로서의 동학사상의 우월성은 분단 초기부터 지속적으로 되풀이되는 천도교 통일론의 단골 주제이다. 그러나 이론이나 사상은 논리적 현묘함으로만 그 우수성이나 실효성이 평가되는 것은 아니다. 천도교 통일론의 가장 큰 맹점은 훌륭한 '이론'을 담아 현실화시키는 몸뚱이(실천)가 없다는 점이다. 천도교의 통일론이 없는 것이 문제가 아니라, 그 통일론을 바탕으로 현실 속에서 지속적인 운동을 전개해야만 변화하는 환경에 다시금 반영하여 더 원숙한 통일론으로, 그리고 현실적인 설득력을 갖는 통일론으로 발전해 갈 수 있는 것이다. 천도교의 통일론들이 반세기에 걸쳐 동어 반복에 머무는 이유도 여기에 있다.

4) 분노의 감정을 넘어서는 통일론

406호(1983.3)에는 3·1재현운동 35주년 특집을 마련했다. 〈3·1 재현운동의 역사적 의의와 현대적 구현책(신철균, 국토 통일원교수)〉은 3·1재현운동의 전후 사정을 개괄한 다음, 그 의의를 "3·1정신을 계승하면서 미군정 반대, 단정 반대 등 대외적 투쟁으로 승화된 것"이라고 대단히 '진보적으로' 진단하였다. 이어 그 정신을 현재에 구현하기 위해, 먼저 종교 신앙 면으로는 인내천주의 확산 운동과 종교 간 대화합 운동을 전개하고, 실천 면으로는 제2의 구국운동으로 한반도를 둘러 싼 미·소 등 강대국의 알력 속에서 한민족이 또다시 희생양이 되지 않도록 하는 역량을 기르는 운동이 필요하다고 지적한다. 특히 세계 평화 운동의 측면에서 정부 차원에서 하기 어려운 '미·소 양국의 핵무기 감축 운동을 천도교가 앞장서서 전개할 것을 제안하였다. 〈근본을 아는 우리가 되자(오근)〉는 내용 검토에 앞서 이 글의 필자가 3·1재현운동 당시 총부의 밀서를 북한 지역에 전달하기 위해 부인(劉恩德)이 희생되는 것을 마다하지 않았던 분이라는 점을 기억해야 한다. 오근은 3·1재현운동을 '반공 운동'으로 몰아가는 남한 사회의 얼치기 민주주의자들(천도교인을 '빨갱이' 보다 더 못한 취급을 했던)의 획책을 비판하고 '친미', '친소' 양극 모두를 격렬하게 비판한다. 한편 오근의 글에는 3·1재현운동 당시 남한에서도 YMCA 강당에서 김구, 김규식 선생 등이 참가한 가운데 약소하나마 3·1재현운동 선언식을 가졌던 사실을 증언하고 있어 좀더 연구할 필요가 있다. 오근은 3·1운동 정신이 미·소 등을 '배척' 하는 데 있지 않고, 한민족의 자유 의사에 의한 민주주의 공화국을 수립하기 위해 "남북의 정치 지도자는 목전의 집권욕에서 벗어나 의연히 구원久遠한 경국대도經國大道에 앞장서라."는 선언문을 인용하면서 이것을 '오늘의 교훈'으로 삼자고 하고 있어, 당시(5공화국 초기)의 시국 속에서 매우 민감한 수준까지 발언하였다. 〈3·1재현운동의 당위성과 평화 통일〉은 3·1재현운동 당시 사전 검거되어 압송되던 중 구사일생으로 탈출했던 박연수의 글로서, 6·25 이후 15만여 명의 천도교인이 처형되었다는 동향 출신의 남파 간첩의 증언을 담고 있다. 그러나 박연수는 "…천도교인들은 이렇듯 북한 공산집단에 대해 원한과 감정이 누적되어 있는 것이 사실이다. 그러나 감정만으로는 통일 문제가 해결될 수 없는 것이다. 평화 통일은 민족 전체의 지상의 숙원이며, 더욱이 보국안민을 이념으로 하는 천도교의 기본적 과제로서 감정을 초월한 천도교인들의 신념과 의지가 집약되어 거족적으로 추진되어 나아가야 할 것이다."라고 결론지었다. 오늘 이 시점까지 반공과 원한의 질곡을 벗어나지 못한 분들이 많은 점에서 본다면, 귀기울여 들어야 할 말이다. 다만, 5공 정부의 평화 통일 원칙(민족 자결, 민주, 평화)을 이야기하면서 북한의 '고려연방제'를 허구적·선동적인 것이라고 일축했다. 이러한 태도는 이 글 결론의 "통일의 길은…남북의 상위한 두 체제가 동족으로서 화합해 가며 공통 분모를 찾아 접근하는 길"이라는 말을 볼 때도 이해하기 어려운 태도다. 오랫동안 실천으로부터 단절되고, 또 도무지 북한 위정자나 인민들과 마음을 터놓고 이야기해 볼 수 없었던 데서 나온 혼동이라고 짐작된다.

5) 통일 논의의 또 하나의 정점

415호(1984.1)의 〈통일 논의에 있어 주체에 대한 재인식(박용진·청년회부회장)〉은 통일 문제 접근은 대외적 요인보다 민족 내부 역량 문제에 더 큰 관심을 기울여야 한다고 전제하고, 통일 결정권자는 일부 권력자가 아니라 민족 전체여야 하며, 나아가 통일에 이르기 위해서는 통일의 상대가 되는 북한의 존립 기반을 인정하고 존중하는 태도가 필요하다는 '급진적'인 주장을 내놓았다. 이것은 천도교 통일론에서 그동안 누누이 등장했던 '지양 통일'의 가장 핵심적인 사안을 적절하게 지적했다. 또 통일을 위한 남한의 역량을 기르는 것은 정치에 대한 고도의 신뢰감을 회복함으로써 정치·경제·사회적 통합을 이루는 것이며 남북한 공존 체제 확립을 위한 노력이 병행되어야 한다는 점을 지적하고 있다. 천도교의 교리적인 관점이 구체적으로 드러나지는 않고 있지만, 오늘날의 관점으로 보아 여러 모로 고려해야 할 천도교 통일론의 또 한 정점이라고 생각될 수 있다. 그러나 안타깝게도 이 진전된 논의를 적극적으로 수용하고 발전시키는 노력들이 뒤따르지는 못한 것으로 보인다. 또한 이미 '반미' 논의가 개진되고 있던 사회 상황임에도 불구하고 '자주'적인 관점을 내세우기에는 여전히 요원하다.

8. 〈민족통일연구회〉의 발족과 활동

포덕 125(1984)년 4월 23일, 제18차 종무위원회에서는 포덕 124(1983)년 6월 종무위원과 기관 연석회의에서 '통일정책연구실'

을 두기로 합의하여 약 1년에 걸쳐 준비 작업을 해 오던 〈민족통일 연구회〉의 취지문과 규약(전문, 본문 10조, 부칙)을 심의 의결함으로 써, 천도교 통일 운동의 새 장을 열었다. 이어 4월 27일의 전국 교 구장회의에서도 이 내용을 추인하는 의결을 하였으며, 5월 3일에 는 오익제 당시 상주선도사를 회장으로 위촉하고, 이해 7월에는 고문 23명, 지도위원 46명, 평의원 446명, 연구위원 10명과 간사 를 두는 체제를 구축하였다. 이러한 방대한 체제는 이것이 단순한 연구회가 아니라 사회 단체 내지 정당을 염두에 둔 조직이라는 것 을 알 수 있다.

활동 방향으로 그 해 9월 7일 개최된 연구위원들의 모임에서 연 구 주제를 크게 ① 김일성 주체사상 비판(신일철) ② 민중 통일 운동 의 역사성(이현희) ③ 천도교와 통일 운동 방향(공동) 외에 국제정치 학적 측면의 주제 등 네 가지로 설정하고 조사 과제로 ① 북한의 종교 탄압 실상 ② 북한 천도교, 청우당 관계 문헌 목록과 일지 작 성 ③ 3·1재현운동과 영우회 조직 관계 ④ 반공 포로 수용소 내의 천도교인의 역할 ⑤ 북한에서의 동학과 동학혁명관 등을 조사하기 로 합의했다(〈천도교월보〉 61, 63, 65호). 한편 이 해 12월 10일부터 16 일까지와, 126년 1월 7일부터 27일까지 8일, 21일의 2회에 걸쳐 교단중흥과 함께 남북통일을 기원하는 전국적 차원의 특별기도가 시행되었다.

『신인간』 425호(1985.1)의 〈한국 중립화 구상의 역사적 고찰(한치 환)〉은 통일론의 범주를 다양화해야 한다는 요구에 대한 응답으로 보이며, 426호(1985.2)의 〈북한의 천도교 말살 과정(이종담)〉은 필자의 석사학위 논문(「북한종교말살정책에 관한 연구」) 중 천도교 관련 부분을 간추려 실은 것이다. 427호(1985.3)에는 〈3·1정신과 통일 이념(오익제)〉이라는 제목으로 3·1정신의 화합, 자주·자결, 평화, 민주주의를 통일의 이념으로 삼자는 내용을 실었다. 이 해 3·1절 기념식 후 기념 강연에서는 이현희 교수를 초빙하여 〈민족통일 운동의 역사성〉이라는 주제로 3·1재현운동의 의의를 조명하였다.(《천도교월보》 70호) 또 이 해 인일기념식 후에는 민족통일연구회 주최로 〈남북통일과 우리의 각오(이기택·연세대)〉라는 주제의 기념 강연을 열었다. 이 해 8월 실시된 남북 고향방문단 교환의 의미를 짚어 보면서 남북 대화의 의의를 강조했다.(월보 79호)

『신인간』 435호(1986.1)는 〈남북통일과 천도교의 사명(이규정·민족통일연구회 회장)〉이라는 논단에서 남북적십자회담의 진전으로 분단 한국의 지형에 큰 변화가 있을 것임을 전제로 하면서, "어쩌면 남북의 최고지도자가 만나는 극적인 사건이 어느 날 갑자기 이루어질지도 모른다…남북의 최고 통치자, 최고 지도자가 만난다고 해서 금방 통일이 되는 것은 물론 아닐 것이다. 그러나 두 지도자의 만남은 통일로 가는 멀고도 험한 민족의 통일 여정에 큰 변화를 가져다 줄 것은 틀림없는 사실이다."라고 전망하였다.

그러나 이러한 번득이는 혜안에도 불구하고, 그로부터 다시 강산이 몇 차례 번복되는 세월이 지난 지금, 그 때의 전망이 실현되려는 상황에서 천도교의 상황은 조금도 나아진 것이 없이, 오히려 더욱 뒤로 물러 앉아 있는 것은 아닌가 하는 의구심이 드는 것은, 논의와 전망에 따르는 준비와 실천의 부족함을 다시금 확인하게 되는 대목이다. 이규정의 글은 "지금 비록 교세가 정체되어 있다고 할지라도 천도교인 모두가 긍지와 사명감을 갖고 보국안민의 역사 현장에서 뜨거운 피를 뿌렸던 선열들에게 부끄럽지 않는 후예가 될 수 있도록 40년 분단사의 돌파구를 여는 주역이 되어야겠다. 그러기 위해서는 올해야말로 우리 스스로가 낡은 타성에서 과감히 벗어나…"라고 맺고 있다. 20년이 지난 이 시간에도 여전히 의미 있는 말이다.

9. 1980년대 하반기 통일 논의의 진행 과정

지금까지 천도교 통일 운동(론)을 살펴보면서 통일은 어디까지나 '말'이나 '이론'이 아니라 '행동'과 '실천'이라는 사실을 다시금 확인하였다. 천도교의 수십 년 동안의 '통일 운동'이, '논의'의 수준을 벗어나지 못하고 있음을 반성하는 실천이 필요하다. '논의' 또한 실천의 하나임은 분명하지만, 그것은 통일 운동 전체의 극히 일부에 불과하다는 사실을 재인식하면서, 이론을 검증할 실천을 전개해야 한다.

437호(1986.4)에는 이 해 2월 20, 21일, 평통정책자문회의 종교 분과 주최로 열린 6대 종단의 간담회에서 발표한 〈민족통일의 이념적 과제(오익제)〉라는 글을 실었다.(전체 주제:조국 통일을 위한 종교인의 공동과제) 분단이 40년 이상 장기화될 수밖에 없는 까닭을 '상반된 이념의 대립'에서 찾고 그것을 극복할 수 있는 민족 주체 사상으로서의 천도교 사상을 강조하였다.

또 445호(1986.12)에는 〈민족통일대학강좌 개설에 부쳐(오익제)〉라는 글이 실렸다. 이 민족통일대학강좌는 강좌는 '민족통일'의 관건이 양극 사상을 극복할 민족 사상을 정립하고 전파하는 데 있다는 신념에서 민족 사상 교육 운동을 전개하기 위한 것으로, 이 해 10월 18일 개강하여 3개월을 1기로 하여 격주로 강좌를 실시하였다. 초기에는 매회 2, 300명의 청중이 운집한 가운데 학계의 중진 연구자들을 초빙하여 강의가 진행되었다. 10월 18일 오후 5시에 열린 1회 강좌는 유승국 교수가 〈통일의 원동력이 될 한국 민족혼과 그 사상〉이라는 주제로 "공산주의 자본주의 모두의 물질주의를 극복하고 신과 인간이 통일적으로 구유具有된 한국적 인간상을 회복해야 한다."고 강조하면서 "오늘날, 그 과업은 천도교의 인간 존중 사상을 드높이 조명함으로써 가능하다."고 역설했다. 한편 이 해 9월 2일에는 '백두산 천지 청수 봉전 및 천도교 중흥과 남북통일 서천의 모임'이 있었다. 이 모임은 재미교포인 이창 동덕이 당시로서는 '금단의 땅'이었던 백두산 천지를 방문하고 떠온 천지수天池水로 청수를 봉전하는 의식을 갖고 이창 동덕으로부터 중국(중공) 방문 경위와 연변 조선족 자치주의 상황에 대한 증언을 청취하며 민족통일의 염원을 새롭게 다졌다.(월보 86호)

446호(1987.1) 이후 민족통일대학강좌는 매월 1~2편씩 게재되었다. 446호에는 〈민족사관의 문제(정재각)〉, 〈근대민족주의의 방향(황성모)〉, 448호 〈민족의 미래상(이한빈)〉, 449호 〈통일과 자주사상(안병욱)〉, 450호·451호 〈통일과 주변정세(상·하, 김덕)〉, 452호 〈통일과 민족 이념(송호수)〉, 453호 〈통일과 경제 이념(이만기)〉, 456호

(1988.1) 〈통일과 역사의식(정주영)〉 등으로 이어졌다. 한편 월보에는 88호의 〈배달민족의 얼과 그 뿌리사상(안호상)〉 외에 민족통일연구회의 운영 소식들이 게재되고 있다. 민족통일연구회는 포덕 127(1986)년 11월 4일자로 '금강산 댐 건설을 즉각 중지하라' 는 내용의 성명서를 발표하였다. 금강산 댐은 그 후 당국의 성급한 판단 또는 그릇된 정보 유포를 통한 안보 이데올로기 강화의 수단이었음이 밝혀졌지만, 북한에 대한 정보를 얻을 수 있는 길이 당국으로 한정되었던 당시, 텔레비전 등을 통해 선정적으로 보도되었던 금강산댐의 위협, 평화의 댐 건설 모금 운동 등의 사회적 분위기에 비추어 성명서 발표 배경을 이해할 수 있다.

459호(1988. 4·5)에는 3·1재현운동 40주년을 맞이하며 〈3·1재현운동의 교훈(박연수)〉이라는 운동 전말기와 더불어 3·1절 기념강연 요지인 〈3·1재현운동의 회고와 반성(오근)〉이 실려 있다. 오근은 3·1재현운동을 기획한, 당시 중앙총부의 최고 교역자들 중 한 분이었고, 일평생을 통일을 염원한 교단의 원로였다. 오근은 3·1재현운동은 반공 운동, 밀사운동, 통일 운동이기에 앞서 "우리 민족이 분열되어서는 안 된다고 하는 운동"이었다고 그 성격을 규정하고 북측에서는 폭동, 살인·방화, 반김일성 운동으로 매도되고 남쪽에서는 '단정' 을 추진하던 미군정가 이승만 세력의 견제 속에서 남북 양 당국으로부터 혹심한 탄압을 겪었음을 지적하였다. 이어 10년 만인 포덕 99(1958)년 한국일보에서 기사화되고, 63년에는 정비석 선생이 소설화하고(돌아오지 않는 밀사), 20주년을 맞으며 『3·1재현운동지』(신인간사 간)를 발간한 내력, 주요 일간지에 기사화되는 과정, 3·1재현운동 선언문이 해방 전후의 우수한 글에 선발된 일, 벤자민 B. 윔스나, 일본인 학자가 "공산화 과정을 겪은 전 세계 국가 중 거의 유일하게 북한에서의 청우당이 그 반대 운동을 격렬하게 전개한 것은 획기적인 일로서 기억되어야 한다."고 평가한 일 등 그간의 경과를 설명한 다음, "우리 천도교가 이처럼 침체된 것도 두목 어른들 싸움 때문이었습니다…3·1재현운동이 무엇입니까. 남북이 통일되려면 남한에 있는 대한민국이 먼저 완전히 통일되어야 합니다. 대한민국이 완전히 통일되려고 하면 천도교가 앞서 통일되어야 합니다…"라고 교단의 동귀일체와 통일, 그것을 위한 교역자들의 반성을 촉구하고 있다. 신앙 생활과 '통일'이 불가분의 관계에 있는 천도교의 특수성을 잘 드러내 보이고 있다.

460호(1988.6)에는 6·25 동란 38주년을 맞아 〈포로 수용소에서 봉행한 시일식〉이라는 제목으로 좌담회를 열어, 6·25 당시 남한의 포로 수용소에 수용된 반공포로의 대다수를 차지했던 당시 천도교 청년들이 수용소 내에서도 시일식을 봉행하고 보급품을 모아 판 돈으로 당시 부산시교구에 피난 와 있던 중앙총부에 성미를 납부하던 정황들을 증언한다.

462호(1988.8)에는 8·15광복 43주년을 맞으며 "통일을 생각한다"라는 기획을 꾸리고 〈통일 이념과 동학사상(오익제)〉, 〈천도교와 통일 과제(김재중)〉, 〈민족주의와 통일(장을병)〉 등 세 꼭지의 논단을 통해 통일 문제를 조명하였다. 〈통일 이념…〉에서는 미·소 양 진영의 대립 구조에서 빚어진 남북 대결은 개인주의적 자유와 전체주의적 평등을 앞세우는 양극 사상의 한계를 극복·초월할 수 있는 민족 주체 사상으로 귀일歸一하는 것이라고 전제하고, 그것은 상고 이래의 '한' 사상, 홍익인간 정신 그리고 풍류도 정신이라고 할 수 있는데 오늘날 그 결실로 나타난 '동학사상'이라고 제안한다.

이어 통일의 이념적 좌표로 ① 민족의 화해와 단결 ② 민족 자결과 주체성 ③ 평화주의 정신 ④ 민주주의 이념을 제시하고 그 근원이 될 동학사상에 대해 일신론과 범신론을 반대일치反對一致 원리로 통일한 인내천 신관과 철학적으로 유물론과 유심론을 통일한 지기론, 개인주의와 전체주의를 통일하는 동귀일체 원리를 제시하면서 동학사상을 근간으로 '통일 문화' 창조의 길로 나서자고 당부한다.

이어 〈천도교와 통일의 과제(김재중)〉에서 현재의 남북 분단은 어디까지나 우리 민족이 주체적으로 해결해 나가야 할 문제지만, 분단에 실질적인 책임이 있는 미소 등 주변 열강들도 결자해지 입장에서 이에 협력해야 한다고 주장하였다. 즉 이 논문은 우리의 통일의 문제를 국제 정치 역학 관계 속에서 이해할 필요가 있다고 보고 있다. 또 필자는 분단 이후 그때까지 남북한 대화의 국면을 세 단계로 구분하여 첫 번째는 미국과 중국의 국교 정상화의 영향으로 71년부터 약 5년 동안 전개된 것으로 '남북적십자회담'이나 '7·4 남북공동성명 발표' 등이 이루어진 것, 두 번째는 박정희 대통령 시해 이후 80년 5월까지 형성된 해빙 정국 속에서 북측이 제의한 총리 회담을 위해 판문점에서 10여 차례 진행된 실무자 접촉과 남북한 간의 통일 방안 공방, 수재물품 교환 등의 국면, 세 번째는 북한에서 수재 의연 물품을 보내 온 이후 형성되어 '경제회담'이 약 1년 동안 진행되었으며, 85년 9월에는 고향 방문단과 예술단원 등이 남북을 오가는 데까지 발전한 국면이라고 구분하였다.

이어 남북한의 통일 방안을 세세히 비교하고 마지막으로 천도교의 민족통일 이념과 방안을 살피기 위해 후천개벽의 무극지운, 무왕불복지리, 인내천 진리, 동귀일체, 불연기연과 반대일치, 성신쌍전, 여세동귀의 운수, 사해일가, 제폭구민·보국안민·척양척왜, 3·1독립정신과 3·1재현운동, 빈천자 부귀의 운수 등 천도교 사상과 이념이 자유 민주, 평등, 인간 존중의 도덕 사회, 평화·안정, 정의·공정·복지사회, 세계주의적 신민족주의, 중립화, 자주적 통일 성취 등 현실적 통일 과제와 어떻게 조응하는지 도표로 보여 준다.

끝으로 통일을 위해 통일 문제를 '정권 안보' 차원으로 접근하지 말 것과 당국은 젊은 세대와 서민들의 통일 열망을 수용할 것, 북한의 독재 체제 와해를 위한 외교적 노력 경주, 대화와 화합의 분위기 조성, 동학사상 선양, 동학 이념을 토대로 하는 전 국민적 통일 운동 기구로서 (가칭)「동학회東學會」 구성에 나서고 정부는 이를 지원할 것 등을 제안한다. 또 천도교단은 통일 문제를 거시적으로 접근하는 연구, 북한의 천도교 실태 조사, 남북 교류 시 천도교가 가장 먼저 북한을 방문할 수 있도록 노력할 것 등을 제안한다.

그로부터 10여 년이 지난 지금 달라진 통일 관련 남북한 국면 속에서도 유의미한 몇 가지 '원칙原則' 들을 생각해 볼 때, 통일이든 지상천국 건설이든 우리 천도교 앞에 놓인 과제의 주된 성격은 '이론' 적 차원이 아니라 '실천' 의 문제임이 더욱 명확해진다.

역시 이 책(462호)에 실린 〈민족주의와 통일(장을병)〉은 '신인간 교양 강좌' 내용을 채록한 것으로, 장 교수는 민족주의의 유형과 위정척사-개화파-동학혁명으로 이어지는 한국 민족주의의 전개 과정을 일별한 다음 3·1운동이야말로 '민족주의의 백미'라고 지적하였다. 그리고 통일의 원칙으로서는 주변 강국의 '통일 방해 음모'를 뚫고 주체적으로 이루어져야 한다는 것과, 무엇보다 북한에 있는 민족도 같은 민족이라는 '대大민족주의' 입장에서 군축이라든지, 외세 문제를 생각하는 민족적 통일, 평화적 통일이어야 한다고 지적한다. 이어 당시로서는 '급진적'으로 통일 교류의 창구단일화론이 부당함을 지적하고, 남북 각 사회 단체의 자유로운 교류를 통해 북한의 실정을 정확하게 알아서 '레드컴플렉스'를 극복하는 것이 통일의 선결 과제라고 제안하였다.

10. 통일 운동 시대의 천도교 통일 운동

1988년은 사회적으로 '통일 운동', '북한바로알기운동'이 폭발적으로 일어나면서 통일 운동의 새 전기가 마련된 시기로, 교단 차원에서도 역시 '폭발적'으로 통일에 대한 담론이 증대하고 실질적인 운동 또한 비교적 활발하게 전개된다. 기존의 통일대학강좌를 지속적으로 운영하는 한편, 『신인간』은 앞서 제시한 논단 외에도 이 해 권두언에서 네 차례나 통일을 주제로 삼아 관심 제고에 나름대로 노력한다.〔〈통일 이념의 정립을 위해서(6월, 460호)〉, 〈민족통일과 시천주(7월, 461호)〉, 〈8월 대낮에(8월, 462호)〉, 〈민족통일의 새로운 진운(11월, 464호)〉〕. 또 이 해 8월 5일 강원도 홍천군 서면 동막리에서는 통일을 염원하며 분신 순도한 고 이도천 선도사의 순도 10주기를 맞아 순

도비 제막식이 거행되었다.(463호)

그러나 무엇보다 이 해의 통일 운동은 4월 1일 임시대회를 통해 선출된 정운채 교령의 지도에 힘입어 적극적으로 전개되기 시작했다. 정운채 교령은 4월 5일 천일기념사에서 평화 통일을 강조하고, 5월 1일부터는 '통일이 될 때까지'를 기한으로 '평화 통일 기도'를 시행키로 했다. 이에 따라 "한울님과 스승님, 감응하옵소서. 한울님의 계시에 따라 시천주 자주사상과 인내천 자주신앙과 사인여천 자주윤리의 자주이념을 주체로 남북한 동포가 하루빨리 융화통일이 되기를 기원하오니 감응하옵소서."라는 기도문을 모든 교회 의식이 진행될 때나 혹은 의식 후에 공동으로 암송케 하였다. 5월 11일 황토현에서 거행된 동학혁명 기념사에서도 혁명 정신을 통일 운동으로 승화시키자고 당부하였고, 현기사에서는 통일을 위한 실질적인 대비를 한다는 차원에서 북한 지역 교구사 조사에 연차적으로 착수키로 한다는 계획안을 수립하였다.(《천도교월보》 103호)

또 6월 7일에는 통일과 사회 정의 실현에 관한 교단적 합의를 이루기 위해 종무위원과 기관 연석회의를 열어, 앞으로의 통일 운동 전개 방향을 협의하고 지속적으로 협의, 대안을 마련해 나가기로 하였다. 한편 6월 25일에는 11회 민족통일대학강좌를 실시하여 노태구 교수를 초빙 〈동학의 정치 이념과 통일 이념〉이라는 강연을 들었으며, 7월 7일 종무위원회에서 지난 기관연석회의 연장선상에서 교단 차원의 통일 이념과 방안을 담은 선언서를 발표키로 하고 통일 문제를 전담해 나갈 전위단체 구성 등을 결의하면서 통일 운동은 급속도로 추진력을 얻어갔다.(《천도교월보》 105호)

또 이 달의 월보에는 〈동학사상과 통일의 이념적 좌표(오익제)〉라는 글을 실어 통일에 대해 다각도로 모색을 시도한다. 월보 106호에서 표영삼은 "세칭 '3·1재현운동'이라고 부르는 1948년의 통일운동은 미래지향적 의미나 운동의 실질적 내용을 제대로 담아낼 수 있도록 '통일정부 수립 운동'으로 바로잡아 쓸 필요가 있"다고 하였다.

또 10월 5일 중앙총부 부설 〈민족통일연구회(회장 오익제)〉는 올림픽 종료에 즈음하여 평화적인 민족통일의 새 장을 열자는 내용의 성명서를 발표하였다. 이 성명서는 국제 역학 관계의 완충지대로서의 한반도의 위치를 십분 활용하되, 대미 관계 등에서 자주적인 입장을 견지하여 군사작전권, 한미행정협정 등을 호혜 평등의 입장에서 재정립할 필요가 있다는 것, 남북 당국이 민족 자존과 민족주의의 입장에서 상호 포용과 전향적 개방을 단행하고, 통일을 위한 동학사상의 의의를 재조명할 것 등을 당부하였다. '군사작전권'이나 '한미행정협정' 논의는 그 자체로는 극히 진보적이고 현재까지도 과제로 남아 있다.

이해 12월 1일 현도기념일을 기해서는 지난 몇 달 동안 교단적 차원에서 중론을 모아 오던 내용을 취합하여 통일에 대한 천도교의 비전을 담은 '자주 통일 선언'을 대외적으로 발표하였다. 이 선언문은 "천도교의 주의와 사상은 인간의 자주성을 강조하는 인내천 진리가 바탕이 되므로 이 자주 사상을 기초로 한 통일을 천하에 선언한다."는 것으로, 이를 통해 인간의 존엄성을 밝히고, 민족의 자주권을 지키며 세계 인류의 등불이 되도록 하는 데 그 목적이 있음을 밝혔다.

이어 천도교인들은 자주 심법으로 4계명을 지키고, 용시용활의 정신으로 동학 이념에 기초한 새로운 시대·새 문명을 열어가는 데 앞장설 것을 다짐하면서 6천만 동포들의 동참을 호소하고 있다. 또 남북한 당국자들에게 자주 통일의 이념 기초를 공고히 하면서 군비 축소 등의 실천적 노력에 나설 것을 당부하고 자주국의 윤리와 경제 이념을 세세히 밝힌 다음, 이러한 〈자주 통일 선언〉의 내용을 구체적으로 협의하기 위해 남북 당국의 최고 책임자와 면담을 요청하면서 끝맺었다. 이에 발맞추어 교화관은 〈자주 통일 교화 성금〉을 전국적으로 모금하였다. 포덕 129(1988)년은 천도교로서도 통일 운동의 새 장을 연 해로 기록될 만하다.

11. 1990년대 통일 논의와 남북 천도교 교류

1) 90년대 통일 운동의 질적 전화

1990년대에 들어오면서 밖으로는 사회주의 진영 붕괴와 냉전 체제 해체로 인한 해빙 무드가 만들어지고, 안으로는 이북 지역의 극심한 자연 재해 등으로 인한 민족 교류의 필요성이 증대하면서, 북한 관계에 변화가 가시화되었고, 인적·물적 교류가 점진적으로 확장되면서 남북한 천도교간 연계가 자연스럽게 시도됐다. 이는 80년 대 말에 폭발적으로 성장한 우리 사회의 통일 운동 역량과 맞물리면서 가시적인 성과로 이어지게 되었다.

남측의 천도교중앙총부와 북측의 조선천도교회중앙지도위원회는 먼저 제3국을 통하여 천도교의 4대 기념일 공동 봉행 등 신앙 교류 차원에서 서로 협조하고 교류하는 방안을 의논하고 천도교인이 앞장서서 우리 민족의 지혜를 모아 조국의 평화적·자주적 통일을 앞당기자는 데 기본적으로 뜻을 같이 하였다.

남북한 천도교 교류가 본격적으로 시작된 것은 1990년대 이후로, 기독교에 비해서 10여년 정도 뒤진 것이다. 이는 실질적 교류의 물꼬를 트는 데 필요한 인적 물적 자원의 부족했기 때문이라고 생각된다. 게다가 포덕 117(1976)년 미국으로 망명한 최덕신·류미영 전 교령 부부가 미국과 유럽을 오가며 친북한 인사들을 접촉하던 중 수 차례 평양 방문 끝에, 1986년 9월 북한 영주 귀국을 선언함으로써 상대적으로 천도교의 대북 교류 입지는 좁아질 수밖에 없었기 때문이기도 하다.

이 시기에도 남북한 천도교 간에 교류는 남한의 사회 단체·정당 인사들과 통일전선 형성의 일환으로 교류의 필요성을 주창하던 북한 천도교와, 남한 정부의 대북 정책 범주를 이탈하지 못하는 남측 천도교의 한계성으로 말미암아 지극히 제한적일 수밖에 없었다.

그러나 그런 가운데서도 남북한 천도교 인사들은 천도교가 살 길이자 이 나라가 살 길은 천도교가 통일의 주역으로 우뚝 서는 길이라는 데는 한마음 한뜻이었다고 할 수 있다. 태생적으로 교단적 이익(포덕)보다 민족적·국가적 이익을 우선시하는 천도교인의 심성이 더딘 발걸음임에도 불구하도 통일로 향하는 걸음을 멈추지 못하게 했고, 그 결과는 서서히 드러나기 시작했다.

2) 〈천도교 남북 교류 추진위원회〉의 역할

〈천도교 남북 교류 추진위원회〉는 포덕 130(1989)년 7월 3일, 천도교 이념을 기초로 하여 남북한 간의 교류와 협력을 추진하고 통일에 주도적인 역할을 하기 위하여 설립되었다. 당시 종무원장인 오익제가 지도위원장이 되었고, 위원장 박연수, 간사 박우균, 대변인 홍장화 등을 주요 임원으로 하였다. 7월 10일 제1차 회의에서 조직 지침을 확정하여 남북 교류 활동을 적극 추진하기 시작했다.(〈천도교회월보〉 115호, 포덕 130.7.25)

포덕 130년 10월 5일, 남북 교류 추진위원회는 포덕 131(1990)년 천일기념일에 북한 천도교인을 초청하기로 결의했다. 이에 따라 포덕 130년 11월 20일 기자회견을 통해 〈천도교 북한 신도 초청 대북제의문〉을 발표하고, 북한의 천도교인 20명 정도를 초청하여 경주 용담성지 등을 순례하자고 제의하는 한편, 오익제 교령을 비롯한 33명의 총부 교역자로 구성된 천도교 북한 방문 추진단을 결성하여 방북을 추진하고, 인일기념일 또는 내년 천일기념일 공동기념식을 평양 대교당에서 개최하자고 북한 천도교회 측에 공식 제의했다.(〈천도교회월보〉 119호, 포덕 130.11.25, 〈1〉)

포덕 131년에 들어서 다시 포덕 131년 12월 24일의 인일기념식 또는 포덕 132년 4월 5일 천일기념식을 평양 교당에서 남북 천도교인이 합동으로 봉행하자고 제의하는 〈대북제의문〉을 발표했다.(〈천도교회월보〉 129호, 포덕 131.11.25.〈1〉) 오 교령은 계속해서 포덕 132(1991)년 도일기념사를 통해 평양의 화답을 촉구하며 공동천일기념식 봉행을 제의했다. 그러나 이러한 제의는 일방적인 제의로 끝나거나 북측의 호응이 있더라도 당국의 비협조로, 성사되는 분위기와는 거리가 멀었다.

3) 〈동학민족통일회〉의 결성

1990년대 본격적인 천도교 통일 운동은 〈동학민족통일회〉 결성과 더불어 시작되었다. 〈동학민족통일회〉는 실로 동학혁명 이래 면면한 동학 천도교의 민족운동의 전통을 다시금 살려 내기 위한 교인들의 염원이 총화된 천도교의 전위단체였다.

동학 천도교의 '전위단체'는 일제 시기 청우당 이래로 해방 직후 청우당의 부활과 보국당, 만화회, 동학회, 동학당(준), 신인간연맹, 민족통일연구회, 남북 교류 추진위원회 등으로 그 이름과 성격은 각각이었지만 무너지면 새로 세우고, 또 무너지면 새로 세워가면서 면면히 그 전통을 계승해 오고 있었다.

〈동학민족통일회〉 설립의 직접적인 계기는 포덕 130(1989)년 4월 제26차 정기전국대의원대회에서 천도교 전위단체天道敎前衛團體를 설립하기로 결의하면서부터다. 그에 따라 동학민족통일회 창립 준비위원회를 구성하고 포덕 132(1991)년 5월 11일 정읍 황토현 전승 기념탑 앞에서 발기인 대회를 개최하여 천도교 원·주직 교역자와 중앙총부 산하 전국단체 대표 약 700명을 발기인으로 하고 〈발기취지문〉을 발표하면서 동학민족통일회(공동의장 김현국, 박연수, 김인태)를 창립하게 된 것이다.(《천도교회월보》 134호, 포덕 131.5.25. 〈1〉〈2〉)

동학민족통일회(동민회)는 이후 「통일대학강좌」를 개최하는 등 동학사상으로 민족통일을 성취하자는 의식화 운동에 앞장섰다.

그러나 동민회는 초창기 천도교인은 물론 대외 인사까지를 포괄하는 대단위 조직을 구상하였으며, 또한 정관에서 직접적인 '통일' 문제뿐 아니라, 환경·여성·청년·어린이·문화 사업 등을 폭넓게 전개코자 하였으나 실질적인 활동은 전개하기에는 인적·물적 자원의 미비 등 여건이 뒷받침되지 못하여, 점차 교단 중심의 단체로 명맥을 유지하게 되었다.

이는 중앙총부와 동민회 사이에 교정쌍전敎政雙全 정신에 따른 적절한 역할 분장과 힘의 분배에 관한 전략적인 합의가 이루어지지 못한 채, 실질에 있어 동민회를 천도교의 전위단체라기보다 총부의 하위 기관으로 활용해 온─혹은 운영해 온─때문이었다. 그러한 어려운 여건 속에서도 90년대 말 들어, 대외적인 활동이 증대되면서 통일 운동 단체, 민족운동 단체의 일원으로서 천도교의 지분과 역할을 다하기 위한 실무자들의 노력이 지속되어 왔다.

최근 들어 동민회는 설립 목적에 부합하는 본격적인 통일 운동을 전개하고자 임원을 개편하고 새로운 활동을 전개하고 있어 기대가 커지고 있다.(최근 현황 소개는 이 책 1부 참조)

4) 1990년대 초기 천도교 남북 교류 시도

포덕 132(1991)년 3월, 오익제 당시 교령은 재미교포(박의정)를 통해 친서를 북측으로 전달하여, 천일기념식 공동 거행 등의 현안을 타진하였으며, 그 해 10월 27일~11월 2일, 네팔 카트만두에서 열린 제4차 ACRP 총회에는 임운길 당시 중앙총부 교화관장이 참석하여 북한 천도교 중앙지도위원회 정신혁 부위원장과 남북 천도교 관계자로서는 분단 후 처음으로 만나 의견을 교환하였다.

포덕 132(1991)년 12월 20일부터 포덕 133(1992)년 8월까지는 남북 천도교 대표자(남측:교령, 북측:위원장) 명의의 서신이 제3국을 통하여 수 차례 왕래됐다. 재미교포 김형찬 워싱턴 주립대 교수와 재중동포 김서명의 알선으로 남북 교류의 필요성과 조국 통일에 대한 천도교인의 노력을 다짐하는 서한이 오고갔다.

포덕 133년 이후에도 주요 기념식 때마다 북측에 공동 기념식 봉행과 통일에서 천도교인의 역할 증대 방안을 모색하기 위한 교류를 하자고 제안하였으나, 구체적인 실행에 옮겨지기까지는 너무나 요원한 구두선에 머물고 말았다.

포덕 133년 8월 23일 중국 북경에서 〈천도교대외협력위원회〉 위원장인 노태구 교수가 '조선학술대회' 석상에서 북한 학자·천도교 관계자와 접촉하고 남북 천도교 교류 협력 방안에 대한 의견을 교환하였다.

포덕 133(1992)년 3월 24일, 천도교중앙총부는 4월 5일 천일기념일 행사를 남북한 천도교가 공동으로 봉행하기 위한 양측 실무자 회의를 판문점에서 26일 개최할 것을 제의하였으나 북측에서는 준비 기간 부족을 이유로 난색을 표명했다. 회담을 제의하면서 개최 장소까지 통보했다는 데 의의가 있으나, 역시 현실과는 거리가 멀었다고 하지 않을 수 없다.

포덕 134(1993)년 6월 중앙총부는 동학혁명 100주년 국제학술대회에 북한 천도교 대표 10명을 초청하면서 남북 천도교 교류 시도를 계속해 나갔다. '동학혁명 100주년'이라는 호기를 맞아 남북 천도교의 회담과 교류 가능성이 그 어느 때보다 높아지고 있었다.

한편 포덕 134년 8월 4일 중국과의 국교 정상화 이후 가능해진 중국 방문 기회를 이용하여, 백두산 정상에서 천지天池를 바라보며 전·현직 천도교 교역자가 남북통일 기도회를 개최하고 백두산기도회를 발족했다.

5) 남북 천도교 대표 회동

포덕 134년 10월 들어 그동안 물밑으로 진행되어 오던 천도교 남북 대표 회담이 드디어 성사됐다. 이는 분단 이후 최초의 남북 천도교 대표 만남으로, 남측의 중앙총부 교령(오익제)과 북측의 중앙지도위원회 위원장(류미영) 간의 회담은 10월 19일~20일 중국 북경에서 2차례에 걸쳐 이루어졌다.

이 회담에서는 동학혁명 100주년 기념행사를 서울에서 공동으로 추진하기로 하고, 남북 천도교 교역자가 서울과 평양을 상호 방문하기로 합의하는 〈공동합의문〉이 채택됐다.(《천도교회월보》 162호, 포덕 134.10.30. 〈1〉)

1. 조국을 통일하는 것은 우리 민족의 최대의 숙원이며 지상의 과제이다. 남과 북의 천도교인들은 우리나라의 통일을 7·4남북공동성명에서 천명된 자주, 평화 통일, 민족대단결의 3대 원칙에 따라 실현하기 위하여 공동으로 노력한다.

2. 조국을 통일하기 위하여서는 전 민족의 대단결을 도모하여야

한다. 남과 북의 천도교인들은 전민족의 대단결이 천도교의 화합 정신에도 부합된다고 인정하면서 사상과 제도의 차이를 초월하여 같은 배달민족으로서 모든 것을 민족 공동의 숙원인 조국 통일 위업에 복종시키는 원칙에서 민족대단결을 이룩하기 위하여 공동으로 노력한다.

3. 1990년대를 조국 통일의 연대로 장식하여야 한다. 남과 북의 천도교인들은 서로 접촉하고 대화하면서 조국 통일 위업을 실현하기 위하여 함께 노력한다.

4. 1994년은 동학혁명 1백주년이 된다. 남과 북의 천도교인들은 이 날을 공동으로 뜻 있고 보람 있게 기념하기 위한 대책을 협의하기 위하여 남북 천도교 대표들의 실무접촉을 1994년 1월 말~2월 초에 판문점서 진행한다.

5. 천도교중앙총부 교령은 조선 천도교 중앙지도위원장이 서울을 방문토록 초청하였으며 조선 천도교 중앙지도위원회 위원장은 천도교중앙총부 교령이 평양을 방문하도록 초청하였으며 쌍방은 편리한 시기에 서로 서울과 평양을 방문할 용의가 있음을 확인하였다.

이어 포덕 135(1994)년 1월 24일 류미영 위원장은, 동학혁명 100주년 공동 기념행사를 위한 실무자 접촉을 2월 3일 판문점에서 갖자고 공식 제의하였다. 그러나 당시 북한 핵 개발 의혹 문제로 남북 정세가 극도로 냉각되고 경직되어 실제 이행되지는 못하였다.

포덕 135년 3월 1일 북측 천도교에서 천도교 4대 기념일 기념식의 공동 봉행 등 의제를 논의하기 위하여 실무자 회담을 북경에서 갖자는 제의를 해 옴에 따라, 중앙총부는 방진규(종무원장), 홍장화(종무위원) 등을 파견하여, 북측의 한영수 조선천도교회중앙지도위원회 부위원장과 심상영 부부장과 3월 9일~10일 이틀 간의 협의하여 공동합의문을 채택했다. 회의 결과 동학혁명 100주년 기념식을 남북 천도교가 공동으로 기념함으로써 민족통일에 앞장설 수 있도록 한다는 것과, 이를 위하여 빠른 시일 내에 판문점에서 제2차 실무접촉을 가지기로 합의했으나, 역시 당시 경색되어 있던 남북 관계와 당국의 불허로 판문점 회담은 성사되지 못하고 말았다. 또한 135년 6월 15일, 오 교령이 동학혁명 1백주년 기념사업과 관련하여 사퇴함으로써 그동안 추진되어 오던 남북 교류와 공동 기념식 건 등은 지속적인 추진을 기약할 수 없는 상황으로 내몰렸다.

포덕 135년 11월 18일, 류미영 위원장은 김재중 당시 교령에게 조국 통일과 남북 천도교 교류 협력의 필요성을 역설하는 내용의 서한을 보내 왔다. 이에 중앙총부는 포덕 135년 12월 12일자로 포덕 136(1995)년 천일기념 행사에 류미영 위원장을 비롯한 13명의 참가를 초청하는 서한을 제3국을 통하여 보냈다. 이에 화답하여 북한 천도교회에서는 제3국에서 책임자 회의를 열 것을 제안하였으나, 이번에는 중앙총부에서 국내에서의 회의 개최를 주장하고, 북측 천도교 대표의 남한 방문을 요청하는 서신을 전달하면서 서로 팽팽한 입장 차이를 좁히지 못한 채 해를 넘기게 되었다.

포덕 137(1996)년 2월 27일부터 29일까지 2박 3일 동안 중국 북경에서 남북 종교인 대표자 회의가 개최되는데, 천도교에서는 한광도 종무원장이 북측의 강철원 부위원장, 심상영 중앙위원, 허해

원 부부장 등과 만나 남북 천도교 협력 방안에 관하여 논의했다.(《천도교회월보》 189호 포덕 137.3.4 〈2〉) 이 회담은 한동안 단절되었던 남북한 천도교 접촉을 재개하는 계기가 되었다.

포덕 137년 6월 22일 동학민족통일회는 "천도교(동학)의 통일 방안 모색을 위한 연구 발표회"를 열어 80년대 이후 천도교의 남북 교류 현황을 살피고 천도교 통일 방안을 모색하였다. 이 발표회 이후 수 차례의 세미나와 축조 심의를 거쳐 '민족 자주 통일 방안'이 동학민족통일회 공식 통일 방안으로 정립되었다.

그 해 9월 3일 북한 천도교 중앙지도위원회에서는 10월 3일 평양에서 거행되는 개천절 행사에 김재중 교령을 초청하는 초청장을 전달했으나, 당시 '동해안 북한 잠수정 좌초' 사건 등으로 남북 관계가 경색되어 이에 응하지 못했다. 이와는 별도로 10월 3일 남쪽에서는 동민회 주최로 통일 기도회와 통일 강좌를 강원도 고성에서 개최했다.(《천도교회월보》 196호, 포덕 137.10.5 〈2〉)

1990년대 중반에 접어들면서 북한은 사회주의권 붕괴에 따른 경제적 타격과 잇딴 자연재해로 인한 폐농 등으로 절대 기아에 허덕이는 참혹한 지경에 처하게 되었다. 이에 따라 남측 시민 사회단체는 물론 정부 당국도 대대적인 지원에 나서게 되었다. 이 시기에 천도교인의 대북 지원 활동도 활발하게 전개되었다. 포덕 137년 9월 2일 대한적십자사 모금운동에 약 600만원의 성금을 기탁한 것을 시작으로 포덕 138년에는 감자보내기 성금 2천만 원(이종학 사운연구소 소장 기탁금), 여성회본부가 주관한 대국민 모금운동을 통해 현금 및 옷 등을 간접적으로 전달했다.

포덕 138(1997)년 1월 21일 류미영 위원장은 천일기념일을 남북 천도교인이 공동으로 개최하자는 취지로 천도교(남측) 대표단의 평양 방문을 제의하는 초청장을 팩스로 보내왔다.(〈천도교회월보〉 199호 포덕 138.2.10 〈1〉) 그러나 여건이 성숙되지 못한 채 평양 방문은 무산되고 말았다. 포덕 138년 4월 19일 열린 정기 연원회에서는 북한 지역 7개 도, 90개 시군에 천도교 연원 명예도훈을 선임하고 이를 타 지역에까지 확장하기로 결의했다. 이것은 북한 천도교의 실체와 입장을 고려하지 못하고, 북측 천도교의 존재를 무시한 일이었다. 이에 대해 훗날 북한 천도교와 직접 접촉을 하는 자리에서 북한 교역자들의 심한 항의를 받았다.

또 이 해 9월 11일, 북한 천도교회는 10월 3일의 평양 개천절 행사에 참가를 요청하는 초청장을 김재중 교령과 각 교역자에게 팩스로 보내 왔으나, 이 무렵 발생한 오익제 전 교령의 월북 사건 등과 맞물리며 성사되지 못했다. 오익제 전 교령의 월북 사건으로 남측 천도교인들은 당시 선거 정국과 관련하여 당국의 과도한 조사로 인해 고초를 겪어야 했으며, 남북 천도교 교류도 상당 기간 경색될 수밖에 없었다.

총부는 포덕 139(1998)년 2월 11일부터 제2차 49일 특별기도회(삼경사상 실천을 통한 경제위기 극복 기도회)를 열고 남북 경제 교류와 협력을 통한 민족 경제 부흥과 남북의 평화 통일을 앞당기기 위한 기도회를 같은 날 같은 시간에 공동 봉행하기로 제의하면서 북한 천도교 교역자 13명을 초청했으나 성사되지는 못했다.

이에 앞서 동학민족통일회는 포덕 138년 10월 11일 '동학사상과 민족통일'이라는 주제로 연구발표회를 개최하여 통일 논의 재개의 발판을 마련하였다.(《천도교월보》207호 138.10.15)

또 포덕 139년 6월 23일에는 종교지도자협의회 주관으로 '민족 화합과 통일을 위한 메시지'를 발표하는 데 참여했으며, 6월 17, 18일 이틀 동안에는 통일교육원이 실시하는 통일 연찬회에 참여했다. 통일 연찬회는 이후 11월까지 모두 다섯 번 열렸으며 9월 15일 열린 연찬회에서는 KCRP 주최로 평화 통일 기원문을 휴전선 철책에 부착했다.

이어 포덕 140(1999)년 1월 17일, 23일에는 김광욱 교령과 류미영 위원장 사이에 80주년 3·1절 행사 내용을 소개하고 조국의 평화 통일과 항구적인 평화 정착을 위하여 공동 노력할 것을 촉구하는 편지를 주고받았다.

포덕 139년에는 김철 당시 종무원장이 일본에서 개최된 종교인 평화회의 자리에서, 또 박남수 당시 종의원 의장이 우리민족서로 돕기운동을 통하여 각각 500만 원 안팎의 성금을 전달하였으며, 그 이후 5개년 동안 약 1억 원의 현금과 현물들을 북한 동포 또는 북측 천도교에 전달하였다.

포덕 140년 1월 19일부터 26일 사이에는 박남수 종의원 의장이 '우리민족서로돕기운동' 대표단 일원으로 평양을 방문하여 류미영 위원장에게 김광욱 교령의 친서를 전달하고, 평양 고려 호텔에서 한영업 부위원장과 남북 천도교의 현안 사항과 협력 사항에 관한 의견 교환하였으며, 해방 이후 처음으로 조선 천도교중앙지도위원회를 방문함으로써 남북 천도교 교류의 새 장을 열었다. 이때의 방북과 남북 천도교 대표자 만남 등으로 북한 사회에서 천도교를 매우 좋아한다는 사실과, 북한 천도교인들 중 정치적으로 고위직에 다수가 참여하고 있음을 확인하는 등, 북한 지역 천도교가 뚜렷한 실체를 갖고 있음을 재확인했다.(박남수, 〈천도교 대표로 북한을 가다〉(상)(하), 『신인간』, 583호, 584호)

포덕 140(1999)년 3월 25일 북측 천도교회에서는 천일기념일 공동봉행과 통일 기반 조성 방안을 협의하기 위하여 남북 천도교 대표자 만남을 제의하였다. 남·북 천도교는 우편·팩스 등으로, 회담 의제를 개천절 기념행사, 천일기념일 공동봉행, 8·15범민족대회, 동학혁명 전적지 공동 조사와 3·1현창운동 마무리 행사 공동개최 등으로 정하는 데까지 이르렀으나 이해 6월 22일 돌발적으로 벌어진 '서해교전' 이후 남북 관계 긴장으로 만남이 미뤄지던 중 남북 천도교 대표자 회담을 북경에서 개최하자는 남측 제의를 북측이 수락하면서 가까스로 대표자 회담이 성사되었다. 이 해 8월 25, 26일 이틀 동안 중국 북경에서 김광욱 교령, 류미영 위원장 등 남북 천도교 대표자들이 참석한 가운데 회담이 열렸다. 한 차례 예비회담과 두 차례 본회담을 개최하여 중요 합의를 이끌어 냈다.

한편 이 해 9월 20일 19차 종무위원회에서는 북한 천도교가 주관하는 개천절 행사에 참여하기 위해 이철기 연원회 부의장을 단장으로 하는 3명을 보내기로 하고 류미영 위원장의 초청장 원본까지 받았으나, 납득하기 어려운 정부의 방북 허가 유보로 무산되고 말았다. 교환된 합의문 내용은 다음과 같다.

① 남북 7·4남북공동성명에서 천명한 조국 통일 3대 원칙에 입각하여 남북 천도교가 자주적 입장에서 조국의 평화 통일에 최선을 다한다. ② 포덕 141년 천일기념 행사를 남북 천도교가 공동으로 개최하는 것과, 포덕 140년 개천절 행사에 공동 참여하는 데 대해 인식을 같이하고, 실무적인 사항을 계속 논의하기로 합의했다. ③ 남북의 동학혁명 사적지를 공동으로 조사 연구할 필요성에 대해 인식을 같이하고 그 실현을 위해 함께 노력하기로 했다.(〈천도교월보〉 230. 포덕 140.9.15〈1〉)

포덕 141(2000)년 5월 1, 2일에는 중국 북경에서 중앙총부 대표단 방북을 위한 남북 실무자 회담이 열렸다. 주선원 교화관장, 오훈동 동민회 사무총장은 북측 강철원 부위원장 등과 만나 중앙총부 대표단의 방북 성사를 위해 지속적인 실무접촉을 해 나가기로 합의했다.(〈천도교월보〉 238호 141.5.15.) 이에 따라 중앙총부는 남·북 천도교 대표자 회담과 실무자 회담에서 합의한 협력 정신을 실천하고 남북 천도교 교류의 분위기를 조성해 나가기 위해 대대적인 북한천도교 지원 기금 모금 운동 등을 시작했다.(〈천도교월보〉 240호 141.7.15)

12. 6·15남북공동선언 이후 천도교 통일 운동

포덕 141(2000)년 6월 15일 역사적인 6·15공동 선언이 발표되고 '우리 민족끼리' 정신이 남북 사회 전체에 큰 울림을 만늘녀서, 통일 운동은 새로운 전기를 맞이한다. 천도교의 남북 교류와 통일 운동 참여도 이전까지와는 질적으로 달라지게 되었다.

포덕 141년 8월 15~18일 류미영 위원장이 이산가족 서울 방문단 단장으로 서울을 방문하면서 남북 천도교 교류사에 굵직한 획을 그었다. 총부는 환영단을 구성하여 김포공항에서 류미영 위원장을 환영하였으며, 17일에는 통일부 장관 주최 만찬석상에서 김광욱 교령과 류미영 위원장 등이 만나서 당면한 남북 천도교 협력 방안을 서로 이야기했다.

또 이 해 10월 9일~14일 평양에서 열린 〈조선노동당 창건 55주년 기념식〉에 주선원 종무원장 대행 등이 천도교 대표단으로 참석하여, 류미영 위원장 등 천도교 관계자와 만나 남북 천도교 교류 협력 방안을 이야기했다. 특히 이때 평양 중앙교당에서 북한 천도교회 지도부와 함께 천도교 의절에 따른 청수를 봉전함으로써 분단 이후 최초의 합동 의식을 거행했다. 또 포덕 142(2001)년 3월 27일~28일에 금강산에서 한국종교인평화회의와 조선종교인회의가 공동 주최하는 종교인 모임에 참가한 남 임운길 선도사 등과 북측 한영업 천도교회 부위원장 등이 만나 남북한 천도교인들이 6·15 공동 선언 이행과 민족통일에 앞장설 것을 다시 결의했다.

이후 천도교의 남북한 교류는 급속도로 그 깊이와 폭이 심화 확장되고 있다. 특히 최근 들어 통일을 핵심 과업으로 하는 동학민족통일회의 활동 폭이 넓어지고 질적으로도 고양되고 있어 천도교의 통일 운동은 새로운 단계로 도약하고 있다. 이러한 통일 운동이 성과를 나타내게 될 때, 이전까지의 통일 운동사도 새로운 관점에서 조명될 수 있을 것이다. 6·15남북 공동 선언 이후 통일 운동의 전개 과정으로 새로운 정리의 장을 필요로 한다는 점을 숙제로 남기면서 천도교 통일 논의 전개사를 정리코저 한다.

동학민족통일회

민족 자주 통일 방안[*]

동학민족통일회 규약

---

[*] "민족 자주 통일 방안"은 동학민족통일회의 공식적인 통일 방안이다. 이 안은 1996년 동학·천도교의 이념에 입각한 통일 방안의 필요성에 의해 만들어지기 시작했다. 수차례에 걸친 전문가들의 학술세미나를 거쳐 "민족 자주 동귀일체 통일 방안"으로 완성되어 동학민족통일회의 기본안으로 확정된 것이 1999년 5월 29일이었다. 당시 임운길 상주 선도사가 대표 집필을 맡았다. 그러나 2000년 들어 급변하는 국제 정세와 남북 교류의 증가 등에 힘입어 수정 보완의 필요성이 제기되어 2차안 완성을 위한 학계 전문가들을 중심으로 남북 교류 위원회(위원장: 김재완 / 운영위원: 백인영, 진방식, 오문환, 임형진)가 구성되었다. 이후 남북 교류 위원회는 워크숍과 공개 토론회 등을 거쳐 오늘의 "민족 자주 통일 방안"을 완성하였고, 이 안은 2002년 11월 25일 운영위원회의를 거쳐 최종 확정되었다.

| 부록 1 |

민족 자주 통일 방안

I. 머리말

우리 민족은 하루속히 통일을 성취해야 한다. 우리는 통일을 해야 단일 민족으로서의 복된 삶을 누릴 수 있고, 통일이 되어야 비로소 민족적인 번영과 인류의 평화를 이룰 수 있기 때문이다.

지난 반세기 동안 분단된 상황 속에서 우리는 그 얼마나 참담한 비극과 뼈저린 불행을 겪어야만 했던가. 그것은 우리가 이 땅에서 다시는 되풀이하지 말아야 할 역사적 교훈이다. 그러나 장장 반세기가 넘도록 분단의 고통을 해결하지 못하고 통일 구호만 외치고 있으니 참으로 개탄하지 않을 수 없다. 민족의 분단을 근원적으로 극복하고 7천만 겨레가 공감하고 온 인류가 환영할 수 있는 새로운 통일 방안은 없을까?

이것이야말로 우리 온 겨레가 애타는 심정으로 한결같이 갈망하고 있는 소원이다. 이제 우리 민족은 더 이상 대결과 투쟁의 논리에 현혹되거나 남의 장단에 놀아날 것이 아니라, 제 정신을 차려야 하고 진리를 찾아야 할 때가 되었다. 우리에게는 이 나라를 영원히 보전할 정신적 지주인 국조 단군의 홍익인간 사상이 있고 동학의 인내천 사상이 있다는 것을 알아야 한다.

동학은 구한말 풍전등화의 국가 위기 속에서 창도되어 140여 년에 걸쳐 나라를 구하고 백성을 건지기 위하여 갑오 동학혁명, 갑진 혁신운동, 기미 3·1독립운동, 신문화 운동, 민족통일 운동을 전개하면서 수십만의 생명과 재산을 조국에 바쳤다. 동학의 출발은 종교였지만 그 이상과 진리를 우리 민족의 실제적 삶 속에서 구현하고자 했다. 그랬기에 동학은 그 어느 단체보다도 사회 개혁적이었고 현실 참여적이었다. 이른바 동학적 교정쌍전(教政雙全: 종교와 정치, 도덕적 가치와 현실적 가치의 이상적·동시적 발전을 추구한다는 동학의 이념)론이 그것이고 그 이념에 따른 실천이 동학의 민족운동으로 역사에 기록되어 있는 것이다.

이와 같이 동학은 우리 민족과 운명을 같이해 왔고, 앞으로도 영원히 운명을 같이 할 수밖에 없는, 그야말로 우리 민족의 피요, 뼈요, 살이요, 혼이라 할 수 있다. 그러나 그동안 끊임없이 개재되어 왔던 외세의 간섭과 사대주의 풍조는 마침내 민족정신과 민족운동의 구심점으로서의 동학을 무력화시키고 말았다. 결국 동학은 국토와 민족 분단에서뿐 아니라 사회개벽의 역사적 사명에서도 제역할과 기능을 다 하지 못하고 말았으니 참으로 통탄을 금치 못할 일이다.

그러나 이제 동학은 좌절과 무기력에서 떨쳐 일어서야 할 때가 되었다. 국가와 민족이 더 이상 조타수 없는 항해에 처해 있는 모습을 보고만 있을 수는 없는 것이다. 특히 분단으로 인해 우리 민족이 당하는 고통을 생각할 때 다시금 동학의 역사적 사명을 되새기지 않을 수 없다. 그리고 오늘 국제 사회에서 하나의 자주적 민족 국가로서의 역할과 의무를 다 하는 것이 우리의 과제라 했을 때, 통일은 시급을 다투는 과제라 아니 할 수 없다. 그러므로 동학·천도교는 우선 조국 통일의 새 길을 밝힘으로써 그 소명에 부응하고자 하는 것이다.

여기서 동학·천도교가 민족의 요구에 부응하고 맡은 바 사명을 완수하려면 분단 조국의 남북 현실을 냉철히 비판 자성해야 할 것이며, 나아가 공명정대한 민족의 통일 방안을 천명하고 통일 성업 수행에 앞장서야 할 것이다.

이제 우리는 지난 날의 모든 허물을 참회하고 서로를 용서하고 반만년의 유구한 역사 앞에 머리를 숙이고 단군 이래 순국 순도한, 선열들의 영령 앞에 거듭 맹세하면서, 7천만 겨레의 적극적인 호응과 세계인의 협력과 한울의 감응이 있기를 기원하면서, 감히 우리의 통일 방안으로서 '민족 자주 통일 방안' 을 제시하고자 한다.

남북의 통일을 위한 첫 단계는 서로가 서로에게 마음을 여는 것이고, 그것을 위해서는 두 상이한 체제를 살아온 사람들이 모두 공감할 수 있는 이념이 먼저 정립되어야 한다고 믿는다. 우리는 이것을 민족정신과 정기를 바탕으로 삼아야 한다고 확신한다. '민족 자주 통일 방안' 은 여기에서 출발한다. 이 통일 방안이 민족의 시대적 지상 과제인 통일 성취의 새로운 길잡이가 되고 횃불이 되리라 확신하면서, 모든 민족 구성원 여러분의 깊은 연구와 적극적인 참여 그리고 열렬한 성원이 있기를 바라 마지 않는다.

II. 분단의 원인과 통일의 당위성

1. 누가 우리 민족을 갈라 놓았는가

우리나라는 반만년의 유구한 역사를 이어온 단일 민족 국가이다. 지정학적으로 대륙 세력과 해양 세력의 중간에서 숱한 외침을 받으면서도 고유의 독자 문화와 전통을 지켜 온 세계에서 몇 안 되는 민족 국가이다. 우리는 이처럼 단일 민족 국가로서 국제 열강의 틈바구니에서 언제나 외세 침략의 위협을 받는 불안한 가운데서도 단합하고 나라를 지키고 문화를 창조하며 끈질기게 살아왔다.

그런데 우리 민족은 2차 대전의 종전과 함께 일제 침략에서 해방은 되었으나 일제 침략보다 더 불행한 민족 분단의 청천벽력 같은 비통함을 겪게 되었다. 이것은 우리 민족이 원해서 그렇게 된 것이 아니고 순전히 연합국의 군사 편의주의적 발상에서 비롯된 것이었다. 연합국은 우선 카이로 회담[1](1943.11.27 미국·영국·중국)을

---

1 카이로 회담(1943년 11월 27일)

　루스벨트 미국 대통령, 처칠 영국 수상, 장개석 중국 총통이 카이로에서 회담하고 대일 전쟁의 수행과 전후의 일본 영토의 처분에 관하여 발표한 미·영·중 삼국의 공동선언으로 「포츠담선언」의 기초가 되었으며 우리나라의 독립도 이 선언에서 약속되었음.

　① 일본에 대하여 무조건 항복을 요구하고

　② 일본이 제1차 대전이 시작된 1914년 이후에 점령한 태평양 제도를 반환할 것

통해 한국을 적당한 시기(in due course)에 독립을 허용한다고 합의함으로써 자주적 독립 국가의 수립을 유보하였다. 전쟁의 막바지에 있었던 포츠담 선언[2](1945.7.26 미국·영국·중국)에서도 카이로 선언을 재확인함으로써 외세의 재단으로 우리는 자주적 능력에 의한 민족 국가 수립이 불가능한 민족이 되었다.

더욱이 대 일본전 참전을 선언한 소련군의 남하에 위협을 느낀 미국은 서둘러 '일반명령 제1호'를 발표해 한반도에 38선[3]을 경계로 소련군은 38선 북쪽, 미군은 38선 남쪽에서 일본군의 무장해제를 하는 일시적 규정을 선언하게 되었다. 우리는 그들이 무장해제만 끝나면 곧 철수할 줄만 알고 있었다. 그러나 이것이 결국 민족 분단의 서곡이 되고 말았다. 설상가상으로 국제 정세는 1947년 3월의 트루만 독트린을 시작으로 미국·소련 양국을 정점으로 한 동서 냉전이 첨예화되면서, 한반도는 그 영향을 직접적으로 받을 수

---

③ 한국을 적당한 시기에 독립시킬 것
④ 만주, 대만, 팽호도를 중국에 돌려줄 것
⑤ 3국은 영도를 확장하지 않는다.

2 포츠담 선언(1945년 7월 26일) : 미국, 영국, 중국 대표가 포츠담에서 일본에 대하여 무조건 항복을 권유한 선언으로 전쟁 종결의 조건으로서 군국 세력의 영구 거세, 전쟁 범죄인의 처벌, 영토의 삭감, 연합군에 의한 점령, 일본의 민주화 등이며 우리나라의 해방과 독립이 약속되었고 1945년 8월 14일 일본은 이를 수락하고 항복했음.

3 38선의 확정 : 1945년 8월 8일부터 시작된 소련의 급격한 남진에 당황한 미국은 황급히 군사 작전 계획을 수립해야 했고, 8월 10일 밤 미국의 삼성위원회(三省委員會, State-War-Navy Coordinating Committee)는 북위 38선을 경계로 하여 미·소 양국의 한반도 분할 점령 안을 작성했다. 미국의 계획에 소련은 반대하지 않았고 이것은 미 극동 사령관 맥아더의 일반명령 제1호로 선포되어 한반도는 국제적으로 분할이 확인되었다.

밖에 없었다. 즉 북쪽은 사회주의, 남쪽은 자유 민주주의 체제의 단독 정부 수립 운동이 본격화한 것이다.

한편 1947년 11월의 한국 문제에 관한 UN 총회의 결의는 UN 감시하의 총선거에 의한 통일정부 수립을 내용으로 하고 있었으나, 미국 주도의 안건에 대한 소련의 반대로 무산되고 말았다. 결국 남북은 우리의 자주 의사보다는 외세의 영향력과 이해관계에 의해 각기 단독 정부 수립을 하고 말았다. 그러한 과정에서 분단의 상처는 점점 더해 갔고 결국 6·25전쟁으로 인하여 미증유의 대참극을 빚어내고야 말았던 것이다.

역사의 가정은 불가능한 것이지만 해방 정국 당시 우리 민족의 지도자들과 정치 세력들이 좀더 슬기롭게 국제 정세를 읽고 민족 생존의 방략을 모색했더라면 분단과 전쟁의 비극은 막을 수 있었을 것이다. 그러나 분단의 위험이 가장 컸던 시기에 그 분단의 결과를 두려워하지 않고 전 민족의 이해를 망실한 정치 세력이 있었다는 사실이 결국 우리를 분단의 역사로 이끌고 말았다. 민족정신을 상실한 당시 지도층의 단견은 결국 오늘 분단의 과정에서 우리들의 책임이 외세 못지 않게 있었다는 증명이 되고 있다.

즉, 당시 미국·소련 양국 군의 세력을 등에 업고 들어온 남북의 일부 정치인들은 민족 자주정신을 상실하고 외래 사상에 함몰되고 말았던 것이다. 그러니까 우리의 분단은 남북으로 진주한 미국·소련 양국 군과 그들을 등에 업고 들어온 소련과 미국의 사주를 받는 세력이 민족 전체의 입장을 망각한 채 소수 집단 이기주의적 입장에서 민족의 분단은 구체화되었고 민족은 산산조각으로 갈라진 것이다. 이제 누구를 원망한들 무슨 소용이 있으랴.

호랑이에게 물려가도 정신만 잃지 않으면 살 수 있다는 격언도 있듯이 이제 우리는 다시 우리 정신을 찾아야 할 것이다. 자기 정신을 송두리째 잃어버리고 허둥지둥하다가 마침내 나라를 빼앗겼고, 또 해방되자마자 국토를 두 동강으로 갈라 놓았다는 사실을 잊어서는 안 될 것이다.

2. 우리는 왜 통일을 해야 하나?

통일은 우리 민족의 지상 과제이다. 왜 통일을 해야 하는가? 우리는 지금 남북으로 갈라져 있지만 한 핏줄 한 형제로서 반만년의 유구한 역사와 빛나는 문화의 전통을 이어나가는, 헤어질 수 없는 단일 민족이다. 혈통이 같고 언어와 문자가 같고 풍속이 같고 어느 모로 보든지 운명을 같이 해야 할 한 동포 한 형제이다. 헤어지려야 헤어질 수 없는 같은 민족으로서 서로 싸워야 할 아무런 이유도 없는 것이다. 하루속히 통일이 되는 것은 너무나도 당연하다.

우리의 남북 분단과 대치 상태는 지금 세계 유일의 분단국으로 지목되고 있다. 단일 민족임에도, 그것도 해묵은 이념의 갈등으로 인한 분단을 아직도 해결하지 못한다는 것은 이제 국제적 조소의 대상이 되기에 충분하다. 이념과 정치적 영향력보다는 경제적 이해가 새로운 국제 질서의 기준으로 자리하고 있는 오늘, 민족의 장래가 이 상태로 지속되어서는 안 된다. 국제 질서에서의 한국의 위치와 위상을 고려할 때 우리의 분단 상태 지속은 민족 생존의 문제와 직결된다고 할 수 있다.

또한 분단의 비극은 우리만의 고통이 아니라 조상에게 씻을 수 없는 죄를 짓게 되고, 후손들에게 크나큰 슬픔과 고통을 남겨 주게 되는 것이다. 그리고 노쇠해 가는 천만 이산가족의 고통을 하루속히 해결해야 하고, 남북의 외교·국방 등 엄청난 국력 낭비를 막아야 하며, 전쟁의 위협에서 벗어나야 하고, 후손들에게 부끄러움 없는 통일 조국의 유산을 남겨 주어야 할 것이다. 때문에 통일은 민족사적 요청이 아닐 수 없다. 또한 우리나라의 분단과 긴장으로 인한 동북아의 불안이 세계 평화를 위협하고 있다는 것을 생각할 때 우리의 통일은 세계사적 의미를 갖는다고 할 수 있다.

따라서 통일은 아무리 강조해도 지나침이 없을 것이며 그 통일의 당위성을 다음과 같이 요약해 볼 수 있다.

① 우리 민족은 혈통이 같고 문화가 같고 운명을 같이 해야 할 단일 민족이다.

② 상실된 민족정신과 민족 정기를 회복하는 길이다.

③ 민족의 분단은 조상에게 죄를 짓고 후손에게 슬픔과 고통을 남겨주게 된다.

④ 외교·국방 등 국력을 낭비한다.

⑤ 이산가족의 고통을 속히 해결해야 한다.

⑥ 남북한 청년들의 군 복무와 대치 상태로 인한 국가적 에너지가 엄청나게 소모되고 있다.

⑦ 전쟁의 공포와 가공할 군사 무기의 존재는 평화를 사랑하는

우리 민족에 어울리지 않는다.

⑧ 우리나라의 분단은 동북아의 불안과 세계 평화를 위협하는 요인이 된다.

⑨ 진정한 후천개벽의 이상사회 건설의 길을 열어 나가야 한다..

3. 통일을 이루지 못하는 원인

도대체 통일을 이루지 못하는 이유가 무엇일까?

그 원인을 여러 가지로 규명해 보아야 할 것이다. 그리고 그것에 대한 대책을 강구하고 실질적으로 한 걸음 한 걸음 통일에 접근해 나아가야 할 것이다. 우리는 그것을 대내적 요인과 대외적 요인 두 가지 측면에서 생각해 볼 수 있다.

1) 대내적 요인

통일이 안 되는 근본적 이유는 한마디로 남북한의 이질적異質的 체제의 극심한 대립과 우리 민족의 각자위심各自爲心, 자주성 상실 그리고 불신不信에 있다고 본다. 특히 간과할 수 없는 것은 남북 지도자들이 진정한 민족 자주정신에 입각한 통일 의지가 미약한 데 있다.

기본적으로 우리의 분단은 2차 대전 후 공산주의와 자본주의라는 이질적 이념과 체제의 대립이 민족을 비극적으로 갈라 놓은 것이다. 반세기가 넘도록 두 체제의 대결 상태가 지속되어 왔으나, 그러한 과정에서 우리는 일방적 흡수 통일이나 혁명, 전쟁 또는 경제력에 의한 정복 통일은 불가하다는 것을 경험적으로 체득했다.

이제 정치적으로 두 상이한 이념과 체제의 대립 모순을 근원적으로 극복하고 조화를 이룰 수 있는 제3의 원리가 요청될 수밖에 없게 되었다. 그것을 동학, 인내천(東學, 人乃天) 사상에서 분명히 찾을 수 있다고 우리는 믿는다. 그러나 지식인들이나 지도급 인사들 그리고 민중의 안목이 이에 미치지 못하여 동학사상은 아직도 진토 중에 묻힌 옥석과 같은 상태에 있으니 개탄하지 않을 수 없다.

각자위심은 육신과 물질에 집착되어 각각 자기만 위하는 마음이요, 자기가 만든 습관된 마음을 말한다. 수운 최제우 선생께서는 온 세상 사람이 각자위심하여 불순천리·불고천명(不順天理·不顧天命:천리에 따르지 않고 천명을 돌아보지 않는다)한다고 개탄하시었다. 사람의 얼굴 모습이 각양각색이듯이 각자위심이 되면 사람마다 제각기 생각이 다르게 되고 따라서 갈등과 대결, 투쟁과 불협화음의 악순환은 계속 반복되게 마련이다. 각자위심으로는 결코 화합할 수 없고 진정한 통일을 할 수가 없는 것이다. 또 설사 통일이 되었다 하더라도 각자위심 상태로는 결코 행복할 수가 없는 것이다.

오늘날 사회에 만연되고 있는 극단적 이기주의, 불신풍조, 분쟁, 부정부패, 각종 비리가 다 각자위심에서 나오는 것이다. 하루속히 각자위심을 버리고 합심 동귀일체할 수 있는 방법을 강구해야 할 것이다. 그것은 오로지 정신개벽으로 본래의 마음을 찾는 운동을 통해서만이 가능하다고 보는데 이 문제를 생각하는 사람이 많지 않다는 데 문제의 심각성이 있다.

우리는 또 한편 민족 자주정신 확립 문제가 매우 시급한 과제로 제기된다고 본다. 자주정신 없이는 통일이 될 수 없고 설사 어떤 물리적 힘으로 일시적인 통일을 도모한다 하더라도 또 다른 혼란이 계속 반복될 수밖에 없을 것이다.

자주정신을 잃어버린 민족이 어떻게 건전한 발전을 할 수 있겠는가? 우리는 과거 조선조 말기에 국제 열강의 각축장에서 제 정신을 차리지 못하고 갈팡질팡하다가 나라를 송두리째 빼앗겼던 쓰라린 경험을 가지고 있다. 또한 광복 후 분단 반세기의 치욕적 통한의 역사를 돌이켜 보면 자주정신이 얼마나 소중한가를 통감하게 된다.

최근 세계화의 물결이 세차게 흐르고 있는데 역시 자주정신이 절실히 요청되고 있다. 자주정신 없이 세계화의 물결에 뛰어들다가는 자기도 모르게 자기상실의 함정에 빠진다는 사실을 명심해야 할 것이다. 3·1운동 독립선언서에도 첫 구절부터 자주정신이 강조되고 있다. 다행히 지금 민족 자주정신을 찾는 소리가 점점 높아가고 있다. 그러나 그 방법이 문제인 것이다. 자주정신은 외치기만 해서 되는 것도 아니고, 일시적으로 조작해 낼 수도 없고, 어디 가서 빌려올 수도 없는 것이다. 외세만 배격하면 그것이 바로 자주정신이 되는 것도 아니고, 자주와 주체성을 외친다고 해서 자주가 되는 것도 아닌 것이다. 반만년의 유구한 역사를 통해서 면면히 흘러오는 민족의 혼이 담긴, 그리고 다양한 종교와 사상을 능히 포용하면서 우리 민족과 운명을 같이 해 왔고 또 영원히 운명을 같이 할 수 있는 그런 신앙과 철학 사상이 모든 국민들 가슴에 뿌리를 내려야만 하는 것이다.

그런 정신을 우리는 어디에서 찾을 것인가. 그것은 바로 우리 민족 고유의 종교이자 정신의 정수인 동학사상에서 찾아야 한다고 생각한다.

또한 민족의 평화 통일을 성취하려면 민족 동질성이 회복되어야 하고, 도덕 질서가 확립되어야 하고, 신뢰가 회복되어야 하고, 통일 의지가 확고해야 하고, 건전한 정치 경제 발전이 있어야 하고, 종교인들의 통일 기도와 노력의 열기가 충천해야 하고, 주변국들의 협력이 있어야 할 것이다. 그러나 지금 온 민족이 천심을 회복할 수 있는 도를 모르기 때문에 도단세황(道斷世荒 : 도가 끊어지고 세상이 거칠어짐)이 되고 말았다. 우리 사회가 서구화되거나 공산화로 변질되면서 민족 모두가 제 정신을 잃어버린 정신적 고아가 되거나 또는 정신 환란 상태에 빠져 남의 사상 뒤만 따라간 것이 지난 반세기였다. 즉, 정치·경제·문화 등 전 분야에 걸쳐 자주성을 상실하게 된 것이다. 문화 식민지 다음에 경제 식민지로 전락한 약소 민족들의 마지막 주권 상실은 우리에게 경종을 울려주고 있다.

지금 우리나라가 지향해 나가야 할 길은 공산주의도 서구 민주주의도 아닌 동학, 인내천주의라는 것을 알아야 한다. 오늘 우리의 현실은 정치인은 정치인대로, 종교인은 종교인대로, 지식인은 지식인대로 지금까지 올바른 진단과 대안도 없이 미몽에서 깨어나지 못하고 있는 실정이다. 그저 남의 흉내나 내고, 남의 뒤나 따라다닌 나머지 민족의 자존과 긍지, 동질성마저 훼손하고 나아가 민족

생존의 방략 모색에 실패했다는 비난을 피할 수 없게 되었다. 오늘의 총체적 사회 혼란 역시 진리의 부재, 진정한 철학과 인간 교육의 부재에 기인한다고 볼 수밖에 없다. 결국 통일이 안 되는 근본 원인은 내부적으로 정신적 통일 기반 조성이 제대로 안 되어 있는 데 있다고 보는 것이다.

2) 대외적 요인

우리는 반도라는 지정학적 위치로 인해 항상 세계 열강의 틈바구니에서 생존해야 했다. 특히 19세기에 들어서면서 본격적으로 시작된 서구 열강들의 동양 진출을 위한 각축은 마침내 우리 땅에도 영향을 미쳐 외세의 격랑에 휩쓸리는 위기를 맞고 말았다. 일찍이 1894년 갑오년의 동학혁명을 통해서도 알 수 있듯이 우리의 저항 또한 거세었지만 근대화된 열강의 힘 앞에 굴복해야 하는 치욕의 역사로 이어지게 되었다. 또한 해방과 함께 닥친 우리의 분단 역시 냉전의 이름 하에 자행된 서구 세력의 횡포였다. 이처럼 우리의 운명은 경우에 따라서는 우리의 힘 이상의 것에 의해 좌우되기도 했던 것이다.

이제 냉전 시대는 끝났다고 하지만 새로이 등장하는 신 국제 질서 또한 우리의 자주를 쉽게 용납하지는 않는다. 따라서 우리는 이같은 우리의 위치를 십분 고려하여 급변하는 국제 정세를 예의주시해야 할 필요가 있다. 특히 지금 미국, 일본, 중국, 러시아 등 주변 강대국들이 과연 우리의 통일 노력을 진심으로 바라고 지지 협력하고 있는지를 살펴보아야 할 것이다.

　그들은 겉으로는 우리의 통일을 지지하는 것 같지만 한국의 통일은 바로 강력한 경쟁 대상자의 부각을 의미하기 때문에, 또 한반도에서 자기들의 실권이 약해지기 때문에, 이들 주변 국가들이 내심으로는 우리의 통일을 꺼리고 있지나 않는지 자세히 통찰해야 할 것이다. 과연 한반도를 둘러싼 국제 정치의 현실이 구한말 조선을 대상으로 벌였던 열강의 각축과 얼마나 차이가 있는지를 깨달아야 할 필요가 있다.

　이처럼 주변국들의 복잡 미묘한 이해 관계가 우리의 통일을 어렵게 하고 있다고 본다. 그들이 각각 자기들 마음대로 한국을 따돌리고 어깨 너머로 무슨 흥정을 하고 있지나 않는지 항상 주시해야 할 것이다. 그렇다고 그들을 배척하거나 멀리해서도 안 되겠지만 그들에게 의존해서도 결코 안 될 것이다. 언제나 주변국들과의 협력 관계가 잘 유지되어야 할 것이다. 고립되어도 안 되고 한쪽에 치우치거나 의존해서도 안 되고, 자주 중립적 위치에서 그들이 협력하지 않으려야 않을 수 없게끔, 정부는 물론 국민 모두가 일치단결 하여 자주적·창조적 노력을 경주해야 할 것이다.

　바야흐로 국제 열강의 판도는 한반도를 중심으로 각축장이 되어 있고 오수부동五獸不動과 같은 실정에 있다. 이런 때일수록 온 국민이 자주정신으로 튼튼히 무장하고 대세에 능동적으로 대처하면서 민족의 통일과 번영을 도모해야 할 것이다. 그렇게 하려면 어떻게 해야 할 것인가. 그 정신적 원동력을 동학·인내천에서 찾을 수 있다고 우리는 믿는다. 동학은 19세기의 국난을 정확히 분석하고 민족의 진로를 명확히 제시해 주었으며, 그후에도 민족과 운명을 같이 해 왔다. 그렇기에 그 어떤 이념보다도 우리 민족의 정서를 가장 잘 대변한다고 할 수 있다.

우리가 이루어야 할 자주 통일의 장애가 되는 요인들을 정리하면 다음과 같다.

〈대내적 요인〉
① 민족의 각자위심各自爲心과 불신不信
② 민족 자주정신 상실
③ 이념과 체제의 극심한 대립
④ 정치 지도자들의 자주 통일 의지 미약
⑤ 민족의 동질성 상실
⑥ 정치·경제력 부족
⑦ 도덕성 상실과 종교인들의 노력 부족

〈대외적 요인〉
① 냉전 이후 등장한 신 국제 질서의 불안정성
② 미국·일본·중국·러시아 등 주변국들의 복잡 미묘한 이해관계

Ⅲ. 민족통일의 이념

통일을 성취하려면 통일 이념이 있어야 한다. 동학·천도교는 시천주侍天主, 인내천人乃天의 새로운 사상과 갑오 동학혁명, 갑진혁신 운동, 기미 3·1운동, 신문화 운동, 남북통일 운동 등 빛나는 역사를 이어 받고 있다.

그리고 지기론至氣論의 새로운 우주관, 동귀일체同歸一體의 새로운 사회관, 수심정기守心正氣·성경신誠敬信의 새로운 도덕관 등을 제시하면서 모든 종교 사상을 내포內包한 특성을 보여 주고 있다.

우리는 동학·천도교의 유래와 중심 사상, 정치 이념과 사회 이념, 그리고 해방 후 천도교청우당의 통일 운동 등을 살펴봄으로써 인내천 사상이 민족통일의 이념이 될 수 있다는 확신을 갖게 되리라고 본다.

1. 우리 민족과 동학

동학·천도교는 경신년(단기 4193년 서기 1860년) 4월 5일, 경주 용담에서 수운 최제우 선생의 득도에 의하여 창도되었다. 당시에는 동학이라고 하다가 포덕 46년(1905) 12월 1일 의암 손병희 선생에 의하여 천도교로 이름을 바꾸어 오늘에 이르고 있다. 천도교는 온 누리에 한울님의 덕을 펴서 널리 창생을 건지고, 나라를 보전하고 백성을 편안케 함으로써, 이 지상에 이상사회를 건설하기 위하여 창도되었다. 모든 사람이 새 사람으로 거듭나고 물질 중심에서 물심일원物心一元의 새 문명을 이룩하는 개벽을 실현하기 위하여 천도교가 탄생한 것이다.

천도교는 우리 민족의 유구한 역사와 문화의 정신적 토양에서 태어났다. 우리 민족은 아득한 옛날부터 한울을 숭배하고 홍익인간의 덕을 폈으며, 유·불·선 삼교를 포용하는 풍류도라는 민족 고유의 도를 발전시켰다. 삼국 시대에 이르러서는 유교, 불교, 선교 등의 사상이 대륙으로부터 들어와 신라의 최치원, 통일신라의 원효, 고려시대의 보조국사 지눌, 조선조의 퇴계, 율곡 등의 선현들에 의해 독창적인 꽃을 피워 이 땅에 뿌리를 내렸다. 유·불·선의 외래종교는 소박한 전래의 민족고유의 도를 퇴색케 하였으나, 고대한국의 근본 정신은 면면히 지속되면서 한국적인 유·불·선으로 발전시켰다. 이와 같은 토양에서 19세기 말 경주 용담에서 수운 선생에 의하여 천도가 꽃피어 민족의 등불이 되었으며, 이후 천도교라는 자생적인 한국 종교로 발전하였다.

수운 선생은 침략주의적 일본을 비판하면서 민족 정기를 바로 세웠을 뿐 아니라, "십이제국 다 버리고 아국운수 먼저하네."라고 하여 민족에 대한 지극한 애정을 표현하였다. 선생의 민족애는 한 민족에만 한정되지 아니하고 모든 인류애로 확장되고 있음을 '포덕천하', '광제창생' 등의 구호에서 볼 수 있다. 국가와 민족을 사랑하고 인류와 뭇 생명들에 대한 지극한 공경을 선생이 남긴『동경대전』과『용담유사』의 전편에서 확인할 수 있다. 주자학을 정치 이데올로기로 하던 조선 정부는 19세기 말 성난 파도처럼 밀려오는 서구의 이데올로기와 무력에 대하여 무기력하게 끌려가면서, 수운 선생을 '좌도난정률'이라는 낡은 규범을 빌미로 선생의 나이 41세 때인 포덕 5년(1864) 3월 10일 대구장대에서 참형에 처했다. 그러나 수운 선생이 밝힌 한울님의 진리는 해월 최시형 선생에게로 그대로 이어졌다.

해월 최시형은 1861년 수운 선생을 만나서 동학을 배우고 포덕 39년(1898) 교수형을 당하기까지 36년을 천도의 진리를 이 땅에 뿌리내리는 데 신명을 바치셨다. 포덕12년(1871) 경상도 영해 지방에서 일어난 교조신원운동 이후 해월 선생은 강원도 태백산, 소백산, 일월산 등지로 몸을 숨기는 생활을 하면서도 가시는 곳마다 지극한 기도와 아울러 생활 속에서 도를 체행하셨다. 선생은 "한울님은 쉬지 않으시는데 내가 어찌 쉴 수 있겠는가."라는 말씀을 하시면서 나무를 심고, 멍석을 내고, 짚신을 삼고, 노끈을 꼬시는 등 일용행사에서 도를 체행하시면서 만나는 사람마다 솔선수범으로 천도의 길로 안내하였다. 그러한 덕행의 결과로 1890년대에 들어서면서 동학의 생활 공동체 조직인 접接과 포包가 거의 전국에 걸쳐서 형성되게 된다.

이를 바탕으로 포덕 33년(1892) 11월에는 전주 삼례역에서 수운 선생의 억울한 죽음과 누명을 풀어줄 것과, 동학에 대한 부당한 탄압을 중지해 줄 것을 요구하는 집회를 가졌다. 다음 해 포덕 34년(1893) 2월에는 서울 광화문에서 수백 명이 복합상소운동으로 동학에 대한 부당한 억압을 풀어줄 것을 호소하였고, 같은 해 3월에는 교통의 요충지였던 보은에 무려 2만여 명이 모여 20여 일간 군사적·경제적으로 조선을 침탈하던 서구와 왜에 대한 반대의 기치를 내걸고, 동학은 천도의 근본을 밝히는 무극대도요 보국안민의 도임을 강조하였다.

포덕 35년(1894)에는 전봉준을 선봉으로, 탐학하고 썩은 고부군수 조병갑과 부패무능한 조선의 관료와 정권에 대한 전면적 개혁 운동이 일어나, 요원의 불길처럼 삼남 일대를 석권하고 전주성에 입성하여 53개 군현에 집강소를 설치하는 등 우리나라 최초의 민에 의한 자치를 실시하였다. 민이 정치 주체로 등장하는 민주주의의 효시라 하겠다. 부패하고 무능한 조선 정부를 자주적으로 개혁하고 침략적인 일본군에 대항하여 민족과 나라를 지키고자 했던 동학혁명은 30만명의 희생을 내었지만, 일본군의 월등한 무기체제와 무능한 조선 정부에 의하여 좌절되고 말았으나, 보국안민을 위한 거룩한 정신은 오늘의 우리를 지탱하는 정신적 지주가 되었다. 동학혁명의 실패로 조선은 일본 제국주의의 식민지 통치를 36년간 받아야 하는 치욕의 역사를 연출하고 말았다.

의암 손병희 선생은 포덕 38년(1897) 12월 24일 해월 선생으로부터 도통을 전해 받았다. 동학혁명 이후 해외로 망명했던 의암 선생은 교단을 정비하여, 포덕 45년(1904)에는 열강의 제국주의적 각축장으로 바뀐 동양의 정세에서 도를 지키고 나라를 보전하기 위하여 갑진혁신운동을 주도하였으며, 포덕 46년(1905) 12월 1일에는 동학을 근대적 종교인 천도교로 천하에 알리고, 이듬해 1월 일본에서 귀국하여 천도교중앙총부를 세웠다. 포덕 49(1908)년 1월 18일에는 춘암 박인호 선생에게 대도주의 종통을 선수하고, 일본에게 나라를 빼앗긴 경술국치 이후 10여 년 동안 교역자 양성, 교육사업, 문화 사업 등 나라를 다시 찾는 대업을 추진하였으며, 포덕 60년(1919)에 3·1독립운동을 주도하여 세계에 자주 독립 정신을 선양하였을 뿐만 아니라, 민족의 정기를 보전하였다. 천도교는 독립선언서의 인쇄와 배포를 위한 자금과 조직 그리고 인원 동원 등을 주도하면서, 기독교와 불교 등의 여타 종단과 협력하여 민족의 자주 독립을 선언하였다. 의암 선생은 포덕63년(1922)에 옥고에서 풀려났으나, 그 후유증으로 5월 19일 순도하였다.

3·1운동 후 엄청난 타격에도 불구하고 천도교는 어린이 운동, 여성 운동, 농민 운동, 노동 운동, 학생운동, 청년 운동을 주도하면서 한민족의 정체성을 유지하였다. 그 후 천도교는 일제 말기에도 오심당吾心黨 운동과 무인 멸왜戊寅滅倭기도 운동 등 항일 독립 운동을 계속했다. 이처럼 천도교 교단을 비롯한 전민족적 노력의 결과 일제의 압제를 끝내고 해방을 맞이할 수 있었다. 그러나 8·15 광복 후 외세에 의한 민족 분단은 한민족에게 또 다시 큰 비애를 남겨 주게 되었다. 남과 북에 각각 외세 의존적인 정권이 서게 됨에 따라 천도교와 아울러 민족의 얼과 국가의 정체성은 다시 빛을 잃게 되었다. 여기서 천도교는 또 다시 민족통일의 무거운 짐을 지고 나가지 않으면 안 되게 되었다.

2. 동학의 중심 사상

1) 인내천人乃天

천도교의 종지宗旨는 인내천이다. 천도의 진리를 요약하면 인내천의 원리에 귀납된다. 인내천 사상은 인류 역사상 처음으로 우리나라에서 창명된 위대한 사상이다. 인내천은 동학의 제1세 교조 수운 최제우(水雲 崔濟愚) 선생께서 경신년(庚申, 1860) 4월 5일 한울님과의 문답에서 시천주侍天主의 진리와 오심즉여심吾心卽汝心이란 가르침을 받고 한울님의 마음이 곧 대신사의 마음임을 깨달은 데서 비롯되었다. 사람이 곧 한울이므로 사람은 지고至高하고, 존엄하며, 고귀하다고 할 수 있다. 비단 자신만 그러한 것이 아니라 다른 사람들도 그러하므로 천도교의 제일의 도덕률은 "모든 사람을 한울같이 섬기라."는 것이다. 사람만 그러한 것이 아니라 우주간의 삼라만상이 모두 한울님의 이치 기운으로 화생하기 때문에 천도교는 일체의 동식물과 무생물까지 공경하라고 한다.

'사람이 곧 한울'이라는 인내천 사상은 수운 대신사와 해월 최시형 선생의 심법心法을 이어 받은 동학(천도교)의 제3세 교조 의암 손병희(義菴 孫秉熙) 선생에 의해 확명되었다. 인내천이란 낱말에 포괄되어 있는 개념을 다음 몇 가지로 요약해 볼 수 있다.

① 사람이 곧 한울이라는 뜻

사람은 누구나 한울님의 이치 기운으로 태어났고 한울님을 모시고 한울님의 이치 기운으로 살아가고 있다. 그리고 무형無形한 한울님이 유형화有形化된 것이 인간이므로 한울님과 사람이 둘이 아니라 하나라고 보는 것이다.

그리고 사람만이 한울님 모심을 자각할 수 있고, 마치 나무의 열매가 그 나무의 모든 요소를 함축하고 있는 것과 같이 우주 만물 중 인간이 가장 완전하게 우주 본체인 한울의 격格을 갖추고 있다고 보는 까닭에 인내천이라 하는 것이다. 인간의 근본과 참모습을 밝혀 주는 사상이라 할 수 있다.

② 사람을 한울님 같이 존엄하게 섬기자는 뜻

인내천은 물질만능주의에 빠져 있는 현대인에게 인간의 존엄성과 인간지상주의人間至上主義의 정신을 자각케 하는 사상이라 할 수 있다. 사람이 곧 한울이니 모든 사람을 한울같이 존엄하게 섬기자는 것이다. 남녀노소, 빈부귀천, 흑인, 백인 할 것 없이 모든 사람을 한울님처럼 섬겨야 한다는 것이다.

여기에는 기만과 멸시와 천대와 압박과 착취가 있을 수 없고 더욱이 학살 따위는 생각조차 할 수 없게 된다. 인간의 존엄성을 극대화하고, 인간성을 회복하고, 도덕질서를 확립하는 길을 밝혀 주는 인류 구제의 새 사상이라 할 수 있다.

③ 한울 사람으로 자아완성을 실현하자는 뜻

사람의 본래는 한울이지만 사람이 한울님 모신 원리를 모르고 마음이 육신과 물질에 집착이 되면 결국 금수 같은 사람으로 전락하고 만다. 따라서 인내천은 수심정기守心正氣·성경신誠敬信·이신환성以身換性의 수행을 통해서, 천심을 찾고 천인합일의 자아완성을 실현하는 것이 인간이 나아갈 가장 이상적인 생활이 된다는 삶의 방향을 제시해 주고 있다. 즉 인생의 목적·방향을 밝혀 주는 사상이라 할 수 있다.

④ 모든 사람이 일체의 예속에서 벗어나 자주성을 확립하고 자유·평등·평화를 실현하자는 뜻

인류는 역사 이래 사람이 곧 한울인 진리를 모른 채 자주성을 상실하고 예속된 생활을 해 왔다. 그리고 불합리, 부자유, 불평등, 전쟁, 질병, 빈곤의 굴레에서 벗어나지 못하고 괴롭게 살아 왔다. 그래서 이 세상을 고해라고 규정하기도 하였다. 인내천 진리는 세상 사람들로 하여금 모든 괴로움과 속박에서 벗어나 자주성을 찾고 지상신선의 대평화 대행복의 길로 나아가도록 밝혀 주고 있다. 즉 인내천은 인간 존중·인간 본위 사상이라 할 수 있고 자유·평등·평화 실현의 기본 원리라 할 수 있다.

⑤ 인생은 무궁無窮하다는 뜻

흔히 인생은 허무하다는 말을 한다. 그러나 인내천 진리를 알고 나면 인생은 허무한 것이 아니라 고귀하고 무궁한 것이라는 결론을 얻게 된다. 한울은 무궁하다. 죽고 사는 것을 초월한다. 사람이 곧 한울이니까 사람은 무궁할 수 밖에 없다. 수운 선생께서는 "무궁한 이 울 속에 무궁한 내 아닌가.", "영세무궁 하단말가."라고 노래하셨다. 육신은 짧고 성령은 영원하다. 육신은 생사를 면치 못하

지만 성령은 생사가 없다. 무궁할 뿐이다. 의암 손병희 선생 법설에 '육신은 사람의 한때 객체요 성령은 사람의 영원한 주체'라는 말씀이 있다. 그리고 본래의 나인 성령은 천지가 갈리기 전부터 있었고 천지가 없어질 때까지 영원히 이어지는 무궁한 존재임을 밝혀 주고 있다. 인내천은 '인간무궁주의人間無窮主義'라고 할 수 있다. 사람은 자기의 무궁성을 깨달을 때 생활에 놀라운 변화가 일어나게 되는 것이다.

⑥ 인류는 한 동포, 한 형제라는 뜻

인내천 진리에 의하면 모든 사람은 한울님의 아들·딸이며 한울이 한울된 신령한 존재이다. 따라서 인류는 너·나가 있을 수 없고 한 동포, 한 형제, 한 가족임이 분명해진다. 지금 도처에서 화합의 소리가 높다. 그러나 화합의 원리와 방법을 모르고 있다는 데 문제가 있다. 인내천 진리를 적용하는 날 화합은 자연히 이루어지리라 생각된다. 온 세상 사람이 이 진리를 깨닫는 날 세계는 하루 아침에 천국이 될 것이다. 인내천은 공동체 의식, 화합의 진리라 할 수 있고, 최고 지상의 민주주의 원리라 할 수 있고, 세계 일가주의라 할 수 있고, 이상세계 건설의 기본 원리라 할 수 있다.

⑦ 사람은 무한한 가능성을 가지고 있다는 뜻

한울님은 무한 지혜, 무한 능력을 무한 공급할 수 있는 원천이다. 사람이 한울님을 모시고 있고 사람이 곧 한울이므로 사람은 무한 지혜, 무한 능력을 갖추고 있다고 할 수 있다. 『동경대전』「탄도 유심급(欸道儒心急)」에 일념재자 만사여의(一念在玆 萬事如意)라는 말씀이 있다. 지극한 수련으로 본래의 맑고 밝은 천심을 회복하여 일심이 되면 모든 일을 뜻대로 할 수 있다는 말씀으로, 이는 모든 사람은 무한한 가능성을 갖추고 있음을 일깨워 주는 사상이라 할 수 있다.

⑧ 이 땅 위에 한울 나라를 건설하자는 뜻

인내천 원리에서 사람이 곧 한울이라는 진리를 깨달을 때 인간의 존엄성에 대한 차원 높은 인식을 하게 되고, 따라서 자주와 자유·평등·평화 이념을 여기에서 도출할 수 있다. 이것은 곧 천인합일의 자아완성과 직결되는 동시에 이 땅 위에 영원히 전쟁과 질병과 가난이 없는 천국을 건설해야 한다는 신념과 사명 의식을 불러일으킨다고 할 수 있다.

즉 인내천은 사람이 곧 한울인 진리를 깨닫고, 진정한 한울 사람이 되어 모든 사람을 한울같이 섬기며, 이 땅 위에 천국을 건설하고, 모든 사람이 진정으로 만물의 영장으로서의 인간다운 삶을 열어 나아갈 수 있는 길을 밝혀 주고 있다.

2) 보국안민輔國安民

동학은 국가의 안전과 민족의 번영을 희구하여 왔다. 수운 선생은 '보국안민' 사상으로 민民에 대한 공경과 조국애를 보여 주었으며, 해월 선생은 일련의 '사회 운동'으로 보국안민의 정신을 사회적으로 실천하였으며, 의암 선생은 '3·1운동'으로 민족의 자주 독립 운동을 실천하셨다. 동학도와 천도교인은 일제의 최신식 무기와 암울했던 역사·사회적 상황에 결코 굴복하지 않고 혁명 운동과 독립 운동에 나섬으로써 민족과 국가에 대한 헌신을 온 마음과 온 몸으로 보여 주었다.

동학혁명의 실패 후 조선은 일제의 식민지로 전락하고 무력이 세상을 지배하였다. 2차 대전 종결과 함께 일제의 총칼에 의한 식민지로부터 해방은 되었지만, 남북은 서로 다른 체제와 외세에 의하여 분단되었다. 한반도는 물질적 가치의 계급적 소유냐 아니면 개인적 소유냐를 둘러싼 이데올로기의 격전장이 되었으며, 나아가 6·25라는 민족상잔의 전쟁의 장이 되었다. 무력과 경제력이 세상을 지배하게 되면 도는 사라지게 된다(道斷世荒). 도가 사라진 세상은 껍데기와도 같다. 사람이나 민족이나 얼이 빠지게 되면 지푸라기로 만든 허수아비와 다를 바 없게 된다.

무력과 경제력이 지배하던 지난 날, 동학의 무극대도가 있었기에 오늘의 우리 민족이 있다는 것을 알아야 할 것이다. 민족을 지탱하던 무극대도는 분단 이후 남북의 공산주의와 자본주의에 의하여 날로 피폐의 길로 치닫고 있다. 그러나 세상이 혼란할수록 지켜야 할 것은 천도이다. 문화적 자기 정체성을 잃은 사회는 생명을 잃고 망각의 늪으로 사라지게 마련이다. 천도교는 한민족과 한국의 문화적 자기 정체성을 굳건히 함으로써 통일된 번영 조국을 지향한다. 세계적 보편성을 가지는 분명한 자기 정체성을 바탕으로, 모든 사람들이 경제적으로 다 함께 잘 살고 모든 사람들이 평등하고 자유롭게 살 수 있는 민주 국가를 통일 국가의 상으로 제시한다. 권력과 투쟁 논리가 지배하는 세계 질서를 천도의 보편 진리가 지배하는 질서로 바꾸어야 한다.

천도의 보편 진리가 중심이 되어 사회 질서가 새로 짜여져야 할 것이다. 천도교는 '한울님을 모심을 깨닫고 경천순천敬天順天하는 사람들'이 중심이 되어 새로운 사회를 형성할 것을 주장한다. 수운 선생은 이러한 세상을 '도성덕립'이라 하였으며, '개벽'이라고 하셨다. 천도가 중심이 되어 개인의 자유를 최고의 가치로 주장하는 자유주의와, 계급의 평등을 최고 가치로 받드는 공산주의의 주장을 하나로 통일시켜야 할 것이다. 천도교는 인내천의 사상에 의하여 모든 사람들은 절대 평등하며 지존의 자유로운 존재임을 밝히며, 동귀일체同歸一體의 사상에 의하여 모든 사람들은 서로 떨어질 수 없는 우주적 공동체적 존재임을 주장한다. 천도교의 관점에서 볼 때 자유와 평등은 갈등하는 가치가 아니라 상호 보완되는 가치인 것이다.

천도교는 남북간의 자유와 평등이라는 이데올로기적 차이를 '인내천'과 '동귀일체'로 통일시키며, 북의 체제 수호 우선의 통일 정책과 남의 경제 교류 우선의 통일 정책은 민족이 공유하고 있는 정신적·문화적 통일성으로 되돌아가 논의하기를 제안한다. 한민족 전체를 위한 안보와 번영이 되어야 할 것이다.

나라와 사회의 기초는 가정이다. 그러므로 천도교는 행복한 가정을 위하여 가장 중요한 것이 부부화순임을 밝힌다. 과거에는 부모에 대한 자식의 의무로서 효와 국가에 대한 국민의 충忠이라는 수직 질서를 강조했지만, 천도교는 부부간의 화순이라는 평등적 가정질서를 중시하며, 평등한 민이 정치사회의 주체로서 민주적 참여를 통한 도덕적 민주주의의 건설을 중시한다. 천도교는 형식과 절차상에 그치는 민주주의나 명목상으로 민이 정치의 주체가 되는 것이 아니라 실질적으로 '한울님을 모셔' 도를 이루고 덕을 베푸는 민이 공동체의 사회적 삶의 설계자이자 집행자가 되는 질적·도덕적 민주주의를 지향한다. 부부간에 화목할 때 비로소 가정은 가장 따스한 삶의 터전이 될 것이며, 그러한 가정은 밝고 정의로운 사회의 초석이 될 것이다. 도덕적이고 정의로운 사회가 굳건할 때 문화적으로 강하고, 경제적으로 풍유롭고, 정치적으로 굳건한 국가가 될 것이다.

3) 동귀일체同歸一體

동귀일체는 일체一體의 원리로 돌아가자는 말이다. 천도교는 모든 사람이 한울님 마음으로 돌아감으로써 한 마음 한 뜻으로 화합되는 길을 밝힌다. 천도교는 그 구체적 방법으로 수심정기, 성경신, 이신환성 등을 제시한다. 한울님 마음으로 돌아갈 때 갈등과 대결, 적개심이 사라지고 동포애와 일체의 원리를 자각하게 된다. 한울님의 세계는 하나이다. 이곳으로 돌아가는 것이 동귀일체라고 하겠다.

물질의 세계는 현란하다. 수많은 색깔과 수많은 모양들로 가득차 있다. 동귀일체는 세상을 온통 하나의 색깔로 물들이자는 것이 아니다. 우리는 하나의 이데올로기와 하나의 종교로 세상을 집어삼키고 정복하려는 제국주의의 역사를 잘 알고 있다. 다양성은 창조의 본성이며 운동의 본질이다. 그러므로 어떤 경우에도 다양성을 억압할 수는 없다. 물질의 세계처럼 마음의 세계도 다양하다. 수많은 사상과 이념들이 역사에서 다양하게 나타났다가 사라진다. 사람마다 생각이 다르며 입장이 다르다. 그렇게 다양하기 때문에 세상은 현기증이 날 정도로 복잡하며 또한 아름답다. 동귀일체는 하나의 생각이나 사상으로 통일하자는 것이 아니다. 수운 선생은 천도를 '무극대도無極大道'라 표현하였고, 또 한울님은 '불택선악不擇善惡' 하신다고 하였다. 만유의 근본은 생사와 시비선악을 초월한 경지라 할 수 있겠다. 의암 선생은 그 근본 자리를 깨달아 잊지 않아야 동귀일체가 된다고 하였다. 물질과 성령이 완전히 하나로 관통된 그 근본 자리로 돌아가자는 것이다. 또한 사회의 결의를 잘 따르는 것이 동귀일체를 이루는 길이라고 할 수 있다.

천도교는 차이를 존중하면서 그 차이를 넘어서는 평등의 경계를 열었다고 할 수 있다. 그리고 동귀일체는 천인합일, 개전일체個全一體의 원리로서 개인주의와 전체주의의 이원성을 통일시키는 원리라 할 수 있다. 물질세계와 정신세계에 국한시켰을 때 동귀일체라는 개념은 나올 수 없다. 왜냐하면 물질과 정신의 특징은 바로 다양성에 있기 때문이다. 동귀일체란 성령의 세계 다시 말하면 근본을 깨닫고 한울님 마음에 이르렀을 때 가능하다. 한울님 마음을 회복할 때 너와 나의 차이는 사라지고 하나라는 말조차 사라진 고요와 평화만이 드러난다. 동귀일체는 남북간의 유형적·정신적 차이를 인정하면서도 서로간의 통일성을 확장할 수 있는 원리가 될 수 있을 것이다. 남북간의 공통점이 확장되면서 통일은 자연스럽게

다가올 수 있을 것이다.

4) 개벽開闢

개벽이란 부패한 것을 맑고 새롭게, 복잡한 것을 간단하고 깨끗하게 함을 말한다. 동학·천도교에서는 모든 것이 새로워져야 한다고 본다. 사람은 스스로 자기 몸에 한울님을 모시고 있음을 깨닫고 육신은 일시 객체客體요 성령이 영원한 주체主體임을 자각함으로써 한울 사람으로 스스로 새로워지고, 사회는 불합리·부자유·불평등한 모든 요소를 쇄신하여 사람들이 사람을 한울같이 섬기는(事人如天) 한울님 세상으로 새로워져야 한다고 본다. 역사도 또한 칼과 돈이 중심이 되던 시대에서 천도와 천덕이 사회의 중심적 힘으로 서야 한다고 본다. 이러한 정신을 천도교에서는 신인간, 정신개벽·민족개벽·사회개벽, 그리고 후천개벽 등의 개념으로 표현한다. 개벽은 진정한 진보이다. 우리들은 진보라고 할 때 흔히 물질문명의 발달과 정신 문명의 발달을 연상한다. 즉, 인류 역사는 생산력의 발달에 힘입어 크나큰 물질적 풍요를 이루어왔으며, 정신적 능력의 함양에 의하여 거대한 지적 축적을 이루어왔다. 그러나 물질적 풍요와 지식 축적이 반드시 인간적 행복과 인류의 평화를 가져다준 것은 아니다. 천도교는 진정한 행복은 개벽에 의하여 가능하다고 본다. 즉, 한울님 성령이 곧 참된 자아임을 깨닫고 다른 사람도 똑같이 한울님으로 대하는 신인간이 될 때 사람은 더할 수 없는 행복을 느끼며 우주 삼라만상과 그 즐거움을 나눌 수 있다고 본다. 수운 선생은 그러한 즐거움을 "금을 준들 바꿀소냐 은을 준들 바꿀

소냐 좋을시고 좋을시고 이내 신명 좋을시고."라고 노래하였다.

　의암 손병희 선생은 육신은 사람의 한때 객체요 성령性靈이 영원한 주체임을 알고 정신을 개벽하는 것을 이신환성以身換性이라 하였으며, 이신환성이 되어야 참되고 행복하게 살 수 있고, 영원한 나를 찾을 수 있고, 모든 사람이 화합할 수 있으며, 또한 이신환성은 대기大氣가 번복할 때에 살기를 도모하는 오직 하나의 큰 방법이라 하였다. 오늘날 생명을 걱정하는 연구자들은 인간에 의한 자연 생태계의 파괴는 지구의 생태계를 교란시켜 구체적으로 이상 기후가 잦게 나타나고 있으며, 온난화 현상으로 인하여 남·북극의 빙하가 녹아 내려 해수면이 높아지고 지구에 가하는 압력이 변화되어 지진과 같은 지각변동과 함께 지축 변화의 가능성이 있으며, 오존층이 파괴되어 자외선이나 해로운 우주선 등으로 지구는 점차 생명체가 살아가기 힘들게 되고 있다고 우려하고 있다. 이처럼 생태계가 급작스럽게 바뀔 때 지구를 감싸고 있는 대기권, 성층권, 오존층, 자장권磁場圈이 바뀌면서 일대 혼란이 일어날 가능성을 예상할 수 있다. 의암 선생은 급변하는 우주적 기운의 혼란 속에서 살아남기 위해서는 육신 관념을 성령으로 개벽하는 이신환성이 되어야 한다고 강조한다. 천도교는 이처럼 어려운 시기에 인류를 구하고 새 세상을 이루기 위하여 탄생하였다. 개벽은 자신의 참된 생명을 회복하는 것이며 또한 우주적 생명을 실현하는 길이기도 하다.

3. 동학의 정치 이념

동학·천도교의 정치사상은 일찍이 수운 선생이 그 당시의 어지러웠던 국내 사정과 약육강식으로 치닫던 국제 정세에 크게 자극되어 보국안민의 도를 구하다가 마침내 무극대도를 받음으로써, 인내천의 원리와 지상천국 건설의 이상을 확립하게 된 데서부터 비롯된다.

그리하여 동학의 정치사상은 우리나라 근대사를 빛낸 갑오 동학혁명을 일으켰고, 뒤이어 갑진혁신운동과 기미 3·1독립운동을 주도함으로써, 외세배척과 개화혁신, 그리고 봉건주의 타파와 자주독립을 위한 기본 이념이 되었을 뿐만 아니라, 일제 시대에는 천도교청우당을 탄생시켜 일제의 억압에도 굴하지 않고 정신개벽·민족개벽·사회개벽 운동을 전개함으로써, 우리 겨레로 하여금 자주독립의 길로 나아가게 하는 원동력이 되기도 하였다.

정신개벽이라 함은 천심을 회복하여 과거에 잘못된 관념 형태를 전부 개혁하여야 하겠다는 것이며, 민족개벽이라 함은 민족의 완전 해방과 민족적 모든 결함을 전부 혁신하자는 것이요, 사회개벽이라 함은 낡은 사회제도를 근본적으로 개혁하여 사람 사람의 소질과 창의력을 최대한 발휘시켜 사람의 생활을 최고도로 향상시키자는 것이다. 또한, 우리나라는 어디까지나 자주·자립의 입장에서 우리 힘으로 바로 서야 할 것이며, 민주주의 원칙에 의하여 우리 민족의 절대 다수가 요망하는 진정한 민주주의 국가 사회를 건설하여야 할 것이며, 우리나라에 관련되는 강대국의 원조도 우리의 주권이 손상됨이 없는 한도 내에서 이루어지도록 적극 노력해야 할 것이요, 그 이상 타력의 신뢰, 외세의 의존은 배제하지 않을 수 없다. 신뢰는 자주가 아니요, 의존은 독립이 아니기 때문이다. 그러므로 우리는 미국형 자본가 중심의 자유 민주주의를 원치 않는다. 그것은 자본 제도가 내포한 모순과 폐해를 미리부터 잘 알기 때문이며 동시에 무산자無産者 독재의 프로레타리아 민주주의도 필요치 않다고 생각한다. 왜냐하면, 우리나라에는 일찍이 자본 계급의 전횡이 없었기 때문이다. 우리는 오직 현실에 적응한 한국적 인내천 신민주주의를 주장한다. 우리 민족 이념에 맞는 민주 정치, 민주 경제, 민주 문화, 민주 도덕을 동시에 실현하는 민주주의를 주장한다.

우리는 우리 민족의 역사적·문화적 긍지와 자존을 확보하는 동시에 나아가 세계문화에 기여하자는 민족적 양심으로 통일 국가의 완성을 주장하며 통일 국가의 핵심 내용이 될 민주 정치, 민주 경제, 민주 문화, 민주 윤리에 대한 개요를 다음과 같이 제시한다.

1) 민주 정치

우리가 말하는 민주 정치는 한반도의 현 단계에서 서구식 자유 민주주의도 아니요, 무산자 독재의 프롤레타리아 민주주의도 아니고 우리에게 적응한 한국적 신민주주의에 기基한 민주 정치이다.

한국적 신민주주의에 기基한 민주 정치의 본질과 내용은 국가의 주권이 완전히 국민에게 있고 따라서 국민에 의한, 국민을 위한, 국민의 정부가 통치하는 것이라 할 수 있다.

대개 민주 정치라 함은 국가의 주권이 국민에게 있다는 것과 국민에 의한 국민을 위한 국민의 정부가 통치하는 것이라 함은 이미 민주 정치를 말하는 사람들의 보통 상식이다. 그러나 실제에 있어서 진실로 국민에 의한 국민을 위한 국민의 정치를 완전히 실현한 나라는 지구상에 아직도 존재하지 않는다고 할 수 있다.

민주주의로서 발달하였다고 하는 소위 근대적 민주주의도 표면적·형식적으로는 민주주의라고 할 수 있으나 그 역시 내용적·실질적으로 본다면 진정한 민주주의가 아닌 것을 알 수 있다.

왜냐하면 근대 민주주의는 그 이론에서 개인의 독자성, 즉 개성을 존중(개인주의)하며, 자유를 존중(자유주의)하며, 평등을 주장한다. 그러나 자유 민주주의 사회에 있어서 일반 민중에게 평등권이 있다면 그는 법률상에 국한된 것이요, 자유가 있다면 자기의 노동력을 자유로 처분할 수 있는 그것뿐이라 할 것이다.

우리가 주장하는 민주 정치는 이러한 가면적, 형식적 민주주의가 아니요 전 국민이 다 같이 정치적·경제적·사회적으로 자유와 평등을 향유 할 수 있는 진정한 민주주의이다.

우리가 진정한 민주 정치를 실현하기 위하여서는 국민의 기본적 권리가 철저하게 보장되는 한편 중앙·지방을 통하여 입법 기관에서 국민의 의사를 대변하는 대의원이나 행정 기관에서 국민의 공무를 대행하는 행정 책임자나 사법 기관에서 국민의 양심적 명령을 실현시키는 사법책임자 등은 다 같이 국민의 일반적·평등적·직접적 선거에 의하여 이를 선출하는 동시에 실제 그들의 행동이 국민의 의사에서 벗어나 월권 또는 탈선될 경우 그에 대한 정정 또는 파면하는 권한도 국민이 가져야 한다.

그렇게 하는 데서 비로소 국민은 진정한 나라의 주권자가 되고 관리는 진정한 국민의 공복이 될 것이며, 그렇게 하는 데서 비로소 진실로 국민을 위한 법률도 제정될 것이고 국민을 위한 경제 건설도 되고 교육을 실시하게 될 것이며, 또 그렇게 하는 데서 비로소 다수가 소수의 무리한 지배와 압박을 받지 아니하며 선이 악에 의한 억울한 굴종을 면하게 될 것이다.

때문에 우리는 언론·출판·결사·시위·파업 등 자유를 구체적으로 보장하고 박탈당하지 않도록 국민의 기본적 권리를 확보하여야 비로소 참된 민주주의의 실현을 보게 될 것이다.

2) 민주 경제

민주 경제라 함은 동귀일체同歸一體의 신생활 이념에 기基한 민주주의 경제 제도를 이름이다. 과거 봉건 시대의 경제 제도는 봉건적 특권계급이 경제적 실권을 가졌었고, 현대 자본주의 사회의 경제 제도는 소수의 자본가 계급이 경제적 실권을 잡고 있는 것과는 근본적으로 다르게 근로층에 속한 국민 대중도 민주주의적으로 경제적 실권을 가질 수 있도록 하는 경제 제도를 이름이다. 다시 말하면 생산력 담당자(농민, 노동자, 기술자 등 근로층)에게도 생산 수단을 제도적으로 공유할 수 있도록 하게 하여 사회적 생산의 정당한 토대를 부여하는 동시에 경제권을 소수의 자본가 독점으로부터 국민 전체에게 옮겨 계급적 대립이 없는 민족 경제를 실현하는 것이다.

이러한 민주 경제 제도를 실현할 수 있는 정치만이 진정한 민주주의 정치일 것이다. 이 과정에서 중소 상공업의 자유기업을 제한하든가 또는 개인 사유권을 부인하는 것은 아님을 전제로 한다.

"천직天職을 지키는 자는 반드시 천록天祿을 받아야 한다."함은 수운 선생의 본뜻이다.

이것을 바꾸어 말하면 "일하지 않는 자는 먹지 못한다."는 말도 된다. 우리가 주장하는 민주 경제는 이 교훈을 구체적이고 현실적으로 실천하자는 것이다. 그러므로 이 민주 경제 제도는 천리天理에 비추어도 틀림없고 인도人道에 맞추어도 사리가 맞는 당당정리堂堂 正理의 정책임을 확신하다.

3) 민주 문화

민주 문화란 동귀일체의 새 사회 생활에 적응한 민주주의 문화를 말한다.

이것은 봉건 사회 내지 자본주의 사회의 계급 문화, 기형적 문화를 상대로 하여 지어진 명사이다. 우리는 우리의 유구한 민족사와 한가지로 찬연한 문화를 자랑한다.

그러나 우리는 동귀일체의 새 시대, 새 생활에 적응한 민주적 새 문화를 다시금 창달하여야 한다.

왜냐하면 과거의 구문화는 부하고 귀한 특수계급만이 향락할 수 있는 계급적 기형적이었기 때문이다. 원래 문화란 시대적·사회적 산물이니만큼 구시대 구사회의 기성 문화가 그대로 새 시대 새 사회에 적용될 수 없다.

그러므로 우리는 현존現存한 문화의 각 부문에 있어서 구시대의 불합리하고 부패한 모든 잔재를 청소하는 동시에, 대중생활을 향상시키고 대중 정서를 함양시킬 수 있는 민주주의에 입각한 '신문화'를 건설하여야 한다. 물론 신문화를 수립하자면 먼저 동귀일체 정신에 입각한 새로운 정치·경제의 제도가 실현되어야 할 것이다.

4) 민주 윤리

민주 윤리라 함은 사인여천事人如天 정신에 맞는 새 윤리, 즉 진정한 민주주의의 윤리를 이름이다.

이 역시 계급 윤리와 자본주의 사회의 개인주의적·이기적 윤리를 상대로 하여 지어진 명사이다. 과거에 우리 민족은 동방 예의지국이라 하여 윤리, 도덕에 있어서는 세계로부터 많은 칭송을 받아 왔다. 그러나 우리가 그토록 자긍해 온 윤리·도덕이란 과연 어떤 내용을 가진 것이었는가. 우선 이에 대한 공정한 비판이 있어야 비로소 민주주의적 윤리관이 밝혀질 것이다. 조선조에 있어서는 유학이 통치이념으로 된 관계로 그때의 표준 도덕은 오로지 유교적인 삼강오륜三綱五倫이 그 근간根幹을 이루고 있었다.

삼강오륜은 어디까지나 계급적인 윤리·도덕으로서 군주 중심, 아버지 중심, 남자 중심, 어른 중심, 양반 중심, 관리 중심의 도덕인 반면에, 신민과 자녀와 아내와 어린이와 상민과 서민은 아랫사람이라 하여 무조건 윗사람에게 복종만 하는 것을 선으로 하고, 다소라도 불복불순不服不順하면 악으로 판정하는 계급 윤리였다. 여기서 우리가 분명히 인식해야 할 것은 윤리 도덕도 고정불변하는 것이 아니라, 이 사회가 변천함에 따라 변천한다는 것이다.

　민주주의의 새 사회에는 민주주의의 새 윤리가 수립되어야 한다. 새 시대의 윤리는 인간 상호간 평등적 입장에서 인격을 표준하고 공동 사회·공동 생활을 표준하여 거기에 상응하는 도덕을 세워야 할 것이다.

　동학에서는 윤리에 대한 최선의 지표로서 사인여천을 가르치고 그 실천 행동으로 성경신을 제시한다. 사인여천은 사람을 한울 같이 섬기라는 말이며 인간격 평등과 인간성 평등을 원칙으로 한다.

　유아의 생활에서는 귀천과 선악의 차별을 찾을 수 없는 것과 같이 원시사회에서는 귀천선악貴賤善惡의 차별이 없었다. 그러다가 노예제도가 생기기 시작하면서부터 비로소 자유민과 노예간에 귀천의 계급적 차별이 생기고, 계급적 차별 생활에서 또다시 선악이란 행위의 차별이 생기게 되었다. 그것이 봉건 시대를 거쳐 자본주의 시대까지 내려오면서 다소간 변형은 되었으나 근본적으로 변질까지는 이르지 못하였다. 그러나 이제 한 번 더 변하여 이 사회가 정치와 경제적으로 완전한 민주주의 영역에 들어서기만 하면, 그때에는 귀천과 선악의 차별도 완전 소멸할 것이다.

　우리는 사인여천의 실천 도덕인 성경신으로써 민족 전체의 표준 도덕이 되기를 바란다. 사인여천의 윤리와 성경신의 실천 도덕이 새 사회 건설의 추진력이 되기를 바라며, 앞으로는 이 민주 윤리만이 새 시대와 새 사회를 이루어 나갈 도덕의 근간이 될 것이라 믿는다.

5) 신민족주의 사상

현대 지식은 과학적 힘에만 치중하여 이미 심오한 도리로서의 살아 있는 지혜인 현기玄機는 잃었기 때문에, 자본주의와 공산주의가 도단세황道斷世荒에 빠진 것이며, 오늘의 우리나라 지식인들도 그들을 닮아 버리고 말았다. 자본의 유물적 가치밖에 모르는 서구 문명, 그리고 이미 공산화되고 서구화로 변질된 순간부터 우리 사회는 모두가 제 정신을 잃어 버리고 정신적 고아가 된 채 반세기 이상 남의 사상에 놀아난 것이다.

그간의 역사에서 문화 식민지 다음에 경제 식민지로 전락한 남미 제국들의 주권 상실은 우리에게 많은 관심과 주목거리가 되지 않을 수 없다. 역사적 교훈을 냉철히 관찰하면 첫째가 문화 식민지요 그 다음에 경제 식민지이고 그 다음이 주권 상실이라는 것을 알 수 있다. 과거만 그런 것이 아니라 현실도 그러한 것이다. 이 마지막 단계로 떨어지기 전에 지금 우리가 가야 할 길은 공산주의도 서구 민주주의도 아닌 수운 최제우 선생에 의해 우리 민족의 정신으로 창도된 동학의 길이라고 여겨진다. 무극대도無極大道의 인내천 원리는 공산화도 서구식 세계화도 아닌 가장 정확하게 현실적 지표를 밝힌 것으로 새로운 가치관을 제시한 것이다. 타골도 그의 저서에서 서구의 민족주의를 신랄하게 비판한 것은 서구의 미래에 대한 경종이며 빛은 동방에서라는 것은 그의 진지하고 투철한 영안靈眼 때문이었다. 동학의 수운 선생께서 보국안민, 포덕천하, 광제창생, 지상천국 건설을 제시한 것도 그의 깊고 심원한 근원적인 가치관 때문이라 할 수 있다.

그동안 남북한 간에는 분단 이후 이데올로기의 대립을 바탕으로 이질적인 체제가 정착되면서 민족적 이질화가 심화되어 왔다. 이와 같이 이질화된 우리 민족의 통일은 이제 인류의 보편적 가치로서 동학사상에 기초한 지기일원론적至氣一元論的 인내천 원리의 정치 이념을 통일 조국의 당위적 미래상으로 설정하고, 남북이 하나가 되어 민족 공동체를 형성하여 민족의 동질성을 회복하고 민족통일을 이룩하여야 할 것이며, 서방에서 되뇌이는 21세기의 신 정치 문화의 패러다임인 제3의 길과 신사고가 바로 동학의 정치사상이며 그리고 이것이 한반도에 있다는 것을 우리는 자랑으로 여겨, 민족과 인류의 힘찬 미래를 향하여 그의 깊은 연구에 일로매진해야 할 것이다.

민족의 평화와 통일이 우리의 지상 과제로 되어 있는 현 분단 시대를 극복하기 위한 통일 운동의 사상적·이념적 구도로서 민족주의를 내세우는 것은 시대적 세계화 추세에 역행하는 것처럼 보일지 모르나, 한반도와 같이 아직도 구시대의 유물인 자본주의·공산주의 대결 구도가 엄존하여 문제가 되는 곳에서는 오히려 그 중요성은 더 크다할 것이다.

한국적 신민족주의는 자유와 평등이 통합된 동학의 인내천 사상·동귀일체의 원리에 기초하는 것으로, 자본주의의 자유와 공산주의의 평등이 균형과 조화를 이루면서 통일 국가 건설을 목표로 나아가는 데 그 이념적 특징이 있다. 또한 정치 이념에서도 한국 신민족주의는 동도서기론적東道西器論的 이념을 틀로 화합과 조화를 이루며, 이념적 구도 내지 철학적 배경 등 여러 면에서 동학사상과 그 맥락을 같이한다.

동학사상에 근원하는 민족주의야말로 민족 통합의 이념으로서 민주적 민족혼을 부활시키고 민족 대화합의 통일의 정신적 지주가 된다 할 것이다.

자본주의와 사회주의의 자유와 평등 정신을 포용하여 양극화의 좌우대립을 조화·통합할 수 있는 동학과 한국적 신민족주의의 이념적 원리야말로 우리 민족의 독창적인 사상이요, 이념임을 자각하여 그가 민족통일의 주도적 역할을 담당할 때 우리 민족의 밝은 내일을 기약할 수 있을 것이다.

4. 동학의 사회 이념

수운 선생은 19세기 말 약육강식으로 치닫던 국제 정세 속에서 나라를 보전하고 백성을 편안하게 하는 새로운 동학사상을 제시하였다. 수운 선생은 왕과 사대부 중심의 조선조 정치에서 민권의 정치 철학을 제시하였으며, 해월 선생은 부패 타락하고 무능력한 조선 정부와 침략적인 외세에 대항하여 새로운 정치적 삶을 지향하는 민들을 포包·접接으로 조직하여 정치·사회 운동으로 발전시켰다. 의암 선생은 망국의 상황에서도 천도를 밝혀 민족의 얼을 되살리고 3·1운동을 통하여 자주 독립의 기상과 힘을 세계에 떨쳤다. 천도교청우당은 일제의 억압에 굴하지 않고 정신개벽·민족개벽·사회개벽의 기치 아래 우리나라 사회 운동의 기초를 형성하여 민주주의의 초석이 되었다.

천도교는 서구 근대가 만들어 낸 자유 민주주의와 공산주의의 이념적 독단에 찬성하지 않는다. 자유 민주주의 정치 철학이 굳게 믿고 있는 개인의 구체적인 자유란 매우 소중하지만 진정한 자유란 개체 인간이 무한한 한울님과 하나가 될 때 이루어진다고 본다. 그러나 경제적·정치적·사회적·문화적 차원에서의 개인의 자유는 다른 사람과 공동체의 가치에 반하지 않는 한 존중한다. 물론 개인의 자유보다는 개인들 간의 조화가 중요하다. 사회주의와 공산주의가 절대 진리로 받아들이는 경제적·정치적·문화적 차원에서의 평등은 매우 중요한 가치이지만, 일체의 외면적 차이를 관통하여 모든 존재들에게 관통하는 하나의 한울님으로 보게 될 때 진정한 평등에 이르게 되는 것이다. 그러므로 다양성과 차이를 본래 특성으로 하는 외적 세계에서의 산술적 평등은 오히려 다양한 존재들의 창의성과 자발성을 질식시킨다. 사회는 통합 지향적인 평등 원리와 다양성의 확산 지향적인 자유 원리의 조화에 의하여 진보한다. 창의적인 다양화의 경향을 억압하는 획일성도 반대하지만 공동체의 통일성 또는 조화성을 해치는 개인주의의 방자함도 반대한다. 천도교의 '동귀일체同歸一體', '유일집중唯一執中' 의 정신은 양 극단을 통합하는 기본원리이다.

1) 도덕적 민주 정치

천도교의 민주주의는 남쪽의 자유 민주주의를 뜻하지도 않으며 북쪽의 프롤레타리아 계급 민주주의를 뜻하지도 않는다. 천도교의 민주주의는 개인이나 계급이 정당을 만들어 권력의 주인이 되는 것이 아니라, 한울님 모신 사람이 권력의 주인이 되는 정치를 지향한다. 천도교는 왕권과 신권이라는 개념밖에 없었던 조선 말에 민권의 의미를 처음으로 제시하였고 실현하고자 하였다.

현대 민주주의는 과연 민에 의한, 민을 위한, 민의 권력인가? 현대 민주주의는 국민이 참여하는 제도적 장치는 어느 정도 마련하였지만 민이 실질적으로 참여할 수 있는 통로는 비좁으며, 국민의 대표로 칭하는 전문 정치인들의 전유물이 되었다. 민이 실질적으로 정치의 주인이 되어야 한다.

동학의 역사를 보면 '인내천'이라는 새로운 가치를 중심으로 민이 자주적으로 '접'이라는 자치조직을 만들었으며, '광제창생'과 '보국안민'이라는 정의를 실현하기 위하여 '포'라는 사회조직을 형성하여 국가의 일에 참여했음을 알 수 있다. 접과 포라는 자치적 조직을 통하여 민은 부패한 조선 정부와 일제에 대항하여 동학혁명도 일으켰으며, 일제의 통치에 저항하여 자주 독립 운동도 하였다. 이러한 운동은 동네와 지역 사회와 국가의 발전을 위하여 자발적으로 참여한 민이 있었기 때문이다. 이 점에서 동학·천도교는 자주적 풀뿌리 민주주의의 원형이라 할 수 있다.

마을의 일은 사사로운 생각 없이 오직 마을 공동체를 위해 헌신할 수 있는 사람들이 스스로 다스려야 하며, 지역의 일은 지역이 자율권을 가지고 스스로 바르게 다스려야 할 것이다. 국가도 지공무사至公無私한 마음을 가진 사람이 다스려야 할 것이다. 그러나 과연 다수결의 원리가 이와 같은 통치자들을 자신들의 지도자로 뽑을 것인가? '그 나라 민주주의는 그 나라 시민의식의 표현'이라는 말이 있다. 민주주의는 다수가 자신의 의견을 자유로이 표현하여 정치 권력에 자신의 뜻을 반영하는 절차상의 민주주의이지 표결의 결과가 곧 질을 보증하지는 않는다. 따라서 현대 민주주의는 권력의 도덕성과 윤리성을 확보할 수 있는 방안에 대해서 아무런 대안을 제시하지 못한다. 천도교는 다수결이라는 양적 대표성과 함께, 모든 사람을 한울같이 섬기는 도덕성이라는 질적 대표성의 중요성을 강조한다. 그리하여 궁극적으로 도덕이 권력의 중심이 되어야 한다고 본다.

천도와 천덕은 지위나 신분, 재산이나 지식에 구속되지 않기 때문에 무극대도를 깨닫고 천덕을 베푸는 사람은 누구나 정치 지도자가 될 수 있을 것이다. 다수의 표가 돈과 힘을 동원한 비도덕적 사람을 지도자로 뽑았다면 도덕적 정통성은 권력에 있기보다는 사회와 민에게 있다고 해야 할 것이다. 그러므로 언론, 출판, 집회, 결사, 시위, 파업 등의 자유는 보장되어야 한다. 그러나 그러한 자유는 공동체의 조화를 해치는 데 이르지 말아야 한다. 그렇다고 비도덕적 권력에 대해서는 혁명권이 부인되는 것은 아니다. 거대한 역사의 진보에 역행하는 비도덕적 권력에 대한 혁명권은 보장되어야 한다.

2) 자유 순환 경제

경제란 자유 순환에 그 생명이 있다. 현실 세계에서 모든 것은 순환 법칙을 어길 수 없다. 수운 선생은 자유 순환의 '무왕불복無往不復'의 이치를 깨달았다고 하였다. 유·무형의 상품들은 부단히 생산되어 시장에서 교환되고 소비되어야 한다. 상품 소비는 다시 자본의 축적을 이루어 내고 재투자로 이어져 유·무형의 재화를 생산해 내어 풍요와 복지를 이루어 내야 한다. 자본이 은행에 축적되어 재투자되지 않고 소수 자본가의 손에 집중되어 자유 순환을 막게 되면 경제 불황을 초래하게 되고, 비생산적인 토지나 주택에 투기되거나 고리대업으로 흘러 들어가게 되면 자본은 암세포처럼 이상 증식을 하여 전체 경제를 죽음에 이르게 한다.

소수 자본가들이 자본을 좌지우지하게 되면 자본의 원활한 순환은 그만큼 어렵게 되기 때문에 동학·천도교는 전체 자본이 집중되지 않고 물처럼 자연스럽게 흐르도록 막힌 데를 뚫어주고, 고인 곳은 터 주는 역할을 중시한다. 그렇게 함으로써 경제적 재부는 자본을 경영하는 층과 생산을 담당하는 층 그리고 소비하는 층에게 최대한 평등하게 분배되도록 한다.

소수 권력가들이 자본을 자의적으로 통제하게 되면 높은 곳에서 낮은 곳으로 흐르는 물처럼, 낮은 곳에서 높은 곳으로 솟아오르는 불처럼, 경제적 부의 자유로운 운동이 억제 당하게 되어, 생산력의 저하를 가져올 뿐만 아니라 경제 당사자의 의욕 저하를 불러 오게 된다. 아무리 총명하고 완벽한 권력가도 전체 경제적 재부의 자연스러운 흐름을 완전히 계산하여 계획 생산, 평등 분배를 할 수는 없다. 노고근면勞苦勤勉하는 경제 당사자에게 경제적 부가 축적되고 재투자되어 더욱 많은 축적을 가져와서, 개인과 공동체의 복지를 함께 증대시키는 자연스러운 흐름을 억제한 결과, 공산주의는 나누어 먹을 빵도 제대로 생산해 내지 못하여 붕괴되고 말았다.

수운 선생은 "한울님이 사람 낼 때 녹 없이는 아니 내네."라고
하여 사람은 누구나 일하여 먹을 권리를 가지고 태어났다고 하였
다. 이러한 정신에서 보자면 국가는 모든 사람에게 최소 생계를 보
장해 주어야 한다. 그러나 국가와 사회는 식량을 배급하는 것이 아
니라 일자리를 만들어 공급하도록 하여야 할 것이다. 해월 선생은
"한울님은 화생하는 직분을 잠시도 쉬지 않는데 어찌 사람이 쉴 수
있겠는가."라고 하여 노동을 중시하였다. 또한 한울님이 잠시도 쉬
지 않는 것처럼 모든 사람들이 쉬지 않고 일을 해야 발전이 있다고
하였다. 또한 해월 선생은 "나라 임금이 법을 지음에 모든 백성이
화락하고, 벼슬하는 사람이 법으로 다스림에 정부가 바르며 엄숙
하고, 뭇 백성이 집을 다스림에 가도가 화순하고, 선비가 학업을
부지런히 함에 국운이 흥성하고, 농부가 힘써 일함에 의식이 풍족
하고, 장사하는 사람이 부지런히 노고함에 재물이 다하지 않고, 공
업하는 사람이 부지런히 일함에 기계가 고루 갖추어지니, 이는 인
민이 지극한 정성을 잃지 않는 도이니라."고 하시었다. 한울님은
허공에 있지 아니하며, 피안에 있지 아니하며, 천당에 있지 아니하
며, 옥경대에 있지 아니하며, 지금·여기에서 생각하고, 말하고, 행
동하는 한가운데 있고 내 몸에 모시고 있다는 것이 동학·천도교의
기본 정신이다.

3) 도덕적 문화 창달

현대 사회를 '지식 정보 시대', '문화 사업 시대' 등으로 부른다.
왜냐하면 과거 농업 사회에서는 토지가, 자본주의 사회에서는 자

본이 생산의 핵심적 역할을 차지했다면 이른바 후기 산업 사회 혹은 정보화 사회에서는 문화·지식·정보 등이 생산의 가장 중요한 변수로 등장했기 때문이다. 재미있고 창의적인 아이디어가 숨쉬는 영화 한편이 현대 자동차나 삼성 반도체의 수 배에 이르는 수입을 가져다 주는 시대가 되었다는 것이다. 아이디어 하나로 세계 최고의 갑부가 된 빌 게이츠는 이와 같은 문명사적 흐름의 사례로 흔히 인용되고 있다. 그러나 문화의 원천은 어디인가? 문화의 중심 혹은 원천에는 언제나 도道 혹은 종교가 자리잡고 있다.

동학·천도교는 한민족이 찾아낸 세계적 보편성을 갖는 최고의 문화적 자산이자 지혜라 할 수 있다. 즉, 천도의 진리는 한민족이 외세의 침략과 고난의 역사를 거치면서 찾아낸 최고의 종교인 것이다. 문화의 시대를 맞이하여 천도와 천덕이라는 무한한 지혜의 보고(寶庫)는 인류에게 새로운 빛의 세계를 열어 줄 수 있을 것이다. 지식 산업의 발달에 의하여 현대인은 인터넷을 통하여 손쉽게 문명사의 보고에 쉽게 접할 수 있게 되었으며 전세계의 누구와도 필요한 정보를 값싸고, 빠르고, 쉽게 나누고 교환하게 되었다. 바야흐로 지식의 정보망이 세계인을 하나의 신경망으로 연결하고 있다. 동학·천도교는 전 우주가 하나의 기운이요(渾元一氣), 하나의 마음이라고 한다. 그러므로 우리들 모두는 서로 연결된 하나로 통해져 있다. '너와 내가 한 동포요 나와 만물이 한 동포이다(人吾同胞 物吾同胞)'. 천도교는 누구나 한 형제자매로 서로가 서로를 한울님으로 섬기고 믿으며 공경하는 그러한 윤리 도덕 사회를 이룩하려고 하는 것이다. 우주적 문화인이요, 보편적 우주인이라 하겠다.

삼강오륜이니 충효니 하는 윤리 규범도 좋지만 아직까지 군주 중심, 아버지 중심, 남자 중심, 어른 중심, 사대부 중심, 관리 중심적 윤리의 틀을 벗어나지 못하고 있다. 사랑이니 믿음이니 하는 윤리도 좋고, 해탈이니 자비니 하는 윤리도 좋다. 그러나 아직까지 절대자와 피조물, 피안과 차안, 전생과 사후 세계라는 이원성을 넘어서지 못하여 절대자 중심, 피안 중심, 사후 중심의 틀을 벗어 던지지 못하고 있다. 개인의 권리와 계급적 동지애도 좋지만 아직까지 유한적 단위를 벗어나지 못하여 개인 중심과 계급 중심을 벗어 던지지 못하고 있다. 민족 지상주의와 애국주의도 좋지만 마찬가지로 민족과 국가의 경계를 넘어 무궁하고 무한한 우주 본체와 우주일가에는 이르지 못하고 있다. 해월 선생께서 말씀하셨듯이 수운 선생에 의하여 "한울님이 나를 낳아 주시고 길러 주시는 부모"라는 사실이 처음으로 밝혀져 도덕 문명의 첫날을 열었다고 하겠다. 한마디로 하자면 도덕 문명의 공동체를 이룩하자는 것이 동학·천도교의 사상이다.

5. 동학의 통일 운동

1) 천도교와 교정쌍전론敎政雙全論

教교와 정政의 근본은 도道이다. 도에서 교와 정이 나오고 따라서 교는 진리로 교화하고 정은 법으로 다스린다. 교정 쌍방으로 원만하게 다스려지면 도덕 문명국이 되는 것이다.

동학·천도교의 역사는 교정쌍전, 교정 조화의 역사였다. 즉, 동학·천도교는 창도 이래로 지금껏 단 한 번도 교회의 역사와 사회의 역사가 분리되지 않았다는 것이다. 교정쌍전의 이념은 천도교의 대표적 정치사상이지만 다수의 학자들은 서구적 교정 분리의 시각에 입각해 그것을 전근대적 요소로 취급하고 있다.

그러나 천도교를 교 혹은 정의 입장만을 중심으로 이해한다면 이는 천도교의 일면성만을 평가한 것이 될 것이다. 천도교의 교정 조화 이념은 서양의 '정교 합일주의'처럼 세속적 군주가 종교의 교주를 겸하거나 종교에 의한 지배로 상징되는 서양 중세의 경우와도 구별된다. 천도교의 교정 합일 이념은 종교와 정치가 대등한 입장에서 쌍방적으로(교정 쌍방) 조화되는 것을 이상으로 하였다.

따라서 1860년에 창도된 천도교는 한국 근대사와 그 맥을 같이 한다. 조선왕조의 붕괴기인 19세기 말에서 20세기로 넘어오는 근대화 과정에서뿐 아니라 일제 시대를 관통하면서 한민족에게 한국 민족주의의 의식을 깊숙이 심어 주었다. 이것은 천도교를 개인적 수양 차원에서 그치는 기존의 타종교와 구별해, 민족의 이름으로 자랑하게 하는 이유이다. 천도의 실현은 교敎의 세계에서만 이루어지는 것이 아니라 실제의 세계에서 완성되어야 하는 구체적 개벽의 세계이다. 그러므로 천도교는 현실 세계에서 이상을 실현시키는 이른바 정의 영역에 관심을 가지고 끊임없이 참여한 것이다.

천도교의 교정쌍전 이념은 그대로 민족의 문제와 연결된다. 민족은 그 실현의 주체이자 공동의 문화를 소유한 운명 공동체였기 때문이다. 그래서 천도교는 민족 문제의 해결을 위해 온몸으로 시대와 부딪치며 역동적인 삶을 살아왔다. 그 삶의 과정이 바로 한국

민족주의의 실천 과정이라고 해도 무방할 정도이다. 한국 정치사의 전통을 민족주의적 맥락에서 찾아야 한다고 했을 때 한국 민족주의에서 동학과 천도교의 활동은 너무도 뚜렷한 족적을 남기고 있다. 그만큼의 희생도 컸음이 사실이나 그 역사적 평가는 왜소하기 그지없다. 특히 일제 시대 민족운동과 함께 해방 이후의 민족통일 운동은 제대로 밝혀지지도 않고 있는 것이 작금의 현실이다. 그중에서도 천도교청우당의 경우는 그 시기 천도교 민족운동의 핵심으로서, 천도교의 교정쌍전 이념을 이해하는 고리이자, 향후 천도교 민족운동의 방향성을 암시하고 있다고 볼 수 있다.

일제 시대에 결성된 청우당은 천도를 실현하는 전위 조직이자 전위 정당으로서 구체적 실천을 통해 당시의 민족 모순을 극복하는 최일선에 있었다. 그것은 문화 운동으로, 계몽 운동으로 그리고 7대 부문 운동으로 확대되어 압제하의 민족 문제 해결점을 종교의 차원을 넘어서 정치 현실의 차원에서 모색했다. 청우당의 사례를 통해 우리가 이 시대 민족 문제의 교훈을 얻고자 하는 이유도 여기에 있다. 오늘 우리 민족의 최대 과제를 통일 문제라 했을 때, 천도교의 역할은 어떠해야 하는가. 청우당의 민족운동은 그 시절 천도교의 진리를 정政의 영역에서 슬기롭게 실천하고 있었다. 오늘의 통일 운동은 결국 현실 정치의 영역이므로 청우당 운동에 대한 연구는 중요한 의미가 있다고 본다.

2) 천도교청우당의 통일 운동

1919년 9월에 천도교의 김기전金起田을 당수로 해서 창당(천도교

청년교리강연부)되었던 천도교청우당은 일제 식민지하에서 일본의 탄압에 의하여 지하로 잠입하였다가, 1945년 해방과 더불어 동년 10월 31일 남쪽에서 먼저 김병제金秉濟를 위원장으로 부활 조직되고, 북쪽에서는 이듬해인 1946년 2월 1일 김달현金達鉉을 위원장으로 부활 설립되었다.

〈당강령〉
1. 민족 자주의 이상적 민주 국가의 건설
2. 사인여천의 정신에 맞는 새 윤리의 수립
3. 동귀일체의 신생활 이념에 기한 경제 제도의 실현

남쪽의 천도교청우당은 일제 시대 부문 단체로 활발하게 활동하며 민족 문화 운동을 주도했던 천도교 청년회와 함께 민족 국가의 만년대계의 설계와 인류 문명의 개조를 위하여 〈개벽사〉를 다시 설립하고 조선적 문화를 창달하기 위하여 『개벽』지를 복간하였다.

해방 후 청우당의 첫 번째 정치적 활동은 미군정의 인민 공화국 부인에 대한 유감 표명과 중경 임시정부 지지였다. 즉 1945년 11월 23일 "임시정부를 받들어 속히 강토를 회복하자."는 성명을 발표하여 환국한 임시정부 영수들을 중심으로 전민족적 총력을 집중하여 통일하고 완전한 민족 자주 정권을 수립코자 하였다.

그리고 임시정부의 주석이었던 김구 등이 발표한 〈임시정부 당면 정책〉을 찬성 지지하고, 천도교청우당은 "17년간 의義로써 싸워온 임시정부에 대하여 최대의 경의로써 그 지지를 표명하고 아울러 민족통일전선을 결성함으로써 조선 독립의 완성을 촉진할 것"을 선도하여 기독교, 불교, 천도교, 유교, 천주교, 대종교의 6대 종교단체가 조선 독립 촉성 종교단체 연합대회를 조직하였다.

천도교청우당은 해방 후 정국이 초기의 혼란기를 거치면서 우익은 〈비상국민회의〉, 좌익은 〈민주주의 민족전선〉을 결성 대립하자 민족적 위기를 극복하고 민주주의 독립 국가를 건설하기 위하여 정치 기본 노선을 이탈한 편좌·편우의 모든 경향을 배척하고, 절대 다수인 민중을 기초로 한 여러 집단과 양심 있는 개인들의 연결로 민족적 대동 단결을 촉성하는 성명서를 발표하기도 하였다.

이와 같이 민족적 대단결을 촉성하는 성명을 발표한 천도교청우당은 기본적으로 민족 분열을 전제하고 정치 활동을 전개한 이승만과는 거리를 두지 않을 수 없었다.

1945년 12월 모스크바 3상회의에서 한반도의 신탁통치 결정이 있은 후 제1차 미·소 공동위원회가 개최되는 때를 즈음하여 천도교청우당은 정치적 자유를 요구하는 취지의 견해를 표명하였다. 뒤이어 청우당은 첫째, 남·북 분단선인 북위 38선의 장벽을 철폐하기 위하여서는 오직 미·소 양군의 동시 철군 할 것과, 둘째, 과도정부는 남북통일에 적합한 정권이어야 하며, 셋째, 현재의 민족적 분열과 제정당의 행동의 불통일은 연합국의 남북 분할 점령에 기인한다고 주장하였다. 이러한 청우당의 주장은 국제 사회는 우리에게 정치적 자유를 부여하는 동시에 내정에 간섭하지 말고 자주적 통일정부 수립을 위하여서는 미·소 양군이 철수해야 한다는 인식을 표명한 것이라고 할 수 있다.

1947년 10월 남북의 임시정부 수립에 대한 진전이 없자, 한국 문제는 유엔으로 이관되어 동년 11월 14일 한국 문제는 유엔 감시 하에 남·북 총선거를 통한 한국 통일안을 가결하였다. 이에 대하여 청우당은 절대 지지를 하였으나 한반도에 대한 이 유엔 결의는 1948년 소련의 반대로 무산되었다. 천도교청우당은 이에 대한 대응으로 남·북한 천도교인이 남·북 분열을 저지하고 통일정부를 수립하기 위하여 3월 1일을 기해 총궐기(3·1재현운동) 하기로 하였으나 이 운동은 사전에 당국에 발각되어 남한에서는 성명서를 발표하는데 그치고, 북한에서는 일부 지방에서 이 운동이 전개되었으나 좌절되고 많은 교인이 희생된 바 있다. 유엔의 결의에 의한 한반도 통일 방안이 무산되고 1948년 5월 이승만의 남한 단독 선거를 반대하는 인사 5인(엄항섭, 홍명희 등)의 발의로 통일독립운동자협의회를 결성하자, 천도교청우당도 많은 사회 단체들과 같이 이에 참여하는 한편 천도교 청년회와 같이 남한의 단독 선거를 반대하는 성명을 발표하였다. 유엔의 한반도 남북통일 방안에 의한 남·북 총선거가 불가능하게 되자, 김구와 김규식 등은 통일정부 수립을 위한 남북 요인 회담이 제기하고 북한이 이를 수용하여, 그 해 4월 김구·김규식 등 개인 15명과 남북의 17개 정당 사회 단체가 평양에서 회합하였다. 이에 천도교청우당은 북쪽에서 9명, 남쪽에서 6명이 각각 참석하여 조선의 내·외 정세에 대한 규명, 국토와 민족을 분열하는 단독 선거를 반대하는 통일 방략, 민생의 혼란을 방지하고 자주 통일 독립을 하기 위한 미·소 양군 철퇴를 촉진하는 방략 등을 논의하였다. 이 같은 해방 정국에서의 민전과의 연대, 미군정 정책의 비판과 남한 단독 정부 수립 반대 등은 미군정과 이승만 등 극우 세력으로부터 탄압을 받는 계기가 되기도 하였다.

급기야는 천도교에서 운영하는 개벽사가 20여 명의 괴한들로부터 습격을 당했으며 청우당은 남한에 단독 정부가 수립된 후 1949년 8월 육군에 의해 당원 30여 명이 검거되고 많은 압박을 받았다. 결국 1949년 8월 해방 후 완전 독립과 자주 통일 국가 건설을 표방하여 투쟁하던 천도교청우당은 이승만 정권 하에서 해체되고 말았다. 일제와 해방 공간을 거치면서 민족의 분열과 낙후를 목격하고 그것의 치유를 위해 치열한 활동을 전개했던 청우당의 민족주의적 실천은 이로서 종말을 맞고 말았다.

한편 8·15 광복 후 북한에서는 280만 교도와 70만 청우당원의 막강한 조직으로 교세를 크게 떨치면서 민족 자주 통일 운동을 전개하여 청우당의 전통을 이어 나갔다. 그러나 북한 지역에서의 정치적 활동의 한계 등으로 6·25 전란 때 대거 월남하기도 하였다. 북쪽의 청우당은 강령·규약·당헌에 의거 북한 전역에 걸쳐 부락에는 접接·면 당부面黨部·군 당부·도 당부·중앙 당부 등 전국적인 규모의 중앙집권적 조직 체계를 갖추고 있었으며, 각급 당부에 당 학원을 설치하여 당 간부 양성에 주력하였다. 또한 농한기에는 이동 당 학원(移動 黨學院)을 설치 운영하여 당원 교양에 힘쓰기도 하였다.

Ⅳ. 우리가 지향하는 통일 조국의 위상

우리가 이루려는 통일 조국의 모습은 과연 어떤 것일까? 물론 통일은 한민족 전체의 자유로운 의사가 반영되어 이룩되어야 할 것이다. 너와 내가 일치하고, 남북이 합의하고, 세계 열강이 동의해 줄 수 있어야 할 것이다. 한마디로 하자면 남북이 한 마음이 될 수 있어야 할 것이며, 동북아 지역과 세계의 평화에 기여할 수 있어야 할 것이다. 개개인의 자아 완성과 민족의 동귀일체, 인류의 평화가 이루어지는 방향으로 나아가야 할 것이다.

수운 선생은 "억조 창생 많은 사람 동귀일체 하는 줄을 사십 평생 알았더냐."라고 하여 수십 억 세계인이 한 마음으로 돌아오는 진리를 밝히셨다. 그러므로 통일 조국은 비단 민족의 통일뿐만 아니라 세계 인류가 한 마음으로 돌아오는 거대한 변화의 시작을 알리는 문명사적 사건이 될 것이다.

천도교는 내 마음이 한울님 마음과 통일되고, 남쪽의 자유로운 개인들과 북쪽의 평등주의적 계급이 통일되어야 하고, 군사적·경제적·문화적·종교적으로 갈등하는 국제 관계도 화합의 길로 나아가야 한다고 주장한다. 천도교는 이 거대한 변화의 출발을 한반도에서 시작하자고 하는 것이다. 수운 선생은 "십이제국 다 버리고 아국 운수 먼저 하네."라고 하여 한반도에서 새로운 문명이 출발하기를 기원하고 있다.

1. 민족 자주의 이상적 민주 국가

통일 조국은 더 이상 주변 강대국의 이데올로기와 무력에 의하여 흔들리는 국가가 아니라, 자신의 얼과 자신의 힘으로 스스로 서는 자주 국가가 되어야 할 것이다. 5천년 역사에서 9백여 회의 침략 전쟁을 겪는 과정에서도, 오늘 이렇게 부족하지만 국가적 정체성을 유지하고 있다는 것은 그나마 다행이 아닐 수 없다. 통일 조국은 더 이상 사대적·의타적 사상이나 세력에 의하여 농간되어서는 아니 된다. 통일 조국은 자주정신에 입각하여 자주적으로 성취되어야 한다.

자주는 남에게 의지하거나 남을 배척한다는 뜻이 아니다. 자주성은 세계적 보편성을 가지는 정신과 힘으로 스스로의 정체성을 확인하고, 외부와의 자유로운 교류를 할 수 있을 때 비로소 생겨날 수 있는 것이다. 그러므로 통일 조국은 폐쇄적인 독선이나 아집에 사로잡히지도 말아야 하며, 의타적이고 의뢰적인 사대에 사로잡히지도 말아야 한다. 생명을 유지한다는 것은 독자성을 가지면서 자유로이 외부 환경과 부단히 상호작용한다는 것을 뜻하는 것처럼, 통일 조국의 자주 국가도 스스로의 민족의 얼을 잃지 않으면서 다른 국가들과 자유롭게 교류해야 할 것이다. 그러할 때 국가는 자신의 정체성을 보다 분명히 해 나가면서 세계 평화에 기여할 수 있게 될 것이다.

자주는 남에게 기대지 않고 홀로 설 때 가능하다. 즉 어느 누구에게도 의지하지 않고 서서 주변 국가들과 중립적 입장에서 친선을 도모하고 교류해야 할 것이다. 뿐만 아니라 엄정한 중립적 입장에서 우리 사상의 세계적 보편성을 알리고, 주변국들의 대립과 마찰을 상호 중재할 수 있는 성숙한 국가가 되어야 할 것이다. 그리하여 마침내 대립하는 열강들이 한반도에서 서로 화해하여 세계 평화의 구체적 출발을 할 수 있도록 해야 한다. 우주적 보편성을 가지는 얼이 똑바로 설 때, 오직 갈등과 전쟁밖에 모르는 세력들을 설득하여 한반도 통일의 길을 열어 나갈 수 있으며, 나아가 세계 평화의 대업을 이룰 수 있을 것이다. 한반도의 통일 조국은 인류가 추구하는 이상세계 건설의 첫 걸음으로 기록되어야 할 것이다.

2. 사인여천事人如天의 민주 국가

통일 조국은 인류가 지금껏 생각과 말로만 했던 도덕의 이상을 구체화시키는 도덕 민주주의 국가가 되어야 할 것이다. 도덕적 민주주의란 절차적 민주주의에 그치는 것이 아니라 내용적으로 실제로 정치 권력의 도덕성을 확보하고, 지도자의 인격적 원만함을 중시하고, 공동체의 일에 관심을 가지고 참여하는 사회적 윤리 의식을 가진 민이 정치 권력의 중심에 자리하는 질적·내용적 민주주의를 의미한다. 국가는 국민의 정신적 건강과 물질적 풍요를 보장할 수 있도록 최대한 공평하게 통치하여야 할 것이며, 민은 국가의 일을 자신의 일로 여겨 크고 작은 나라의 일에 참여하여야 할 것이다. 공산주의나 자본주의는 입으로는 민주주의를 부르짖으며 선진적 민주주의라고 주장하지만, 진정한 의미에서 도덕적 민주주의는 아직까지 구체적 권력 체제로 수립된 역사가 없다.

이신환성을 통한 지공무사한 새로운 인격체들이 등장하여 오직 국가와 인류 전체의 복지를 위하여 헌신할 때 진정한 민주주의가 이루어졌다고 할 수 있을 것이다. 권력은 도덕화되고, 지도자도 한울 사람으로 거듭나고, 모든 민이 한울 사람으로 거듭나 인격적 완성을 이룰 때, 참 민주주의는 저절로 도래할 것이다. 왜냐하면 그곳에서는 모든 사람이 하나의 연결된 전체로서 서로에게 투명하므로 어떤 거짓말이나 위선도 통하지 않기 때문이다. 그때 사람은 한 한울님으로서 단지 일터에서 역할만 다를 뿐이다.

서구 민주주의는 인간보다는 제도를 더욱 신뢰하기 때문에, 인간적 교육이나 설득보다는 권력의 제도적 분할과 견제 그리고 처벌에 역점을 둔다. 동양의 정치사상이 공적 책임을 맡은 사람들의 인격성에 대한 교육을 강조한다면, 서양의 현대 정치는 권력자들을 어떻게 하면 상호 견제하고 상호 감시하고 상호 통제할 수 있는 합리적이고 과학적인 제도를 만들 수 있는가에 역점을 둔다. 동학·천도교는 지도자에 대한 도덕적 인격 교육을 정치의 근본으로 생각할 뿐만 아니라, 합리적이고 효율적인 제도적 장치도 중시한다. 그러나 인격적 완성이 근본이며 합리적 제도는 부차적이다. 두 가지 방식을 조화시켜 동서양의 지혜를 종합하는 것이 또한 천도교의 도덕 민주주의이다. 과거의 정치 지도자들은 제도 개혁만 생각하고 신인간 창조를 몰랐다는 데 문제가 있다.

크고 작은 단위에서 공적 일을 하는 사람들은 다음과 같은 일반적 행동 윤리를 준수하여야 할 것이다. ① 항상 자기 정신을 쇄신하여 새 사람이 되어야 하고, 사람을 한울님으로 대하며 종교·국적·인종·계급·남녀·빈부귀천·연령에 따른 일체의 차별을 하지 않는다. ② 모든 사람이 하나의 한울님의 아들딸임을 알아 서로 한울님으로 공경하고 서로에게 봉사하며, 미워하거나 비방하지 않는다. ③ 어려움에 처했을 때 어린이와 노약자 그리고 여성들을 먼저 구출하고, 노약자 실업자 무의탁자 등 불우한 사람들을 사회가 우선적으로 돕는다. ④ 인간의 존엄성을 해치는 일체의 반인간적인 행위들, 예를 들면 억압·착취·폭력·마약·인신매매·낙태·사형제도 등에 반대하고 인간의 존엄성을 높이는 방향으로 인도한다. ⑤ 언제 어디서나 바르고·밝고·착하고·의로운 생각을 하며, 말을 하며, 행동을 하도록 한다.

3. 동귀일체의 자유 순환 경제

통일 조국은 국민 모두가 풍요롭게 잘 사는 국가여야 한다. 모두가 잘 살기 위해서는 모든 사람들이 한시도 쉬지 않고 열심히 일하는 경제 구조를 만들어야 할 것이다. "능력에 따라서 일하고 필요에 따라서 분배 받는다."는 이상은 좋지만 필요에 따라 분배할 수 있는 생산을 확보하는 구조를 먼저 만들어야 할 것이다. 그러므로 자신의 능력을 최대한 발휘할 수 있는 물질적 보상 체계가 매우 중요하다고 본다. 그러나 사람들은 물질적 보상만으로는 만족하지 않기 때문에 정신적 대우도 함께 수반되어야 할 것이다. 그리고 일을 통하여 궁극적인 자아완성과 인간성 실현을 이루어야 할 것이다. 최고의 즐거움은 봉사 활동이며 천덕을 베푸는 것이라는 점을 확실히 하여야 할 것이다.

현실 경제에 있어서 천도교는 경제적 재부가 자유롭게 순환하여 생산을 극대화할 수 있는 자유 시장 경제를 주장한다. 경제적 가치는 자신의 잠재력을 최대한 활용하여 쉬지 않고 일하는 곳으로 흘러 들어갈 때 개인적 생산과 전체 공동체의 번영을 가져온다. 절대 권력을 가진 국가나 절대 부를 소유한 대기업이 경제적 가치를 독점적으로 운영하지 않도록 유의하여 자유로운 순환이 이루어지도록 해야 한다. 국가의 역할은 경제 가치가 특정 권력 기관, 특정 기업, 특정 지역, 특정 계층에 편중되지 않고 골고루 자유롭게 순환할 수 있도록 도와야 할 것이다. 기관·기업·가정·개인 등 모든 경제 주체들이 노고근면勞苦勤勉하고 각자의 창의력을 극대화하여 경제 순환을 돕도록 해야 할 것이다. 어떤 경제 주체도 경제 순환을 좌우하도록 하여서는 안 된다. 국가의 역할은 각 경제 주체들의 원활한 경제 활동을 할 수 있도록 서로 조정해 주는 역할에 그쳐야 한다. 대외적으로도 다른 나라와의 자유로운 교역과 교류를 하여야 할 것이나, 특정 기업이나 경제 주체에 의한 경제 흐름의 왜곡이 일어나지 않도록 주의를 기울여야 할 것이다. 세계화 시대에서 자본·재화·서비스의 국제 교류는 자연스러운 현상이며, 국가는 외국의 거대기업이나 기관에 의한 부당하고 악의적인 교란이 일어나지 않도록 감독하여야 한다.

자유 순환 경제가 제대로 작동하지 않을 때 경제는 병에 걸리게 된다. 마치 생명체가 순환 질서에 문제가 생기게 되면 질병에 걸리듯이 국가 경제도 똑같다고 하겠다. 인체의 각 기관들이 신경망을 통하여 자유로운 의사소통을 하여 조화를 이룰 때 몸이 건강하듯이, 국가 경제도 모든 경제 주체들이 서로서로 자유롭게 교류하여 정의로운 조화를 이룰 때 나날이 발전하게 된다. 따라서 무한 자유 순환 경제는 거시적으로 본다면 조화와 자율 협동의 경제라 할 수 있다. 다른 경제 주체와 얼마나 조화로운 협력 관계를 유지하는가가 한 경제 단위의 건강성의 척도라 하겠다. 천도교는 이와 같은 거대한 협동 체계를 우주 질서의 본 모습이자, 몸의 본래 질서이며, 경제 운영의 기본 원리라 본다.

　적자생존을 생명체의 진보 원리이자 경제의 발달 원칙으로 생각하는 시대적 조류는 잘못된 생각 중의 하나이다. 생명체는 유무형의 존재들과 조화로운 관계망을 형성한 결과로 나타난 것이다. 동물과 인간의 차이가 어디에 있는가? 천도교는 인간은 동물보다 더 넓고 더 깊은 관계망을 형성할 수 있었기 때문에 인간이 된 것으로 본다. 수운 선생은 "천황씨는 어찌하여 최초의 인간이 되었으며, 어찌하여 부모가 없이 인간이 되었는가."라는 물음을 제시하면서 스스로 답하시기를 천황씨는 "다름 아닌 한울님을 깨달아 최초의 사람이 되었다."고 한다. 달리 표현하자면 동물은 자기 의식만 하고 한울님에 대하여 생각할 수 없지만, 사람은 이처럼 고도의 추상적이며 보이지 않는 존재까지 자신의 의식에 끌어 들여왔기 때문에 사람이 되었다는 뜻이다. 사람은 동물과 비슷한 생체 구조를 가졌으나 동물에게는 없는 다른 한 가지가 바로 자의식自意識이라는 것이며 한울님 의식이라는 것이다. 한울님에 대한 인식은 사람만

이 할 수 있기 때문에 인내천人乃天이라 하는 것이다. 생명의 진화는 갈등만이 아니며 협동과 조화의 열매다.

천도교의 자유 순환 경제는 여러 경제 주체들과의 자율적인 협동에 의하여 나날이 발달되어 간다고 본다. 부익부 빈익빈은 부자와 가난한 자 모두를 붕괴시킨다는 사실을 알아야 할 것이다. 우리들은 빈부 격차가 나라 발전을 가로막고 있는 남미 국가들이나 중동 국가들 그리고 일부 동남아 국가들에서 보고 있다. 빈국들과 부국들의 격차가 벌어질수록 협동의 여지는 사라지고, 극한 대립으로 치달아 세계 평화는 그만큼 멀어진다. 그러므로 힘 있고 부유한 국가들은 그렇지 못한 나라들에 대한 군사적 침략, 식민지적 약탈, 문화적 세뇌를 중지하고 정의롭고 도덕적인 세계적 협력을 이끌어 낼 수 있는 길을 모색하여야 할 것이다. 그리하여 모든 국가들과 공동체들이 자신의 언어로 인류의 보편적 가치를 노래하고, 자신의 능력과 소질에 따라서 세계인과 협력하여 물질적 풍요를 이룰 수 있어야 하고, 해당 사회의 정치적인 문제들을 자유로운 의사소통을 통하여 풀어 나갈 수 있어야 할 것이다.

자유 순환 경제는 '모든 존재는 하나의 형제자매'라는 극도로 확장된 의식에 기초하고 있다. 우주는 하나의 영체靈體이며 하나의 생명체이다. "너와 내가 한 동포이며 사람과 사물이 한 동포이다.(人吾同胞 物吾同胞)" 혼자서만 잘 살 수 있는 길은 없으며, 사람은 이웃과 자연 그리고 한울님과 조화로운 관계를 가질 때 비로소 풍요롭고 의미 있는 삶을 살 수 있게 된다. 경제적 풍요는 사람들 사이를 따뜻하게 하여 주어야 한다. 협력의 힘보다 갈등의 힘이 크게 작용하는 사회는 분열될 수밖에 없으며, 갈등보다 협력의 힘이 크게 작용하는 사회는 필연적으로 발전한다.

통일 조국에서 모든 사람들은 자신의 일터에서 한울님의 일하심을 느끼며, 다른 존재들과의 연대와 협동의 진리를 구현한다. 특히 모든 사람들은 각기 자기 분야에서 열심히 일을 하되 억지로 괴롭게 하는 것이 아니라 즐겁게 일하며 노동의 예술화가 이루어져야 할 것이다.

동귀일체同歸一體의 자유 순환 경제 사회를 다음과 같이 요약해서 생각해 볼 수 있다.

① 인체 구조人體構造와 같이 경제 활동이 유기적有機的으로 자유 순환, 자율 협동하는 사회

② 성誠·경敬·신信의 실천 도덕과 봉사 활동을 최고 가치로 여기는 사회

③ 사람마다 스스로 각수직분各受職分하며 창의력을 발휘하여 즐겁게 일하는 사회

④ 일하는 만큼 대가를 받으며 열심히 일하여 부富를 취득하되, 사회에 재투자하여 자유 순환하도록 함으로써 보다 큰 공덕을 쌓고 다 같이 부자로 사는 사회

⑤ 노고근면勞苦勤勉, 책임 완수 정신을 높이 찬양하고 불로소득不勞所得을 부끄러워하는 사회

⑥ 기업체의 노동자도 주주株主가 됨으로써 모두 주인이 되어 노사분규勞使紛糾가 없는 사회

⑦ 부익부 빈익빈(富益富 貧益貧)이 없이 다 같이 부자로 사는 사회

⑧ 모든 사람이 진리 연구, 자아완성을 추구하며 노동의 예술화로 즐겁고 신바람나게 일하는 사회

⑨ 모든 사람이 경천·경인·경물(敬天·敬人·敬物)을 체행하며 온 세상이 한 가족같이 건전한 경제 활동을 도모하는 사회

⑩ 자본주의와 공산주의의 결함을 원천적으로 극복하고 자유와 평등을 동시에 추구하며 투쟁하지 않고 평화롭게 사는 사회

⑪ 토지는 토지 공개념에 입각하여 토지공영제(土地公營制)를 실시하며, 또한 유휴 공한 토지 상속(相續) 등으로 발생하는 졸부귀(猝富貴), 불로소득(不勞所得)이 없는 사회

4. 후천개벽의 도덕 문명 국가

통일 조국은 모든 사람들이 자신의 본성을 깨달아 자아 실현을 기하고 사회는 상호 공경하는 공동체가 되어야 할 것이다. 구두선으로 그친 도덕 문명이 통일 조국에 의하여 구체화되어야 한다. 선천의 도덕과 윤리가 마지막 몸부림을 치고, 후천의 이상적 도덕 윤리인 천도의 문명은 아직까지 도래하지 않았기 때문에 인류는 불안과 혼란의 전환기를 겪고 있다.

천도교는 시천주·수심정기·성경신·이신환성의 마음공부에 의하여 낡은 사람이 새롭게 되는 길을 제시한다. 그리하여 근심이 사라지고 기쁨이 솟아나고, 괴로움이 사라지고 즐거움이 싹트고, 분열과 대립이 사라지고 통일과 화합이 이루어지게 된다. 경쟁과 갈

등이 성공적인 삶을 가져다 주는 것이 아니라 협동과 원만함이 성공적인 삶의 원동력임이 분명해진다.

도덕이 중심에 설 때 몸에는 건강이 찾아오고, 마음에는 평안이 찾아오고, 본성에는 신령과 영명함이 찾아온다. 도덕이 중심에 설 때 가정에는 부부화순과 화목이 찾아들고, 사회에는 조화와 협력이 찾아오고, 민에게는 편안함이 국가에는 번영이 찾아온다. 그러할 때 우리는 인류가 지금까지 추구해 왔던 인류 평화를 이룩할 수 있을 것이다. 통일 조국은 도덕 문명이 활짝 꽃피는 나라가 되어야 할 것이다. 그 곳에는 더 이상 파당간의 암투를 통한 권력 쟁취와 도그마를 통한 우민정치가 자리할 수 없을 것이다. 인화하는 방책은 도가 아니면 할 수 없고 도로써 백성을 화하면 다스리지 않아도 절로 다스려진다(人和之策 非道不能 以道和民則 無爲而 可治也)는 원리가 실현되어야 할 것이다.

역사상에서 사라져 간 문명들의 특징은 한 공동체를 하나로 묶을 수 있는 공통의 가치가 없었다는 점이다. 비록 군사적으로 강대하고 물질적으로 풍요했으나 영적 척추가 없어서 시간의 힘 앞에 항복한 것이다. 통일 조국은 동귀일체 문명의 모델이 될 것이다.

동귀일체 문명이란 물질(농업, 공업, 상업, 자본) 문명과 정신 문명에서 영성靈性 문명으로의 발전을 뜻한다. 영성 문명이란 인류 역사상 다양한 용어로 표현되어 온 영적 본체(한울님, 상제, 불성, 야훼, 알라…)가 중심이 된 신문명을 뜻한다. 영적 본체는 다양한 이름에도 불구하고 오직 하나이므로, 인류 문명은 이제 하나로 문명권을 형성하게 되는 문턱에 서게 되었다. 수운 선생은 "산하대운이 이 도로 돌아온다."라고 하였다. 물질문명과 정신 문명의 다양성이 하나의 이치 또는 하나의 본체로 돌아오게 된다는 뜻이다. 그리하여 다양한 문명들이 하나의 본체로 돌아와 화합하게 될 것이다. '하나로 돌아간다'는 것은 다양성을 버리고 획일성으로 돌아간다는 뜻이 아니라, 서로 완전히 이해하고·소통하고·교류할 수 있는 보이지 않는 하나로 돌아간다는 뜻이다. 서로가 서로에게 완전히 투명해진다는 뜻이다. 모든 존재들이 이 본래의 하나와 보이지 않는 선으로 연결되었다는 것을 알게 된다는 뜻이다. 그곳이 진리의 원천이며, 지극한 선의 고향이며, 아름다움의 뿌리이다.

천도교가 통일 조국을 말하는 것은 이러한 신문명의 모델을 만들어 인류에게 봉사하자는 것이다. 고난과 시련의 터였던 한반도에서 남북이 '본래의 하나'를 회복하여 화해하고 통일하는 모델을 보여 주자는 것이다. 그리하여 종교 간 전쟁을 종식시키고, 문명 간 충돌을 극복하고, 국가 간 대립을 화해시키고, 계층과 계급 간 격차를 완화시키고, 남녀노소 간 불화와 갈등을 해소시키고, 궁극적으로 사람과 한울님을 합일시키자는 것이다. 해월 선생은 "비내리듯 하는 것을 누가 능히 막으리오."라고 하시며 한울님의 뜻에 의한 문명의 도래를 막을 수 없다.

V. 민족 자주 통일 방안

본 통일 방안은 동학·인내천 사상을 기본 이념으로 하고, 우리 민족의 당면 과제들에 대한 근원적 해결책을 강구하면서, 실현 가능한 현실적 문제에 중점을 두고 준비되었다. 우리는 그것을 민족 자주 통일 방안이라고 명명한다. 그 내용을 개괄적으로 살펴보고자 한다.

1. 통일의 원칙과 기본 방향

통일의 원칙과 기본 방향을 다음 네 가지에 둔다.

① 정신개벽과 동귀일체
② 자주와 중립
③ 평화와 민주
④ 자유와 평등

1) 정신개벽과 동귀일체

동학은 후천개벽의 새 세상 건설을 위해 창명되었다. 개벽이란 한울 땅을 새로 창조하는 것이 아니라 낡고 부패한 것을 청신하게, 복잡한 것을 간결하게 함을 말한다. 바야흐로 세계 만물이 거듭나야 하는(更定胞胎之數) 개벽 운수를 맞이하여, 새 한울 새 땅에 사람과 만물이 또한 새로워질 것이라고 해월 최시형 선생은 말씀하였다. 천도교에서는 정신개벽·민족개벽·사회개벽을 말하며 특히 만사의 개벽은 각자의 정신개벽에서 출발한다고 보는 것이다.

정신을 개벽하지 않고서는 아무 것도 이룰 수 없는 것이다. 국토가 분단된 채 반세기가 넘도록 이질화된 민족의 재통일을 어찌 적개심과 낡고 부패한 정신으로 할 수 있겠는가. 온 민족의 정신을 쇄신하는 것이 급선무의 과제로 제기될 수밖에 없다. 그러나 정신개벽은 외치기만 해서 되는 것이 아니다. 모든 사람들로 하여금 한울님 모심(侍天主)을 자각하게 하고 육신은 일시 객체—時客體요 성령이 영원한 주체임을 깨닫는 정신적 수련을 하게 함으로써, 정신개벽은 빠른 시일 내에 성취될 수 있다고 본다.

정신을 개벽하면 자연히 동귀일체의 길로 나아가게 되는 것이다. 그리고 민족개벽은 민족의 동질성 회복과 자주정신 확립 그리고 민족 문화 창달과 민족성 개조 등을 말하며, 사회개벽은 불합리·부자유·불평등한 사회 제도와 비민주적이고 부도덕한 일체의 사회적 질병을 쇄신함을 말한다.

동귀일체란 한 마음 한 뜻, 한 몸으로 돌아가자는 뜻이다(일체의 원리). 정신을 개벽하여 인간 본래의 맑고 밝은 본심이 회복되면 우주가 하나의 영체요 하나의 생명체임을 깨닫게 되고, 또한 인간의 근본이 한 한울님의 이치 기운임을 알게 된다. 따라서 인오동포 물오동포(人吾同胞 物吾同胞)의 원리를 깨달아서 한 마음 한 뜻 한 가족처럼 된다는 것이다. 화합은 간단하게 이루어지는 것이다. 공산주의가 실패하고 자본주의 사회가 부패하는 것도 결국은 정신개벽과 동귀일체를 몰랐기 때문이다.

2) 자주와 중립

통일은 민족 자결 원칙에 의해서 성취되어야 한다. 민족의 통일을 다른 나라에 의존하거나 또 우리 의사를 무시하고 주변국들의 흥정에 의해서 진행되어서는 결코 안 될 것이다.

그리고 우리나라는 지정학적으로 보아 주변국들과의 사이에서 중립적 입장을 지켜야 할 위치에 있다고 본다. 국제 열강의 역학관계·이해관계의 첨예한 대립 현장에 있기 때문에, 언제든지 어느 한 나라에 치우치면 동북아의 평화는 깨어지고 만다.

과거의 역사를 거울 삼아 중립적 원칙에서 통일을 성취해야 하고, 주변국들의 마찰과 전쟁을 억제 조절하는 위치에서 발전하는 것이 바람직하다고 본다. 우리나라가 과거에는 열강의 각축장으로 시달림을 받았으나, 앞으로는 도리어 주변국들의 충돌을 막는 중심축으로서 완충적·상생적 역할을 해야 할 것이다. 그러나 중립을 지키려면 상응한 국력 신장이 전제되어야 한다. 따라서 정치·경제적 자활·자립뿐 아니라 군사적인 면에서도 외세에 의존하거나 간섭을 받지 않고 자주적으로 국민과 국토를 방위할 수 있어야 할 것이다.

3) 평화와 민주

무력에 의한 정복 통일이나 경제력에 의한 흡수 통일은 용납될 수 없다. 그것은 또 다른 분란을 불러일으키기 때문이다. 우리는 평화적 통일을 기본 원칙으로 해야 한다. 또한 남북통일은 민주적 절차, 민족적 합의를 원칙으로 해야 한다. 남북한 겨레의 자유로운 참여 속에 통일론이 공개적으로 토론되어야 하고, 통일 헌법과 통일 방안은 온 민족의 의사가 자유롭게 반영되는 민주적인 자유 투표에 의해서 채택되어야 할 것이다.

4) 자유와 평등

통일은 자유와 평등을 동시에 추구하는 정신으로 해야 한다. 자유만 강조하면 평등이 저해되고, 평등만 강조하면 자유가 무너진다. 남북의 이질적 이념 대립의 원천적 극복은 인내천 사상으로 자유와 평등을 동시에 추구하고 조화를 이루는 데 있다고 본다. 그런 바탕 위에서 온 민족의 진정한 자유와 평등이 보장되는 진정한 통일 조국을 이룩해야 할 것이다.

2. 4단계 통일 성취 과정

본 통일 방안은 위에서 논한 것과 같이 인내천 원리에 사상적 기초를 두고 정신개벽과 동귀일체, 자주와 중립, 평화와 민주, 자유와 평등의 4대 원칙과 기본 정신으로 한 맺힌 민족의 분단을 청산하고 조국의 통일을 성취하려는 것이다.

민족의 통일 성취 과정은 평화적이고도 점진적으로 이루어져야 한다. 이는 지금까지 다른 분단 국가의 통일 과정을 지켜 보아도 우리가 충분히 시사 받을 수 있는 점이다. 국내외적인 평화와 화합은 통일 조국이 완성된 뒤에도 우리가 철저히 지켜내야 할 과제이지만, 통일의 과정에서도 반드시 고수되어야 할 원칙이므로 통일 과정은 점진적인 단계를 거치는 것이 바람직하다고 본다. 민족 자주 통일 방안에서 제시하는 통일 성취의 4단계는 다음과 같다.

1) 제1단계 - 평화 협정 체결과 평화 정착 단계

먼저 평화 정착을 위하여 남북 당국자간의 평화 협정이 체결되어야 한다. 기존 기본 합의서 등을 참작하여 남북의 현 체제를 유지하면서 불가침 평화 정착, 신뢰 회복이 될 수 있도록 평화 협정을 체결해야 할 것이다.

그리고 남북한의 평화 협정은 4자 회담, 6자 회담 등을 통하여 인접 관계국들의 보장을 받아야 할 것이며 최종적으로 유엔 안전 보장이사회의 확실한 보장이 수반되어야 할 것이다. 이 협정을 통해 남북한은 무력 통일·흡수 통일·혁명·체제 전복 기도 등을 철저히 배제시켜야 하며 향후 평화 정착이 확실히 보장되면 남북은 민족의 화합과 경제 건설에 주력하면서 점차 군비 축소를 단행하여야 할 것이다.

그러나 협상의 과정에서 남북 당국의 어느 한쪽을 배제한 제3국과의 평화 협정은 진정한 평화 협정이라고 할 수 없다. 통일은 어디까지나 갈라진 우리 민족간의 문제이므로 남북 어느 쪽도 그 과정에서 배제되어서는 아니 된다. 남북 평화 협정이 체결되고 평화 정착이 이루어지면 통일은 순로를 걷게 될 것이다.

2) 제2단계 - 남북 연합 교류 협력 단계(2정부 2체제 1연합 기구)

남북 연합 교류 협력 단계는 현존하고 있는 남북의 두 체제를 그대로 유지하면서, 남북이 서로를 인정하는 가운데 남북 공동으로 연합 기구를 구성하는 일이다. 그러면서 동시에 이 연합 기구를 통하여 상호 신뢰를 쌓게 하고, 교류와 협력을 증진시켜 나가면서 점진적으로 평화적인 통일을 모색해 나가도록 하려는 것이다.

이렇게 하려면 어디까지나 남북 쌍방이 서로 상대방을 인정하고 존중하는 가운데 상대방에 대한 비방과 모략·중상과 파괴와 같은 부정적이고도 도전적인 행태가 근절되도록 서로 노력해야 하며, 필요에 따라서는 국제적인 감시 기구의 설치 같은 것도 고려 해 볼 만한 일이다.

다음으로는 남북 교류와 협력의 획기적인 증대이다. 이 단계는 우선 경제 교류, 이산가족 상봉부터 시작하여 점차 체육·예술·문화 특히 종교 교류로 이어지고 전면 교류로 나아가야 할 것이다. 이렇게 평화 공존 연합 체제가 잘 이루어지면 무엇보다도 남북 동포의 정신개벽과 동귀일체, 동질성 회복, 민족 자주정신 확립 운동을 적극적으로 전개해야 한다. 이때에 민족 자생 종교로서 인내천 사상을 천명하는 천도교와 동민회는 이러한 운동의 선두에 서서 다시 한 번 민족 통합의 구심점 역할을 해야 할 것이다.

한편 남북 정부 공동으로 비무장지대 내에 통일 시범 마을(남북 주민 혼합으로)을 건설해 보는 것도 한 번 시도해 볼만 한 일 것이다. 여기서 남북 주민들이 공동으로 생활해 보면 상호간의 차이점이 자연스럽게 부각될 것이고, 그에 대한 해결책을 강구해 나가는 과정을 거치면서, 우리는 한 민족으로서의 동질성 회복과 상호간의 신뢰성 강화를 이루게 될 것이다.

남북 연합 최종 단계에 이르게 되면 정신개벽과 동귀일체, 민족 자주와 자유·평등·평화 정신에 입각한 통일 헌장을 제정하게 되고, 통일 헌법 제정 준비를 해야 할 것이며, 나아가 상호 병력 감축도 단행해야 할 것이다.

3) 제3단계 - 융화 통일 단계(1정부 1체제 2자치제)

남북 연합 교류협력단계에서 한 단계 더 발전하게 되면 남북 전면 교류, 남북 자유 왕래가 이루어지고, 곧이어 온 국민의 합의를 거쳐 통일 헌법이 제정되고, 1정부 1체제 2자치제로 발전하는 융화 통일의 단계에 이르게 될 것이다. 여기서 평화와 민족 자주의 정신 기반을 더욱 튼튼히 다지기 위하여 경제 발전과 함께 참회와 정신개벽 운동을 적극 전개해야 할 것이다. 사회적으로 정신개벽과 동질성 회복의 필요성이 크게 강조될 것이며, 특히 이때에 모든 종교인들은 종파를 떠나 신앙의 총 역량을 조국 통일에 바치면서 국민 정신개벽 운동을 선도해야 할 것이다.

4) 제4단계 - 완전 통일(동귀일체) 단계

정신개벽과 자주정신 확립으로 온 민족이 동귀일체를 이루게 되면 통한의 휴전선 철조망은 철거되고 경의선·경원선 등 남북을 잇는 철도가 개통되어 남북 왕래가 자유로워지는 가운데 온 민족의 소원을 담은 통일 정부가 수립됨으로써 드디어 민족 자주 동귀일

체 통일의 완성을 보게 되는 것이다. 이때의 통일은 가시적인 비무
장지대의 철조망만 걷히는 것이 아니고 우리 민족 마음속의 철조망
도 함께 걷어지는 진정한 민족 자주 동귀일체 통일이 될 것이다.

3. 통일 기반 조성 운동

민족 자주 동귀일체 통일을 성취하려면 우선 다음과 같은 통일
기반 조성 운동을 전개해 나가야 할 것이다. 통일 방안만 수립되고
실천이 따라주지 못한다면 탁상공론에 그치고 말 것이다. 모든 이
념이 사회적 영향력과 파급 효과를 발생시키려면, 그를 수반하는
적극적인 실천 운동이 있어야 한다. 특히 우리의 분단은 국제 냉전
의 이데올로기적 영향을 크게 받은 것이기 때문에 냉전적 사고와
냉전적 가치 그리고 냉전적 이념을 뛰어 넘는 새로운 사상과 정신
으로 무장되고 그것을 철저히 실천하는 운동으로 구체화되어야 극
복할 수 있을 것이다. 통일 운동의 시작은 곧 통일의 시작이다.

1) 정신개벽(신인간 창조) 운동

개인의 행복이나 국가 사회의 건전한 발전을 추구하려면, 우선
사람들의 마음부터 새롭게 해야 한다. 인간의 모든 일은 마음에 달
려 있기 때문이다. 부패하고 낡고 병든 마음을 가지고 우리가 어떻
게 통일을 성취할 수 있겠는가? 지금 우리 민족의 마음은 무겁게
병들어 있다는 것을 알아야 하겠다. 남쪽은 도처에서 비리 현상이
계속 일어나는가 하면, 북녘 동포들은 기아선상에서 허덕이는 가

운데 불안과 적개심으로 가득 차 있다. 따라서 거족적으로 일대 정신개벽 운동이 일어나지 않고서는, 즉 새마음 갖기 운동이 일어나지 않고서는 통일은 불가능하다고 보아야 할 것이다. 시간이 흐를수록 그것을 통감하게 될 것이다. 우리는 그 정신개벽의 길이 바로 종교에 있고 특히 동학·천도교에 그 요체가 있다고 믿는다.

정신개벽은 성심 수련을 통하여 욕심과 감정과 집착을 버리고 한울님 마음을 회복해야만 실효를 거두게 되는 것이다. 종교 생활을 하지 않는 일반 국민들은 육신과 물질만 생각하지 말고 성현들의 말씀을 깊이 생각하고 행하는 정신적 수행이 있어야 할 것이다. 개개인의 건강과 행복을 위해서도 명상 수련은 필요하다고 본다. 과거의 새마을 운동의 불길이 새마음 운동, 정신개벽 운동으로 승화되도록 유도해 나가야 할 것이다. 새 마음, 새 정신, 민족 자주정신, 화합 정신, 봉사 정신, 통일 정신으로 충만하도록 온 민족의 정신개벽 운동을 전개해 나가야 할 것이다.

2) 민족 정기 선양 운동

민족 자주와 동질성을 회복하려면 단군 정신으로부터 배태된 우리 민족의 정기가 선양되어야 한다. 이를 위해 국조 단군의 통치이념이었던 홍익인간弘益人間, 재세이화在世理化의 지상천국地上天國 사상이 시급히 회복되어야 한다. 민족 정기의 회복 없이 남북통일의 정당성을 찾기는 불가능하다. 따라서 남북은 서로의 공통 분모를 가장 민족적인 부분에서 찾아 나가야 할 것이다.

우리는 특히 그것을 구한말 전 민중의 거족적인 단합을 보여 주었던 동학혁명 정신과 3·1운동 정신에서 그 단초를 발견할 수 있다고 생각한다. 즉 조국의 통일과 민족 자주의 이상적 민주 국가를 건설하려면 동학혁명 정신을 널리 선양할 필요가 있다. 프랑스인들은 프랑스 혁명을 자랑스럽게 생각하면서 정신적 지주로 삼고 있다. 동학혁명은 우리 민족의 긍지를 드높일 뿐만 아니라 자주정신 확립, 부정 부패 혁신, 순국 봉사 정신 함양, 인권 존중 등 정신적 통일 기반 조성에 크게 작용할 것이다. 우리나라 역사상 처음으로 민정을 실시했던 당시의 12개조의 폐정개혁안만 보더라도 동학혁명 정신을 조국 통일과 민주 복지국가 건설의 정신으로 승화시킬 수 있으리라고 생각된다.

또한 민족의 통일과 무궁한 번영을 도모하려면 당시 이천만 동포가 한 마음이 되고 모든 종교인들이 합심하여 일으킨 3·1정신을 반드시 온 민족에게 선양해야 한다. 3·1정신으로 민족 자주와 화합의 역량을 함양할 수 있을 것이다. 3·1정신으로 민족 자주정신을 확립하고 거족적 화합 풍토를 조성하여 통일 기반을 공고히 다져 나가야 할 것이다.

이처럼 우리가 인권을 존중하고 부정부패 없는 부강한 통일 조국 건설을 위하여 동학혁명 정신과 3·1운동 정신을 널리 선양함은 물론 홍익인간 이념과 함께 그 정신들을 통일 조국의 헌법 전문에 반드시 명시해야 할 것이다. 민족 정기의 선양 운동은 곧 통일 운동의 출발점이자 민족 동질성 회복 운동이 될 것이다.

3) 인내천 사상 선양 운동

지금 우리는 대결의 시대를 청산하고 화해와 통합의 시대로 진입하는 대전환기를 맞이하고 있다. 일찍이 3·1독립선언서에는 '위력威力의 시대는 거去하고 도의道義의 시대가 내來하도다.' 라고 밝힌 바 있다.

그러나 오늘 우리의 분단 상황은 위력의 타다 남은 불꽃이 장장 80여 년을 끌어 오고 있음을 보여 주는 것이다. 그러나 이제 그 잔 불마저 없어져 가고 도의시대가 열리고 있다. 이것이 천지의 대운수이다. 이를 위해 우리는 분열된 남북 주민의 마음이 하나되는 노력과 구체적 실천 운동이 요청된다고 본다.

남북한이 한 마음이 되려면 우선 이념이 같아야 한다. 이념이 같아지면 점차로 제도가 같아지고, 제도가 같아지면 통합은 쉽게 이루어질 것이다. 지금 남북의 주장은 서로를 흡수 통일과 적화 통일의 대상으로 삼는다는 의심을 받고 있다. 이 상황이 반복되는 한 남북의 화합은 불가능하고 서로의 발전 역시 한계를 가지게 마련이다. 그래서 우리는 남북이 서로를 경계하는 정치적 수사나 표어를 접어두고, 공동의 기본 표어를 설정해야 한다고 확신한다. 즉, 남쪽의 자유 민주주의도 포용하고 북쪽의 사회주의도 포용하는 표어가 필요하다고 본다.

우리는 그것이 '사람이 한울이다.' 라는 '인내천 사상' 이라고 주장한다. 인내천이야말로 남북 주민 모두를 가장 존엄한 존재로 상정한 최고의 화합과 융합의 사고이다. 이 사상의 선양은 곧 새로운 분단 극복 운동의 전개이고, 민족 화합 운동이 될 수 있을 것이다.

나아가 인내천 사상은 평등과 자유, 자유와 평등을 동시에 실현시킬 수 있는 인간 존엄의 극치를 이룰 수 있는 이념이다. 곧 최고 지상至上의 민주주의 이념이라고 할 수 있는 것이다. 지금껏 인류는 자유 편중自由偏重의 한계와 평등 편중平等偏重의 한계를 경험적으로 느끼며 정치 실험을 거듭해 왔다. 오늘 동서를 막론하고 제3의 길, 제3의 이데올로기를 언급하는데 인내천 사상이야말로 제3의 길이고, 자유와 평등개념의 통합이면서, 진정한 민주주의의 길이 될 것이다.

인내천 사상의 선양 운동이 남북한에서 울려 퍼질 때 우리의 통일은 다가올 것이며 인류 화해와 평화의 서곡이 우리 한반도 땅에서부터 실현되고 있음을 깨닫게 될 것이다.

4) 삼경사상 실천 운동

삼경은 해월 최시형 선생께서 밝히신 사상이며 경천·경인·경물(敬天·敬人·敬物)의 세 가지 공경을 말한다. 이 삼경은 인간과 인간과의 관계, 인간과 자연과의 관계, 인간과 초자연과의 관계를 공경의 정신으로 해야 한다는 것이며 이와 같이 한울을 공경하고, 사람을 공경하고, 물건을 공경해야 인간답게 살 수 있고, 국가 사회의 건전한 발전을 기할 수 있다는 것이다. 한울을 멀리 생각지 말고 자기 마음을 공경하는 것이 한울을 바르게 공경하는 것이며, 사람을 한울같이 섬기고 모든 물건을 보호·절약하고 유용하게 활용하는 일, 이것이 삼경사상을 실천하는 길이다.

우리 온 겨레가 다 같이 이 삼경의 원리를 알고 생활 속에서 이를 실천해 나갈 때, 비로소 우리나라는 예의바르고 밝고 행복한 복지국가로 거듭나게 될 것이다. 국리민복國利民福을 위한 길이 여기에 있고, 국난 극복을 위한 길이 여기 있으며, 통일 역량 확보를 위한 원동력이 또한 여기에 있음을 확신하면서 전국민적으로 이 삼경사상 실천 운동을 적극적으로 펴 나가자는 것이다.

특히 삼경 가운데 하나인 경물 사상은 오늘날 우리가 그토록 강조하는 환경 문제와 생태계 보호, 환경 정화와 물자 절약과 폐물 재활용을 위한 근본 정신이 된다는 것을 알아야 한다. 우리가 원하는 통일 조국은 반드시 우리 인간들의 풍요로운 삶만큼이나 자연 생태계 역시 풍족하고 활발하게 생기 넘치는 모습을 가지고 있어야 한다. 그러므로 경물 정신의 실천은 곧 국토 사랑 운동이요, 통일 운동이라고 할 수 있다.

5) 남북 교류 협력 운동

상호 신뢰를 회복하고 통일의 기운을 형성하기 위하여 정치·경제·종교·문화·체육 등 남북 교류를 다방면으로 추진해야 할 것이다. 자주 만나면 자연히 하나가 되고 친해지는 것이며, 그런 가운데 서로의 동질성을 자각하게 될 것이다. 그리하여 서로 마음 놓고 돕는 길을 열어 나가는 것이야말로 현 시점에서 실천해야 할 시급한 과제이다.

남북이 각각 다른 이념과 체제를 유지하고 분단 상태에 있지만 각각 진정한 민주 정치를 실현하고 경제의 발전과 교육·문화의 차원 높은 발전을 도모하는 것이 조국 통일을 앞당기는 길이 될 것이다. 이것은 선의의 경쟁으로든 또는 상호 보완의 역할로든 긍정적 효과를 유발하게 될 것이다. 그런 가운데 서로 배우고 서로 돕는 차원의 교류 협력이 줄기차게 이어져야 할 것이다. 무엇보다도 국내외적으로 민감한 분야인 정치·군사적인 교류보다는 경제·종교·문화 등의 분야에서 서로 교류의 폭과 심도를 높여 나갈 필요가 있는 것이다. 자주 만남으로써 화합의 길이 열리게 될 것이다.

이를 위해 남북한 양측 정부는 민간 차원의 교류와 협력을 더욱 확대하는 데 앞장서 주어야 한다. 정부 차원의 교류는 복잡한 절차와 형식을 요하지만 민간 차원의 교류는 그것들이 생략된다. 나아가 통일을 위한 교류를 기성 세대에 국한 할 것이 아니라 젊은 학생층으로 확대해야 한다. 이런 점에서 과거 통일 이전의 동서독 지도자들이 양측의 고등학교 학생들의 수학여행을 상대방 지역으로 보냈던 사례는 우리에게 시사하는 바가 매우 크다 할 수 있다.

또한 현실적으로 오랜 기간에 걸친 북한의 식량난으로 인한 북한 주민의 기아 상태는 같은 동포로서 외면할 수 없는 인도적 차원의 문제이므로, 모든 교류의 우선 순위로 실시해야 하며 가급적이면 근본적인 해결책이 강구되도록 지원해야 할 것이다.

한편 남북 교류 증진을 위한 행사와 사업에 종교적 사명감을 가진 성직자들의 적극적인 참여와 선도가 중요하다. 중요한 일일수록 기도의 힘을 얻어야 한다. 기도는 지혜와 능력의 원천이라 할 수 있고 정신적인 교류 협력과 화합을 성취하는 길이 될 것이다. 지성이면 감천이라는 옛말을 이제 실천해야 하지 않겠는가.

3·1운동도 기도의 힘으로 이루어졌다는 사실을 알아야 한다. 충

무공 이순신 장군의 난중일기에 서해어룡동 맹산초목지(誓海魚龍動 盟山草木知)라는 말씀이 있다. 이는 위급한 전란 속에서도 천지신명에게 기도했다는 것을 의미한다. 천도교는 3·1운동 7년 전인 포덕 53년부터 중진 교역자 483명이 7차에 걸쳐 49일간씩 기도를 했고, 기미년 초에 전국 교인이 49일 기도를 봉행했다는 것을 알아야 할 것이다. 통일을 성취하려면 먼저 통일 기도를 해야할 것이다.

각 종단별 또는 각 종단 합동으로 통일 기도회와 강연회를 수시로 개최해야 할 것이며, 또한 각 개인이 일상생활 속에서 통일이 될 때까지 통일 기도를 간절히 하도록 추진해야 할 것이다. 아울러 수시로 통일 강좌를 실시함으로써 통일에 대한 지식을 넓게 하고 사명감을 고취해야 할 것이다.

6) 종교 화합 운동

통일 기반을 튼튼히 조성하려면 먼저 사회적으로 화합 풍토가 이루어져야 할 것이며, 특히 종교 화합 운동이 시범적으로 선행되어야 할 것이다. 우리나라는 다종교 사회로서 많은 종교가 공존하고 있으며 종교인들이 서로 우월성을 강조하면서 경쟁적으로 포교 활동을 펼치고 있기 때문에 겉으로는 평온해 보이지만 종교인들 간의 정신적 갈등은 심각한 문제가 아닐 수 없다. 종교 화합 없이는 통일기반을 다질 수 없다고 본다. 다른 여러 나라에서는 종교분쟁이 심각한 문제로 제기되고 있는데 다행히 우리 민족은 옛날부터 종교 화합의 정신을 이어오고 있고 또한 한국종교인평화회의· 종교협의회·민족종교협의회·한국종교지도자협의회 등 종교 연합 기구와 그 밖의 활동으로 비교적 원만성을 보이고는 있지마는, 그러나 종교 간의 마찰, 종단의 분열이 노출될 수도 있다는 데 대해 항상 유념해야 할 것이다. 문제는 우주가 하나의 생명·하나의 영체靈體요, 신이 한 분임을 인식하고 인류가 한 가족임을 깨닫기만 하면 종교 화합은 그리 어려운 문제만은 아니라고 생각된다. 우리는 3·1운동 때 천도교, 기독교, 불교가 연합하여 독립 운동을 전개한 빛나는 역사를 이어받고 있다. 통일과 21세기를 맞으면서 우리나라에서 종교 화합의 새로운 종교 문화가 일어나도록 힘써야 할 것이다.

7) 근면·절약 운동

잘 사는 길은 근면·절약에 있다. 근면하고 절약하는 사람-못 사는 사람 없고, 국민 모두 근면 절약하는 나라-흥하지 않는 나라 없다. 온 국민이 부지런히 일하고 절제 있는 생활을 해야 한다. 과거의 새마을 운동이 근면·절약·친절 그리고 의식개혁운동으로 계속 오늘날까지 연결되었어야 할 터인데 유감스럽게도 중간에 단절되고 말았다.

독일 사람들을 보라, 얼마나 검소하고 부지런한가. 1차 대전 패전 후, 그들은 세 사람이 모여야 성냥을 켜서 담배를 피웠다는 이야기를 들은 적이 있다. 지금도 그들은 낮에는 전등을 켜지 않고 어두운 방에서 사무를 본다고 한다. 그것이 통일을 가져 왔다고 본다. 우리는 어떠한가?

대낮에 일부러 커튼을 치고 전등을 밝히고 일을 하고 있는 실정이다. 해가 중천에 오르도록 외등을 켜놓은 것이 너무나 많다. 음식 쓰레기를 마구 버리고 경제 상황이 어려운데도 차량 대수는 늘어만 가고 있다. 거기에다가 밤늦게까지 술 마시고 흥청거리고 있으니 이래 가지고서야 우리가 어떻게 통일을 대비할 수 있겠는가. 마음가짐과 생활 자체를 근본적으로 고쳐야 한다.

VI. 통일 방안 비교 연구표

구분	(전)한국정부	새정치 국민회의	북한	동학민족통일회
명칭	한민족 공동체 건설을 위한 3단계 통일 방안	김대중의 3단계 통일 방안	고려민주 연방공화국 창립연방	민족 자주, 동귀일체 통일 방안
약칭	민족공동체 통일 방안	3단계 통일 방안	고려 연방제 통일 방안	민족동귀일체 통일 방안
통일 철학	자유민주주의 (인간중심)	국제화된 새로운 세계 질서와 조화롭게 공존하는 '열린 민족주의'	주체사상 (계급중심)	인내천(人乃天)사상, 보국안민 포덕천하, 광제창생, 지상천국
통일 과정	화해협력→남북엽합→1민족 1국가의 통일국가 완성의 3단계 과정 ※민족사회 건설 우선 (민족통일 →국가통일)	남북 연합(1민족 2국가 2독립정부) 연방제(1민족 1국가 1체제 2지역 자치정부) 완전통일(1민족 1국가 1체제 1정부)	연방국가의 점차적 완성 ※국가체제조립우선	평화 협정 체결 단계 →남북 연합 교류 협력 단계(2정부2체제1 연합 기구)→융화통일추진단계(1정부1체 제2자치제)→완전통일(1정부1체제 1국가) ※정신개벽 동귀일체 우선 민족 자주와 동질성회복→통일(민족)국가 →융화→완전통일
단계	3단계: 화해, 협력→남북 연합→통일국가	3단계: 남북 연합→연방제→완전통일	1단계: 연방형식의 통일국가	4단계: 평화 협정→남북 연합(교류, 협력)→융화→완전통일
과도 체제	남북 연합	남북 연합 연방단계	없 음	남북 연합 정신개벽, 동귀일체, 민족 자주, 동질성 회복

통일 국가 실현 절차	통일헌법에 의한 민주적 남북한 총선거	완전 통일국가로의 진입시기와 방안 등에 관한 논의는 그때 가서 국민 의사에 따라 결정	연석회의 방식에 의한 정치협상	통일헌법에 의한 민주 적 남북한 총선거
통일 국가 형태	1민족 1국가 1체제 1정부의 통일국가	1민족 1국가 1체제 1정부의 통일국가	1민족 1국가 2체제 2정부의 통일국가	1민족 1국가 1체제 1정부의 통일국가
통일 조국 미래상	자유, 복지, 인간 존엄이 보장되는 선진민주국가	민주주의 시장경제, 사 회 복지, 도덕적 선진국, 평화주의	없 음	인내천 진리를 바탕으 로 사인여천, 성경신의 도덕과 자주, 자유, 평 등, 평화, 복지의 도덕 문명 선진국가
통일 주체	민족구성원 전원	민족구성원 전원	프롤레타리아 계급	민족구성원 전원
전제 조건	없 음	없 음	보안법 철폐, 미군 철수	정신개벽(정신) 전제조건 없음
통일 원칙	자주, 평화, 민주	자주, 평화, 민주	자주, 평화, 민족대단결	정신개벽과 동귀일체, 자주와 중립, 평화와 민주, 자유와 평등

※ 참고사항
① 오스트리아 중립화 통일　　③ 베트남의 공산화통일
② 예멘의 내전통일　　　　　④ 독일(서독)의 흡수편입통일

VII. 맺는 말

　앞으로의 대세는 정신개벽과 민족 자주와 동귀일체를 촉구하면서 통일 여건이 바람직한 방향으로 형성되리라고 생각한다. 진리는 반드시 자기 갈 길을 가기 마련이다. 지난 6·15남북공동선언은 냉전의 외로운 섬이었던 한반도에 탈냉전의 흐름이 거역할 수 없는 시대의 대세임을 자각시켜 준 것이었다. 그것은 세계에 우리 민족의 자주적 역량과 능력을 과시한 것이며, 국내적으로는 전쟁과 대결 그리고 반목으로 이어지던 민족사를 청산하고, 우리 스스로의 노력으로 민족 문제의 해결을 통한 평화 통일의 기반을 형성한

것이다. 이러한 남북화해의 분위기는 우리 사회의 발전적인 모습이자 우리 민족이 반드시 달성해야 할 평화 통일의 초석이 될 것이 틀림없다.

지금 우리는 국내외적으로 많은 위기에 봉착해 있다. 불편한 북·미 간의 관계에서부터 수많은 정치 군사적인 변수들과 무엇보다도 국제 경제 환경의 유동성은 한반도에 직간접적인 영향을 주고 있다. 남북 관계 역시 아직은 불안한 평화 공존의 닻이 오른 상태에 불과하다. 그러나 남북문제는 여러 가지 어려움은 있겠지만 점차 호전되리라고 생각한다.

수운 최제우 선생께서 일찍이 "한울님이 내 몸 내서 아국운수 보전하네."라고 말씀한 바 있다. 전화 위복이라는 말도 있듯이 오늘의 남북 분단의 고통이 도덕 문명 선진대국으로 도약하는 튼튼한 발판이 되리라 믿는다. 반만년의 유구한 역사를 통해서 다져진 강인한 민족정신이 거대한 화합의 횃불로 승화될 것을 믿어 의심치 않는다. 뜻밖의 어려움도 있겠지만 오늘의 고통은 민족웅비를 위한 시련이라고 보아야 할 것이다.

앞으로 평화 협정이 체결되고 남북 연합 체제가 이루어지면 남북 교류 협력이 차차 증대될 것이다. 남북 대결에서 신뢰 회복, 상호 협력이 잘 될 것이며 북한은 개방으로, 남한은 동포 서로 돕기 운동으로 나가게 되리라 전망된다.

이때에 필연적으로 자주성·동질성·동귀일체를 강조하는 사회 분위기가 확산될 것이며 따라서 민족 자주 통일 방안이 전 민족의 열렬한 환영을 받게 될 것이다.

조국의 평화 통일은 7천만 겨레의 간절한 소원이요 역사적 요청이요 천명天命이 아닐 수 없다. 반세기가 넘도록 통일을 이루지 못하는 이 부끄러움과 죄책감을 어떻게 씻을 수 있을까. 특히 우리 민족과 운명을 같이 하면서 인류를 건져 나가야 할 종교인으로서는 더욱 무거운 책임감을 통감하지 않을 수 없다.

동민회가 그동안 민족 앞에 뚜렷한 통일 방안을 제시하지 못하고 있었음을 개탄하면서 감히 민족 자주 동귀일체 통일 방안을 내놓는 바이다. 왜 통일을 해야 하는지, 통일이 안 되는 이유는 무엇인지, 그리고 통일 철학이 되어야 할 동학·천도교의 유래와 중심 사상을 살펴보고 우리가 바라는 통일 조국의 상을 생각하면서 통일의 4대 원칙과 기본 방향, 통일 성취 과정, 조국 통일 방안 비교, 구체적 통일 운동의 과제를 제시하고 미래를 전망해 보았다.

앞으로 통일 성취 과정에 대한 보다 깊은 연구와 구체적인 시나리오가 있어야 할 것이며 당면 통일 운동에 대한 적극적 실천이 요청된다고 본다.

통일은 공리공론이 아니라 실천이 가능한 것부터 하나 하나 실행해 나가야 할 일이며, 민족의 운명을 좌우하는 중대사이므로 민족 자주 통일 방안을 울타리 가에 버린 물건으로 보지 말고 동포 여러분의 깊은 관심과 적극적인 참여와 성원이 있기를 바라면서 명실공히 민족통일의 새로운 횃불이 되기를 바라마지 않는다.

| 부록 2 |

동학민족통일회 규약

제1장 총칙

제1조(명칭) 본회는 "동학민족통일회"라 칭하고 "동민회"라 약칭한다.

(*동학민족통일회는 2005년 3월 15일자로 '사단법인'으로 승인됨으로써 정식 명칭이 '사단법인 동학민족통일회'가 되었음)

제2조(목적) 본회는 홍익인간의 건국이념과 인내천 사상을 구현하여, 민족의 자주·민주·평화·공생을 실현하는데 그 목적이 있다

제3조(강령) 본회의 강령은 다음과 같다.

1. 동학사상을 기본으로 민족의 평화 통일을 성취한다.

2. 사인여천의 윤리로 도덕적 복지사회를 구현한다.

3. 경천, 경인, 경물의 삼경사상을 적극 실천한다.

4. 자유·평등·평화의 민주주의 발전을 기한다.

제4조(소재지) 본회는 중앙본부를 대한민국 서울에 두고 지방과 해외에 지부를 둘 수 있다.

제2장 회원과 사업

제5조(회원) 본회의 목적과 강령에 찬동하는 회원으로 구성한다.

제6조(회원의 권리와 의무)

1. 회원은 다음의 권리를 가진다.

① 규약에서 정하는 선거권과 피선거권

② 회의 의사결정과 제반활동에 참여할 권리

③ 회의 정책과 활동에 관한 자료와 교육을 제공받을 권리

2. 회원은 다음의 의무를 가진다.

① 규약을 지키고 회의 결정에 따를 의무

② 조직의 기밀을 지켜야 할 의무

③ 회비 납부의 의무

제7조(사업) 전조의 목적과 강령을 달성하기 위하여 다음 각 호의 사업을 행한다.

1. 민족의 평화 통일을 위한 교육사업

2. 민족의 화해와 협력을 위한 남북 교류 사업

3. 평화세계 실현을 위한 공생경제사업

4. 생명·환경사업

5. 신문화 창조를 위한 신인간 운동사업

6. 기타사업

제3장 회의

제8조(총회) 총회는 본회의 최고의결기관으로서 다음과 같이 구성한다.

1. 의장단

2. 운영위원

3. 지부장

4. 운영위원회에서 선출하는 49인 이내의 중앙위원

5. 규정에서 정하는 지부비례위원

제9조(총회의 의결사항) 총회는 다음사항을 의결한다.

1. 규약개정

2. 강령개정

3. 의장단, 감사, 운영위원 선출

4. 회의 해산 및 재산 처분에 관한 사항

5. 회의 주요정책 및 진로에 대한 승인

6. 사업계획 및 예산, 결산 승인

7. 기타 중요한 사항

제10조(소집)

1. 정기총회는 1년 1회, 5월 이전에 대표의장이 소집한다. 단, 특별한 사유가
   있을 때는 운영위원회 결의에 의하여 60일 한도 내에서 그 개최를 연기 할
   수 있다.

2. 임시총회 소집은 운영위원회의 결의 또는 총회구성원 1/3 이상의 요청이
   있을 때 대표의장이 소집한다.

제11조(의결) 의결은 재적인원 과반수 출석과 출석과반수로 의결한다. 단, 규
약개정은 출석의 2/3이상으로 의결한다.

제12조(운영위원회)

1. 운영위원회는 의장단과 33인 이내의 운영위원으로 구성하며, 총회의 수임
   사항과 예산, 결산과 사업계획안 및 기타 중요사항을 심의 의결한다.

2. 49인 이내의 중앙위원의 선출, 고문추대, 지도위원 인준

3. 의장단이 지명하는 사무총장을 인준한다.

4. 규약 개정은 운영위원회 발의로 개정한다.

5. 기타사항

제4장 조직 및 임원

제13조(의장단 회의) 의장단 회의는 대표의장, 의장으로 구성한다. 의장단 회

의는 본회의 사업집행을 협의하여 결정한다.

제14조(고문, 지도위원회) 본회의 자문기구로서 고문 약간인과 지도위원 21인 이내를 의장의 추천으로 총회의 인준을 받아 위촉한다.

제15조(임원)

1. 대표의장

대표의장은 총회에서 선출하고 본회를 대표하며, 의장과 협의하여 회무를 총괄하고 각종회의의 의장이 된다. 대표의장의 궐위시 잔여임기가 1년 이상 일 경우에 한하여 90일 이내에 총회에서 선출한다. 후임자의 임기는 잔여임 기로 한다.

2. 의장

① 의장은 총회에서 약간인으로 선출한다.

② 대표의장과 회무를 협의운영하며 대표의장 유고시에는 1개월 이내에 대행 을 선출하여 대표의장을 대행한다.

③ 의장은 대표의장을 포함하여 의장단 회의를 구성한다.

3. 감사

감사는 2인으로 하고 총회에서 선출한다. 감사는 집행부의 예산 집행과 업 무를 감사하여 운영위원회에 보고하며, 각종 회의에 참석하여 발언권을 갖 는다.

제16조(사무처)

1. 본회의 일상업무의 집행을 위하여 사무처를 두며, 사무총장이 그 책임자가 된다.

2. 사무총장은 의장단의 추천으로 운영위원회의 인준을 얻어 대표의장이 임 명하며, 의장단을 보좌하여 회무를 지휘 감독한다.

3. 업무의 효율성을 높이기 위하여 4항과 같은 부서를 둔다.

각 부서의 책임자는 국장으로 하고 실무자를 둘 수 있다.

각 부서의 책임자는 사무총장이 추천하여 대표의장이 임명한다.

4. 각 국은 다음과 같다.

　사무국, 기획정책국, 조직홍보국, 대외협력국, 교양사업국, 여성국

제17조(각종위원회) 업무의 전문성과 분과별 업무 활성화를 위하여 필요한 경우 별도의 위원회를 둘 수 있으며, 분과위원장은 대표의장이 임명한다.

제18조(임기) 본회의 각종 선출직의 임기는 3년으로 한다.

제5장 재 정

제19조(재정) 본회의 재정은 회원의 회비, 후원금, 보조금, 규약에서 정하는 부대수입으로 구성하며, 그 종류는 다음과 같다.

일반회비, 임원회비, 특별회비, 후원금, 보조금, 기타수입금

제20조(예산과 결산)

1. 회의 효율적인 운영을 위하여 매 회계연도가 시작하기 전 예산을 정하고, 회계연도가 끝나면 결산을 한다.

2. 회계연도는 매년 1월 1일부터 12월 31일까지로 한다.

제21조(수익분배) 본회 수익과 재산은 천도교중앙총부와 관계없이 독립적이며, 회원에게 분배하지 않는다.

제6장 지부조직

제22조(지부조직) 지부조직 및 운영에 관한 사항은 별도 규정으로 한다.

제7장 상 벌

제23조(포상과 징계)

1. 회의 발전에 커다란 기여를 한 회원 및 일반인에게 포상을 할 수 있다.

2. 회원으로서 의무를 이행하지 않거나 회에 해를 끼치는 행위를 한 회원에게
   는 징계를 할 수 있다.
3. 포상에 관한 제반사항은 운영위원회에서 결정한다.
4. 징계의 사유와 종류는 규정으로 정하며, 회원의 징계 여부는 운영위원 및
   지도위원회에서 심의 의결한다.

부 칙

제1조(효력발생) 본 규약은 총회에서 의결한 날로부터 그 효력을 발생한다.

(제정) 1992. 5. 11 정기총회에서 제정의결
(개정) 1992. 12. 26 제2차 운영위원회 의결
(개정) 2000. 7. 22 제5차 운영위원회 의결
(개정) 2004. 10. 2 제1차 임시총회 의결

| 부록 3 |

천도교 남북 교류와
전위단체 주요 활동 연표

1945.9.14.　천도교 청우당 복당.(위원장 이응진, 부위원장 마기상)

1945.10.31. 청우당, 제1차 전당대회에서 민족통일기관 촉진 결의.

1946. 1.16.　북조선 청우당 발족.

1946.7.7.　　천도교 보국당 건당대회 개최.

1947.3.　　　천도교의 통일 원칙과 건국 이념을 담은『천도교정치 이념』
　　　　　　　발간.(남북 천도교 대표가 함께 협의)

1948.5.　　　청우당, 단정 수립에 반대하는 〈통일독립운동자협의회〉 참여.

1948.3.1.　　북 종리원, 연원회 단정수립 반대운동 전개.(3·1재현운동)

1949.1.18.　〈보국당〉 후신으로 〈만화회〉 결성하여 계몽 운동 전개.

1949.3.1.　　〈영우회〉 운동 전개.

1950.7.　　　〈천도교구국단〉 조직(부산), 수복 후 〈보국연맹〉으로 개칭.

1957.12.　　　임시전국대회의 결의로 전위단체인 〈동학회〉결성

1960.12.　　　〈동학회〉 후신으로 〈동학당 결성준비회〉 결성. 400여 명의
　　　　　　　준비위원과 각종 위원회 기구 조직.(5·16 쿠데타로 무산)

1964.12.23. 천도교 전국대회에서 부문단체 갱시조직 강화 결의.

1968.12.1.　 3·1정신을 근간으로 민족통일 전개하기 위해 사회운동 단체
　　　　　　　로서 〈3·1학회〉 구성.

1970.4.1.　　〈새인간연맹〉 창립대회 개최. 이후 전국적인 지부 조직, 강연

회 등 개최.

1972.9.11.~17. 중앙총부, 〈7·4 남북공동성명〉 이후 국면과 관련하여
남북 적십자 회담 성사 기원 특별기도 실시.

1974.2.15. 북측 〈천도교중앙지도위원회〉 등이 남한의 독재, 폭압체제를
비판하고 남한 반체제운동을 지지하는 성명을 발표.

1978.8.5. 이도천 선도사(당시 춘천교구장) '돌아오지 않는 다리' 근처
임진강 사장에서 남북통일을 호소하며 분신 순도.

1981.1.25. 천도교 대교당에서 '평화 통일 촉진 기도회' 개최.(1·12 대북
제의-통일방안-관련)

1982.3.1. 남북 평화 통일 기원 철야 기도회 개최.(2.28. 오후 7시~3.1. 새
벽 5시 기도식, 대교당)

1982.6.19~25. 전국 천도교인 남북통일 기원 특별기도 실시.(남북통일 기반
성금 모금)

1983.6. 종무위원과 기관 연석회의에서 '통일정책연구실' 설치 합의.

1984.4.23. 종무위원회에서 〈민족통일연구회〉 취지문과 규약 심의 의결.

1984.4.27. 전국 교구장회의에서 〈민족통일연구회〉 설립 추인.

1984.5.3. 〈민족통일연구회〉 오익제 회장 위촉, 조직 작업 착수.

1984.7. 〈민족통일연구회〉 조직 완비.(고문 23명, 지도위원 46명, 평의원
446명, 연구위원 10명과 간사)

1984.12.10~16./1985.1.7~27 각각 교단중흥과 남북통일 기원 전국 특별
기도 시행.

1985.8.14. 민족통일연구회 주최로 통일 강연 시행.(이후 지속 시행)

1986.10.18. 민족통일연구회, 〈민족통일대학강좌〉 개강.(3개월 1기로 지속
적인 활동 전개)

1988.5.1. '통일이 될 때까지'를 기한으로 '평화 통일 기도'를 시행.(평

화통일기도문 배포)

1988.5.11.　동학혁명 기념사에서 북한 지역 교구사 조사 연차적으로 착
　　　　　　　수 발표.

1988.6.25.　11회 민족통일대학강좌(〈동학의 정치 이념과 통일 이념〉)

1988.10.5.　민족통일연구회, 민족통일 호소 성명서를 발표.

1988.12.1.　현도기념일을 기해서 천도교의 통일 비전을 담은 ‘자주 통일
　　　　　　　선언’ 발표. 〈자주 통일 교화 성금〉 모금.

1989.4.3.　　제26차 정기전국대의원대회에서 천도교 전위단체 설립 결의.

1989.7.3.　　〈천도교남북교류추진위원회〉 결성.

1989.11.20.　포덕 131(1990)년 천일기념일에 북한 천도교인 초청.

1990.6.5.　　천도교 전위단체 창립준비위원회 구성.(26차 대회 위임사항)

1990.11.25.　인일기념식 또는 천일기념식을 평양 교당에서 남북 천도교인
　　　　　　　이 합동으로 봉행하자고 제의 〈대북제의문〉 발표.(이후 계속, 교
　　　　　　　령의 서신 c국 경유 전달 등)

1991.5.11.　정읍 황토현 전승 기념탑 앞에서 〈동학민족통일회〉 발기인 대
　　　　　　　회 겸 창립총회 개최.(이후 「통일대학강좌」 개설)

1991.10.27~11.2. 제4차 ACRP 총회(네팔)에서 임운길 교화관장과 정신
　　　　　　　혁 부위원장이 남북 천도교 교역자로서 분단 후 처음 회동.

1992.5.11.　동학민족통일회, 제2차 총회를 통해 조직 개편.

1992.8.23.　중국 북경에서 〈천도교대외협력위원회〉 노태구 위원장이 북
　　　　　　　한 학자·천도교 관계자와 남북 천도교 교류 협력 방안 협의.

1993.6.　　　동학혁명 100주년 국제학술대회에 북한 천도교 대표 초청.

1993.8.4.　　전·현직 천도교 교역자, 〈백두산기도회〉 발족.

1993.10.19~20. 중앙총부 교령(오익제)과 중앙지도위원회 위원장(류미영)
　　　　　　　간의 분단 후 교단 대표 최초 회담. 〈공동합의문〉 채택.

1994.3.9~10. 북경에서 남북 천도교 실무자 접촉을 갖고 공동합의문 채택.
(동학혁명 100주년 기념식 공동 개최 등)

1996.2.27~29. 중국 북경에서 열린 남북 종교인 대표자 회의에 한광도 종
무원장이 참석, 남북한 천도교 접촉 재개.

1996.10.3. 동학민족통일회, 통일 기도회와 통일 강좌 개최.(강원도 고성)

1996.10.11. 동민회, 제2차 "천도교 통일 방안 모색을 위한 연구 발표회"
개최(1차: 6.22)

1996.9.2. 천도교에서 대한적십자사 모금운동에 약 600만원의 성금을
기탁한 것을 시작으로 북측에 각종 성금, 성품 전달.

1997.4.19. 연원회, 북한 지역에 천도교 연원 명예도훈 선임.

1998.2.11~ 제2차 49일 특별기도회에 즈음하여, 민족 경제 부흥과 남북
의 평화 통일을 앞당기기 위한 기도회 공동 봉행 제의.

1998.8.14 동학민족통일회, 〈민족분단 53주년에 즈음한 우리의 선언〉
발표하고 민족통일 선도 다짐.

1999.1.19~26. 박남수 종의원 의장, 평양 방문하여 교령 친서를 전달하고,
해방 이후 처음으로 조선 천도교중앙지도위원회 방문.

1999.3.25. 북측 천도교, 남북 천도교 대표자 만남 제의.(개천절 기념행사,
천일기념식 공동봉행, 8·15범민족대회, 동학혁명 전적지 공동 조사
와 3·1현창운동 마무리 행사 공동개최 등)

1999.5.29. 제4기 3차 운영위원회에서 동학민족통일회 〈민족통일자주 동
귀일체 통일방안〉 제정.

2000.5.1~2. 중국 북경에서 중앙총부 대표단 방북을 위한 남북 실무자 회
담 개최. 중앙총부 북한 천도교 지원 기금 모금 시작.

2000.6.15. 6·15공동 선언 발표. 동학민족통일회 지지 성명 발표.

2000.8.15~18. 류미영 위원장, 이산가족 서울 방문단 단장으로 서울 방문.

17일 김광욱 교령과 류 위원장 회동.

2000.10.9~14. 〈조선노동당 창건 55주년 기념식〉에 주선원 종무원장 대
　　　　　　행 등 참석, 남북 천도교 교류 협력 방안 협의. 평양 중앙교당
　　　　　　에서 최초의 합동 의식 거행.

2001.3.27~28. 남북 종교인 모임, 남북 천도교 대표 회동.(금강산)

2001.4.29.　동학민족통일회, 통일강연회 개최.(각 지부 순회)

2001.6.15.　6·15 1주년 기념 금강산 민족통일대토론회 참석.

2001.6.19.　동민회 임운길 공동의장, 평양 천도교중앙종리원 방문.

2001.8.15.　8·15남북공동행사 평양축전, 다수의 천도교인이 참가하여
　　　　　　평양 대교당에서 합동시일식 봉행.

2001.11.18. 동민회, 2001 통일 강연회 개최.

2002.2.26.　2002 새해맞이 남북 종교인 공동 모임 참가.

2002.6.15.　6·15공동선언 2주년 기념 민족통일회대 참가.(금강산)

2002.8.15.　8·15민족통대회(서울)에서 남과 북 천도교 대표단 회동하여
　　　　　　민족통일 의지 재차 결의.

2002.12.20. 동민회, 〈민족자주 통일방안〉을 남북교류위원회 심의와 내용
　　　　　　수정 거쳐 동민회 공식 통일 방안으로 확정.

2003.3.1.　　84주년 3·1절 기념, 평화와 통일을 위한 3·1민족대회(서울)
　　　　　　에 북측 천도교 중앙지도위원 등 참석, 회동.

2003.3.2.　　북측 대표단이 중앙대교당을 방문하여 해방 이후 최초(서울)
　　　　　　합동 시일식 봉행.

2003.6.15.　6·15공동선언 3주년 기념식 참가.(백범 기념관, 남북 별도)

2004.6.15.　6·15공동선언 4주년 기념 남북 민족대회에 천도교 대표단이
　　　　　　참석하여 전위단체 간 교류 협력 방안 협의.

2004.6.29.　동민회 제6차 정기총회에서 대표의장 박남수 등 조직을 개편

하고 명실상부한 전위단체로서의 새 출발 결의.

2005.2.26. 동민회, 제1차 월례 통일좌 개최.(수운회관)

2005.3.1. 남북 대일 규탄 공동 성명서를 남측 동학민족통일회와 북측 청우당이 공동으로 발표.

2005.3.11~14. 중국 심양에서 남과 북의 천도교 대표자들이 회담을 갖고 앞으로 남북 천도교의 전위단체가 주도하여 천도교 남북 교류와 민족통일 운동에 앞장설 것을 결의.

2005.6.15. 평양에서 개최된 6·15공동선언 5주년 기념 행사에 남측 천도교인 다수 참석하여 선도적으로 통일 교류에 앞장섬.

2005.7.29 카쓰라–테프트 밀약 100주년 맞아 남과 북 공동으로 〈보국안민 척왜창의 운동〉을 전개키로 하고 대교당에서 공동선언문 발표.(동민회 주도로 〈민족운동 총연합〉 결성, 상임대표 박남수)

2005.8.15. 서울에서 개최된 8·15민족대축전에 남측 천도교인 다수가 참가하여 북측 천도교인과 회동.

|찾아보기-용어|

공동체 사상 293, 294

공동체 의식 291

공동체 이론 292

공동체주의 291, 292, 312

공산 168, 316

공산당 323

공산주의 273, 404

공생조합 97

공약 5장 141

공통 숙명 297

과거사 231

과도입법의원 147

관리 276

관선의원 137, 147

광복 344

광제창생 18, 38, 41, 45, 48, 243

광제학당 117

광주민중항쟁 340

광화문 395

교 19, 51, 158, 232, 243, 299, 425

교관겸수 27

교구 319

교남학교 70

교령 230

교류 사업 228

교리 247, 280

교선정후 교주정종 100

교세 회복 236

교양 강좌 198, 228

교양 훈련 101

교육 66, 70, 84

교육 기관 278

교육 정신 278

교육 제도 278

교정 일치 27, 51, 52, 241, 295, 327

교정 조화 51, 55, 234, 240, 242, 425

교정 합일 426

교정쌍전 19, 21, 51, 53, 54, 124, 160, 229, 231, 233, 235, 240, 242, 299, 327, 365, 379, 426

교정쌍전론 52, 55, 243, 425

교조신원운동 58

교주제 90

교주직 90

교헌 90

구파 91, 92, 146

국가 46, 144, 242

국가 건설론 242

국가 공동체 290

국가보안법 231

국가주의 30

국민 298, 331

국민 주권 사상 46

국민개로 270, 272

국민상 58

국민정신총운동연맹 104

국민주의 30

국방정책 178

국시 328

국유화 269

【ㅅ】

【기타】

| 찾아보기-인명 |

김철 190, 372
김춘명 198
김현국 139, 198, 364

【ㄴ】
나상신 126, 139
남경우 136
노무현 204
노태구 209, 359, 366

【ㄷ】
데라우치 77

【ㄹ】
류미영 200, 362, 368, 369, 371, 372,
　373, 375
류윤근 209
리치현 214

【ㅁ】
마기상 126, 127, 147
문재경 332
민영순 106

【ㅂ】
박길수 158, 173, 226
박남수 209, 214, 372
박달성 83, 106
박래원 92, 322
박래홍 83, 86, 91, 92, 93

박문관 71
박문규 139
박문사 71, 72
박문철 214
박사준 86
박사직 95, 118
박양신 147
박연수 198, 328, 348, 354, 363, 364
박영효 61
박완 126
박용준 83
박용진 349
박우균 363
박우천 145
박윤길 128
박의정 365
박인호 90, 102, 252, 253, 397
박정희 340
박종홍 329
박진 148
박창건 335
박창수 209, 214, 216
박천우 317
박충남 343, 346
박헌영 139
방정환 83, 85, 106, 115, 249
방진규 369
배정도 117
백낙순 321
백남신 136

동학학술총서 405

민족통일 운동의 역사와 사상

등록 1994.7.1 제1-1071
인쇄 2005년 9월 20일
발행 2005년 10월 4일

엮은이 동학민족통일회
펴낸이 박 길 수(sichunju@hanmail.net)
펴낸곳 도서출판 모시는사람들
        110-775/서울시 종로구 경운동 수운회관 1303호.
        대표전화 735-7173, 737-7173 / 팩스 730-7173

표지디자인 이 주 향
편   집 김 혜 경
출   력 삼영출력(02-2277-1694)
인쇄·제본 (주)상지피엔비(031-955-3636)
홈페이지 http://www.donghaknews.com

값은 표지 뒷면에 있습니다.

ISBN 89-90699-33-9
(세트) ISBN 89-90699-10-X